상식의 독재

상식의
독 재

망국의 위기 앞에서
대한민국을 변호하다

한윤형 지음

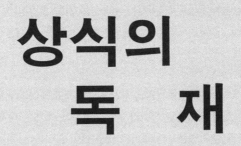

생각의힘

추천의 말

상식은 영어로 'common sense'이고 이를 우리말로 직역하면 '공통감각'이다. 그리고 공통감각이란 곧 정서를 뜻하니, 상식이 바로 정서인 셈이다. 대학 시절 은사께서 말씀하셨다. "역사학자는 시대성을 읽을 줄 알아야 하는데, 그것을 쉽게 말하면 정서라고 하는 것이다." 알쏭달쏭하지만 종종 그 말씀을 기억하며 과거와 현재의 '상식'을 고민하던 터에 이 책과 조우했다. 그리고 30여 년간 풀지 못한 시험의 답안지를 찾았다.

《상식의 독재》는 동서양의 공간을 넘나들고 과거와 현재라는 시간을 아우르며 상식의 실체와 역사성을 적나라하게 보여준다. 폭넓은 독서를 바탕으로 한 날카로운 통찰력과 깊이 있는 사유로 엮어낸 논변이 경이롭다. 기득권을 누리는 선배들을 날선 펜으로 부드럽지만 정확하게 일갈하는 글솜씨는 '망할 놈의 나라'이더라도 저자와 같은 후배가 있다면 대한민국이 앞으로도 건재하리라는 기대를 하게 만든다. 개인 혹은 계파에 따라 세상사를 편의적으로 전유하는 지금 여기, 대한민국에서 '상식의 독재'라는 입론이 어떻게 전유될지 궁금하다. 아무튼 우리에게는 지성을 갈고 닦아 세상을 움직이는 목소리와 필력을 가진 '후생이 가외', 한윤형이라는 '지식인'이 있다. 든든하고 감사하다. 독자들이 물음을 던지거나 때론 고개를 끄덕이거나 혹은 불편하게 읽도록 만드는 논쟁적인 내러티브도 이 책의 매력 포인트 중 하나다.

_김정인(역사학자, 춘천교육대학교 사회과교육과 교수)

정치인으로서 '상식'이라는 표현을 참 많이 듣기에, 《상식의 독재》라는 제목이 매우 흥미롭게 다가왔다. 저자가 공저자로 참여했던 《추월의 시대》도 재밌게 읽었기에 호기롭게 서평을 쓰겠다고 나섰으나 제목과 달리 책 내용은 '상식' 수준이 아니다. 우리나라는 물론 동아시아 역사와 철학까지 방대한 지식을 활용해 "우리는 왜 이렇게 살고 있는가"에 관해 심도 있게 분석한다.

지난 총선에서 열정적인 선거 운동으로 많은 관심을 받았으나 낙선한 후보가 있었다. 당내에서는 많은 분이 아쉬워했는데, 다른 당 지지자들은 그 후보의 선거 운동에 대해 잘 알지 못했다. 다른 당 후보 중에서도 비슷한 사례를 확인할 수 있었다. 후보자에 대한 정보는 유튜브와 SNS를 통해 주로 소속 정당의 지지자들에게 유통되고, 그 안에서 열광적인 지지와 유명세를 얻게 되어도 다른 성향의 유권자들에게는 제대로 알려지지 않는다. 저자가 언급한 '상식 분화 사회의 혼란'을 국회의원으로서 선거 기간만이 아니라 날마다 실감하고 있다. '필터 버블', 즉 SNS가 정치적 성향으로 나뉜 각각의 세계에 맞춤형으로 전달한 서로 다른 정보로 인해, 온라인 세상마다 다른 '상식'이 존재하게 되었다.

문제는 우리나라에서의 상식이 '누구나 알아야 할 지식' 정도가 아니라 '따라야 할 도덕 기준'의 의미까지 가졌다는 것이고, 그에 따라 정치적 갈등이 커질 수밖에 없는 구조다. 그래서 저자가 이 책을 통해 우리나라가 '상식 지배 사회'가 된 과정을 분석하고, '상식 분화 사회'의 문제를 해결할 대안을 제시하는 시도는 큰 의미가 있다. '상식적으로' 적지 않은 분량이지만 저자의 역작이 독자들에게 '상식 이상의 지식'을 제공할 것으로 확신한다.

_김한규 (국회의원, 더불어민주당)

차례

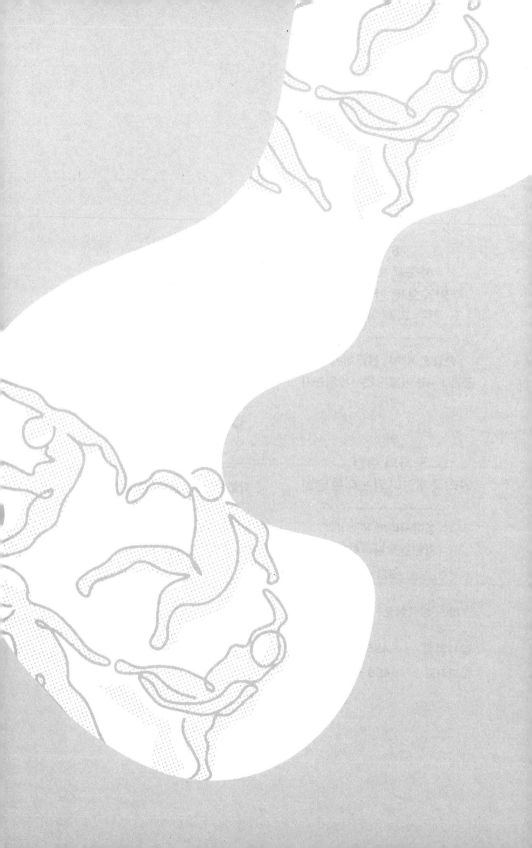

서문:
'곧 망할 나라'에서 그 나라를 분석한다는 것

한국은 망할 것인가? 요즘은 이런 질문이 우문처럼 느껴진다. 최근의 저출생 기조를 보면, 대한민국은 망국을 향해 고속전철처럼 폭주하는 중이다. 브레이크를 잡기는커녕 감속이나 가능할지 우려될 지경이다. 많은 한국인들은 대한민국을 시한부 환자 취급하기 시작했다.

'망국론'이 그동안에도 그렇게 많았는데…

그런데 '망국론'의 이면에는 그 망국의 요인에 우리 사회가 사실상 아무런 대처도 하지 않고 있는 현실이 있다. 가령 16년 동안 쏟아부은 저출생 예산이 272조라지만 나눗셈해보면 1년에 17조일 뿐이다. GDP가 2,000조에 달하는 나라가 망국으로 치닫고 있다는 데 쓰는 예산으로 보기엔 하잘것없다. 더구나 내역을 뜯어보면 '어차피 써야 할 것'들을 '저출생'이란 이름 아래 편제한 것이 대부분이다. 아이 키우는 부모들은 "1년에 17조 쓸 바에야 n분의 1 해서 현찰로 달라"고 불만을 터트리기도 하는데, 애초에 안 쓰던 돈을 추가로 17조씩 더 쓰고 있는 게 아니기에 큰 의미는 없는 주장이다. 한국 사회는 스스로 시한부 환자 취급하면서도, 사실상 병원 치료를 거부한 채 하루하루 무의미한 시간을 보내고 있다. 저출생 대책이나 이민 정책에 대한 사회적 합의가 진행되지 않는 것은 물론이거니와, 하다못해 국민연금 개혁조차 차일피일 미루고 있다. 그나마 하는 일이라곤, '청년세대가 아이를 낳지 않으면 나라가 망한다!(그러니 애국심을 가지고 아이를 낳아라)'고 엄포를 놓는 일뿐이다. 아무것도 하지 않은 채 망국의 꽹과리나 시끄럽게 쳐대면 아이가 생기는 것처럼 한심한 짓거리들을 한다.

그래서 망국의 꽹과리는 청년세대로 하여금 나라를 걱정하게는 하는가? 아무런 대책을 강구하지 않고 본인들의 사고방식을 바꾸라고만 하는데 청년세대가 호응할 리 만무하다. 관찰한 바로는, 청년세대는 그러한 협박(?)에서 오히려 위안을 느낀다. 가진 게 별로 없는 이들에게 '너희들의 결정 때문에 이 나라가 망할 것이다'라는 선택지를 주는 것은, 무언가 대단한 일을 했다는 위안을 준다. 아무 대책도 강구하지 않고 꽹과리나 쳐대는 이 사회를 우리의 선택으로 망하게 하겠다는 그런 위안 말이다. 그러나 알고 보면 퍽이나 안쓰러운 위안이다. 사실상 선택은 그들이 아니라, 이 문제를 타개하기 위해 가진 것 하나 포기할 생각이 없는 사회 기득권층, 일부 부유한 기성세대가 한 것이기 때문이다. 내 세금을 거두어 봤자 이기적인 청년세대는 아이를 낳지 않을 것이니, 세금을 거두지 말라고 진보주의자들을 비웃으면서 말이다. 그들은 본인들이 살날이 얼마 남지 않았기 때문에 수십 년 후 나라가 망하든 말든 상관없이 애국의 꽹과리나 치라고 독려할 뿐이다.

어째서 이러한 기막힌 일이 생겼는가? 어쩌면 우리가 그간 습관적으로 '망국론'을 논한 나머지 그에 면역이 되어 있는지도 모르겠다. 한국은 20세기를 전근대 왕조(조선 혹은 대한제국)의 멸망과 함께 시작했다. 대한민국이 건국된 후에도 북한과의 전쟁과 체제 경쟁으로 인한 망국을 걱정해야 했으며, 유례없이 가파른 경제성장을 보인 다음에도 군부독재 세력이 주도하는 그것이 혹시 와르르 무너져 내릴 모래성처럼 허약한 것은 아닌지 걱정했다. 1960년대에서 1970년대 사이에는 재벌 대기업의 수출이 오히려 국부를 유출하는 것이라는 '매판자본론'이 유행했고, 1980년대 초반까지는 돈을 빌려서 이루어지는 경제성장을 회의하는 '외채망국론'이 있었다. 한국은 1980년대 후반 '3저 호황'(저금리, 저유가, 저달러로 인해 도달한 호황) 시기에 외채를 다 갚고 민주화의 도상에 진입했지만, 1990년대라는 짧은 자긍심의 시기 이후 곧바로 IMF 구제금융 사태(1997년)가 터져버렸다. 지나고 나니 금융위기의 원인은 전혀 다른 것이었지만, 당시엔 매판자본론과 외채망국론이 결국엔 옳았던 듯 받아들여지기도 했다. IMF 위기를 얼추 수습하나 싶더니 2000년대 초반에는 한국 제조업이 일본과 중국 사이에서 경쟁력을 상실할 거라는 '샌드위치 위기론'이 제시됐다. 오히려 2000년대 이후 한국 제조업은 중국 제조업과의 GVC(글로벌 밸류체인) 분업을 통해 성장했지만, 2015년 즈음 중국이 분업구조를 이탈하여 한국의 강력한 경쟁자가 되어 시장을 잠식하기 시작하면서 '제조업 종말론'이 나타났다.

정치적으로는 각기 산업화 세력과 민주화 세력이 지지하는 두 당파가 '상대편이 집권하면 망국'론을 꾸준히 퍼트렸다. 이 치열한 갈등 구조는 1987년 이후 처음 시작됐지만, 1997년 수평적 정권교체 이후 가열되기 시작했고 2007년 두 번째 정권교체 이후엔 걷잡을 수 없이 심화됐다. 지금은 이러한 정쟁이 극에 달해, 양당의 적극적 지지층의 머릿속엔 '상대편이 집권하면 망국'론이 너무나도 강력하게 들어서 있어, 인구절벽 망국 위기에 시급히 대처해야 한다는 생각을 하지 못한다. 비유하자면 제방이 허물어지고 물이 범람하려 하는데, 마을 주민들은 두 패로 나뉜 싸움을 끝내기 전까지 제방 쪽은 쳐다보지도 않겠다는 식으로 굴고 있다. 한국의 정쟁은 너무나 치열하여 '정치적 내전'이라 기술해야 할 지경이지만, 민주주의 사회에서 비등한 숫자의 유권자들끼리 벌이는 내전이기 때문에 이른 시일 내에 승패가 결정될 전망도 없다. '상대편이 집권하면 망국'론을 포기하지 못하여, 아무도 망국의 요인에 대처하지 않고 진정한 망국이 실현될 판이다.

한국, 대충 만들어져서 분석할 것도 없는 나라?

     무수한 '망국론'을 지나쳐 왔으면서, 진정한 '망국'의 문제를 직면해서는 이토록 무력한 이유가 뭘까? 나는 '한국이란 무엇인가'란 질문을 제대로 해명하지 못하고 지나쳤기 때문이라고 생각한다. 우리는 산업혁명 이후 대분기大分岐, Great Divergence(역사학자 케네스 포메란츠가 사용한 이후 21세기에 급속히 확산된 개념)의 세상에 적응하지 못해 식민지로 굴러떨어진 후, 유럽의 산업혁명과 근대화를 따라잡기 위해 100여 년을 달려왔다. 그 와중에는 '우리가 무엇이기에 이런 일은 할 수 있고 저런 일은 할 수 없는가'라는 질문을 던질 새가 없었다. 앞서 말했듯 1990년대 초반에 잠깐 숨을 돌리고 모종의 자긍심 위에서 정체성에 대한 질문을 던진 시기가 있었지만, 돌연 IMF 사태가 터지면서 자긍심은 박살 나고 정체성에 대한 탐구보다는 또다시 '선진국 따라잡기'에 매진해야만 했다.

     한국의 먹물들은 한국이 '대충 만들어진 나라'이기에 굳이 분석할 가치도 없다고 생각하는 경향이 있다. 미국, 유럽, 일본에 비해 대충 만들어졌으니 어느 순간 대충 주저앉아도 진혀 놀랍지 않다고 여긴다. 오랜 세월 우리의 심정 깊숙한 곳에 있던 '망국론'의 심리적 배경이 그것이었다. 이해할 만한 일이었지만, 그래서 나를 포함한 우리 먹물들이 '그간 무엇을 보지 못했는지'에 대해 1장에서부터 분석할 것이다.

사실 먹물만이 가지는 정서도 아니다. 내 또래 생활인들 역시 한국에 거의 비슷한 감상을 품곤 한다. 예를 들어 기업체에 출근하면서 과중한 노동을 해야 하는 또래들의 경우, '한국 기업의 성공 사례'를 분석하는 논의를 보면 욱하는 마음에 다음과 같은 말을 내뱉게 되는 것이 보통이다. "한국 기업이 뭘 잘하냐고요? 사람 갈아서 성과 내는 걸 잘하죠(내가 갈려봐서 앎). 그 외에 대체 무슨 장점이 있어요? 혁신을 잘해요? 노무관리를 잘해요? 기술이 좋아요? 그냥 우리가 죽어라 일해서 만든 거지⋯." 물론 이 말에도 상당한 함량의 진실이 있다.

그런데 진지하게 한번 물어보자. 그렇게 대충대충 만들어진 나라가 일시적이라도 이 정도 성취를 이루는 게 가능한가? 그저 사람 갈아서 성취를 낸 게 한국 경제성장의 핵심이라고 말한다면, 다른 대부분의 나라에선 왜 그런 일이 발생하지 않았는가? 왜 유독 한국인들만 국가와 기업의 요구에 그토록 과잉 적응하면서 고도성장을 만들어 왔단 말인가? 설령 급하게 대충 만들어진 게 한국 사회의 본질적 특성이라고 한들, 그렇게 만들어낸 게 왜 지금까지 작동하는지에 대한 탐구도 이렇게 '대충' 해서 될 일인가? 망국론과 질타와 훈계는 만연한데 그래서 뭘 어떻게 해야 할지는 도무지 모르겠는 현 상황은 담론의 책임 방기에 해당하지 않을까? 우리는 망국론을 습관적으로 읊조리기 전에 먼저 이러한 질문들부터 치열하게 던져봐야 마땅할 것이다.

나는 한국을 제대로 분석하지 못하는 원인 중 하나로, 보수주의자들이 가지고 있는 '모범생과 영웅주의의 결합'과 진보주의자들이 가지고 있는 '사악한 성공'의 테제를 지목하고 싶다. 맥락을 설명하자면 이렇다. 한국을 제외한 선진국 대부분은 산업혁명 이후, 혹은 산업혁명이 진행되는 과정에서 좌우파 담론이 성숙했다. 그리하여 기존 선진국에서는 좌파 담론조차 '산업혁명의 사악함'은 지적했으되, '성공의 산물' 자체는 인정하고 그것을 보통 사람들이 함께 나눠야 한다고 생각했다. 반면 한국은 사실상 폐허밖에 남지 않은 상황에서 완결된 좌우파 담론이 수입됐다. 그 관점에 따르면 한국에서 경제성장이, 산업혁명이 일어난다는 것은 상상하기 어려운 일이었다.

그런데 담론의 입장과 상관없이 한국인들은 어떻게든 경제성장과 산업혁명을 수행하기 시작했다. 이를 좌우파 담론은 어떻게 분석했는가? 우파 담론은, 본인들이 완결된 형태로 수입한 담론을 한국인들이 '모범생'의 관점에서 겸허하게 배웠기 때문이라고 분석했다. 그런데 사실 한국이 미국이나 일본이 제시한 길을 그대로 따랐던 것도 아니기에, 이 담론은 현실정합적이지 않았다. 그 빈 공간에 우파 담론은 '영웅주의'를 끌어들였다. 즉, 박정희나 정주영과 같은 산업화의 영웅 덕분에 그러한 성공이 가능했다는 일종의 임시방편적 '땜질' 가설(과학철학에서는 '에드혹Ad hoc' 가설이라 표현한다)을 제시한 것이다. '모범생의 성공'을 '영웅의 훈육'이 이끌었다는 이 아귀가 맞지 않는 가설은 최근 폭주하기 시작했다. 현대 한국인들이 더는 '영웅'(들의 후예)의 '훈육'을 따르지 않고, 그래서 더는 모범생이 아니기에 한국 사회가 망국으로 폭주하는 중이라고 주장하기 시작한 것이다.

그래도 우파 담론은 한국의 성공 사례 자체를 부정할 수는 없었다. 반면 좌파 담론은 이유를 분석할 만한 성공이 존재한다는 사실 자체를 부정했는데, 그것이 바로 '사악한 성공'의 테제다. 즉, 한국이 거둔 성공은 사악한 것이며, 그리하여 지속가능할 수 없고, 곧 붕괴될 수밖에 없다는 관점이다. 그런데 사악함으로 따진다면 식민지를 경영했던 제국주의자들보다 사악할 수가 있을까? 좌파 담론은 이 부분에 대해서도 얼추 설명할 수 있었다. 도식적으로 단순화하자면 이렇게 된다. 물론 제국주의가 더 사악할 수 있다. 그러나 제국주의는 식민지를 외부에 두고 착취하는 것이 가능했기에 그 성장이 가능했다. 그런데 한국은 그러한 외부가 없고 내부의 노동자와 농민을 저임금·저소득으로 착취해서 일시적으로 거둔 '사악한 성공'의 체제이기 때문에 곧 무너질 수밖에 없다고 분석됐다. 그렇기에 우파 담론이 '영웅주의'로 제시하는 박정희나 정주영 등이 이들에게는 '사악한 성공'을 만들어낸 시조가 된다. 나는 이러한 논의에 대해서 한국 사회가 숙고할 점은 있다고 생각한다. 그러나 만약 한국 사회가 향후 무너지게 된다면, 그것을 박정희나 정주영이 '첫 단추'를 잘못 꿰었기 때문이라고 비평하는 것이 과연 합당한 일인지가 궁금할 뿐이다. 좌파 담론이 한국 사회에 비판적인 것을 나무랄 일은 아니다. 그러나 그 비판에 현실정합성이 부족했다면, 제대로 된 비판 담론의 역할을 하지 못하는 일종의 '인디언 기우제'(비가 올 때까지 지내는 기우제로, 이 경우엔 진짜로 망할 때까지 망국론만을 설파하는 것을 의미함)에 불과했던 것이 아닐지를 성찰해봐야 한다.

'망국의 위기' 앞에서 한국의 특수성을 해명해야 하는 이유

나는 지금 필요한 것은 '문제들의 나열'이 아니라 처방에 대한 고민이라 생각한다. '어떤 처방'이 필요한지를 논하기 위해서는 환자의 특성과 건강 상태를 알아야 한다. 환자가 무슨 약을 견딜 수 있으며 어떤 운동을 좋아하는지 알아야 비로소 처방이 가능해지기 때문이다. 사회복지학, 긍정심리학, 경영학의 조직개발론에서 널리 활용되는 '강점 관점strength perspective'이다. 단점만 개선하려고 하는 게 아니라, 적게라도 남아 있는 강점을 발견하고 강화해서 문제를 해결하려는 접근이다.

즉, '망국을 막을 수 있는 정책적 처방'도 대한민국의 특수성을 규명해야 가능할 것이다. 역설적이지만 이는 지금까지의 성공 요인을 규명하는 것과 거의 같은 말이 될 것이다. 내가 10대 시절만 해도 한국은 '우리 딴에는 제법 자랑스럽고 사랑스러운데, 세상 누구도 관심이 없으며 알아주기는커녕 알지도 못하는 그런 나라'였다. '중국 비슷한 나라'나 '일본 비슷한 나라'라고 여겨지거나 아니면 그 둘을 적당히 섞은 나라라고 생각됐다. 특수성을 규명할 가치를 인정받지 못했던 셈이다.

지금도 일군의 보수적인 사람들의 무의식에는 '한국은 중국에게 당하거나, 일본에게 당해왔던 한심한 나라'이며, '일본이 개조한 후 간신히 조금 잘나가게 된 나라'라서, '일본의 길'에서 이탈하면 금방 고꾸라질 나라라는 인식 체계가 있다. 나는 특히 이런 인식에 정면으로 대항하려고 했다. 이 책은 그들을 향한 나의 엑소시즘이라 봐도 좋다.

한국은 최근에야 설핏 유명세를 탔다. 자조적으로 말한다면 망하기 직전에서야 남들에게 지각되는 나라가 된 셈이다. 특수성을 규명할 가치는 간신히 인정받게 됐으니, 그 성공 요인과 망할 요인도 이 땅에 사는 우리 힘으로 밝혀내고 싶다는 것이 나의 소박하고도 강렬한 욕망이다. 설령 망국의 운명을 바꿀 수 없더라도 그 망국이 함의하는 교훈은 인류사에 우리 힘으로 남기고 싶다.

'상식의 독재'란 착상이 이끌어낸 것

'상식의 독재'는 현대 한국의 특수성을 설명하기 위해 내가 제안하는 개념이다. 처음 떠올렸을 때는 철저하게 정치평론적인 접근이었다. 한국에선 '상식'이란 말이 다른 나라에 비해 너무 많은 것을 규정하고 있다는 착상, 심지어 정치적인 측면에서도 그것의 역할이 과도하다는 착상에서부터 시작했다. 한국은 다른 사회에 비해 지역과 계층의 격차도 크지 않고 사실상 '하나의 상식'이 지배하는 사회다. 혹은 적어도 '하나의 상식'이 우리 사회를 규율하는 것이 마땅하다고 믿어 의심치 않는 그런 사회다. 그리하여 '상식 수준의 규탄'이 그 이상의 탐구를 통해 발견해낸 각종 분야의 '전문 지식'들까지 탄압하는 것을 당연하고도 자연스럽게 여기는 우리의 이 문화에 대한 문제 제기를 집대성하고 싶었다. 즉, 나 역시 위에서 언급한 '강점 관점'으로부터 시작한 것이 아니라, 한국 문화의 본질적인 단점 혹은 한계를 지적하고 비평하는 시선이었다.

그런데 홀로 몇 년간 이 착상을 가지고 분투하다 보니 점점 더 논의가 거대해졌다. 한국이 '상식의 독재'의 사회인 이유를 탐구하다 보니 역사적 기원이 드러났고, 그 역사적 기원의 뒤편에 동아시아 주지주의의 특수성이 있음을 감지하게 되었다. 그래서 동아시아 주지주의와 유럽 주지주의의 특성을 비교하면서, 동아시아 주지주의의 스펙트럼 안에서 한국 문화의 특수성이 중국·일본·베트남과 비교해 어떠한지를 살펴보게 됐다. '축의 시대'의 도약이 있었던 세계의 주요한 몇 개 문화권과 비교되는 유교 문화권 및 벼농사 문화권의 특성과 그 특성을 공유하는 그룹 안에서 조선의 성리학 수용 방식이 다른 사회와는 어떻게 달랐는지까지 논하게 됐다. 그리하여 한국 사람들이 세상에서 제일 싫어하는 논의, '상식 수준의 규탄'을 벗어나 사변적으로 확장되는 논의가 되고야 말았다. 그래서 작업 과정 전체가 내게는 크나큰 아이러니였고, 다른 사람들에게 이 논의의 필요성을 알리는 매 순간 번민해야만 했다.

'상식의 독재'가 무엇인지 간결하게 설명하기 위해 한국의 보수파와 진보파가 가지고 있는 대표적인 편견 하나씩을 논파하고 지나가고자 한다. '상식의 독재' 사회임을 인지하지 못해 보수파가 갖게 된 대표적인 편견은 '한국에서 엘리트주의가 가능하며, 바람직하다'는 것이다. 진보파가 가진 대표적인 편견은 '한국에는 문화자본으로 인한 구별짓기가 존재하며, 그에 따라 불평등이 정당화되고 계층화가 이루어지고 있다'는 것이다.

엘리트주의와 문화자본 모두 작동하지 않는 특이한 선진국

한국에선 엘리트주의 정치가 불가능하며, 바람직하지도 않다. 엘리트라고 해서 '상식 수준 이상'의 논의를 치열하게 활용하는 지적 생활을 하지 않기 때문이다. 한국의 엘리트들은, 자기 전문 영역 이외의 지식을 '상식'으로 뭉뚱그려 규탄한다는 점에서 대중과 별다를 바 없는 존재다. 여타 선진국의 엘리트들처럼 열심히 일하지도 않고 열심히 공부하지도 않는다. 시민들의 평균적인 지적 능력과 근면성에서 다른 나라보다 비교우위를 누리는 사회이지, 각국의 엘리트 집단끼리 붙여놓으면 한국의 엘리트는 거기서 꼴찌 다툼이나 할 것이다. 단적으로, 자칭 엘리트도 자신과 다른 정당을 지지하는 엘리트의 말보다 자기가 즐겨보는 유튜브 방송의 말을 믿는 나라에서 무슨 수로 엘리트주의 정치가 가능할까?

또한 한국에선 문화자본으로 인한 구별짓기란 것이 사실상 존재하지 않고, 작동하지도 않는다. 물론 현대 한국에도 각종 문화를 향유하는 사람들이 있고, 문화산업도 날로 발달하고 있다. 그러나 여기서 내가 하려는 말의 요점은, 한국 사회를 살아가는 평균 수준의 교육을 받고 지적 능력이 있는 이가 갑자기 돈벼락을 맞는다 한들 부자들 사이에 섞여서 교류하고 사는 데 아무 문제가 없다는 것이다. 물론 한국에도 교양 있는 부유층 그룹이 존재하며, 그런 이들은 자기들끼리 놀면서 남들을 배제할는지도 모른다. 그러나 교양이 없는 부자도 넘쳐나기 때문에 거기서 소외감을 느낄 이유가 없다. 재벌가 사람들도 '서민층이 모르는 어려운 한국말로 사람을 조롱하는 방법' 같은 건 개발하지 못했으며, 그런 일을 하고 싶을 때엔 상대방이 못 알아듣는 외국어로 떠든다. 물론 그들의 외국어 능력 역시 외국의 담론 수준에 도달하지 못했으며, 어디까지나 '상식' 수준의 의사소통에 머문다.

이 두 조건은 한국 사회를 다른 선진국과 갈라놓는 결정적인 차이다. 미국은 문화자본으로 인한 구별짓기는 없지만 엘리트주의가 작동하며, 유럽은 엘리트주의와 문화자본으로 인한 구별짓기가 함께 작동하는 사회이기 때문이다. 한국은 엘리트주의도 불가능하고 문화자본으로 인한 구별짓기가 작동하지도 않는 '상식의 독재' 사회다. 그리고 바로 그렇기에 한국의 먹물들은 무슨 공부를 하든 한국을 '대충 만들어진 사회'라면서 경멸하게 된다. 미국이 문화자본이 작동하지 않는 사회이기 때문에, 미국의 엘리트는 유럽의 엘리트 앞에서 느끼는 담론적 열등감이 있다고 한다. 이에 비추어 본다면, 엘리트주의도 없고 문화자본도 작동하지 않는 한국이란 나라에 사는 엘리트, 먹물, 그리고 엘리트와 먹물 지망생들이 자국에 가질 열등감을 알 만하다.

즉, 담론가들이 보기에 한국은 '근본 없고 천박한 졸부'로 의인화되어서 이해하기가 너무 쉬운 나라다. 그런 졸부에게서 대체 어떠한 특수성을 분석해야 한단 말인가? 그런데 내가 말하려고 하는 요점은, 한국을 '근본 없고 천박한 졸부'로 보이게 하는 바로 그 지점이 한국의 특수성이라는 것이다. 이는 말장난이 아니라 한국 문화의 특수성이 지닌 실제의 역설이다. 엘리트주의도 안 되고 문화자본으로 인한 구별짓기도 작동하지 않는 나라는 현대 대한민국이 '상식의 독재'를 희망하기 때문에 발생하는 현상이다.

'결여'의 망국론을 벗어나야 한다

나 역시 한국이 언제 망해도 이상하지 않은 나라라고 생각하면서도 각종 '망국론'에 비판적 태도를 취하는 이유는 이들 모두 '결여'에 의한 망국론이기 때문이다. 즉 한국에는 미국에 있는 무언가가 없어서, 유럽에 있는 무언가가 없어서, 일본에 있는 무언가가 없어서 망한다는 논리로 구성되어 있다. 이런 논리라면 우리는 우리에게 없는 그 '결여'된 것을 새로이 만들어가기 위해 노력해야 한다는 결론으로 끝나지 않을 도리가 없다. 있어야 할 게 만들어지지 않으면, 그것을 '결여'한 한국 문화의 열등함이나 규탄하면서 끝나게 된다.

한국이 산업화나 민주화 같은, 기존 선진국이 이미 만들어낸 과업을 따라잡아야 하는 입장일 때는 그러한 관점도 제법 괜찮은 것이었다. 우리에겐 없는 것들이 너무나도 많았고, 그러니 만들어내자고 하는 제안은 대체로 옳았다. 그런데 이제 한국 사회 앞에 놓인 과제는 '선진국이 먼저 경험한 과제'들이 아니라 '선진국이 동시대에 함께 경험하고 있는 과제'들이다. 그들도 해법을 만들지 못한 문제인 경우도 많고, 설령 그들 사회에서 작동하는 해법이라 할지라도 한국에 들여오면 이상한 방식으로 작동하여 오류가 나는 일이 반복되었다.

이 책에서 내가 전개하는 논의들을 받아들이게 된다면, 한국이 산업화이든 민주화이든 선진국의 과업을 '따라잡는 방식'조차 기존 모델을 단순히 베껴서 성취한 것이 아니라 본인들의 특수성을 통해 성취했다는 결론에 함께 이르게 될 것이다. 이렇게 이해하면 한국 사회에 나타난 사회 문제들을 해결하기 위해서는 한국 문화의 특수성을 먼저 파악하고 그 강점과 약점을 인정하고 보완하는 선에서 대책을 내놓게 된다. 반면 '한국의 근대에 특수한 게 어디 있어? 일본 이렇게 베끼고, 미국 저렇게 베끼고, 어떤 건 유럽 베껴서 엉망진창으로 섞다 보니 이 따위로 된 게지'란 식으로 생각하면, 계속해서 선진국 모델에서 방책을 찾아 수입하다가 그게 한국 사회나 문화의 특징 때문에 왜곡된 채로 수용되는 상황을 막을 수 없을 것이다.

그래서 이 책의 목표는 '한국의 특수성을 규명하여, 성공 요인과 망국 요인을 함께 분석하기. 그를 통해 망국을 막을 방법을 진지하게 찾아보기'가 될 것이다. 불과 몇 년 전에 우리나라가 선진국 '추격'을 끝내고 '추월'하는 단계에 와 있다고 비평한 《추월의 시대》(2020, 공저)를 쓴 이가 이런 문제의식의 책을 내는 것에 의아해할 사람들이 없지 않을 것이다. 그러나 만약 두 책을 함께 읽어본다면, 이 서문의 문제의식을 공유하고 있음을 알 수 있다. 지난번에 나는 자긍심을 불러일으키면서 우리의 특수성을 분석하고 기존의 갈등 지형을 넘어서기를 시도했지만, 몇 년 후 훨씬 엄혹해진 국제 정세와 국내 정치 지형 속에서 이번에는 위기의식에 사로잡히며 같은 시도를 하게 된 것이다.

이러한 문제의식 자체를 남들에게 납득시키고 공유하는 것이 너무 어려웠기에, 나는 이 책을 몇 번이고 뒤엎었다가 다시 써야만 했다. 그것은 모든 논의를 끝낸 이후에도 몇 번이고 처음 자리로 돌아와 다시 질문을 던지는 과정과도 같았다. 그래서 이 '서문' 역시 곧바로 '본론'으로 향하지 못하고 다시 한번 새로운 '서론'으로 향하는 디딤돌 역할에 만족하고자 한다.

완만하지만 높은 산을 시간을 들여 오르는 것처럼

이 책의 구조는 하나의 높은 산을 등반하는 것과 비슷한 방식으로 되어 있다. 서론에서 1장, 그리고 결미는 이렇듯 방대한 논의를 해야만 하는 정치적인 이유를 밝히고 그 해법을 제시한다. 따라서 만약 정치적인 결론만 얻어내고 싶다면 서론에서 1장을 읽은 후 바로 결미를 읽고, 이후 그 중간 과정이 궁금할 경우 다른 장들을 읽어도 될 것이다. 2장에서 4장은 상당히 촘촘하면서도 완만하게 능선을 타고 올라가는 등산의 여정이다. 이 과정이 필요했던 이유는, 우리 사회의 일각에선(특히 담론적인 사람들의 영역에선) '한국의 특성은 기껏해야 한국 전쟁 이후 형성된 것이기 때문에 한국 전근대사의 영향력은 분석할 필요가 없다'는 믿음도 팽배하기 때문이다. 2장에서 4장은 그 믿음을 논파하는 데 상당한 공을 기울이고 있으므로, 우리 사회를 파악하는 데 전근대사의 영향력이 있다는 사실을 의심하지 않는 사람이라면 케이블카를 타고 능선을 지나가듯 이 부분을 일단 생략해도 된다. 5장에서 우리는 정상에 이르며, 한국 사회를 정밀하게 비평하기 위해 파악할 필요가 있다고 믿는 특수성의 구체적인 내용을 보게 될 것이다. 이후 6장에서 9장에 이르기까지는 그 특수성의 내용을 받아들인 후 한국 사회의 담론과 문제들을 구석구석 들여다봤을 때 어떠한 접근이 가능한지를 보여주는 완만한 하산의 과정이다. 단, 7장에선 철학적 논의에 약간 깊숙이 들어서기 때문에, 이 영역에 큰 관심이 없는 이는 잘 읽히지 않을 경우 그저 쉬엄쉬엄 넘기면 된다. 설령 잘 이해가 가지 않더라도 다음 내용을 이해하는 데 지장이 없을 테니 말이다. 그리고 결미에선 다시 정치적인 결론에 이르게 될 것이다. 이 산은 꽤 높지만, 별로 험준하지는 않은 한라산 같은 산이다. 시간만 들인다면 누구든지 정상을 밟을 수 있다. 하지만 어디로 가는지를 파악하지 못한 이에게 완만한 능선의 등산은 다소 지겨울 수 있기 때문에, 이와 같은 구조를 미리 밝혀두고자 한다.

서론:
'한국적 삶'을 탐구하기 위한 여정을 시작하며

2000년대에 나는 앞으로의 한국 사회가 '미국이냐, 아니면 유럽이냐'라는 교차로에서 유럽의 방향으로 가야 한다고 믿는 종류의 진보주의자였다. 말하자면 영미식 자본주의가 아니라 독일-북유럽식 사회민주주의를 기반으로 한 자본주의로 향해야 한다고 믿었던 것이다. 그때 나는 20대를 지나고 있었다. 이러한 믿음은 물론 스스로 만들어낸 것이 아니라 진보 정당 운동을 하던 선배들의 정리를 수용한 것이었다. 1994년 당시 한국을 대표하는 진보 지식인이었던 고 리영희 선생이 '새는 좌우의 날개로 난다'(1994년 출간된 책 제목)라고 말한 것처럼, 한국 사회가 완전히 유럽식 사회민주주의의 길로 가지는 못한다 하더라도 그것을 지향하는 진보 정당이 중요한 한 축이 되면 우리 사회가 훨씬 좋아질 거라 믿었다.

2010년대가 왔고 30대가 닥쳐왔을 때, 내 믿음은 다소 흐릿해졌다. 금융위기를 지나면서 한국은 1인당 GDP에서 남유럽의 몇몇 국가를 제쳤다. 곧 꺼질 거품이라던 한류는 유럽에서도 긍정적인 반응을 이끌어내기 시작했다. 한국 대중문화를 즐기면서도, 그 본질은 청소년의 삶을 착취한 것이라고 비판하던 진보주의자들은 내적 모순에 시달리게 됐다. 핀란드 공교육 담론이 유행했고 독일 교육을 배워야 한다는 식의 진보적 논의도 건재했지만, 유럽에 연수를 가면 '한국에서 여긴 뭘 배우러 왔느냐. 우리는 당신들에게 배워야 한다고 생각한다'라고 반문하더라는 경험담도 쌓여갔다. 물론 유럽에서도 여전히 배울 게 많겠으나, 특히 코로나19 대응과 러시아-우크라이나 전쟁의 국면에서 '유럽의 추태'를 목도하는 일도 늘어났다.

'한국적 삶'의 명과 암을 살펴보다

이제 나는 마흔 줄에 이르렀다. 나는 이제 우리 사회가 어디로 가야 하는지를 제언하기 이전에 '한국적 삶'이란 무엇인지를 먼저 묻고 있다. 한국 사회의 특성이 만들어낸 우리 삶의 풍경은 어떠한 것인지, 그 특징이 무엇인지를 질문하게 되었다. 미국이나 유럽, 일본 등에서 더는 배울 게 없다는 식의 오만 때문은 아니다. 한국은 앞으로도 해외 사례를 참조해서 여러 문제를 개혁해야 할 것이다. 하지만 이제는 한국 사회의 장단점과 다른 사회의 장단점을 나란히 놓고 비교 분석하면서 좀 더 정밀하게 대안을 추구해야 그 정책이 제대로 작동할 수 있는 국면이 됐다. 말하자면 누군가를 '따라잡기 위한 배움'이 아니라 한결 까다롭고 진지한 배움에 홀로 돌입해야 하는 시점에 이른 것이다. 4년 전 일군의 또래들과 함께 쓴 《추월의 시대》는 미숙하지만 앞으로 우리가 그러한 새로운 배움의 길로 나아가야 한다는 일종의 선언이었다.

나는 '한국적 삶'의 명과 암을 동시에 규정하는 핵심적인 속성을 '주류·표준·평균에 속한 이에게 제공되는 엄청난 편의성, 그리고 그 바깥 다양한 삶의 양태에 대한 철저한 무신경함'이라고 정의하고 싶다. 이는 한국 사회의 빠른 변동과 성공을 설명할 수 있는 속성이기도 하고, 이 사회가 누군가에게는 어찌 그리 잔인할 수 있는지 그 이유를 밝힐 수 있는 속성이기도 하다. 주류, 표준, 평균이란 말을 모두 쓴 것은 세 가지가 제각기 조금씩 다르기 때문이다. 경제생활의 관점에서 보자면 주류는 '연 소득 1억 원 이상의 대졸자들', 표준은 평균보다는 높은 '연봉 5,000만 원 이상의 대졸자들', 평균은 '연봉 3,000만 원대 후반의 직장인들' 정도라고 설명할 수 있을 것이다. 잘 교육받으려는, 혹은 자녀를 잘 교육시키려는 열망이 강하고, 세속적 성공을 원하기 때문에 열심히 살아왔으며, 그 결과 어느 정도의 성과는 거둔 이들이다. 한국적 삶의 편의성은 이들에게 집중되어 있다. 그리고 여기에 하나의 소수자적 특성을 추가할 때마다 '평균'에서 벗어난 이들은 별도의 어려움을 겪게 되는데, 이를 해결할 방법은 아직 제대로 발달하지 않은 경우가 대부분이다. 이를테면 한국의 의료체계는 OECD 평균보다도 높은 평균 수명을 누리게 할 만큼 우수하지만, 장애인의 평균 수명은 유럽 국가들에 비하면 크게 뒤진다. 세계적으로 화제가 된 드라마 〈이상한 변호사 우영우〉(2022)에서 소재로 삼은 자폐 스펙트럼이 있는 경우엔, '평균적으로는' 작중 우영우의 나이인 20대 후반까지 살기가 어렵다고 볼 정도다.[1] 의료보험은 우리로 하여금 병원에 자주 가게 하고, 감기 진료에 유리하고, 치과 치료의 영역에서 유능하고 경험 많은 의사들을 양성한다. 한마디로 말해, 과로를 마다하지 않고 열심히 사는 이들을 위한 최선의 체계다. 감기 정도는 회사에 며칠 병가를 내고 집에서 오렌지나 먹으면서 견디는 게 더 낫다고 믿는 이들에게 좋은 체계는 아니다.[2] 하

---

1   물론 이는 한국처럼 '소수자'로서 살기 힘든 사회에선 증상이 심해야 그 사실을 드러내지, 그렇지 않은 경우는 적당히 아닌 척 숨기고 살아서 통계에 잡히지 않기 때문에 더 극적인 차이가 발생하는 것일 수도 있다.

2   애초 한국의 회사에서 며칠 병가를 쓰려면 독감(인플루엔자) 정도는 걸려야 하며,

지만 암 치료에는 부담이 커서 조금이라도 형편이 좋은 이들은 사보험을 두어 개 들어놓는다. 만약 중증 외상 환자가 된다면 사태는 훨씬 더 심각해질 것이다. 그런 특수한 사례에 대한 치료는 사실상 시스템 바깥에 있으며, 이국종 의사와 같은 분이 몸을 갈아 넣으면서 분투해도 '밑 빠진 독에 물 붓기'와 같은 상황을 벗어나기 힘들다.

그래도 개선되고 있는 부분이 있다. 최근 몇 년간 느낀 개선의 대다수는 흥미롭게도 '롱테일'[3] 구간을 겨냥하는 인터넷 비즈니스 때문에 나타났다. 가령 '삼쩜삼'이란 서비스는 세무사 상담을 받을 여력이 없는 나 같은 프리랜서도 연 수십만 원의 세금을 환급받게 해준다. 카카오톡에서 간단하게 문의하면, 국가로부터 수십만 원을 돌려받게 해주는 대신 세무 상담의 몫으로 십수만 원을 떼겠다고 제안하고 나는 기꺼이 수락한다. '삼쩜삼'이란 명칭은 각종 영역에서 떼는 3% 국세와 0.3% 지방세의 합산을 의미한다. 지난 20년간 나는 96,700원이나 48,350원 같은 3.3%를 떼고 96.7%를 남긴 원고료 액수가 친숙했다. 매년 연말정산을 하면서도 제대로 챙기는 것 같다는 생각이 들지 않았지만, 이제 이 영역의 사람들을 위한 간단한 세무 상담 시스템도 등장한 것이다. 9년 전 '알바몬'이란 사이트가 등장하여 그전에는 고용노동부도 제대로 챙기지 않던 '알바'들의 노동권을 말하게 된 것과 비슷한 사례다. 당시 진보주의자들은 이 기술 진보의 진보적 함의를 숙고하지 않고 다만 광고에 나선 걸그룹 출신 혜리를 '맑스돌'('마르크스주의 아이돌'의 준말)이라고 부르며 상찬했을 뿐이다. '트레바리' 같은 책 세미나 프로

설령 그렇더라도 타미플루를 먹은 후 사흘째부터는 병가에서 재택근무로 전환될지 모른다.

3   판매 곡선에서 소비를 많이 하는 '머리' 부분(20%)이 아니라 조금씩 하는 '꼬리' 부분(80%)을 일컫는 말.

그램의 존재, 인터넷 서점 '알라딘'에서 인문사회 도서를 많이 사는 독자들을 겨냥하는 것 역시 비슷한 사례라고 볼 수 있을 것이다.

그러나 이러한 기술 진보에 의한 개선에는 분명한 한계도 있다. 예전에 비해 '조금 소비하는 다수'를 대상으로 한 서비스가 가능해졌다는 장점은 분명하지만, '어느 정도 다수'이긴 해야 혜택을 받을 수 있다. 더구나 한국 사회에선 어떤 영역에서든 소비자 편의는 점점 개선되지만 생산자나 노동자의 권리 보장엔 취약한 부분이 있다. 요즘엔 정치적 이유로 불매운동을 하는 일군의 시민들이 있어 이 취약함을 보완하기도 한다. 그러나 이 역시 '대리점에 갑질을 하는 우유 판매업체'는 효과적으로 징벌하지만, '물류센터 직원과 창작자에게 갑질을 하는 유통업체'는 제대로 징벌하지 못한다. 소비자운동도 해결하지 못한 이런 문제는 결국 국가권력이 나서 정책적 접근을 취해야 개선될 수 있을 것이므로, 우리는 다시 한번 정치의 중요성을 깨닫게 된다.

'한국적 삶'의 특성 및 장단점을 분석하고, 그것을 어떻게 개선할 수 있을지를 고민하던 어느 날, '상식常識'의 문제를 만나게 됐다. 진보주의자로서의 나는 반복해서 한국 사회가 주류·표준·평균에 속하지 않은 소수자에게 지나치게 잔인하다는 문제를 지적해야만 했는데, 문제를 지적하면 할수록 사람들이 그것을 문제라고 받아들이지 않는 경우도 많더라는 현실에 맞닥뜨렸기 때문이다. 따라서 '주류·표준·평균에 속한 이에게 제공되는 엄청난 편의성, 그리고 그 바깥 다양한 삶의 양태에 대한 철저한 무신경함'이란 현상의 기반에는 우리가 지식과 배움을 받아들이는 방식, 어떤 지적 토양에 기본적으로 문제가 있다는 착상에 이르게 됐다. 나는 여기에 '상식'이란 이름을 붙였다. 한국은 '상식이 지배하는 나라'이며, 한국적 삶의 특징은 이러한 '상식의 지배'로부터 도출된다는 착상이었다.

현대 한국인의 언어생활에서 '상식'이란 말은 어떠한 위치를 점유할까. 표준국어대사전에 따르면 "사람들이 보통 알고 있거나 알아야 하는 지식. 일반적 견문과 함께 이해력, 판단력, 사리 분별 따위가 포함된다"라고 정의된다. 영어에 대응하는 말은 '커먼 센스common sense'로 보는 것이 일반적이다. 그런데 한국에서 '상식'이란 말은 '커먼 센스'와는 다소 다르게 '공통의 감각'이나 '모르면 괄시당할 수준의 지식'의 차원을 넘어서 사실상 '따라야 할 도덕 기준'이란 의미까지 가졌다는 것이 큰 차이다. 바로 이 점이 내가 이 책에서 얘기하는 '상식의 지배', '상식의 독재'를 만들어내는 동력이기도 하다.

한국은 '국민독재'의 나라?

그렇다면 '상식의 지배'란 구체적으로 어떤 현상을 의미할까. 사실 이미 여러 사람이 이와 비슷한 착상을 한 바 있다. 몇 년 전 한국의 여러 커뮤니티에서 화제가 된 어느 일본인의 게시물이 있었다. 그는 일본의 어떤 커뮤니티에 올린 게시물에서 일본은 주변에 독재국가밖에 없어 너무 괴롭다고 말했는데, 북한이나 러시아나 중국과 함께 대한민국을 그 '독재국가 명단'에 올려놓았다. 각 나라가 어떤 독재국가인지도 설명했는데, 그의 주장인즉 한국은 '국민독재'의 나라였다.

이에 대해 우리나라 누리꾼들은 "쟤들은 민주주의의 개념을 아예 모르나?"라며 비웃었다. 그 조소도 이해할 만은 했다. 민주주의란 말은 어원상 '인민의 지배', 혹은 '국민의 지배'를 의미하기 때문에 '국민독재'라고 말하는 것은 대단히 이상한 말이 된다. 더구나 조금 더 말이 되는 형태로 바꿔서 '국민의 통치'로 만들면 그 말이야말로 민주주의 자체를 가리키게 된다.

　　그러나 저 '국민독재'라는 말을 '국민정서법'이나 '대중독재'란 말로 바꿔본다면, 한국에서도 이 말을 사용하는 사람이 꽤 있다는 사실을 알게 된다. 이 말들은 다소 피상적으로 사용되기도 하고 학술적으로 사용되기도 한다. 이를테면 정말로 한국에선 대중이 독재를 한다는 식의 볼멘소리로 쓰이기도 하는데, 그럴 때엔 그 말의 의미는 위에 적은 '국민독재'와 별반 다를 바가 없는 듯하다. 사람들이 피상적으로 '국민정서법'이나 '대중독재'란 말을 사용할 때엔, 그 의미는 대략 '일군의 대중이 몰려다니거나 여론에 휩쓸려서 어떤 사람들을 엄밀하지 못한 기준으로 비난하거나 도덕적으로 단죄하는 행위나 현상'인 것처럼 보이기 때문이다.

　　'국민정서법'이란 말엔 다른 함의가 거의 없지만, '대중독재'란 말이 학술 영역에서 사용될 때는 다소 다른 의미가 된다. '대중의 독재'라는 의미가 아니라 '대중이 승인한 독재'라는 말이 된다. 한국 현대사에 맞춰서 쉽게 풀어보자면 이 경우 독재자는 대중이 아니라 여전히 박정희나 전두환이라는 개인이었는데, 그들에게 권력을 맡긴 것에 일정 부분 대중의 승인이 있었고 그래서 그에 따른 책임도 대중에게 일정 부분 있다는 논의가 된다. 2000년대 초반에 역사학자 임지현이 제시한 개념이다. 이 논의 역시 내가 이 책에서 건드릴 여러 주제 중 하나이기는 하다. 하지만 지금 말하고 있는 것과는 다소 거리가 있어 여기서는 상세하게 설명하지 않도록 한다.

　　그러한 학술적 의미의 '대중독재' 말고, 피상적인 의미의 '국민정서법'이나 '대중독재'란 말이 무슨 의미인지 감을 잡아볼 수 있는 한국 사회의 정치적 사건으로는 무엇이 있을까? 나는 그 예시로 들 수 있는 좋은 사건이 2017년 박근혜 전 대통령의 탄핵 국면이었다고 생각한다. 사실 한국인들 스스로도 우리 한국 사람들은 정서적이고 극단적이라고 비판하는 경우가 있다. 이런 시선으로 박근혜 정부가 붕괴한 그 사건을 바라본다면 대중 사이에 번진 감정의 폭풍이 절차와 과정이라는 합리적 정치 행위를 파괴해버린 사건이라 해석할 수도 있을 것이다. 1982년부터 수십 년간 한국에 거주한 외신기자 출신인 마이클 브린 역시 《한국, 한국인》이란 책에서 그러한 입장을 취했다. 그는 박근혜 전 대통령의 탄핵을 '민심이란 이름의 야수'가 '너는 나 외에 다른 신들을 네게 두지 말라'는 계율을 어긴 정치인을 심판한 과정으로 묘사했다. 한국 민주주의가 미국처럼 법에 기초했다면 박근혜 전 대통령이 무엇을 잘못한 것인지와 그 잘못이 탄핵할 만한 수준인지를 따지는 데 몇 년의 시간이 소모되어 그가 임기를 다 채웠을 거라고 비판했다.[4]

이 얘기는 내가 공저 《추월의 시대》 1장에서도 논의한 것인데,[5] 나는 브린의 주장에 동의하지는 않는다. 박근혜 탄핵의 과정에 절차적으로 문제가 있었다고 보지는 않기 때문이다. 그러나 브린이 말한 것이 한국 정치문화의 특수성이란 점은 분명해 보인다. 한국에선 국회와 헌법재판소가 소위 '민심'이란 것에 순응하는 방식으로 그 절차가 작동했다. 그가 말한 것처럼 영국과 미국에서라면 다소 다른 일이 벌어졌을 것이다. 내가 보기에 이러한 정치문화의 차이에 우열 관계는 없지만, 바로 이 부분이 저 일본인이 말한 '국민독재'란 표현과 관련이 있는 정치문화라는 점도 분명해 보인다.

'상식의 독재'란 말은 어떤 일본인이 '국민독재'라고 불렀고, 많

---

4   마이클 브린, 《한국, 한국인》, 실레북스, 2018, pp. 414~418.

5   김시우·백승호·양승훈·임경빈·하헌기·한윤형, 《추월의 시대》, 메디치미디어, 2020, pp. 30~33.

은 한국인이 '국민정서법'이나 '대중독재'라고 부르는 그 현상에 내가 새로이 붙인 이름이다. 좀 더 담론적으로 말을 만들려고 했다면, '상식의 통치', '상식이 통치하는 체제' 등이 더 적절했을 것이다.[6] 하지만 독재자의 위치에 '상식'을 올려보면 직관적으로 상당히 많은 것들이 해명된다고 생각하여 '상식의 독재'라는 피상적인 표현을 선호하게 됐다.

앞서 브린의 주장에 동의하지 않는다고 미리 말한 것처럼, 내가 보기에 2017년 박근혜 전 대통령의 탄핵 국면에서 있었던 일을 '대중 사이에 번진 감정의 폭풍이 절차와 과정이라는 합리적 정치 행위를 파괴해버린 사건'으로 요약하는 데에는 다소 부적절한 구석이 있다. 사람들이 다만 자기 감정을 못 이겨서 그렇게 집단적으로 행위한 것이 아니라, 정치 세력과 권력 기관을 향해 모종의 합당한 규율에 복종하기를 요구한 것이었기 때문이다. 말하자면 당시 한국 사회의 시민들은 국회와 헌법재판소가 당연히 우리의 말을 따라야 한다고 믿었다. 국회와 헌법재판소가 자신들의 명령에 복종하는 것이 당위적이고 이성적인 일이라고 믿었다. 이러한 믿음에 입각한 집단적 행동을 묘사한다면, '국민독재'나 '대중독재'란 말로도 잡아채기 어려운 부분이 있다.

왜냐하면 한국인들은 당시 '우리가 다수이기 때문에 내 말에 복종하라'고 말했던 것은 아니기 때문이다. 물론 박근혜 전 대통령의 탄핵에 찬성했던 여론은 80% 정도로 절대다수였다. 그러나 사람들은 우리가 다수파이기 때문이 아니라 모종의 합당한 규율에 맞춰서 판단할 때 탄핵이 마땅하다고 보았기에 당시 다수파가 된 것이다. 그러므로, 이 경우 독재를 하는 주체가 있다면 그것은 '국민'이나 '대중'이 아니라

---

6   사실 내가 '상식의 독재'란 말의 영어 번역어로 고민했던 것도 'Common-sense-cracy'였다.

오히려 그들이 믿고 복종해야 한다고 여기는 어떠한 규율이라고 나는 생각한다. 그리고 그 규율을 표현하는 말에 한국 사회의 사람들이 다른 사회의 사람들과는 다소 다른 방식으로 사용하는 독특한 한 단어, '상식'이란 말을 붙였다.

그러나 현재 '상식'의 지위는 위태롭다. 여전히 대부분의 사람들이 '상식의 독재'를 희구하지만, 과거에 비해 '상식'이 한결 분화되었고 서로 투쟁하고 있기 때문이다. 나는 최근 20여 년간 누적된 한국 사회의 정치적 혼란을 이 '분화하는 상식들의 투쟁'이란 관점에서 볼 것을 제안한다. 이 추세는 되돌릴 수 있을까? 말하자면 상식의 분화를 억제하고 (적어도 몇 개 당파가 동의하는) 상식의 지평을 확장할 수 있을까? 그게 불가능하다면 우리 한국인들이 '상식의 독재'에 관한 욕망을 내려놓도록 설득해야 할까? 어느 쪽이든 쉽지 않을 것 같다. 그러나 우리가 어디에서 어긋나고 있는지는 먼저 탐구해봐야 한다. 나는 우리 시대를 둘러싼 '상식'의 형성과 분화를 탐구하는 것이 현대 한국 사회의 정치·경제·문화 양식을 규명하기 위해 반드시 필요한 일이라고 생각하게 됐다. 이 책은 그 과업에 대한 내 깜냥으로는 최대치에 가까운 노력의 산물이다. 내가 던지는 고민을 공유하는 이들의 숫자가 늘어나게 된다면 이 책은 할 수 있는 모든 역할을 한 것이리라.

'민심은 천심'과 '상식의 독재'의 차이는…

'상식의 독재'라는 말이 표현하려고 하는 바는 비슷한 상황에서 사용되는 피상적인 언어, 그리고 담론적인 언어와는 어떤 차이가 있을까? 예를 들어 '민심民心은 천심天心'이란 말로 표현한다면 더 적절하지 않을까? 혹은 어쩌면 일군의 엘리트 의식을 지닌 보수파들이 '떼법'이란 말로 표현하는 것도 비슷한 현상 아닌가? 이 말들이 너무 부정적이라면 대체로 긍정적인 문맥에서 쓰이는 '집단지성'이란 표현은 어떨까? 좀 더 철학적인 논의에서 쓰이는 '일반의지'는? 혹은 '시대정신'은? 기존에 흔히 썼던 이 단어들을 사용하면 '상식의 독재'라는 새로운 조어 없이도 사태를 적절하게 설명할 수 있지 않을까?

이에 간단하게 답해보자면 다음과 같다. 위에서 언급한 단어들에는 도덕적 훈계의 함의가 없다. 사람들의 견해를 총합해서 나온 결론을 그저 각기 다른 관점으로 서술한 것이다. '집단지성'이란 말은 특정한 조건이 충족된다면 그렇게 나온 결론이 사실에 더 가깝다는 주장일 것이다. '민심은 천심'이란 말은 비록 그 결론이 당장은 이해되지 않더라도 우리가 수용해야 한다는 의미일 것이다. '일반의지'란 말에는 좀 더 철학적인 논의가 들어가고, '시대정신'이란 말은 훨씬 포괄적인 의미를 지니지만, 이들 역시 당대 사람들이 사회에 요구한 것의 총합으로 구성된다는 점에서 앞의 말들과 대동소이하다. 이 용어들은 대선에 비유하자면 선거 결과를 해석하는 문제가 된다. 2022년 대선에서 윤석열 후보가 이재명 후보에게 신승을 거둔 것을 어떻게 독해할 것인가의 문제가 된다. 그래서 '민심'은 선거에서 패배할 수가 없다. 선거 결과가 어떻게 나오든 한국 미디어는 '민심은 천심'이란 말로 해석할 것이기 때문이다.

'상식'은 이와는 다소 다르다. 민의의 총합이 아니라, 모종의 규범을 가지고 있으며 남들을 '몰상식하다'고 규탄할 수 있는 종류의 지식이다. 윤석열 후보의 지지자들, 이재명 후보의 지지자들, 그리고 아마도 심상정 후보나 기타 후보의 지지자들 모두 본인이 '상식'의 위치에 있으며 상대편은 '몰상식'하다고 믿고 있다. 그래서 '상식'은 선거에서 승리하거나 패배할 수 있다. 선거 결과가 나올 때마다 각 진영은 '상식이 승리했다'거나 '상식이 패배했다'고 말한다. 말하자면 '상식'은 결과에 승복하지 않는다. 결과가 '상식'에 승복하기를 욕망한다. 그래서 '상식의 독재'다.

　　문제는 '상식'이라 주장하는 것들이 더는 모든 한국인이 공유하는 '상식'도 아니라면, 도대체 그중 어느 것이 '상식'인지 어떻게 판정하느냐는 것이다. 그래서 21세기 한국에서 선거란 '독재자의 지위를 원하는 복수의 상식이 벌이는 투쟁의 장'이 됐다. 전근대 역사로부터 상당히 동질적인 이들끼리 공동체를 형성하며 살았던 한국 사회에서 지금까지 '상식'이란 말은 다른 나라에서는 찾아보기 힘든 수준의 소박한 판단의 근거로서 기능했다. 그러나 21세기 들어 전 인류가 함께 겪게 된 뉴미디어로 인한 파편화와 신부족주의의 상황 속에서, 한국에서는 예전에는 겪지 못한 '상식의 분화'가 일어나면서 현저하게 거리가 멀어진 '상식'과 '상식'이 대격돌하는 풍경이 벌어지게 됐다. 파편화와 신부족주의 자체는 다른 나라에도 있는 현상이겠으나, 그간 '상식 통치'였던 한국에선 그 폐해가 '상식 간의 대격돌'이란 다소 다른 형태로 나타나게 된 것이다.

　　과거 '상식'이란 말이 한국 사회에서 가지는 규범성은 정치적 당파를 가리지 않았다. 한국 사회에서 가장 보수적이고 엘리트주의적이라고 여겨지는 판사 출신의 정치인 고 이회창에게 "법이란 무엇입니까?"라고 질문했더니, 이회창은 "상식과 순리다"라고 답했다는 얘기가 있다. 1990년대 말 당시 한나라당 이회창 총재를 보좌했던 윤여준 전 환경부장관이 그 시기에 나눈 대화에 대한 회고다. 그래서 윤여준 전 장관이 "법이 상식과 순리에서 어긋날 때는 어떻게 해야 합니까?"라고 재차 질문했더니, 이회창 총재는 "법을 고쳐야 한다"고 답했다는 것이

다. 윤여준 전 장관은 이에 대해 "과연 '대쪽 판사'다운 명쾌한 답이었다"고 평했다.[7]

이어서 21세기 초, 대한민국사에서 가장 강력한 대중운동을 만들어낸 정치적 리더였던 고 노무현 전 대통령이 부상하기 시작했을 때 사람들이 그를 지칭하는 말은 '상식, 혹은 희망'이었다. 돌고 돌아서 노무현 전 대통령과 함께 정치했던 그룹을 '사회주의 운동권 그룹'으로 질타하면서 대통령에 당선된 현 윤석열 대통령이 후보 시절 내세웠던 구호도 '공정과 상식'이 됐다. 우리는 오랫동안 '상식이 지배하는 대한민국'을 염원했다. 그런데 민주주의가 어느 정도 성숙하고 '상식'이란 말의 지위가 가장 높아진 어느 시점(가령 군인의 규율이 시민의 상식을 짓누르는 일은 사라졌기 때문에)에서 오히려 '상식 통치 사회'에 대한 가장 큰 위기가 닥쳐왔다. 정작 우리의 '상식'이 심각하게 쪼개지고 분화하고 있기 때문이다.

거듭 말했지만 한국 사회의 '상식'은 사실상 '따라야 할 도덕 기준'이란 의미까지 가졌다는 것이 가장 큰 특징이다. 이는 '상식'이란 말을 다른 나라의 언어로 번역한다고 생각했을 때, 번역어에선 쉽게 찾아보기 어려울 특징이다. 하나의 예시를 들자면, 어떤 아이돌 가수가 안중근 의사의 얼굴을 알아보지 못하는 것은 '무지'의 문제가 아니라 '부조리' 또는 '부도덕'으로 규탄당할 일이다. 내가 이런 세태를 별로 좋아하지 않는 것과 별개로, 한국 사회에 이런 종류의 압박이 있다는 사실만은 분명하다.

---

[7] 이 일화는 윤여준 전 장관의 저술이 아니라 페이스북 페이지에 올린 일화에서 가져왔다. 페이스북 페이지 '윤여준정치연구원', '상식과 순리'(2017년 3월 11일).

한국의 '상식'은 윤리체계까지 함의한다

여기서 나는 현대 한국 사회의 '상식'이란 말이 '민심은 천심'이란 말과도 결정적으로 분화하고 있다고 생각한다. '민심은 천심'이란 말 역시 한국 사회를 설명하는 중요한 어휘임에는 틀림이 없다. 우리는 막연하게 같은 동아시아 문화권인 중국이나 일본에서도 이 말을 자주 사용하리라 여기지만, 전혀 그렇지 않다. '민심'이란 말이 분명 사전에 있긴 하나, 우리처럼 '민심은 천심'이란 말을 일상적으로 쓰지도 않고 그 말이 막강한 힘을 발휘하지도 않는다는 것이다.[8] 어쨌든 '민심'이란 전근대 동아시아의 농경 사회에서 사회 구성원 대다수를 차지했던 농민들의 이해관계를 대변했던 말이라 볼 수 있다. 가령 넷플릭스 드라마 〈킹덤〉(2019~2020)에 나와서 더 유명해진 "백성은 밥을 하늘로 섬긴다(민이식위천民以食爲天)"는 고대 중국의 고전에 나왔던 말을 조선에서 정도전, 세종대왕, 정조 등이 풀어서 사용한 것이다.

그런데 백성이 밥을 하늘로 섬기는지 어떤지를 당시 사대부들이 물어봤던 것은 아니다. 사실 가난한 농민의 이해관계라는 것은 뻔하기 때문에 굳이 무엇을 원하는지 물어볼 필요가 없었다. 조선 사대부들의 이상적 자세를 보여줬다고 평가받는 정약용의 《목민심서牧民心書》에서 '목牧'은 '목동牧童'이나 '유목遊牧', '방목放牧' 등의 단어를 표기할 때 사용되는 그 '목' 자이다. 말하자면 사대부가 스스로를 '목민관'이라 자처할 때는, 본인은 목동과 같은 존재이고 백성들은 그 목동이 돌보는 가축과 같은 이라 생각했다는 것이다. 이는 '유교적 애민주의愛民主意'에서 '민주주의의 맹아'를 발견하는 논의에 대한 가장 강력한 철학적

---

8   이에 대해서는 박훈, 《위험한 일본책》, 어크로스, 2023, p. 41을 참조할 것.

반론이 된다. 사대부가 본인들만을 정치적 주체로 사유했다는 것이 명백하기 때문이다.[9] 따라서 오늘날에도 '민심은 천심'이란 말을 쓰고 '민이식위천'이란 말을 비유적으로 사용할 수 있지만, 정치적인 맥락은 전혀 달라진다고 볼 수 있다. 오늘날에는 당장 밥 한 공기가 아쉽지는 않은 사람들의 숫자도 상당히 많기 때문에, 기본소득에 찬성하지 않고 부동산 가격 폭등에 분노하는 '민심'이 존재하게 되기 때문이다. 시민들이 먹고사는 문제에 민감하다는 점은 유사하지만 이제 그 '먹고사는 문제'는 '이밥에 고깃국'을 넘어 '일자리', '학벌', '부동산' 등 다종다양한 이해관계를 어떻게 합리적으로 조정할 것인가를 고민하는 훨씬 복잡한 문제가 됐다.

　여기에서 '상식'은 '민심'과도 구별되는데, 과거의 '민이식위천'에서 드러나는 '민심'처럼 소박한 게 아니라 단순한 수준에서나마 하나의 지식체계이며 윤리체계라고 볼 수 있다. 이 말엔 생활인들이 가진 일상성의 건실함과 그들이 갈구하는 적당량의 주지주의와 모종의 윤리의식까지 버무려져 있다. 말하자면 '상식'이 지배하는 세상을 추구하는 현대 한국인들은 모두가 과거 조선시대의 사대부들처럼 굴기 시작했다고 볼 수 있다. 농민처럼 그저 '밥'을 요구하는 것이 아니라, 본인들이 모종의 규범체계에 근거해서 국가권력을 향해 정당한 요구를 한다고 여긴다는 점에서 말이다. 즉, 현대 한국인은 '상식'이란 규범체계에

9　박훈, 《메이지 유신은 어떻게 가능했는가》, 민음사, 2014, pp. 164~165. 여기에서 박훈은 김상준(《맹자의 땀 성왕의 피: 중층근대와 동아시아 유교문명》, 아카넷, 2011)의 논의를 논박한다. 그는 '사대부적 정치 문화'가 사대부의 말단까지 정치 참여를 허용한다는 점에서 동아시아에 존재했던 정치 유형 중 가장 광범위한 정치 참여를 허용한다는 점을 긍정하면서도, 사士와 민民 사이의 결정적 단절이 있었고 '민'에게 정치적 권리를 부여하자는 발상이 좀처럼 나타나지 않았다는 점에서 '유교적 전국정치'에서 '근대적 민주정치'로 연결될 가능성이 있었다는 김상준의 관점에 회의를 표한다.

본인이 복종한다고 생각하면서 '시민'이 되는 것이다. 그런 점에서 '상식'은 과거 유학자들이 말했던 '소이연 소당연所以然 所當然'('마땅히 그렇게 되는 까닭과 마땅히 그래야 하는 것'이란 의미로 성리학의 핵심 개념 중 하나)과 같은 규범체계보다는 훨씬 단순화된 것이지만, '민심'이란 말로는 표현할 수 없는 도덕률을 포함한다.

'주지주의의 다양성' 문제

한편 논의를 거듭할수록 나는 지적 야심이 커져서 이 '상식'의 문제를 '유럽 주지주의'의 전통과 구별되는 '동아시아 주지주의'의 문제로, 그 '동아시아 주지주의'의 세계에서 변경에 해당했던 한국이 '동아시아 주지주의'를 특수한 형태로 수용한 문제로 이해하게 됐다. 한국에서 철학을 공부하면 관습적으로 '서양 철학'과 '동양 철학'을 나눈다. 최근 나는 '서양' 대 '동양'의 이분법도 해체되어야 하며, '철학'이란 말도 되도록 회피해서 논의해보자고 생각하게 됐다. '서양' 대 '동양'의 이분법에선 아프리카는 명백히 제외되어 있고, 라틴아메리카도 대체로 고려되지 않는다. 심지어 동아시아 사람들이 '동양'을 논할 때는 아랍과 인도마저 머릿속에서 고려하지 않고 사실상 '동아시아'만을 염두에 두는 경우도 허다하다. 그럴 바에는 '동양'이란 이름으로 애매하게 보편화를 시키기보다는 콕 집어서 '동아시아'를 변별해내는 것이 훨씬 솔직하고 담백한 일이다.

그래서 '유럽 주지주의'와 '동아시아 주지주의'를 비교해보고, '주지주의의 다양성'의 세계에서 지도를 그려보는 작업이 필요하다고 새삼 생각하게 됐다. 한국인들은 한국이 굉장히 독특한 전통을 가진 외딴 나라이거나, 아니면 아예 근본이 없는 나라라고 양극단에서 생각하는 경향이 있다. 그러나 양쪽 모두 몰역사적인 과장일 뿐이다. 가령 세계가치관조사 결과를 보면 한국은 외따로 떨어져 있는 것이 아니라 동아시아 유교 국가들의 스펙트럼 한 편에 존재한다.

따라서 한국의 특성과 위치를 규명한다는 것은 동아시아 주지주의의 특성을 규명하는 것과 그중에서 한국의 사상적 좌표와 생존 전술이 어떠한지를 살펴보는 이중의 작업을 요구하는 일이라 생각한다. '주지주의'라는 말을 굳이 사용한 것은 '유럽 철학'과 '동아시아 사상'을 한 단계 위에서 내려다보는 관점에서 비교해보려고 했기 때문이다. 즉, (유럽) 철학과 (동아시아) 사상은 일견 비슷해 보여도 다소 다른데, 그것들을 포괄하는 말로 '주지주의'를 선택했다는 것이다. '중국 철학'이

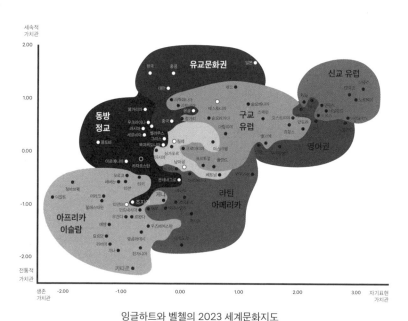

잉글하트와 벨첼의 2023 세계문화지도

출처: 세계가치관조사(https://www.worldvaluessurvey.org)

나 '인도 철학'이라고 엮인 내용은 보통 중국이나 인도 전통에서 그들의 사상이나 신비주의적 종교 교리를 '유럽 철학'의 형식 체계에 맞춰서 재서술한 것을 의미한다. 20세기엔 열등감을 극복하기 위해 필요했던 작업일 수 있겠으나, 그것이 어느 정도 진전된 이상은 다른 방식의 접근도 필요해 보인다. '주지주의'의 문제를 좀 더 쉽게 풀어보면 '배움이 왜 필요한가?', '배움이 인간의 삶에 도움이 되는 이유는 무엇인가?'라는 질문이 된다. 이러한 질문에 가령 소크라테스와 공자의 대답이나 접근 방식이 상이하다면, 그 주지주의에 입각한 지식체계의 세상사에 대처하기 위한 전략도 달라지리라는 것이 내 착상이다.

이 책을 저술하면서 그 상이한 전략의 결과 한 편에 바로 한국인의 '상식'이 있다고 믿게 됐다. 가치관 조사에서 같은 문화권이 하나의 범위에 모여 있는 것처럼, 동아시아 주지주의의 범위 내에서 한국이 취하고 있는 사상적 좌표와 생존 전술이 바로 '한국적 상식'이라 생각하게 됐다. 그리하여 한 손에는 한국 전근대사의 맥락을 조망하는 망원경을 들고, 다른 한 손에는 20세기 후반에서 21세기 초반까지의 한국 현실을 투시하는 현미경을 들고 실제로 어떠한 일이 발생했는지를 논의할 것이다. 개인적으로는 20년 넘게 내 지식체계 안에서 따로 존재했던 '역사적 관심'과 '정치적 관심'을 통합하는 과정이었기에 희열을 느꼈다. 그 과정에서 한국 근현대사에 대한 다양한 평가 논쟁에도 나름의 의견을 제출하게 될 것이다. 이 책에서 한 번에 모든 것을 정리할 수 있다고 믿지는 않지만, 첫걸음으로서의 의미는 있을 것이다.

'서양'이란 말을 피하면서, 좀 더 흔한 '서구'나 '서방'이란 말까지도 피해 '유럽 주지주의'라고 적은 이유가 있다. '서구西歐'는 사실 서유럽이란 말에 불과하다. 구라파歐羅巴가 유럽이란 의미이기 때문이다. '서방西方, the West' 혹은 '서방세계西方世界, the Western world' 역시 해외에서도 많이 사용되는 말이지만, 이 쓰임에선 과거 '동구권'이라고 불렸던 '동유럽' 국가들이 배제되는 경향이 있다. 이를테면 '서구', '서방', '서방 세계'는 용례에서 대체로 우크라이나를 포함하지 않는다. 이 말들은 우크라이나가 유럽이라는 사실을 부인하는 데 쓰인다. 러시아도 포함하지 않는다. 나는 러시아 역시 유럽의 변경이면서 유라시아의 강대국이라는 이중적 지위로 서술해야 한다고 생각한다.

'유럽 주지주의'와 '동아시아 주지주의'를 논할 때 머릿속으로 염두에 둔 것은 '서양 대 동양'을 대체하는 새로운 이분법이 아니라 '주지주의의 다양성'이었다. 나는 미국의 실용주의 철학 전통에서 나온 주지주의는 유럽과 다소 다를 수 있으며, 아랍과 인도의 주지주의도 별도로 논할 수 있다고 생각했다. 그러나 지식의 한계로 인해 이 책에서 거기까지 나아가지는 않았다.

그 대신 윤리체계에 대해선 여러 유형을 구별해보고자 시도했다. 현대에 와서 '지식'은 주로 과학에 종사하지만, 주지주의가 처음 배태될 무렵에는 '윤리'와 밀접한 관련이 있었다. 부족민의 상호 시선과 간섭이 '윤리'를 지탱하기 충분했던 구석기시대와 '신'이 '윤리'의 담지자로서 전면적으로 등장한 신석기시대를 지나, '축의 시대'[10]가 시작될 무렵 탄생한 다양한 주지주의는 보편적인 윤리를 향해 나아가는 상이한 전략을 개발했다. 전략의 한 본류가 중국 문명이 형성한 동아시아 주지주의였던 셈인데, 그 거대 문화권의 한 지류로서 한국의 특성이

---

10   '축의 시대'는 독일의 철학자 카를 야스퍼스가 20세기 중반에 고안한 개념인데, 인류 문명의 주요 종교와 철학이 정초된 시대라고 할 수 있다. 우리가 흔히 생각하는 '4대 성인'(예수, 공자, 부처, 소크라테스)이 활동한 시대로 이해하면 간편하다. 최근에는 영국의 비교종교학자 카렌 암스트롱이 쓴 동명의 저작 《축의 시대》(교양인, 2010)에서 심층적으로 분석된 바 있다.

무엇이었는지를 간파하고, 그 특성이 현대화한 결과가 지금의 '상식 지배 사회'라는 점을 보여주는 것이 내 최종적 목표다. 그런 이후에 '상식 분화 사회의 혼란'을 극복할 나름의 대안도 제시하면서 책을 마무리하고자 한다.

글의 구성

각 장의 내용을 소략하게 정리하면 다음과 같다. 1장에서는 한국 민주주의에 대한 상투적인 비판의 목록을 점검하면서, 지금의 정치적 위기는 그러한 비판보다는 '상식의 독재' 사회에서 '상식이 분화'하면서 발생한 '상식 간의 대격돌'에 의한 것이라 진단한다. 2장에서는 한국의 근대가 단지 미국과 일본의 짜깁기에 불과한 것은 아니며, 전근대사의 영향력 안에서 형성되었다는 점을 주장하면서 우리 민주주의에 대한 새로운 분석의 가능성을 시사한다. 3장에서는 해외에서 바라보는 한국의 전근대사 정체성이 오랫동안 중국과 일본 사이에서 인정되지 못했던 사실을 상기하면서, 특히 조선사에 대한 폄훼의 시선에 대항하며 '조선 노예제사회 논쟁'을 검토한다. 4장에서는 조선왕조 후기의 '무기력하고 게으른 조선인'에서 현대 한국인의 역동적인 산업화와 민주화의 성공이 어떻게 연결될 수 있었는지를 심층적으로 검토한다. 이렇듯 한국의 전근대사와 근현대사 사이의 연결을 복구한 이후, 5장에서는 한국 문화의 특수성을 규명하고 어째서 한국이 '상식의 나라'가 되었는지를 해명한다. 6장에서는 '상식의 나라'에 사는 한국인들이 자국의 역사에 대해 가지고 있는 '민족 피해자 서사'를 검토하면서 한일 관계의 역사 논쟁까지 두루 검토하고 한국 사회가 '상식의 독재'를 벗어나기 위한 길을 제언한다. 7장에서는 시선을 좀 더 넓혀 동아시아와 유럽이 어떻게 역사적으로 상이한 길을 걸어갔는지 검토하고, 이 두 개의 전략을 한국의 근대가 어떻게 수용하여 3.1운동이라는 대한민국의 근본을 수립했는지를 논한다. 8장에서는 불평등 문제를 살펴보면서, 역사적으로 한국의 능력주의와 평등주의가 어떻게 형성했는지를 검토해보고 불평등이 '상식의 나라'를 해체하지는 않을 것이라는 결론 아래 불평등 문제에 대처하는 방법을 제시한다. 9장에서는 '저출생으로 사라질 나라'가 될지도 모르는 한국이 지정학이 부활하는 시대에 다시 '지정학적 지옥'이 되고 있음을 밝히면서, 극복의 가능성을 탐색한다. 그리하여 결미에선 다시 한국 사회가 처한 사회경제적 위기에 맞서, '상식 분화 사회의 혼란'으로 작동 불능 상태가 된 정치를 어떻게 복구하여 대체해야 할 것인지 그 방안을 제시하게 될 것이다.

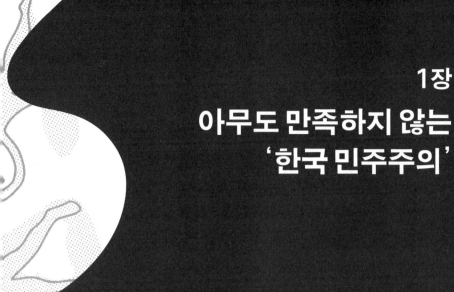

1장
아무도 만족하지 않는
'한국 민주주의'

한국 민주주의,

철학적 기반이 없어 문제일까?

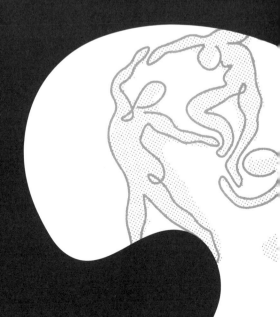

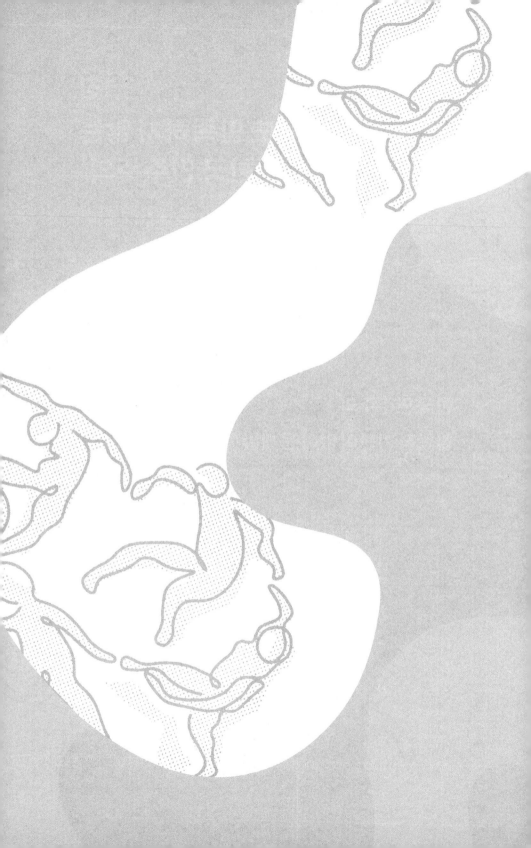

한국의 먹물들은 우리나라가 '대충 만들어진 나라'이기에 굳이 분석할 가치도 없다고 생각하는 경향이 있다. 각 영역의 전문가가 정밀하게 분석할 때도 주로 '결여'의 관점에서 다루었다. 복지국가를 연구하는 중견 정치학자 김영순은 최근 저술에서 "필자를 포함한 대부분의 사회정책 연구자들은 한국 복지국가의 발전을 설명하기보다는 그것의 저발전을 해명하는 데 더 관심을 가져왔"으며, "즉 서구의 잘 발전된 복지국가를 기반으로 생겨난 이론들을 준거로, 한국은 복지선진국이 가졌던 이런저런 점들이 부족해 현재와 같은 복지국가가 만들어졌다는 식의 분석을 해왔다"고 자아비판한 바 있다.[1] 이러한 성찰은 2010년대까지만 해도 너무나 당연시된 특정한 지적 태도를 보여준다. 그간은 한국 사회의 '특수성'을 분석한다고 할 때조차 '한국 사회엔 무엇이 결여됐는가'에 집중했다. 그렇기에 '저발전을 해명'하지 말고 '발전을 해명'하라고 요구하면 "해명할 게 대체 어디 있느냐?"는 짜증스러운 반문이 나오곤 했다. 내가 보기에 이는 인문학·사회과학 학자,

---

1   김영순, 《한국 복지국가는 어떻게 만들어졌나?: 민주화 이후 복지정치와 복지정책》, 학고재, 2021, p. 7.

연구차, 그리고 그 공부에 잠깐이라도 발을 담근 이들이 폭넓게 공유하는 인식이다. 사실 여기에도 이유는 있다. 실제로 한국은 너무 빠른 속도로 형성되었는데, 마치 오래된 속담인 '번갯불에 콩 볶아 먹는다'를 방불케 하는 풍경이었다. 이렇게 빨리 만들었는데도 빠진 부분 없이 잘 돌아갈지, 혹여 고장 나거나 도중에 멈추지 않을지 걱정하면서도 속도를 멈출 수는 없었다. 부실 공사로 만들어진 건물이 붕괴하는 일은 현대사에서 주기적으로 일어났다. 한국 자체가 그러한 건축물처럼 어느 순간 폭삭 붕괴할지 모른다고 우려하는 것도 그리 이상한 일은 아니었다. 그리하여, 우리 사회의 먹물들은 한국이 미국, 유럽, 일본에 비해 대충 만들어진 나라이니 어느 순간 대충 주저앉아도 전혀 놀랍지 않다고 여긴다. 오랜 세월 우리의 심정 깊숙한 곳에 있었던 '망국론'의 심리적 배경이 그것이었다.

　　하지만 망국론에 불안해하는 동안 한국은 산업화와 민주화를 성취한 것을 넘어 소프트 파워에서도 두각을 드러내게 되었다. 특히 '민주화'를 소재로 한 문화 콘텐츠의 범람과 흥행에 주목해볼 만하다. 가령 영화 〈1987〉(2017)은 우리가 오랫동안 '6.10 민주항쟁' 혹은 '87항쟁'이라 불러왔던 역사적 사건을 네 자리 숫자의 연도에 고정시켰다. 엔딩 장면에서 〈그날이 오면〉이 울려퍼지는 순간 상영관에서 다수 관객이 집단적으로 느끼던 벅찬 감격을 잊기는 어렵다. 해당 역사를 직간접적으로 체험한 한국인들만 그렇게 느끼는 것은 아닌 듯하다. 주로 아시아 지역에서 〈1987〉의 평가를 찾아보면 단순히 영화 관람을 넘어 그들 국가의 사건을 환기시켰다는 체험담이 많이 나온다. 흥미롭게도 유럽 및 아메리카 지역에선 〈오징어 게임〉(2021)이나 〈기생충〉(2019)과 같은 '한국의 불평등 영상물'에 호응이 좋은 편인데, 아시아를 포함한 다른 권역에선 〈변호인〉(2013)에서 〈택시운전사〉(2017) 그리고 〈1987〉로 이어진 '한국의 민주화 영화'에 호응이 좋은 편이다. 나는 한국의 '민주화' 영화에 대한 해외 반응을 종종 찾아보는 편인데, 거의 아시아권에서만 반응이 나온다. 아마도 민주화 투쟁의 역사가 몇백 년 전 영역에 있는 나라들은 '불평등'에 더 보편성을 느꼈으나, 관련 역사가 현재진행형이거나 근과거였던 나라들은 '민주화 투쟁'에도 강렬한 감정이입을 체험한 것이 아닐까 추정된다. 홍콩에서는 반정부시위 과정에서 저런 영화들이 더 주목받았고, 대만에서도 과거 본인들의 투쟁사를 환기하는 반응이 나오곤 했다.

한국인들의 '몸'에 여전히 각인된 과거의 폭력

이렇듯 대한민국의 민주화는 어느덧 '문화 상품'으로서의 경쟁력을 지닐 정도가 됐다. 그러나 이러한 현실 자체가 우리에겐 매우 낯설다. 〈1987〉을 접한 아시아인, 특히 일본인들은 영화에서 묘사되는 독재 정권의 폭력이 불과 수십 년 전 일이라는 사실에 충격을 받기도 한다. 그들의 관점에선 1987년에도 평온하고 번영한 세상이었는데, 이웃 나라는 독재에 시달리는 중이었다니 놀라운 것이다. 즉, 다수 한국인의 머릿속에서 그 시절 경험한 폭력은 아직 '역사'가 아니라 '몸에 새겨진 기억'의 영역이다. 민주화가 진행된 이후에도 사회에 만연한 일상적인 폭력이 감소하는 데엔 시간이 필요했다. 가령 1970년대생 남성들은 '1987' 이후의 1990년대에도 구타가 만연했던 군대 생활을 경험했다. 1980년대생 남성들부터는 군대에서 구타당한 사람과 그렇지 않은 사람이 혼재하게 됐지만 성별을 떠나 그 연배 전부가 '교사가 학생을 구타하는 일은 별로 놀랍지도 않았던' 1990년대에 학창 시절을 보냈다.

《코리안 쿨: 세계를 사로잡은 대중문화 강국 '코리아' 탄생기》의
작가 유니 홍은 미국에서 20년을 살다가 갑자기 돌아온 부모님 때문에
열두 살이었던 1985년 느닷없이 한국에 귀국해 청소년기를 보낸 특이
한 이력이 있다. 그녀는 한국의 학교가 '수학'과 '기계적 암기'를 중시하
는(특히 여학생들에게도 수학과 과학을 열심히 가르치는) 나름의 장점이 있었지
만 마치 '디킨스 소설에 나올 법한 분위기'였으며 시도 때도 없이 알 만
한 이유와 모를 만한 이유로 체벌을 당했다고 증언했다.[2] 그녀는 선생
님들이 가끔 재미로 학생들에게 벌을 주는 것처럼 보였다고 하는데, 그
보다 10년쯤 늦게 태어난 나만 해도 학창 시절 재미로 벌을 주는 교사
는 물론이거니와 재미로 학생을 때리는 듯한 교사가 학교에 하나씩은
꼭 있었다.[3] 심지어는 1990년대생들조차도 2000년대에 지어진 최초의
급식 시설에서 '배식받은 음식은 가리지 말고 먹고, 깔끔하게 식판을
비우라'는 교사들의 압력에 시달렸다.

따라서 한국 대중문화의 각종 장르물에서 폭력 묘사가 그렇게
현실적이고 세밀한 이유는 명백하다. 바로 엊그제까지도 폭력에 시달
렸던 사람들이기 때문이다. 외국인들이 처음 한국을 접하면, 더는 그런
풍경이 수시로 존재하지 않는 한국은 다른 제1세계와 마찬가지의 나라
라고 느껴질 것이다. 그러나 그 사회를 살아가는 한국인들의 기억 속에
는 '부당한 폭력의 피해자였던, 혹은 피해자이면서 가해자이기도 했던
나'가 살아 숨 쉬고 있다. 만약 한국 사회를 의인화할 수 있다면, 외상

---

2   유니 홍, 《코리안 쿨: 세계를 사로잡은 대중문화 강국 '코리아' 탄생기》, 정미현 옮
     김, 원더박스, 2015, pp. 52~58.

3   보통 그런 선생들은 어느 학교에서나 '미친개'라는 별명으로 불렸다.

후 스트레스장애PTSD를 일상적으로 경험하는 이라고 봐도 무방할 것이다. 노년세대 중 상당수는 한국전쟁과 베트남전쟁의 PTSD를, 중년세대 중 일부는 독재 정권 시절의 고문과 감옥 생활로 인한 PTSD를 호소하며, 청년세대도 앞서 말한 것처럼 군대와 학교에서의 경험담이 있기 때문이다.

이처럼 대한민국은 설립 당시부터 민주공화국임을 천명했지만, 민주주의의 관점에서 볼 때엔 부침이 많았다. 그러나 우리가 현재 살고 있는 제6공화국의 헌법이 수립된 시점부터는 어느 정도 연속성을 지니고 있다고 해석하는 것이 보통이다. 이번에는 한국 사회가 아니라 '한국 민주주의'를 의인화해서 1987년생으로 본다고 해도, 어느덧 성년을 지나 중년으로 접어드는 시점이 됐다. '민주주의의 공고화'라는 논점으로 살펴본다면 독재 정권이나 권위주의 국가로 돌아갈 가능성은 거의 사라진 체제, '민주주의가 공고화된 체제'라고 말할 수 있을 정도다.

그러나 현실 세계로 돌아오면 정치학자든 논평가든 일반 시민이든 한국 민주주의에 만족하는 사람들은 거의 없어 보인다. 자랑스러운 자기 인식, 자긍심의 발화, 이른바 '민주국뽕(한국 민주주의를 '국뽕' 요소로 소비하는 행태)'에 입각한 발언이 없지는 않지만 그보다는 상투적인 비판이나 악담의 목록이 훨씬 더 길다. 심지어 '민주국뽕'성 발언을 하는 이들도 본인이 원하는 후보가 당선되지 않거나, 정치가 조금이라도 본인이 원하는 대로 흘러가지 않으면 저 상투적인 비판이나 악담의 목록으로 회귀하곤 한다. 독재를 경험한 기억이 엊그제인 한국인들은 본인이 지지하지 않는 정당을 향해서는 '독재자'라는 비난도 서슴지 않는다. 30대 중반에 접어든 우리의 '한국 민주주의' 씨는 정말로 그렇게 구제 불능의 얼간이인 것일까?

한국 민주주의를 향한 비판의 목록을 정리하다

나는 먼저 우리가 왜 이렇게 한국 민주주의에 답답해하는지를 점검하기 위해 상투적인 비판이나 악담의 목록을 거칠게나마 정돈해보려고 한다. 담론적인 것과 피상적인 것을 가리지 않았으며, 여러 학자와 언론인 그리고 일반 시민이 말하는 것을 되도록 폭넓게 포괄하고자 했다. 특정한 성향의 사람들이 내세우는 비판에는 그 성향도 표시했고, 어떤 표현에 대한 저작권이 비교적 뚜렷한 경우는 저작권자가 누군지도 명기했다. 두서없이 나열하기만 하면 정돈이 어려울 것 같아 몇 가지 범주로 나누었는데, 그렇게 정리한 범주에 맞춰 수록한 비판도 사실상 내용이 겹치기도 했다.

1) 철학적 기반의 부재를 비판(특정인을 지적할 수 없을 정도로 거의 모든 학자 및 논평가가 동의하는 인식)

- 자유주의에 대한 감각이 없음
- 개인주의에 대한 감각이 없음
- 침해받을 수 없는 인권이란 개념에 대한 감각이 없음
- 장식적 헌법
- 대통령을 왕처럼 생각하는 나라

2) 기원에 의한 비판(진보적 학자들은 대부분 동의하지만, 뉴라이트 학자들은 대한민국 건국의 공로를 깎아내린다면서 반론하고 비판하는 인식)

- 이식된 민주주의(정치학자 최장집 등)
- 국가 폭력으로 구성된 국가(진보적 학자 그룹)
- 근대적 시민이 형성되고 시민사회가 구성한 국가가 아니라,

국가가 구성한 국민의 국가(진보적 학자 그룹)

- 후불제 민주주의(저술가 유시민)

3) 작동 양상에 대한 비판(다양한 성향의 학자와 논평가들)

- 소용돌이의 한국 정치: 강대한 국가와 개인 사이에 매개체가 존재하지 않아 모든 것이 중앙 권력으로 빨려 들어간다는 의미(주한 미 대사관에서 근무한 미국 외교관 그레고리 헨더슨의 저술 제목이자 표현이며, 역사학자 이영훈이 자주 차용함)
- 제왕적 대통령, 청와대 정부(정치학자 박상훈)
- 관료 통치 국가
- 사실상 재벌 혹은 삼성에 의한 통치, "권력은 시장으로 넘어갔다"(고 노무현 전 대통령): 제왕적 대통령, 청와대 정부, 관료 통치 국가란 비판과 다소 모순적으로 들리지만 종종 동 시간대에 언급됨
- 정당이 허약한 민주주의
- 지방자치가 매우 허약함
- 시민 없는 시민운동: 차례로 언급한 몇몇 작동 양상의 결과, 실제로 시민들이 결정할 수 있는 게 거의 없다시피 한 나라
- 양당제 승자 독식의 정치: 정당이 허약하다는 말과 다소 모순적으로 들리지만 종종 동 시간대에 언급됨
- 포퓰리즘

4) 현상에 대한 비판(주로 보수적 · 중도적 성향의 시민들)

- 지나친 역동성, 불안정성
- 전직 대통령을 계속 감옥에 보내는 나라

- 원칙에 의해 작동하는 것이 아니라, 국민 정서에 휩쓸림
- 승복의 문화가 없음
- 정치적 내전 상태

5) 가치 실현이 미흡하다는 비판(주로 진보적 학자, 논평가, 시민사회운동가, 시민들)

- 절차적 민주주의는 실현됐지만, 실질적 민주주의는 미흡(진보적 논평가 중 상당수)
- 노동 없는 민주주의(정치학자 최장집)
- 계급 배반 투표가 만연한 나라(좌파 논평가 그룹)
- 가불 선진국(법학자 조국)
- 정치적·사회문화적 소수자 배려 및 존중 부족(주로 진보주의자들의 비판)

나는 이러한 비판 내용을 세부적으로 반박해야 한다고는 생각하지 않는다. 사실 위에 적은 비판 내지 악담의 목록은 우리가 한국 사회, 한국 민주주의 정치체제를 살아가면서 느낀 다양한 불만을 각기 다른 언어로 응축한 것이다. 특히 내가 마지막으로 추가한 '정치적·사회문화적 소수자 배려 및 존중 부족'이란 서술은 서론에서 설명하고자 한 '상식이 독재하는 나라이기 때문에 발생하는 문제들'과 거의 완전히 동일한 것이다.

문제는 앞선 '서 말의 구슬'을 꿰었을 때 나오는 '보배'의 모양이다. 다소 겹치는 부분도 있는 비판의 목록을 종합하면 다음과 같은 그림이 그려진다. '한국은 역사적으로 민주주의를 탄생시킬 철학적 기반을 형성하지 못한 나라다(1에 해당). 그런 나라가 국가를 기형적으로 형

성한 기원이 있다 보니(2에 해당), 작동 양상이 삐걱거리고(3에 해당), 여러 문제가 생겼으며(4에 해당) 반드시 실현되어야 할 가치가 외면받게 되었다(5에 해당).'

'민족성'이 아니라 '역사성'을 추적하다

그런데 이 서술로는 한국 사회가 더 훌륭한 민주주의 국가가 되려면 어떻게 해야 할지 알기 어렵다. 우리가 위 서술을 실천적으로 비껴가기 위해서는 역사를 적어도 중세부터는 다시 시작하든가, 시민들의 마음 구조를 바꿔나가야 할 것처럼 보이기 때문이다.

그러니 논평가나 대다수 일반 시민의 레벨에선 '그렇기 때문에… 한국은 안 되는 것이다'라는 결론으로 치닫는 경우도 흔하다. 그렇게 말하지는 못하는 학자와 논평가들은 '다만 현상에 대한 분석'이라고 한발 물러서거나 '의식 혹은 인식 전환의 필요성'을 내세우게 된다. 이렇게 되면 발화자가 적나라하게 드러내든, 아니면 슬쩍 숨기든 간에 한국 민주주의의 개선은 사실상 우리 사회 시민들이 선진 민주주의 사회의 철학적 기반이나 정당정치의 중요성, 노동자 계급에 기반을 둔 계급 정치의 중요성 등을 '학습'해야 간신히 이루어질 것이라는 결론으로 나아간다.

가령 현대 한국인들이 자본주의 경제 질서와 민주주의 정치체제에 살고 있긴 하지만, 그 '마음'을 한 꺼풀만 벗겨내면 유교적 심성이 있고 좀 더 깊이 파고 들어가면 한국적 샤머니즘의 심성이 있으리라는 것은 놀라울 것도 없는 직관적인 통찰이다. 꽤 많은 사람이 그 별로 대단할 것도 없는 말들을 하면서 '한국인들은… 이것들을 떨쳐내야만 진정한 근대를 이룩할 수 있다'고 주장하곤 한다. 단순화하자면 '그리스 신화 심성-기독교 윤리-자본주의와 민주주의'의 마음의 겹은 정당하고 우월하며, '한국 샤머니즘 심성-유교 윤리-자본주의와 민주주의'라는 마음의 겹은 부당하고 열등하다는 얘기가 된다. 그런데 그렇다면 과연 저 심성을 바꿀 수는 있나? 현대 한국인은 기독교 신자가 전체 인구의 4분의 1, 종교인 인구의 절반을 넘을 정도로 아시아에서 흔치 않은 (필리핀 다음의) 기독교 강세 국가인데, 이러고도 샤머니즘과 유교를 떨쳐낼 수 없었다면 저 심성을 바꾸는 일은 포기해야 하지 않을까? 개신교 신앙조차 샤머니즘적 기복 신앙에 오염되었으니 기독교도 소용이 없다면, 대신 근대 유럽 철학을 가르치면 되는가? 그런 식이면 근대 유럽 철학을 가르쳐봤자 유교 사상에 의해 오염되고 왜곡될 뿐이지 않겠는가?

더구나 '마음의 심층이 문제다'라는 말은 근현대 한국의 성공 동력을 부정하는 일이기도 하다. 왜냐하면 한국 샤머니즘의 주요한 특징인 강렬한 물질 지향성은 현대 한국인이 물질적 부를 위해 세계 최장 시간의 근로를 감내하게 했다고 설명해도 무리가 없고, 국가 관료들이 유교적 공명심을 가졌다는 점은 한국에서 국가 주도 경제성장이 잘 작동한 이유라고 말해도 무리가 없기 때문이다. 게다가 샤머니즘의 물질 지향성과 유교적 도덕 지향성은 단순한 수준에서 분석할 때는 서로 충돌하기까지 한다. 세부적인 예시로 한 가지만 살피자면, 조선시대로 치면 잡과 시험(문과나 무과가 아닌)에 해당했던 의대 입학이 이제는 모든 대학 서열에서 최상단에 있는 시대에 '공자 왈 맹자 왈 사농공상 의식'이 나라를 망친다고 비평하는 것이 과연 타당할지 의문이 든다.

나는 한국인의 마음에 저러한 심층이 있다는 사실을 부정하는 것은 전혀 아니다. 그러나 '마음의 심층에 있는 그 무언가'란 일단 버리기도 어렵지만, 그중 무엇이 해가 되므로 버려야 한다는 결론을 내리기도 지극히 어려운 것들이다. 그러니 무익한 일에 힘을 쏟기보다는, 이 러저러한 심성의 겹이 우리의 근대를 어떻게 구성했는지를 추적하는 것이 더 타당하고 필요한 일이 아닐까?

수많은 학자와 논평가들이 본인들의 학습을 수강할 한국 사회의 시민들을 찾고 있다. 그러나 가르치고 싶다는 이들의 숫자는 점점 더 늘어나는데, 배움을 원하는 이들의 숫자는 점점 줄어드는 것만 같다. 배움을 원하는 이들도 '강의자' 없이 자기들끼리 공부하는 경우가 늘어나고 있다. 혹 '강의자 있는 배움'을 원하는 경우엔 본인 또한 그 '강의자'의 위치에 올라서서 한국 사회에 훈계할 권리를 면허증처럼 획득하기를 희망하는 것처럼 보이기도 한다.

헛다리를 열심히 짚는 풍경을 더 상세하게 서술하는 것이 이 책의 목적은 아니다. 사실 그들을 조롱하기도 뭣한 것이, 불과 10년 전만 해도 나는 저 위에 적은 비판 목록을 자못 심각하게 받아들이면서 배우는 입장이었다. 그러다가 어느 시점부터 저런 접근이 충분하지 못함을 느끼고 슬슬 대안적인 모색을 하기 시작했다. 그러나 오늘날의 생각에 이르기까지는 갖가지 우여곡절이 있었기 때문에, 불과 5년 전 내 견해를 살펴봐도 통상적인 비판자들과 크게 구별되는 모습을 보이지 못했을 것이다. 따라서 나 또한 한때 빠졌던 함정, 내지는 진창에서 빠져나오는 길을 진지하고 진득하게 제시해보고자 한다. 위 비판 목록을 거의 전부 인정하면서도 전혀 다른 서술이 필요하다는 점을 보여줄 것이다.

나는 민주주의는 상호 교육의 장이라고 생각하기에, 시민들에게 '의식 혹은 인식 전환의 필요성'을 말하는 것이 원천적으로 부당하다고는 여기지 않는다. 다만 그런 말을 하려면 지금 시민들이 무엇을 하는지, 그리고 무엇을 원하는지 명확하게 파악해야 한다. 그들이 실제로 무엇을 하는지 공부가 덜 된 상태에서 지식인이나 논평가가 시민들을 향해 '공부'를 요구한다면, 그 오만한 요구는 기각될 수밖에 없다. 그래서 먼저 한국 유권자들이 정치 세력을 어떤 방식으로 길들이려고 하는지, 그게 어떤 방식으로 실패하고 있는지를 검토할 것이다.

이어서 시민들의 행동 양상을 분석하면서 그 행위의 이면에 한국 사회의 전근대 전통에서 형성된 모종의 기반이 있음을 설명할 것이다. 이런 종류의 작업은 '민족성'을 논하는 것으로 오인되기 쉽다. 나는 '민족성'을 신뢰하지는 않으며, 이를 '역사성'이란 말로 대체하기를 희망한다. 요즘은 다행히도 '사회심리'라는 말이 유행하기 시작해서, 한국인들의 심리 구조를 얘기할 때 '민족성론자'로 오인받을 가능성이 줄어든 듯하다. '역사성'이란 말을 좀 더 상술하면 '한 사회에서 역사적·문화적인 퇴적으로 형성된 마음[4]의 구조 혹은 형식'이라 표현할 수 있다고 생각한다. 그리고 이 개념은 '사회심리'란 말에 대한 설명으로 봐

---

[4] '마음'이란 단어가 애매하게 느껴질 수도 있는데, 내가 생각하는 이 단어의 용례는 사회학자 김홍중이 《마음의 사회학》에서 논의한 것을 많이 참조한 것이다. "이 책이 말하는 '마음'은, 앞서 잠시 언급했던 것과 같이 종교-형이상학적인 의미의 심心이나, 근대 인식론이 이야기하는 마인드mind, 그리고 근대 심리학이 육체와는 다른 심적 활동의 공간으로 설정하고 있는 사이키psyche가 아니다. '마음'은 개체의 내면에 존재하는 심적 표상, 정념, 병리적 현상의 일반적 무대로 환원될 수 없다. 본문의 어딘가에 쓰고 있는 것처럼, 이 책에서 사용되는 '마음'이라는 개념은 뒤르켐의 '집합표상', 베버의 '정신', 푸코의 '에토스', 토크빌의 '습속', 아날학파의 '심성', 레이먼드 윌리엄스의 '정서구조'와 같이 사회학의 방대한 전통 속에 이미 존재하는 '집합적 마음의 구조화된 질서'라는 의미에 그 뿌리를 내리고 있다. 이 거장들은 모두 비범한 통찰력과 직관을 동원하여, 그들 사회의 지배적 가치를 구성하는 삶의 태도, 윤리적 지향, 감정의 구조, 미학적 취향을 설득력 있는 언어로 포착한 바 있다. 이들의 저서를 읽다 보면, 결국 사회학이 탐구해야 하는 최종 영역은 한 사회의 다양한 현상을 발생시키는 원형적 에너지인 그 사회의 '마음'이 아닐까 하는 생각에 이른다. 근대사회의 모순과 병리를 해결하고자 등장한 사회학은 어느 수준에서 필연적으로 '사회의 마음'을 촉진觸診해야 하는 순간을 만나기 때문이다." 김홍중, 《마음의 사회학》, 문학동네, 2009, p. 7.

도 무리가 없을 것이다. 그러나 '역사성'이란 말에 '사회심리'와 다른 부분이 있다면, 후자가 다만 그 구조 혹은 형식의 현 상태만 관찰하고 기술할 때 '역사성'은 한국의 어떤 역사적 맥락과 연결되었는지까지 밝히고자 한다는 점이다. 시민들이 정치를 대하는 태도에서 현대 한국 사회의 사회심리를 간파하고 그 이면의 역사성을 추적할 수 있다면, 우리는 흔히 '근본 없고', '뿌리 없는' 것이라고 상상하는 우리 민주주의 체제의 '근본'이 무엇인지를 밝혀내고 장단점을 논할 수 있을 것이다.

'까다로운 소비자'의 역할에 주목하라

한국 사회의 시민들이 정치를 대하는 태도가 어떠한지를 논하기에 앞서, 좀 더 분석하기 쉬운 시장경제 영역에서의 '까다로운 소비자'의 역할에 주목하고자 한다. 내가 '까다로운 소비자'라는 말을 처음 접한 건 몇 년 전 라면 시장을 분석하는 어느 기사에서였다. 기사의 논의에 따르면, 농심·삼양·오뚜기 3사가 매출 대다수를 차지하는 한국 라면 시장은 전형적인 '과점 시장'에 해당한다. 그런데 그러한 과점 시장에서 3사가 끊임없이 신제품을 출시하고 점유율 변동이 일어나는 것은 매우 특수한 일이라는 것이다. 이를 설명하기 위해 기사가 도입한 개념이 바로 '까다로운 소비자'였다. 관성적으로 사던 것만 사는 게 아니라 신제품에도 도전해보고 제품의 품질이 어떻게 바뀌는지까지 추적하는 한국의 '까다로운 소비자'들로 인해 과점 시장임에도 불구하고 치열한 경쟁이 펼쳐지게 된다는 것이었다. 생각해보면, 한국의 소비자들은 'X라면 맛이 예전 같지 않다', 'Y라면 맛이 오히려 예전 X라면 같아서 난 요새 Y라면 먹는다', '그런데 A회사의 이번 신제품 진짜 괜찮다', 'X라면 건면은 다이어트에 확실히 좋다'와 같은 말들을 일상적으로 하고 그러한 평가를 (주로 인터넷을 통해) 적극적으로 유포한다.

한국인들이 다만 라면 맛에만 까다로운 것으로 보이지는 않는다. 어느 유튜브 영상에서 한 미국인은 미국은 몇 년에 한 번씩 귀국해도 십수 년 전에 떠나왔을 때와 그 피자 종류가 거의 차이가 없는데, 한국에 살다 보면 끊임없이 새로운 피자 메뉴가 나오는 것을 경험한다고 했다. 이런 종류의 경험담은 여러 영역에서 흔하게 들을 수 있다. 그래서 요즘은 이 '까다로운 소비자' 개념을 한국의 여러 시장에 적용하면서 분석하고 있는 것으로 알고 있다.

그리고 이야말로 한국 대중문화의 전 지구적 확산, 흔히 '한류韓流'라고 불리는 현상의 기반이 됐다고 볼 수 있다. 한류를 해외에서 분석할 때는 한국이 내수시장이 작았기 때문에 해외 진출을 적극적으로 의도했다거나, 정부가 국책 사업으로 문화 산업을 적극 밀었다는 식의 분석이 일반적으로 제시된다. 한국의 인터넷 커뮤니티에서는 이러한 해석이 한류를 '후려치기' 위해 일본에서 만들어낸 것이란 식의 괴담 같은 얘기들도 있는데, 사실 여부는 알 길이 없다. 확실한 것은 이러한 분석은 피상적이며 오류에 가깝다는 것이다. 다만 이러한 '오해'는 너무나 일반적이라 한국이나 한국 대중문화에 지극히 우호적인 외국인 필자의 서술에서도 흔히 나타난다. 내가 읽은 것들 중에선 주한 외신기자 클럽 대표를 지냈던 마이클 브린만이 올바른 서술을 했다(그의 책은 영어로 먼저 출판된 후 한국에 번역됐다). 브린은 그의 책에서 "한국 문화의 전파를 지칭하는 용어인 '한류'가 1997년 아시아 금융위기 이후에 정부가 의도적으로 노력을 집중한 결과라고 생각하는 사람도 있다. 그러나 이는 사실이 아니다. 정부도 콘텐츠 개발을 장려하고 자금의 흐름을 개선하려는 시도를 했지만, 관료들은 무슨 일이 일어나고 있는지를 빨리 알아채지 못했다"[5]라고 기술했다.

한류는 수출 전략, 혹은 국책에 의해 만들어지지 않았다

한국 사회를 살아온 시민들이라면 직관적으로 거의 누구나 알 수 있는 더 정확한 서술은 이러하다. 1990년대까지는 시민들이든 창작자든 한국의 문화 콘텐츠가 수출될 수 있을 거란 기대는 거의 하지 않았다. 그러나 소비자들의 까다로운 요구에 부응하는 동시에 미국과 유럽과 일본의 여러 조류를 받아들이고 융합하면서 문화 콘텐츠가 발전했기 때문에, 어느 순간 중국, 동남아시아, 일본 등에서 예기치 않은 붐이 일어났다. 그 붐을 보고서야 창작자들은 본인이 만들어내는 것들이 수출될 수 있다는 점을 깨닫고 좀 더 적극적으로 해외 진출을 기획하게 됐다. 드라마 〈겨울연가〉(2002)는 일본인들 보라고 만든 것이 아니었으며, 드라마 〈대장금〉(2003~2004) 역시 중국인들을 겨냥한 것이 아니었다. 가수 보아의 일본 진출(2001)과 원더걸스의 미국 진출(2009)만 떼어놓고 본다면 한국 대중문화의 해외 진출은 치밀한 계획과 노력으로 이루어졌다고 생각하기 쉽지만, H.O.T.가 중국에서의 인기를 확인한 순간(2000)과 슈퍼주니어 등 SM엔터테인먼트 소속 가수들이 프랑스 파리 등 유럽에서의 인기를 확인한 순간(2011)은 도둑처럼 갑작스럽게 찾아왔다. 그리고 2010년대에 한류가 아시아 지역 이외로 확산될 때는 과거 일본어로 노래를 불렀던 보아와 영어로 노래를 불렀던 원더걸스의 노력과는 달리 한국어 노래를 그대로 부르는 가운데 유튜브 등의 뉴

---

5   마이클 브린, 《한국, 한국인》, 실레북스, 2018, p. 434.

미디어를 통한 확산이 이루어졌다.[6]

우리는 1990년대 초반의 어느 날 서태지와 아이들과 솔리드 등이 그간 외국 노래라고 생각하던 것과 비슷한 노래를 들고 나왔던 순간을 기억한다.[7] 영화 〈쉬리〉(1999)가 흥행하게 된 것도 할리우드에서만 만들 수 있다고 생각했던 종류의 장르물을 한국의 분단 상황이란 현실에 변용하여 만들어냈기 때문인데, 이전에 한국 영화는 '방화'라고 불리며 영화 취급도 받지 못하던 시절이 있었다. 1990년대 한국 대중음악, 그리고 2000년대 초반의 한국 영화를 돌이켜보면 내수시장의 측면에선 황금기를 구가했음에도 우리는 아직 그것들을 '세계 수준에 못 미친다'거나 '적당히 미국 트렌드를 베껴온 것이다' 정도로 생각하면서 계면쩍어한 것이 사실이다. 그러나 비록 초창기엔 표절 의혹도 있었고 조악한 모방 수준이었을지라도 그러한 노력이 세월을 거쳐 축적되다 보니 다른 나라에서도 수용할 만한 콘텐츠가 제작되기 시작했다.

내수시장이 비교적 작기 때문에 지니게 된 특성도 물론 있다. 한국은 내수시장이 아주 크지는 않아 특정한 취향 하나만 공략한 콘텐츠는 제작되기 어렵다. 한국 영화에 대한 흔한 비판 중 하나는 '장르가 무엇이든 간에 신파를 끼얹는다'는 것이다. 오히려 한국에서 처음 시도되는 장르일수록 제작자로서는 손익분기점을 넘기지 못할 것을 우려하여 그와 같은 보편적인 코드를 삽입하려는 유혹을 떨치기 어렵다.[8] 또

---

6   이와 관련하여서는 유튜브 채널 'YouTube Originals'(https://www.youtube.com/youtubeoriginals), 〈K-Pop Evolution〉(2021. 3) 시리즈의 2화 〈첫 아이돌〉과 3화 〈세계로 뻗어가는 케이팝〉에서도 확인할 수 있다.

7   유튜브 채널 'YouTube Originals', 〈K-Pop Evolution〉 시리즈 1화 〈케이팝의 탄생〉 참조.

8   그런데 한국 영화의 최대 약점이라 생각됐던 '신파' 코드는 막상 해외시장에 진출했을 때 의외의 효과를 발휘했다. 한국인에겐 너무 자주 반복되어 지겨운 것이었

한 한국 아이돌 가수들의 노래엔 여러 장르가 융합되는 특성이 있다는 것을 쉽게 알 수 있다. 넷플릭스 다큐멘터리에 출연한 한 케이팝 평론가의 말을 따오자면 "1분 동안 말랑한 버블검 스타일이다가 갑자기 하드코어한 메탈로 넘어가곤 해요. 케이팝 팬들에겐 이젠 놀랄 일도 아니죠"의 상황이 펼쳐진다.[9] 이 역시 하나의 장르만 공략해서는 충분한 수익을 실현하기 어려운 내수시장의 규모 문제와 관련이 있을 것이다. 그래서 한국 대중문화는 상당히 많은 장르와 해외 콘텐츠를 참조하여 제작되지만, 역설적으로 모든 것을 섞어 버리니 한참 보다 보면 비슷비슷하게 보인다는 평가도 있다.

그러나 그러한 단점 역시 앞으로는 보완될 것으로 보인다. 넷플릭스와 같은 글로벌 OTT 서비스를 플랫폼으로 활용할 경우, '한국은 내수시장이 좁으니까 특정 장르 팬을 공략한 작품은 성공할 수 없다'는 공식에 더는 얽매일 필요가 없기 때문이다. 창작자들도 이제 다양한 취향을 만족시켜야 한다는 강박 없이 한 우물만 잘 파도 평가받을 수 있는 길이 열린 것이다. 최근 한국에서 제작되는 넷플릭스 오리지널 콘텐츠에 소비자들이 다소 실망하는 경향도 있는데, 이 역시 창작자들이 한국 대중의 평가만을 염두에 두지 않고 좀 더 자유롭게 창작할 수 있게

던 반면, 외국인들에겐 저 장르에 신파를 끼얹을 수 있다는 사실이 매우 신선했던 것이다. 가령 영화 〈부산행〉(2016)은 한국에서도 1,000만 관객 영화이긴 했으나, 후반부의 신파적 장면은 작품을 느슨하게 만드는 단점으로 지적받았다. 그러나 이후 해외에서 '대단히 독특한 좀비 영화'로 반향을 일으켰을 때 '독특함'의 목록에는 '신파적 장면'이 반드시 끼어 있었고, 그 반응을 본 이후에는 〈부산행〉의 후반부를 비난하는 이들이 거의 사라졌다.

9   넷플릭스 〈익스플레인: 세계를 해설하다〉 시즌1(2018)의 〈케이팝의 모든 것〉 편을 보면 레드벨벳의 〈빨간 맛〉(2017)과 소녀시대의 〈I GOT A BOY〉(2013)를 케이팝의 특징인 장르 융합의 사례로 분석하는데, 특히 후자의 경우는 아홉 개 부분이 각기 다른 장르(힙합, 팝 록, EDM 등)를 넘나드는 사례이며, 이런 노래 구성은 케이팝에서 흔하다고 해설한다.

된 환경과 무관하지 않다. 심지어는 〈오징어 게임〉조차 '글로벌 1위 드라마'라는 가시적인 성과가 드러나기 전까지는 일각의 한국 소비자들로부터 실망스럽다는 평가를 받기도 했다. 또한 이제는 아이돌 가수의 노래 역시 글로벌 시장을 염두에 두고 제작되기 때문에 더는 '한국의 팬덤'만을 만족시키는 전략을 취하지 않게 되리라는 분석도 있다. 이러한 변화를 봐도 한국의 대중문화 콘텐츠가 처음부터 수출을 노리거나 국책사업을 통해 해외시장 진출에 성공했다고 분석하는 것보다는, 까다로운 소비자의 요구에 의한 질적 향상의 결과로 시장이 자연스럽게 해외로 확장되었고, 그 결과 창작자들의 전략 자체가 국제적인 규모로 커진 시장에 맞춰 변화하는 선순환의 성장 공식에 탑승한 것으로 해석하는 게 더 타당해 보인다.

한국 소비자들은 지금도 해외의 어떤 콘텐츠를 접하면 "우리나라엔 이런저런 것들이 없단 말이야!"라고 불만을 터트리곤 한다. 그리고 그런 불만이 한두 사람의 목소리가 아니게 되면, 콘텐츠 제작자는 해외의 생소한 장르를 한국적으로 변용하는 방법을 고민하게 된다. 이 지점에서 볼 땐 한국의 콘텐츠도 '근본 없고', '뿌리 없는' 방식으로 만들어지는 듯하지만 그렇게 까다로운 소비자에 호응하면서 변화하는 방식 자체엔 뚜렷한 특성과 경쟁력의 원천이 있다고 봐야 할 것이다.

'까다로운 소비자'가 정치 영역에 오면…

'까다로운 소비자' 현상은 정치 영역에도 그대로 적용할 수 있다. 그러나 시장경제 영역에서 기업 간 경쟁과 상품의 질 향상을 견인하는 반면, 정치 영역에서는 '까다로운 유권자'의 요구가 제대로 정당에 반영되지 못하는 것으로 보인다. 어째서일까?

그 이유는 민주주의 정치의 다음과 같은 특징 때문이라고 분석할 수 있다. 먼저 정치인은 상품인 동시에 상품의 생산자이기도 하다는 특수성이 있다. 그래서 '신상품'을 거듭 요구하는 행태가 상품의 품질을 개선하는 데 도움이 되기는커녕 이를 저해하는 결과를 낳기도 한다.

이를테면 라면 시장에서 까다로운 소비자들이 신상품을 거듭 요구한다고 해서, 농심과 삼양과 오뚜기의 연구개발팀이 교체되지는 않는다. 그보다는 적절한 경험과 전문성, 시장 반응을 살피는 기민함을 갖춘 연속성이 있는 인재들로 구성될 때 훌륭한 신상품을 만들어낼 수 있을 것이다.

그런데 정치 영역에서 '상품'에 해당하는 '정치인'과 '정책' 가운데 투표는 정치인에게만 할 수 있다. 정책에 대해선 대체로 여론조사로 의사 표시를 하지만, 정치인 한 명이 정책 하나만 내세우는 게 아닌 만큼 좋은 정책이라도 정당이나 정치인 간 다툼 등을 이유로 우선순위에서 밀려날 경우 유권자가 구제할 방도가 없다. 물론 좋은 정책이나 정책 노선이 선풍적인 인기를 끌어서 기성 정당이 앞다투어 받아들이는 경우도 있지만 매우 드물다. 지난 2012년 총선에서 새누리당과 민주통합당, 통합진보당 등이 '경제민주화'라는 의제에 동의한 채로 경쟁을 치렀던 것이 그 드문 경우 중 하나일 것이다. 그런데 이때도 다만 유권자의 바람으로 그렇게 된 것이 아니라 2012년 총선에서 새누리당의 사령탑을 맡았던 박근혜 비대위원장이 경제민주화를 일관되게 주장해온 김종인을 비대위원으로 영입하여 시대정신을 정확하게 읽고 '개혁은 보수 정당이 더 잘할 수 있다'는 신념 아래 '경제민주화'라는 노선을 적극 밀었기 때문에 그러한 긍정적인 경쟁 환경이 조성되었다고 봐야 한다. 이처럼 정치 영역에서 유권자의 요구를 반영하려면 그들의 바람이나 불만을 정책 노선이나 구체적인 정책으로 적절하게 변환해서 제시하는 정치인의 역량이 중요하다. 하지만 '까다로운 소비자'와 마찬가지로 '까다로운 유권자'들은 끊임없이 '신상품'을 요구하기 때문에, 정당 혹은 정치 세력에 불만이 있는 경우 '기성 정치인'보다 '신인 정치인'을 선호하는 경향이 있다. 21세기 이후 총선 당선자 중 초선 국회의원 비율은 계속 높은 수준에서 유지되고 있다.[10] 이런 경향은 시장경제 영역과는 달리 사실상 연구개발팀을 자주 교체하는 것과 비슷한 역량 누수의 결과를 가져온다. 유권자들의 의도와는 다르게 '기성 정치에 대한 징벌'이 정당의 역량을 거듭 약화시키는 결과를 낳게 되는 것이다.

그렇다면 '신상품 선호'라는 행동 양상을 '신인 정치인 선호'가 아니라 '신규 정당 선호'로 바꿔서 문제를 해결하면 되지 않느냐는 반론이 있을 수 있다. 그런 간단한 해법을 모르고 유권자들이 거대 양당을 선호하기 때문에 한국 정치의 모든 문제가 발생한다고 규탄할 수 있다. 주로 정의당 등 진보 정당을 지지하는 이들이 흔히 하는 생각이다.

이는 유권자들의 고민을 지나치게 우습게 여기는 동시에 정치 영역과 시장경제 영역 간 차이를 고려하지 않는 것이다. 해당 문제가 '신규 정당 선호'로 해결될 수 없는 이유에도 정치 영역의 다음과 같은 특성이 있다. 자본주의 시장경제가 '1원 1표'의 원리로 작동하는 반면, 민주주의 정치체제는 '1인 1표'의 원리로 작동한다. 그래서 빈곤한 이들의 필요need는 수요demand로 취급받지 못하는 시장경제 영역에 비해 정치 영역은 재산이 제각각이라도 동등한 권리를 가진 사람들의 요구

---

10   총선 당선자 중 초선 의원 비율은 '노무현 탄핵 역풍'이 거세던 17대 2004년 (62.5%)에서 최고치를 찍고 이후 세 번의 총선에서 40%대를 유지하다가(18대 44.8%, 19대 49.3%, 20대 44%) 21대 2020년에 다시 50%를 넘어섰으며(50.3%) 22대 2024년에는 43.6%에 이르렀다.

를 더 잘 실현하는 공간으로 여겨지기도 한다. 분명 그런 측면도 있으며 그것이 민주주의 정치체제의 힘일 것이다.

그러나 여기에도 함정이 있다. '1원 1표'가 반영되는 시장경제는 승자 독식의 룰을 따르지 않는다. 한국의 국회의원은 300석 의석 가운데 상당수인 지역구 254석을 소선거구제 단순다수대표제 방식(말이 다소 어렵지만 우리가 선거하는 바로 그 방식이다)으로 선출한다. 라면 시장으로 말하자면 특정 지역구에서 '농심'이 가장 많이 팔리면 그 지역구에서 팔린 라면 수익의 총액을 농심이 가져가는 것에 비유할 수 있다.

한국의 유권자는 선거제도까지 고려해서 투표한다

게다가 정치 영역에선 매 순간의 소비가 아니라 수 년마다 한 번씩 일어나는 이벤트(선거)로 결과를 측정하는데, 그 승자 독식의 기대 수익은 투표율에 상관없이 동일하다. 극단적으로 말해서 국회의원 한 명이 80%의 투표율에서 50%의 득표율로 당선되든, 40%의 투표율에서 50%의 득표율로 당선되든 당선에 따른 기대 수익엔 단 1원의 차이도 없다. 반면 시장경제 영역이라면 전자는 시장을 40% 점유하는 것이며 후자는 20% 점유하는 것이기 때문에 매출액이 두 배가 차이 나고 이윤은 (한계비용이 체감하는 구간까지는) 그 이상으로 차이가 나게 될 것이다.

따라서 거대 양당의 관점에서 봤을 때는 절반 이상의 유권자가 투표에 흥미를 느끼지 않는다 하더라도 큰 문제가 생기지 않는다. 어차피 상대 당파보다 조금이라도 더 많은 표를 얻어 당선되면 그만이기 때문이다. 이윤 극대화나 적정이윤과 같은 개념이 성립하지 않는 것이다. 한편 거대 양당 이외 정당의 경우엔 '득표한 만큼' 이윤이 발생하는 것이 아니라, 총선 기준으로 한 지역구에서 1위를 차지하거나 정당 명부 비례대표 투표에서 3% 이상을 득표하는 시점부터 이윤이 발생한다. 유권자들도 이를 잘 알고 있기에 상당수가 지역구 투표에선 대체로 1위를 차지할 가능성이 있는 양당에 투표하고, 비례대표 선거에선 3% 이상을 득표할 수 있다고 여겨지는 정당에 투표하게 된다. 라면 시장에서 농심, 삼양, 오뚜기가 아니라 팔도가 만든 '팔도 비빔면'이 수십 년째 히트 상품의 지위를 누리는 사례와 같은 것이 정치 영역에선 지극히 발생하기 힘든 이유가 여기에 있다.

　　이쯤에서 정의당 등 진보 정당을 지지하는 사람들은 또 다음과 같이 말하고 싶을 것이다. "그러게, 바로 그러니까! 유권자들의 선택의 폭을 제약하는 선거제도를 개편해야 한다니까요! 소선거구제를 중대 선거구제로 바꾸거나, 비례대표 비율을 대폭 늘려야 하는데, 그래서 연동형비례대표제를 하자고 했는데, 겨우 준연동제가 작동한 걸 거대 양당이 위성 정당을 만들어서 뺏어갔잖아요! 유권자들은 본인들 선택의 폭을 제약하는 지금의 선거제도를 고치는 데 더 많은 관심을 가져야 해요!"라는 식으로 말이다. 물론 일리는 있다. 그러나 사태의 진실을 전부 파악한 판단도 아니라고 생각한다.

　　한국에서 다당제와 비례대표제 확대를 말하기 위해서는 넘어야 할 장애물이 있다. 유권자가 내각제보다 대통령제를 훨씬 선호하고, 국회의원 정수 확대(300명 의원의 숫자를 더 늘리는 것)를 원하지 않는다는 것이다. 흔히 다당제는 내각제에 더 어울리고, 양당제는 대통령제와 어울린다고들 한다. 따라서 누군가 다당제로의 이행을 주장할 때는 대통령제를 훼손하려는 의도가 아니라는 점을 유권자들에게 설명해야 한다. 그게 아니라 내각제 개헌이 올바른 길이라는 소신을 밝힌다면, 유권자들은 이를 그저 먹물들의 탁상공론으로 치부하고 더 듣지 않고 지나칠 것이다. 적어도 아직까지는 내각제를 원하지 않기 때문이다. 한편 비례대표 의석의 비중을 지금보다 높이는 데 유권자들이 크게 반대할 것 같지는 않지만, 국회의원 정수 확대에는 강력한 거부감을 보인다는 것이 문제다. 국회의원 정수를 건드리지 않고 비례대표 의석의 비중을 높이려면 지역구 의석을 줄여야 하는데, 이에 대해선 지역구 국회의원들이 용인하지 못한다. 따라서 다수 지역구 국회의원의 이기심과 유권자들의 선호도가 결합한 교착상태 때문에 '연동형비례대표제'의 제도 설계가 어려웠고 '준연동형'이라는 우회로를 택하게 됐다. 그리고 이 우회로는 제도적으로 '비례 위성 정당'이라는 '꼼수'에 지극히 취약했다.

정의당 등 진보 정당을 지지하는 이들은 흔히 거대 양당이 왜곡된 선거제도로 본인들의 의석을 뺏어간다는 식으로 설명하곤 한다. 가령 2020년 총선 정의당의 정당명부 투표 득표율이 9.67%였으므로, 연동형비례대표제 기준 29석의 의석을 얻었어야 했는데 실제로 얻은 의석은 6석이기에 23석을 손해 본 것이란 식으로 설명한다. 그러나 내가 보기에 이는 선거제도까지 고려해서 투표하는 한국의 '까다로운 유권자'들을 너무 무시한 설명이다. 선거제도에 따라 그렇게 결과의 차이가 크기 때문에, 한국에 연동형비례대표제가 실시됐다면 2020년 총선에서 유권자의 9.67%가 정당명부 투표에서 정의당을 지지하지는 않았을 것이다. 연동형비례대표제에서 9.67%면 29석에 해당하고, 유권자들은 정의당이 그 정도 의석을 감당할 수 있는 정당이라 판단하지 않았을 것이기에 득표율이 그보다는 떨어졌을 것이다(그래도 15~20석 정도의 성과는 가능했을 것이다). 또한 비슷한 얘기로 준연동제하에서 양당이 비례 위성 정당을 만들지 않았더라면 역시 정의당이 9.67%의 지지율에 못 미쳤을 것이다. 정의당은 2016년 총선에 비해서도 지지 기반이 허물어진 상태에서 2020년 총선을 치렀는데, 정당 득표율이 7.23%(2016년)에서 9.67%로 상승한 것은 다소 이해하기 어려운 결과다. 이는 그간 선거 제도 개혁 문제 때문에 민주당에 끌려다니는 모습을 보였던 정의당이 민주당까지 비례 위성 정당을 만들어 '배신'을 당했다고 여겨진 부분에 대한 유권자들의 동정 심리가 아니라면 이해하기 어렵다.[11]

　　한편 다른 측면을 살피자면 한국의 유권자들은 국민의힘 골수 지지층과 민주당 골수 지지층을 제외하면 비례 위성 정당에 지극히 비판적이었을 것이다. 각 당 연성 지지층과 중도파는 양당 체제보다는 3~5당 정도의 다당제를 선호하는 경향이 있고, 양당의 '꼼수'에도 매우 비판적인 편이기 때문이다. 그러므로 2020년 총선에서 민주당이 만일 국민의힘(당시 미래통합당)만 비례 위성 정당을 만들도록 내버려두고, 몇 석 손해를 보더라도 정의당을 포함한 군소 정당의 몫을 지켜줬다면 '원칙을 지키기 위한 자기희생'의 사례로 평가받았을 것이다. 이 경우 민주당은 총선 후 국민의힘은 물론 정의당을 향해서도 할 말이 있었을 것이고, '180석 거대 여당의 무기력함'이라는 평가와는 다른 평가(일단 의석이 과반수는 넘었겠으나 180여 석에 미치지는 못했을 테니)를 받게 되었을 것이다. 그런 점에서 정의당의 현실 인식에도 문제가 있지만 비례 위성 정당을 만든 민주당의 판단 역시 조금 더 긴 호흡에서 본다면 소탐대실이었다.

11　2024년 총선에서 정의당은 의석을 얻지 못해 원외정당이 됐다. 이러한 결과는 현상적으로 볼 때는 '4년의 실패'라 여겨질 것이다. 그러나 '정의당의 2020년 정당 득표율이 결과적으로 전 총선보다 높았지만, 지지 기반은 다소 허물어졌다'는 내 분석을 받아들인다면, 2024년의 결과는 '4년보다 더 오래된 실패'의 산물이다.

한국 유권자가 양당제를 원한다고? 누가 그래?

나는 방금 살펴보았듯 시장경제 영역에선 '까다로운 소비자'가 생산자들의 긍정적인 경쟁을 촉진시키는 반면, 정치 영역에선 '까다로운 유권자'가 여러 가지를 고려해서 투표함에도 정치 영역의 특수성 때문에 비슷한 결과를 얻지 못하는 것이 현 상황이라고 생각한다. 한국 유권자들이 양당제를 관성적으로 추종하는 것은 아니라고 본다.

그 점을 증명할 수 있는 사례는 차고 넘친다. 제6공화국의 선거사를 살피면 양당제가 고착됐다고 사람들이 판단하고 실망할 무렵이면 어김없이 제3정당이나 제3후보 돌풍이 불었음을 알 수 있다. 1992년 총선에서 정주영의 통일국민당 열풍, 그해 대선에서의 정주영(3위)과 박찬종(4위)의 분전, 1997년 대선의 이인제(3위), 2002년 대선의 정몽준(2, 3위를 오가다 후보 단일화로 낙마), 2004년 총선에서 민주노동당(정당명부 비례대표 투표 13%로 총 10석 확보)의 약진, 2007년 대선의 이회창(3위)과 문국현(4위)의 바람, 2012년 대선의 '안철수 현상'(2, 3위를 오가다 후보 단일화 협상 중 사퇴), 2016년 총선에서 제2차 안철수 현상에 해당하는 국민의당 돌풍(비례 2당, 호남 지역구 석권으로 총 38석 확보), 박근혜 탄핵 심판 이후 다자 구도로 치러진 2017년 대선 등을 열거하자면 양당제가 고착화될 겨를이 없었던 것으로 여겨질 정도다. 주요 정당이 거의 선거 패배 때마다 당명을 바꾸는 상황 역시 양당제의 고착이라기보단 '신상'이 아닌 이들이 '신상품'인 척해야 했던 상황과 무관하지 않다.

오히려 한국의 유권자들은 대통령제를 훼손하지 않는 선에서 3~5개 정당의 다당제는 원하고 있다고 해석할 수도 있다. 사실 정치사를 돌이켜보면 양당제로의 개편은 유권자가 아니라 정치인들의 선택이었던 것으로 보인다. 1987년 제6공화국의 첫 대선에서 '1노 3김'(노태우, 김대중, 김영삼, 김종필)이 경쟁하는 다자 구도로 선거가 치러진 후 1988년 총선에서도 이들이 대표하는 네 정당이 지역 할거하는 결과가 나타났다(민주정의당, 평화민주당, 통일민주당, 신민주공화당). 이 결과를 뒤집은 것은 1990년의 3당 합당(노태우의 민주정의당, 김영삼의 통일민주당, 김종필의 신민주공화당을 합쳐 새로운 여당인 민주자유당을 구성)을 실행한 정치인과 정당이지 유권자들이 아니었다.

2017년 대선에서도 보수 후보 3인(홍준표, 유승민, 안철수)과 중도 후보 1인(문재인), 그리고 진보 후보 1인(심상정)의 5자 구도가 전개됐다. 1987년에서 1988년의 상황과 비교했을 때는 20세기 말부터 전개된 민주노동당을 중심으로 한 진보 정당 운동의 소소한 결실로 원내 진보 정당인 정의당이 5자 구도의 말석으로나마 한 축이 됐다는 변화가 있었다. 2017년 대선 이후 다자 구도를 버티지 못했던 것도 유권자가 아니라 정치 세력이었다. 먼저 국민의당과 바른정당이 통합하여 바른미래당을 만들었고, 결국 바른미래당은 2020년 총선 전에 국민의힘(당시는 자유한국당이다가 바른미래당과 통합하여 미래통합당을 구성)에 다시 합류했다.

정치인들의 이러한 선택도 그들이 다당제를 신념적으로 거부했다기보다는 마치 중력같이 작용한다는 평가를 받기도 하는 '뒤베르제의 법칙'의 쏠림 현상을 이기지 못했기 때문이라고 주장할 수도 있다. 뒤베르제의 법칙이란 소선거구제는 양당 체제를 낳는 경향이 있고, 비례대표제는 다당제를 산출하기 마련이라는 정치학자 모리스 뒤베르제 Maurice Duverger의 가설을 일컫는 말이다. 그러나 2020년 총선 이전 바른미래당의 사례를 보면 상황이 다소 다르다. 왜냐하면 바른미래당은 준연동제를 내세운 민주당과 정의당에 협조하여 비례대표 비율을 높이고 국민의힘(당시 자유한국당)으로부터 독자 생존의 기반을 도모할 기회를 맞이하고도 준연동제에 찬성하지 않고 미적댔기 때문이다. 좋게 표현하면 바른미래당의 리더와 정치인들에게 '보수 정당의 통합'이 신념이었다고 기술할 수 있고, 좀 나쁘게 표현하면 평생 양지에서 살아온 보수 엘리트들이 제1당이나 제2당에서 정치를 할 수 없는 상황을 '견디지 못했다'고 서술해야 할 것이다.[12] 다만 이 상황에 대해선 문재인 정부가 임기 초부터 80%가 찬성했던 '탄핵 총선 세력'을 좀 더 적극적으로 보듬는 정치를 했다면 다른 결과를 가져올 수 있었으리라는, '문재인 민주당 정부 책임론'도 존재하며 일정 부분 설득력이 있다.

다시 돌아와 '까다로운 유권자'의 문제를 좀 더 세밀하게 살피면 '부유하는 중도파', 혹은 '유동하는 중도파'라는 문제를 만나게 된다. 사실 모든 유권자가 까다롭게 굴지는 않는다. 민주당의 골수 지지층, 국민의힘의 골수 지지층, 그리고 어지간하면 정당 투표는 정의당에게 주는 핵심 지지층이란 것도 존재하기 때문이다. 아마 라면 시장에서도 '신라면 골수파', '진라면 골수파' 등이 있을 것이며, 우리나라 라면 시장을 '까다로운 소비자'가 좌지우지한다는 말의 의미는 (골수파를 제외하고) 신제품을 사용해보거나 경우에 따라 여러 제품을 오가는 소비자의 비율이 다른 나라에 비해 상대적으로 높다는 말일 것이다. '부유하는 중도파', 혹은 '유동하는 중도파'는 거칠게 말하면 국민의힘과 민주당 사이를 오가는 이들을 의미한다. 그들의 행동 양상이나 역할을 고려해보건대 '스윙보터swing voter'나 '캐스팅보트casting vote'라고 표현할 수도 있을 것이다. 이들이 한국 현대사를 어떻게 '운전'했는지는 공저《추월의

---

12   그야말로 풍찬노숙하면서 진보 정당 운동을 지속해온 정의당 사람들로서는 '대체 그게 뭐가 고생이라고 못 해? 원내 정당이고 우리와 달리 교섭단체 규모(20석 이상)를 유지하면 정당 국고보조금도 꼬박꼬박 몇십억씩 잘 나오는데?'란 심경이겠지만, 세상에는 '고생을 전혀 안 해보고 산 도련님의 고뇌'라는 것도 있는 법이다.

시대》의 2장에 좀 더 상세한 논의가 있다.[13]

선거를 좌지우지하는 중도파가 정치에선 소외되는 나라

문제는 미국이나 유럽에서 공부한 이들은 중도파가 한국의 선거 결과를 좌지우지한다는 사실 자체를 부인하거나, 그 중요성을 인정하기를 꺼린다는 것이다. 심리학과 친밀한 미국 정치학을 공부한 이들은 '중도파'라는 것이 존재한다는 사실을 부정하기도 한다. 미국의 논의에 따르면, '그런 것은 없다'는 것이다. 좀 더 정확하게 말하면 《코끼리는 생각하지 마》(원서는 2004, 번역서는 2006)를 쓴 조지 레이코프의 프레임 이론에 따르면 스윙보터는 '보수적 관념'과 '진보적 관념' 사이에 있는 어정쩡한 '중도주의 이념'을 가진 사람이 아니라 어떤 사안에서는 진보적 정책, 다른 사안에서는 보수적 정책을 지지하는 이중 관념을 지닌 사람들이라고 한다. 레이코프 역시 선거의 승부는 이 이중 관념을 지닌 사람들을 누가 사로잡느냐에 달려 있다고 보지만, 상황이 이렇기 때문에 중도층의 표를 얻겠다고 이념과 정책의 방향을 어설프게 중간으로 옮겨서는 안 된다고 했다는 것이다.[14] 레이코프의 설명과는 별개로, 미국은 한국과 비슷한 양당제 국가임에도 복잡한 선거제도 탓에 양당(민주당, 공화당)이 선거전에서 중도파를 공략하기보다는 자기 정당 지지자의 최대 동원을 목표로 하는 것이 보통이다. 따라서 미국의 실정을

---

13   김시우·백승호·양승훈·임경빈·하헌기·한윤형, 《추월의 시대》, 메디치미디어, 2020, pp. 66~87.

14   이 논의는 강양구·권경애·김경율·서민·진중권, 《한번도 경험해보지 못한 나라》, 천년의상상, 2020, pp. 153~154에서 진중권이 논의한 것을 참조하여 재정리함.

근거로 한국에서도 중도파가 선거를 좌지우지한다는 사실을 부인하는 사람은, 마치 한국의 라면 시장은 세 업체가 점유율의 대부분을 차지하는 과점 시장이기 때문에 유의미한 경쟁이 존재하지 않는다고 주장하는 것과 다를 바가 없다. 한국의 라면 시장에 경쟁이 존재하는지 아닌지를 판단하려면 다름 아닌 한국의 라면 시장을 들여다봐야 하는 것처럼, 한국의 선거를 중도파가 좌지우지하는지 어떤지를 판단하려면 미국의 논의가 아니라 한국의 현실을 보아야 한다.

　　반면 정치철학과 친밀한 유럽 정치학을 공부한 이들은 한국의 '부유하는', 혹은 '유동하는' 유권자들을 인정하지만 후진적인 현상으로 보는 편이다. 왜냐하면 한 사람이 어떤 계층적 배경을 가지는지만 알면 지지 정당을 거의 정확하게 추론할 수 있는 유럽의 민주주의를 두고 계급 정치를 실현하는 이상적인 것으로 판단하기 때문이다. 그러나 유럽의 유권자들이 유동하지 않는다는 것도 옛말로, 최근에는 '좌파 포퓰리즘'이나 '극우 포퓰리즘' 정당이 주기적으로 준동하는 불안정성을 보여주고 있다. 유럽인들 역시, 제2차 세계대전 이후 안정됐던 좌우파 정당의 정치 구조가 본인들 삶의 문제를 해결해줄 수 있다는 신뢰를 상실하고 있는 셈이다. 그런 방식으로 '좌파 포퓰리즘'이나 '극우 포퓰리즘' 정당으로의 표 쏠림이 일어날 바에야, 중도파 유권자들이 국민의힘과 민주당 양측이 (본인들 생각에) 막 나가지 않도록 브레이크를 걸기 위해 옮겨다니는 한국의 사정이 더 나아 보이기도 한다. 다만 한국 역시 근미래에 유권자들 다수가 양당 정치에서 더는 희망을 발견하지 못하게 될 경우 유럽과 같은 방식으로 '좌우익 포퓰리즘'이란 거친 대안을 신드롬처럼 선택할 가능성이 매우 높을 것이다.

　　'부유하는 중도파' 문제와 관련해 내가 발견한 합리적·절충적 설명으로는 다음과 같은 것이 있다. 이 설명 모델에 따르면, '부유하는 중도파'는 실제로 존재하지 않는다. 그리고 한국의 중도파 역시 '국민의힘 지지층에 가까운 중도파'와 '민주당 지지층에 가까운 중도파'로 양분되어 있다고 추정한다. 그런데 이 'XXX 지지층에 가까운 중도파'는 'XXX 골수 지지층'처럼 열심히 투표하지는 않고 본인 성향의 정당이 중도파의 관점을 고려해줄 때 투표장에 나가고 그러지 않는다면 기권하는 사람들이란 설명이다. 그렇기에 실제로 존재하는 것은 연성 지지층이 즐거운 마음으로 투표를 하거나 최근 지지 정당의 행태가 부끄럽고 쪽팔릴 경우 투표를 하지 않는 상황이지만, '현상적으로는 중도파란 집단이 요동치면서 선거를 좌지우지하는 것처럼 보이게 된다'는 것이다. 나는 이 가설에 상당히 타당한 부분이 있다고 생각한다. 그러나 이를 채택하더라도 결국 '중도파가 선거를 좌지우지한다'는 선거 컨설턴트들의 믿음을 탄핵할 이유는 없어 보인다. 언제나 중도파를 공략할 것을 제언하는 김종인과 같은 이가 세 번의 총선(2012년, 2016년, 2020년)에서 정당을 바꿔가며 각 정당의 비대위에서 활약했던 현실을 보더라도, 한국의 선거에서 중도파의 중요성은 공인된 것이라 볼 수 있다.

　나는 '까다로운 유권자'의 특성을 보이는 '선거를 좌지우지하는 중도파'가 처음부터 실패를 거듭했다고는 보지 않는다. 이들은 어떤 부분에선 국민의힘의 세계관에 동의했고, 다른 부분에선 민주당의 세계관에 동의했는데(조지 레이코프가 설명하는 '스윙보터'의 정의에 일치하는 상황), 양당이 엇나가지 않도록 선거 결과를 조정하면서 그간 한국 사회를 잘 조율해온 공로가 있다고 생각한다.

　그런데 어느새인가 그들은 '선거를 좌지우지하기는 하지만 선거가 끝나면 정치에서 소외되는 집단'이 되어버렸다. 왜냐하면 양당을 막론한 정치 세력이 중도파 내지 연성 지지층이 아니라 골수, 강성 지지층의 의견에 휘둘리는 세상이 도래했기 때문이다.

인터넷과 뉴미디어가 만들어낸 세상

이런 세상이 도래한 책임에 대해, 한때 진보 지식인 그룹에 속했다가 조국 전 법무부장관으로 인해 촉발된 사회적 논쟁 이후 문재인 정부를 비판하는 그룹에 합류한《한번도 경험해보지 못한 나라》공저자 동인들(강양구·권경애·김경율·서민·진중권)은 '문재인 정부', '유시민이나 김어준과 같은 민주당 진영의 스피커', '친노·친문 그룹', '팬덤 정치'의 책임을 묻는 입장에 서 있다. 상황에 따라서는 문재인 정부 지지자 그룹의 '파시즘적 현상'을 개탄하기도 하고, 문재인 정부가 파시즘의 길로 가고 있다고 실제로 주장하는 경우도 있었다. 나는 '문재인 정부', '유시민과 김어준과 같은 민주당 진영의 스피커', '친노·친문 그룹', '팬덤 정치'의 책임을 묻는 것은 일견 일리가 있다고 본다. 그러나 사태의 핵심을 두고 봤을 때 다소 피상적인 분석인 부분이 있으며, 특히 '파시즘적 현상'이나 '파시즘의 길'과 같은 수사는 과하다고 본다. 이는 미국의 트럼프 전 대통령 지지층처럼 선거에 불복하면서 국회의사당에 난입하여 폭력 사태 정도는 일으켰을 때 고려될 수 있는 수사들이다. 한국에서 민주당 지지층이 그러한 사건을 일으킨 바는 없으며, 이미 치러진 패배한 선거(대표적으로 2020년 총선)를 별다른 근거 없이 부정선거라고 매도한 것은(사실 트럼프 지지층도 여기에서부터 시작했다) 오히려 국민의힘 정치인과 진영 스피커들(황교안, 민경욱, 가로세로연구소와 같은 극우 유튜브 채널 등)이었다.

《한번도 경험해보지 못한 나라》를 훑어봐도 강양구와 진중권의 경우 사태의 핵심을 간헐적으로 건드리고 있다. 강양구는 오랜 기자 생활의 경험으로 포털 사이트를 통해 기사를 소비하는 세상으로의 변동이 어떻게 세상을 더 나쁘게 만들었는지를 말하기도 하고,[15] 페이스북 같은 SNS와 구글 같은 플랫폼의 속성이 어떻게 사람들을 변화시키는 지를 말하기도 한다.[16] 진중권 역시 팬덤 정치는 이상한 사람들 몇몇의 문제가 아니라 전 세계적으로 유행 중인 현상이며, 하나의 정치 플랫폼이 되어가고 있다고 지적한다.[17] 팬덤 정치가 유럽이나 일본이 아니라 영미권과 한국에서 주로 나타난다는 점에서, 대중매체와 팝 문화가 매우 발달했으며 인터넷 사용이 많은 나라들에서 두드러진다고 추론하기도 한다.[18] 나는 방금 언급한 분석들에 동의한다. 문제는 이런 분석은 아주 군데군데 등장하는 반면, 원래 본인들이 비판하던 대상에게는 원색적인 비난을 퍼붓는 것으로 비평을 대체하고 있다는 데에 있다. 지금 내가 그들의 정념 넘치는 책의 여기저기에서 부지런히 합리성의 조각들을 모아본다면, 이는 특정 그룹이나 팬덤을 비난하면서 해결할 수 있는 문제가 아니다. 당장 그들이 그러고 있는 동안에도 유튜브에서는 극우 성향의 '가짜 뉴스'가 창궐하고, '필터 버블Filter Bubble'(인터넷 정보 제공자가 이용자 맞춤형 정보를 제공해 필터링된 정보만 이용자에게 도달하는 현상을 지칭)에 따라 정치 성향이 다른 사람들이 서로 각기 다른 세상에 살게 되는 경향이 강화되고 있었다.

　　미국 유권자와 한국 유권자의 행동 패턴이 다소 다르긴 하지만, 이 영역에선 인터넷 탄생 이후 거듭 전개된 뉴미디어 변동의 영향을 비슷하게 받았다고 볼 수 있다. 최근에는 미국뿐 아니라 유럽 등 여러 민

15　　강양구·권경애·김경율·서민·진중권,《한번도 경험해보지 못한 나라》, pp. 17~20.

16　　위의 책, pp. 44~46.

17　　위의 책, p. 113.

18　　위의 책, p. 137.

주주의 나라에서 다른 정당 지지자들 간에 '정서적 양극화'가 심해지고 있다는 연구가 나오고 있는데[19] 내 생각엔 이 역시 인터넷 탄생에서부터 스마트폰과 SNS 활용으로까지 전개된 뉴미디어 변동에 의한 필터 버블의 산물이다. 한국의 중도파가 선거에선 큰 영향력을 가짐에도 선거가 끝난 이후엔 소외되는 신세가 된 것도 비슷한 이유다. 이제는 국민의힘 지지층과 민주당 지지층의 세계관이 아주 크게 벌어지면서 중간에 있는 중도파와도 멀어졌기 때문에, 과거에 비해 양대 정당의 핵심 지지층과 중도파들 간 생각의 거리가 너무 먼 상황에서, 어느 정당의 정권이 창출되더라도 핵심 지지층을 주로 쳐다보는 정치를 하게 됐기 때문이다. 그 때문에 문재인 정부는 임기 말까지 40%가 넘는 지지율을 유지했으면서도 더 많은 비토 세력의 마음을 헤아리지 못해 정권 교체를 당했다.

한편 윤석열 정부는 그러한 중도층의 민주당으로부터의 이탈을 통해 당선됐음에도 그들의 마음을 읽는 정치가 아니라, 역시 극단적이고 편협한 지지층을 챙기는 정치를 하는 중이다. 국민의힘 진영의 역사를 간단히 살핀다면, 노무현 정부의 출범 이후 뉴라이트 운동이 시작되면서 중도파가 동의하기 어려운 역사관이 구축되었으며 그 주요한 인물인 역사학자 이영훈의 견해도 경청할 가치가 충분했던 탈근대 담

---

19   김기동·박영득·이재묵, 〈정치이념, 정책의 중요성, 그리고 정서적 양극화: 제20대 대통령선거〉, 〈지역과 세계〉 Vol. 46 No. 3, 2022, pp. 65~98의 서술을 보면 다음과 같다. "미국과 유럽의 여러 민주주의 국가들에서와 같이, 정서적 양극화는 한국에서도 최근 두드러지게 목격되는 현상이다"(p. 66), "이처럼 사회정체성 이론에 입각하여 당파성을 이해하는 관점은 미시적 수준에서 당파적 정체성이 강해질수록 정당에 대한 충성도가 높아지기 때문에 정서적 양극화 역시 심화된다고 설명한다. 이러한 현상은 실제로 미국 유권자들 사이에서 시간이 흐름에 따라 더욱 심해지고 있음이 확인되고 있을 뿐만 아니라, 많은 유럽 국가들에서도 목격되고 있다. 또한, 한국 유권자들을 대상으로 한 여러 연구들에서도 동일한 현상에 대한 보고가 존재한다"(p. 68).

론인《대한민국 이야기: '해방전후사의 재인식' 강의》(2007)에서 한국 민족주의에 대한 저열한 저주와 악다구니만 가득한《반일 종족주의》(2019)로까지 퇴행했다. 3장에서 다시 살펴보게 되겠지만 유튜브와 블로그에서 조잡한 사이비 역사 담론을 설파하는 이들을 떠받치는 오류는 상당수가 이영훈이 양산한 것이다. 이영훈과 사이비 역사 담론 스피커들의 연대엔 팬덤의 요소조차 발견되지 않는다. 따라서 이는 다만 민주당이란 정당의 문제도 아니며, 팬덤 정치를 비난한다고 해결될 수 있는 성격의 것도 아니다. 문제의 핵심은 서론에서 제기했던 문제, '상식의 독재' 사회인 한국에서 '상식'이 분화하고 서로 멀리 동떨어질 때 발생하게 된 혼란이다.

중도파를 위한 정당이 가능할까?

그렇다면 유권자들의 행동 양상을 세밀하게 분석한 이후, 삐걱거리는 한국 민주주의에 어떠한 대안을 제시할 수 있을까. 가장 직관적인 방법으로는 중도파를 위한 제3정당이 성립되는 것이 있다. 국민의힘 지지층의 세계관 및 역사관과 민주당 지지층의 그것이 그토록 현저하게 멀어졌다면, 그래서 둘 중 어느 것에도 만족하지 못하는 이들이 다수 존재한다면, 그들을 대변하는 정당이 성립되어야 마땅할 것이다.

그러나 이 해법은 지극히 어렵고 비현실적인 방책이기도 하다. 우리는 지난 10년간 그 일을 위해 몰두했지만 성공하지 못한 정치인, 안철수 의원을 알고 있기 때문이다. 그는 2012년 정치에 입문한 이후 세 번의 대선에 도전했으며, 그중 한 번을 완주했다. 한 번은 민주당 후보와의 단일화 협상 끝에 중도 사퇴했고, 다른 한 번은 국민의힘 후보와의 단일화 협상 끝에 협의 사퇴한 것에서 알 수 있듯이 양당 모두를 바꿔보려고 시도했고 독자 정당 노선의 길도 걸어봤지만 여의치 않았다.

그는 사실 '중도파를 위한 정치'라는 선명한 비전을 제시하진 않았고 오랫동안 '새정치'라는 모호한 기표 뒤에 숨었다. 중도파 정당을 수립할 경우 그 강령과 노선이 무엇이어야 하는지 비전을 지니지 못했던 탓이다. 그럼에도 그가 중도파 정당에 대한 비전을 제시한 적이 없는 것은 아니다. 10년의 세월에 비하면 너무 드물고 소략한 것이긴 했지만, "안보는 보수, 경제는 진보"(2012년)라는 말과 "극중주의가 필요하다"(2017년)는 말은 나름의 비전 제시였다고 볼 수 있다. 그런데 앞서 소개한 조지 레이코프의 프레임 이론에 따르면, 저 소략한 두 개의 수사 역시 서로 충돌하는 부분이 있다고 볼 수 있다. '안보는 보수, 경제는 진보'란 표현이 레이코프가 분석한 이중 관념(어떤 것은 보수적 이념에 동의하고 다른 어떤 것은 진보적 이념에 동의하는)에 대응하는 수사였다면, '극중주의'란 표현은 '중도주의 이념'이란 것이 따로 존재한다는 전제를 공유하는 것으로 생각되기 때문이다. 아마도 안철수는 양자 사이의 모순조차 인지하지 못했을 가능성이 크다.

이 점에 대해서는 그가 가진 정치적 역량의 문제가 있겠지만, 훨씬 뛰어난 정치적 역량을 가진 이라도 중도파 유권자들이 원하는 정당의 강령을 추출해내기 어려운 것은 엄연한 현실이다. 따라서 '중도파를 위한 정당'을 논하기 전에 우회로이자 차선책을 고민해볼 수 있다.

앞서 정치인은 정치 영역에서 하나의 상품이자 상품의 생산자이기도 하다는 특수성이 '까다로운 유권자'의 행동 양상으로는 선순환을 만들어내지 못하는 문제를 발생시킨다고 설명한 바 있다. 이 점에 착안하여, 각 정당이 양질의 상품을 생산하는 데 도움을 주는 외곽 조직을 고민할 수 있다. 다른 나라 사례를 들면 독일의 콘라드 아데나워 재단Konrad-Adenauer-Stiftung과 프리드리히 에버트 재단Friedrich-Ebert-Stiftung과 같은 싱크탱크를 생각할 수 있다. 콘라드 아데나워 재단은 사실상 기민당의 싱크탱크이며, 프리드리히 에버트 재단은 사민당의 싱크탱크이지만 그 정당에서 독립해 존재한다. 미국의 경우도 비슷하게 해리티지The Heritage Foundation가 공화당 지지층을 겨냥한 보수적인 싱크탱크이며, 브루킹스Brookings Institution는 민주당 지지층을 겨냥한 상대적으로 진보적인 싱크탱크다. 한국의 정당 정치를 지금의 '까다로운 유권자'의 행동 양상만으론 개선할 수 없고, 시민들의 후원으로 유지되는 정당에서 독립적이지만 정치 성향은 뚜렷한 싱크탱크를 통해 보완해야 한다고 사람들을 설득할 수 있다면 어떨까. 정당에 지출하는 당비나 후원금의 경우 거대 정당에 내는 것은 국고보조금에 비해 무척이나 미미하고, 소수 정당에 내는 것은 총선이나 지선에서 본인 거주 지역의 당선자가 나오지 않을 경우 효능감이 거의 없다는 치명적인 문제가 있다. 하지만 싱크탱크에 대한 후원은 시장 영역에서의 소비와 비슷하게 연구원을 한 명씩 늘려가고 알찬 정책을 하나씩 늘려가는 효능감을 줄 수 있을 것이다.

그리고 이러한 싱크탱크가 생긴다고 할 때엔, 국민의힘 성향의 싱크탱크와 민주당 성향의 싱크탱크뿐만 아니라 아직 존재하지 않는 중도파 유권자를 대변하는 싱크탱크의 구성 역시 구상해볼 수 있을 것이다. 일차적으로는 국민의힘과 민주당 양당으로 하여금 싱크탱크의 정책을 받아들이도록 압박할 수 있다. 그리고 그렇게 활동하는 가운데, 과거 '안철수 현상' 같은 신드롬이 발생하면 그 대중적 인지도와 결합해서 중도파 정당을 구성할 수 있는 정강 및 정책 노선의 내용을 채워 나가는 일을 할 수 있을 것이다. 중도파 유권자들이 무슨 생각을 하는

지에 대해선 한국의 담론가나 선거 컨설턴트도 제대로 된 조사를 해본 적이 없으면서 막연한 추론을 남발하는 경향이 있다. 편의상 '중도파'라고 한 묶음으로 언급되지만, 그들이 하나의 다발인지 아니면 상이한 몇 개의 다발인지도 제대로 확정되지 않았다.[20] 따라서 싱크탱크가 구성되고 후원자를 모집하여 정책을 발굴하며 피드백을 하는 과정에서, 이러한 '무지'의 상태를 벗어나 중도파 유권자들의 정치적 결집을 위한 노선이 무엇인지 발굴하게 될 수도 있을 것이다.

정치적 대안을 도출하는 것은 이 책의 주요한 목표가 아니었다. 나는 앞서 시민들의 행동 양상 이면에 한국 사회의 전근대 전통에서 형성된 모종의 기반이 있음을 설명할 것이라고 예고한 바 있다. 그런데 많은 사람들은 이러한 설명 방식 자체에 회의적일 것이다. 한국 사회를 살아가는 많은 이들은 우리가 전근대 역사로부터 이어진 존재가 아니라 사실상 '단절된 존재'라고 상상하기 때문이다. 이러한 견해에 반박하려면 별도의 세밀한 논의가 필요한데, 그 과정을 지나치지 않고는 한국 사회의 전근대 전통이 현대 민주주의 정치에 미치는 영향력을 말하는 것이 우스운 일이 될지도 모른다. 그리하여 2장에서는 내가 '단절사관', '청산사관', '부채상속사관' 등이라 이름 붙인 역사의식, 혹은 역사적 무의식을 논박하면서 우리가 역사와 단절된 존재가 아니라는 점과 함께 역사적 전통이 우리의 민주주의에 미치는 영향이 무엇인지 설명하게 될 것이다.

---

20   그러나 나는 과거의 중도파가 지역적으로 '충청'으로 대변되는 '캐스팅보트 충청'이었다면, 앞으로의 중도파는 노년세대가 산업화 세력을, 중년세대가 민주화 세력을 지지하는 가운데 중간에서 유동할 청년세대라고 생각한다. 이른바 '캐스팅보트 청년'인 셈이다. 그리고 그 청년세대의 성향에 대해선 어느 정도 추론이 가능하다고 생각한다. 향후의 중도파가 될 가능성이 높은 청년세대의 정치 성향에 대한 가설과 여론조사 결과를 담은 것이 바로 《추월의 시대》 4장(pp. 118~135)의 논의다.

2장

한국의 근대는
일본과 미국의 짜깁기?

배트를 던져버리는 한국 야구 선수들이
보여주는 것

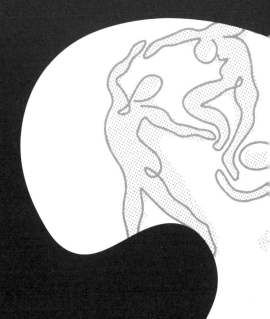

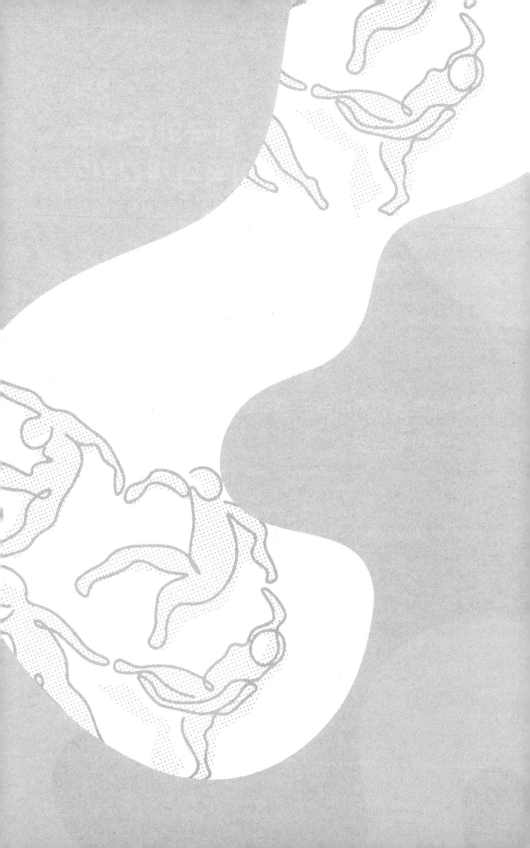

2016년 미국의 스포츠 전문지 〈ESPN 더 매거진〉에는 한국 프
로야구의 독특한 문화를 조망하는 기사가 실렸다. 제목은 〈Korean Bat
Flip: The Art Of Letting Go〉[1]였고, 영어로 '배트플립'이라고 부르는 방
망이를 내던지는 세리머니에 관한 것이었다. 한국의 야구 팬들은 이 행
위를 '빠따 던지기'의 준말인 '빠던'이라고 흔히 불렀기에, 이 글을 정
성스럽게 번역한 한 야구 팬은 한국어판 제목을 〈빠던의 미학〉으로 잡
았다.

'빠던의 미학'이 우리에게 보여주는 풍경

메이저리그에선 타자가 방망이를 던지는 세리머니를 하면 투수
에게 대체로 보복을 당한다. 미국의 야구 역사는 오래되었고, 경기 형
식이나 룰은 시대에 따라 변화해왔다. 그 역사적·문화적 산물이 미국

---

1   Mina Kimes, Mickey Duzyj, "Korean Bat Flip: The Art Of Letting Go", *ESPN The
     Magazine*, Oct. 4, 2016.

의 야구 문화일 것이다. 아마 야구라는 시합에서 가장 위험한 물건(날아 가는 공)을 사람을 향해 던지는 투수라는 역할을 존중하는 문화가 퇴적 되면서 안타나 홈런을 치더라도 그 앞에서 세리머니를 자제하는 문화 가 형성된 듯하다.

한국에선 다른 야구 문화가 형성됐다. 현대 한국이 일본의 근대 화와 산업화를 참조 및 모방하여 비슷한 길을 간 것처럼, 야구란 영역 에서도 일본 야구를 오랫동안 참조 및 모방해왔다. 일제강점기 시절을 살피면 축구는 한국이 '원래' 더 잘했지만 야구 실력에선 격차가 컸다. 실업야구 시절, 고교야구 시절, 그리고 프로야구 시절 초창기까지 한국 에 선진 야구를 도입한 이들은 재일교포 출신이거나 일본에서 활동하 다 돌아온 이들이었다.

그런데 '빠던'은 메이저리그는 물론 일본 야구에도 없는 문화다. 앞서 소개한 기사에선 "일본 야구의 전통과 그림자 속"에 살았던 한국 야구에 '빠던'을 도입한 것은 양준혁이라고 설명한다. 양준혁은 '튀어 나온 못은 두들겨 맞는다'는 말처럼 견제도 받았지만, 본인이 '튀어나 온 못'이 되었다는 사실에 행복해했다는 것이다.

이 정성스러운 분석 기사가 한국의 여러 커뮤니티에서 화제가 되고 나니 스포츠 언론에서 오래 종사한 몇몇 전문가가 부연 설명을 하 거나 맥락을 보충했다. 그들의 말에 따르면, 양준혁이 '빠던'의 초기 선 구자 중 한 사람이었던 것은 사실이지만 그가 명확한 기원이라기보다 는 1990년대 초 동시다발적으로 몇 명의 선수가 그런 문화를 만들어 간 것이라고 했다. 그리고 분석 기사에는 나오지 않으나 그들이 전해준 한 가지 더 흥미로운 지점은, 초기에 '빠던'을 할 때 타자들이 "메이저 리그에선 이렇게 한다더라"라는 풍문을 덧붙이면서 본인의 행위를 정 당화했다는 설명이었다. 한국의 1990년대 초라는 시대적 분위기에서,

몇몇 야구 선수는 본인들이 생각하는 자유분방한 미국 사회의 이미지에선 그런 행위가 환호받을 거라고 상상했던 듯하다. 물론 실제로 메이저리그에서 배트플립은 투수를 자극하는 행위로 금기시되고 보복구를 부르는 행위였다. 이러한 사실은 한국에서 외국인 선수가 뛰기 시작한 1990년대 후반에 들어와서야 알려졌다.

이 흥미로운 에피소드를 어떻게 이해해야 할까? 가장 직관적이고 소박한 해석은 한국 문화에 어떠한 특질이 있어서, 한국에 수용된 외래 문물도 다른 나라와 약간 다른 모습으로 변형됐다는 것이리라. 그러나 이렇게 해석하려고 하면 우리 사회에선 꼭 강력한 저항자들이 나타난다. 그 저항자들은 주로 공부 좀 했다는 사람들이다. 가령 우리는 한국 사회를 바라보고 해설하려고 시도하는, 다음의 가상 대화를 생각해 볼 수 있다.

어느 '젠체하는 논평가'와 '사려 깊은 관찰자'의 대화

사려 깊은 관찰자: 한국의 근대화에 우리 문화나 역사의 특성이 반영된 사례들은 무엇이 있을까요?

젠체하는 논평가: 한국의 근대에서 역사나 문화의 특성을 찾는 건 그리 생산적인 일은 아닙니다. 왜냐하면 기본적으로 한국의 근대란, 일본을 그대로 베낀 것에 불과하니까요.

사려 깊은 관찰자: 음, 그건 상당 부분 사실입니다만 결국 일본과 차이가 나게 된 부분도 있잖아요? 이런 건 한국 문화나 역사의 특성이 반영된 게 아닐까요?

젠체하는 논평가: 마찬가지로 효율적인 작업은 아닙니다. 왜냐

하면 한국이 1990년대 들어 세계화를 강조하면서, 그리고 IMF 구제금융 사태를 거치면서, 이제는 미국의 것을 베끼기 시작하거든요. 일본과 다르다거나 일본에서 벗어나 있다고 생각되는 부분은 1990년대 이후 미국을 베꼈다고 할 수 있는 부분이지요.

사려 깊은 관찰자: 음, 그것도 틀린 말은 아니지만 하여간 그래서 한국은 미국과도 다르고 일본과도 다른 어떤 문화와 행동 양식을 형성하지 않았나요? 이 부분은 어떻게 설명해야 하죠?

젠체하는 논평가: 그야, 두 가지를 왔다 갔다 하면서 베꼈고, 그것도 어설프게 베꼈기 때문이죠.

사려 깊은 관찰자: 음….

고백하자면, 나 역시 몇 년 전까지 '사려 깊은 관찰자'를 괄시하는 '젠체하는 논평가'에 해당했다. 위 대화는 다른 이를 모욕하려는 것이 아닌, 자기비판의 시도에 해당한다. 그리고 저 '젠체하는 논평가'의 관점은 여전히 우리의 담론 사회에서 지배적이다. 그런데 '양준혁이 만들었다고 여겨졌지만 실은 몇몇 타자가 메이저리그의 문화를 모방했다고 여기며 시작된' '빠던의 기원'은 저 '젠체하는 논평가'의 관점을 비집고 나오는 송곳과도 같다. '베꼈다'고 말해온 것이 실제로는 '원본'에 존재하지 않았다면, 갑자기 생긴 그 문화는 어떻게 이해해야 할까? 한국에도 '모난 돌이 정 맞는다'와 같은 속담이 있는 것은 사실이지만, 모수자천毛遂自薦과 낭중지추囊中之錐 등 중국 전국시대 고사에서 활용된 '송곳'에는 탁월함이란 이미지도 있다. 드라마화되기까지 한 최규석 작가의 웹툰《송곳》은 그 이미지를 빌렸다. '누구라도 한 명은 튀어나온다'라는 말에는, 대부분의 사람들이 불의를 참고 살지만 누구 한 사람은 튀어나와 항의를 한다는 맥락적 의미가 담겼다. 반면 일본에선 '비

어져나온 사람들はみだし者'이란 말을 일본 특유의 '와和'를 해치는 다소 위험한 사람들이라는 용법으로 사용한다. 그들은 경계 어린 시선으로 용인받다가, '와'를 해칠 만큼 영향력이 커진다 싶을 때 적극적인 탄압을 받곤 한다. 일본도 한자 문화권인 만큼 '낭중지추'란 말 자체는 사전에 등재되어 있지만, 그저 고사를 일컫는 말일 뿐 일상생활에선 거의 쓰이지 않는다. 사실 타자가 적시타나 홈런을 치고 과한 세리머니를 하는 현상은, 자랑할 만한 일이 생겼을 때 "오늘은 내가 쏜다!"라는 말과 함께 주인공이 되고 싶어 하는 한국인들의 기질에 아주 잘 들어맞는다.[2] 한국인이 '빠던'에 어울리는 사람들이란 해석은, 그게 일본 야구 혹은 미국 야구를 베끼다가 생겨난 것이라는 설명보다 훨씬 직관적으로 타당하게 여겨지는 구석이 있다. 우리가 이런 해석을 취하면 안 될 이유가 있을까?

'단절사관'이 어울렸던 한국 근현대사

위와 같은 '젠체하는 논평가'의 태도는 내가 1장의 서두와 말미에서 언급한 태도, 한국 사회는 근본이나 뿌리가 없다는 상상과 무관하

---

2 "오늘은 내가 쏜다!"라는 말이 '오늘은 내가 주인공' 선언이란 해석은 사회심리학자 허태균의 강의에서 빌려왔다. 허태균은 저 주인공 선언이 이루어지면 상사라도 그 주인공에게 어느 정도 맞춰줘야 하는 것이 한국 문화라고 해설한다. 허태균, 유튜브 채널 '디글 :Diggle'(https://www.youtube.com/Diggle), 〈[#어쩌다어른] (1시간) 개발자도 모르는 기능 150% 활용하는 한국인 심리 특징 정리해드림! | #편집자>, 2022년 11월 12일. 한편, 허태균의 저술까지 참조하면 해당 사례는 한국인과 일본인의 심리를 주체성의 관점에서 오래 분석한 일본의 심리학자 이누미야 요시유키의 것이라고 한다. 허태균, 《어쩌다 한국인: 대한민국 사춘기 심리학》, 중앙books, 2015, p. 56 참조.

지 않다. 역사관으로 표현한다면 '단절사관'이라고 부르는 것이 어울릴 것이다. 현대 한국은 전근대 한국으로부터의 단절 속에서 존재한다는 생각이다.

만약 한국사에 뚜렷한 단절이 존재한다면 현대 한국인은 지금 보이는 특성을 굉장히 최근에 형성한 사람들이어야 한다. 그렇다면 현대 한국인은 언제 탄생했을까? 이에 대해선 여러 가지 설명이 있다. '단절'의 시기를 어디로 보느냐에 따라 다르다.

1) 먼저 '소박한 박정희주의자'들은 현대 한국인의 부지런함을 만들어낸 것은 박정희 전 대통령의 통치, 구체적으로 새마을운동과 같은 것이었다고 생각하곤 한다. 보수적 성향의 어르신 중에는 이렇게 생각하는 사람들도 흔하지만, 담론적으로 널리 용인되는 태도는 아니다. 현대 한국인의 기원을 가장 짧게, 50년도 안 되는 것으로 생각하는 태도라고 볼 수 있다. 위에서 언급한 '빠던'에 대한 '양준혁 기원론'과 비슷한 입장이라 볼 수도 있다. 한 명의 특출나고 탁월한 개인이 한국 문화를 일신했다고 믿는다는 지점에서 말이다.

2) 한편 한국전쟁의 비극에 의해 현대 한국인이 형성되었다고 보는 시각도 있다. 이들은 주로 진보 지식인이다. 한국전쟁의 비극이 한국 사회에 끼친 상처를 조망하는 시선이다. 가령 2000년대 초반 대학 사회 일각에서 읽혔던 진보적 사회학자 김동춘의 《전쟁과 사회》와 같은 저술이 이러한 견해를 대표적으로 피력한다고 볼 수 있다. 사실 이 저술 작업 자체에 특별히 반박할 구석은 없다. 그가 기술한 것은 한국전쟁에 담긴 민간인 학살 등 국가폭력의 그림자이며, 그것이 현재의 우리를 규정한다는 주장이기 때문이다.

김동춘의 문제의식을 절절하게 담은 〈책머리에〉를 살피자면 이러하다. 1990년대 지지부진했던 한국 사회를 지나치면서 "사회에 만연된 폭력, 그것은 과거의 사실이 아니라 바로 현재진행형이며 한국 사회의 지배질서 그 자체라는 생각이 자꾸 구체화"[3]됐으며, "5.18광주민주화운동 당시 학살은 바로 한국전쟁의 재연"[4]이었으며, "한국전쟁을 직간접으로 겪은 한국인들이 갖는 본능적인 공포감과 순응주의가 철저히 내면화"[5]된 것을 발견했다. 그리하여 "한국의 국가폭력과 한국 자본주의의 정치경제 질서를 결합시키기 위한 일련의 연구작업"[6]을 고민하게 됐다.

　　그러나 이를 긍정하더라도 그의 논의를 확장하여 현대 한국인을 대체로 한국전쟁 이후에 조형된 사람들인 것처럼 서술하는 데에는 비약의 여지가 있다. 말하자면 한국전쟁이 현대 한국인에게 이른바 '외상 후 스트레스 장애PTSD'와 같은 효과를 줬을지라도, 시간이 지나면 그 증상도 완화될 수밖에 없고 그렇다면 그 이전 사건들의 영향력이 '복원력'을 발휘할 것이라고 예측할 수 있기 때문이다. 그렇기에 김동춘의 논의는 어째서 1990년대 초반에 도달해서야 1장에서 살폈던 '서태지와 아이들'이나 '솔리드'와 같은 가수들이 나타났는지를, 그리고 방금 살핀 양준혁과 같이 '빠따를 냅다 던져버리는 선수들'이 비슷한 시기에 나타났는지를 설명해주는 데 의의가 있다. 그 이상으로 논의를

3　　김동춘, 《전쟁과 사회: 우리에게 한국전쟁은 무엇이었나?》, 돌베개, 2006(개정판), p. 53.

4　　위의 책, p. 54.

5　　위의 책, p. 54.

6　　위의 책, p. 56.

확장해 현대 한국인이 한국전쟁을 통해 형성됐다고 우리가 믿어야 할
필요는 없다고 생각한다.

3) 현대 한국인은 일제강점기에 형성된 사람들이라는 견해도 있다.
이것은 주로 '소박한 박정희주의자'보다는 좀 더 담론적인 보수파의 시
선, 이른바 뉴라이트의 견해에 해당한다. 하지만 뉴라이트만 이렇게 생
각하는 것은 아니며, 최근에는 이러한 논의 역시 결이 확장되고 있다.
이를테면 일제강점기에 여러 가지가 형성된 것은 맞지만, 다만 일본의
통치에 의해 조선인들이 수동적으로 근대인이 되었다고 보는 것이 아
니라 조선인들의 주체적 움직임에 좀 더 주목하기도 한다. 가령 만주라
는 공간에 주목하여, '만주 모던', 만주국이란 공간에서 활동했던 조선
인들이 학습한 것에 주목하기도 한다.[7] 이 논의를 따른다면 박정희가
1960년대와 1970년대에 한국 사회에서 하려고 한 것도, '만주국'이란
공간에서 먼저 일어났던 일들의 성과를 그도 직접 경험했기에 가능했
던 일이라 생각할 수 있다.

'단절사관'은 이 이상 거슬러 올라가지는 않는다. 조선 후기가
등장하기 때문에, 전근대와의 단절을 얘기하기가 어려워진다. 일본에
의해 개항했던 개화기에서부터 단절사관을 시작하는 일은 가능하겠으
나, 이러한 견해의 논리 구조는 한국인의 특성이 일제강점기에 형성되
었다는 견해와 비슷해 상세히 논하지는 않으려고 한다.

사실 단절사관을 이렇게 몇 가지 버전으로 정리해보면, 한국의
비극적인 근현대사는 심증적으로 단절사관을 받아들이기에 더없이 쉬

---

7   이에 대해서는 한석정, 《만주 모던: 60년대 한국 개발 체제의 기원》, 문학과지성사,
     2016의 논의를 참조할 것.

웠던 역사로 여겨지기도 한다. 20세기 초를 망국으로, 20세기 중반을 분단과 전쟁으로 보낸 역사를 살펴볼 때, 우리는 대한민국이 과거의 모든 유산을 상실하고 사실상 무無로부터 출발했다는 느낌을 받을 수밖에 없었다.

'청산사관'과도 충돌하는 '단절사관'

그러나 단절사관은 비록 심증적으로 설득력이 있을지라도, 곰곰이 곱씹을수록 받아들이기 힘든 주장이다. 왜냐하면 단절사관은 우리가 한국 전근대 역사에 가진 또 다른 대표적 편견인 '청산사관'과도 충돌하기 때문이다.

그렇다면 청산사관이란 무엇일까? 단절사관을 사회학자 김동춘의 저술을 통해 설명했으니 청산사관은 역사학자 한홍구의 저술을 통해 설명해보려고 한다. 우리 또래가 스무 살 언저리에 이르렀을 때, 진보적 역사학자 한홍구의 《대한민국사》(2003~2006)가 교양 도서로 주어졌다. 내가 받아들인 첫 번째 한국 현대사 교과서였다. 1980년대 초반생들이 중고등학교를 다닐 때만 해도 역사 교과서는 민족국가를 다룬 것이지 민주공화국을 다룬 것이 아니었다. 현대사 파트는 지극히 소략했으며, 그나마 2학기 기말고사가 끝난 이후에 배우는지라 시험 범위 바깥이기 일쑤였다.

《대한민국사》는 〈단 한 번도 왕의 목을 치지 못한: 유산된 민주혁명〉이란 에세이로 시작한다. 당시만 해도 우리의 민주혁명이 온전한 승리를 거두지 못해왔다는 그의 서술에 끄덕끄덕 동의했다. 그러나 '한번도 왕의 목을 치지 못한 역사'란 단정에는 좀 의아했다. 어쩐지 비유

가 찰싹 들러붙지 않고 덜컹덜컹 이물감이 느껴졌다. 한홍구는 민주혁
명을 논하려고 했으므로 전근대 시절의 국왕 살해를 말하는 문제가 아
님은 당연했다. 왕조 사이의 역성혁명이나, 무신정권의 권신이 왕을 시
해한 문제를 가리킴은 아니었다는 것이다.

　　실제로 그의 글에서 말하는 바는 "시민혁명을 이루지 못하고 제
국주의적 근대에 편입한 역사", "친일 잔재를 청산하지 못한 채 건설된
대한민국", "시민혁명의 결여", "시민 없는 시민사회" 등이다. 그가 내
세운 주된 논지는 우리의 근대화가 "이식된 근대화"이면서 "압축적 근
대화"였다는 것인데,[8] 이러한 논지는 지난 수십 년 동안 우리 지성 사회
에서 학술적 상식일 뿐이었다.[9] 말하자면 우리의 근대화 및 민주주의
는 우리 토양에서 자라난 게 아니라 일제강점기나 미 군정기에 일본이
나 미국의 토양에서 뿌리째 옮겨다 심은 식물을 다시 뿌리째 심어서 물
주고 키워서 만들어낸 산물이라는 것이었다.

　　즉 청산사관은 한국의 전근대가 우리와 상관이 없는 것은 아니
고 오히려 우리의 발목을 잡고 있다고 주장한다. 그런 점에서 청산사관
과 단절사관은 정서가 비슷하고 곧잘 한 사람의 입에서 발화되기도 하
지만, 논리적으로는 분명히 충돌하는 주장이다. 말하자면 '전근대사의

8　　한홍구, 《대한민국사》, 한겨레출판, 2003, pp. 19~24.

9　　'민주주의'의 관점에서 19세기 이후의 한국사를 서술하고자 했던 역사학자 김정인
은 본인이 하고자 했던 작업의 선행 연구가 제대로 없는 이유를 이렇게 평했다. "하
지만 민주주의적 역사 인식은 오래도록 외면받았다. 민주주의는 미국에 의해 이식
된 '제도'라는 선입견에 갇힌 채 감히 근대의 역사 속에서 득세하질 못했다. … '민
주주의는 외부에서 수입된 제도'라는 오리엔탈리즘적 편견과 선입견에서 벗어나
지 못했기 때문이다. '한국에서 민주주의는 어떻게 탄생하고 변화했는가'라는 민주
주의의 역사성을 역사학계는 따져본 적이 없다. 자본주의의 궤적은 궁구했으나, 민
주주의의 역사는 홀대했다. 자본주의의 맹아에 대해서는 논쟁했으나, 민주주의의
기원은 돌아보지 않았다." 김정인, 《민주주의를 향한 역사: 시대의 건널목, 19세기
한국사의 재발견》, 책과함께, 2015, pp. 6~7.

영향력'을 인정한다는 점에서 청산사관이 단절사관보다는 설득력이 있다. 단절사관을 주장하면서 청산사관을 주장하면 논리적 모순이다. 단적으로 말해서 우리가 과거의 역사로부터 '단절'되어 있는 게 사실이라면, 새삼 '청산'할 것도 없어야 마땅한 일이 아니겠는가? 따라서 이후로 나는 단절사관이 아니라 청산사관을 논박할 것이다. 이와 같은 청산사관의 태도는 유시민의 《후불제 민주주의》(2009)에서부터 조국의 《가불 선진국》(2022)에 이르기까지 매우 뿌리 깊게 박혀 있는데, 최근에야 학술계에서 극복의 시도가 이루어지고 있는 것으로 보인다.[10] 이 논지는 1장에서 분석한 한국 민주주의의 철학적 토대가 없음을 비판하는 태도와도 찰싹 달라붙는 것이며, 한국 민주주의에 대한 그러한 비평을

---

10   앞서 언급한 역사학자 김정인의 작업이 그 예시이다. 하나 더 예를 들자면, 정치학자 이관후의 글에서 던지는 다음과 같은 질의를 예로 들 수 있다. "… 비단 최장집뿐만 아니라 한국의 많은 (비교)정치학자들이 묘사하는 한국의 민주주의는 늘 '예외적'이고 '조숙'하며 '결손된' 발육 부진의 민주주의이고, 그 배경에는 '압축 근대', '압축 성장', '외세의 압도적 규정성', '과대 성장 국가', '불구된 이데올로기 지형' 등이 자리 잡고 있다. 이 수식어들은 너무도 오래 한국 정치에 대한 묘사로 자리 잡고 있어서 그에 대한 의심조차 어렵게 만든다. 그런데 여기서 몇 가지 질문을 던져보고자 한다. '조숙'하면서 동시에 '발육 부진'인 아이가 가능한가? 근대화의 성장, 민주주의에서 뒤처진 국가가 '압축'을 선택하지 않고 그것을 따라잡는 것은 가능한가? 경제와 민주주의는 늘 같은 속도로 발전하는가, 혹은 그래야 하는가? 압축 그 자체가 문제인가, 혹은 좋은 압축과 나쁜 압축이 있는 것인가? 좋은 압축은 가능한가, 혹은 어떻게 가능한가? 국민국가의 성립과 근대화의 과정에서 국민의 동원과 중앙집중화, 관료제의 발전을 피할 수 있는가? '외세의 압도적 규정성'으로부터 자유로운 국가가 전 세계에 몇 나라나 되는가? 남미, 아시아, 아프리카는 물론, 심지어 다수의 유럽 국가들조차 이러한 조건이나 변수의 제약 속에 있었던 것은 아닌가? 지구상 대부분의 국가들이 제2차 세계대전 이후의 신생독립국이라고 한다면, 제국주의 모국이 세운 식민지 정부가 시민사회를 압도하는 '과대성장 국가'가 아니었던 나라가 얼마나 되는가? 1945년 이후 냉전 체제에서 미국이나 소련, 중국과 같은 핵심 국가들은 물론, 자유 진영과 공산 진영 중 택일을 강요받았던 많은 나라 중에서 좌우로 폭넓은 이데올로기 정당 체제와 정치 지형을 사회적 갈등이나 충격적인 정치 변동 없이 유지할 수 있었던 나라들은 얼마나 되는가? 한국은 과연 예외적인가? 이러한 질문들을 던질 수밖에 없는 것은, 최장집의 비관적 전망이 나타난 앞의 책이 출간된 지 1년 뒤인 1997년에, 한국은 비교적 성공적인 첫 수평적 정권교체에 성공했기 때문이다." 이관후, 〈한국 민주주의 이념의 형성: 헌정주의, 민주공화, 국민주권〉, 《한국 민주주의, 100년의 혁명 1919~2019》, 한울, 2019, pp. 56~57.

역사관으로 표현한 것이다.

한홍구가 '근대적 시민혁명에 의한 국왕 살해'의 문제를 논했을 때, 나는 그런 식으로 국왕을 살해한 나라가 몇이나 되는가 생각하게 되었는데 머릿속에는 고작 세 나라밖에 떠오르지 않았다. 1649년에 참수당한 찰스 1세, 영국. 1793년에 단두대에서 처형된 루이 16세, 프랑스. 1918년에 가족들과 함께 총살된 니콜라이 2세, 러시아. 우리의 지식은 유럽 중심적이다. 근대적 시민혁명으로 왕의 목을 친 나라가 어딘가 몇 나라 더 있을 수 있다. 그러나 그 나라의 역사 지식 역시 유럽 중심적일 것이므로, 근대적 시민혁명으로 왕의 목을 친 나라를 대라고 하면 자기 나라까지 네 나라를 언급하는 것이 고작일 것이다. 그리고 몇 나라를 더 댄다고 한들 해소되지 않을 의문이 이미 생겼다.

국왕 살해를 해야 민주주의가 잘 될까?

영국, 프랑스, 러시아가 민주주의 문제에 있어 가장 부러워할 만한 나라일까. 2000년대 초반의 눈높이로 영국과 프랑스는 확실히 그럴 만한 나라였다. 그러나 유럽 대륙에는 왕의 목을 따지는 않았지만 영국이나 프랑스보다 민주주의가 뒤진다고 말하기 어려운 나라들이 수두룩했다. 나아가 러시아까지 부러워할 일은 아니었다. 물론 그때는 블라디미르 푸틴이 지금까지도 대통령으로 있는 러시아를 상상하기는 어려웠다. 하지만 당시 기준으로 볼 때도 한국이 민주주의의 관점에서 러시아를 부러워할 상황은 아닌 것이 명백했다.

'그저 비유일 뿐이잖아. 문자 그대로 받아들이면 안 되지'라고 반박할 수 있다. 그런데 비유라고 이해해도 덜컹거리긴 마찬가지다. 이 비유에서 빠진 1776년의 미국 독립혁명까지 넣어서 고찰할 때 특히 그렇다. 미국인들은 애초에 왕의 목을 매달 수가 없었다. 그들의 압제자였던 영국 왕이 대서양 건너편에 있었기 때문이다. 이렇듯 '왕의 목을 친 역사'라고 하여 영국, 프랑스, 러시아를 모범 사례로 삼으면 근대 민주주의에 가장 큰 영향을 미친 사건 중 하나인 미국 독립혁명에 대한 해석이 난감해진다. 미국 독립혁명의 가치를 깎아내리지 않으려면 영국 왕으로부터의 독립을 추구한 것도 비유적으로 '왕의 목을 친 역사'라고 이해해야만 한다.

그러나 그렇게 되면, 안중근 의사가 조선이 식민지로 향하는 길목이었던 을사조약 이후 초대 통감 이토 히로부미를 총으로 쏴 죽인 사건(1909년)은 뭐냐고 생각할 수 있다. 또한 일제강점기(1910~1945년)가 시작된 이후에도 조선인들이 일본 덴노天皇를 암살하려고 한 사건이 여럿 있었기에 여전히 비유가 덜컹거리게 된다. 물론 죽이거나 말거나 상관없이 스스로의 힘으로 일본을 몰아내지 못한 크나큰 차이가 있지 않느냐고 말할 수는 있다.

현대사로 오면 또 다른 사례들이 나온다. 비유적으로 말할 때는 한국에서도 왕의 목을 친 일이 있었다고 해야만 할 것 같다. 이승만은 4.19혁명(1960년)으로 하야했고, 박정희는 부마민주항쟁과 관련된 측근의 살해(1979년)로 퇴장했으며, 전두환도 6.10항쟁(1987년)으로 권좌에서 내려온 후 재판정에서 사형까지 선고(1996년)받았으니 말이다. 문자 그대로 그들이 왕이었거나 목이 매달린 건 아니었지만, 비유로서는 충분히 '왕의 목을 친 역사'라고 말할 만하지 않은가.

한홍구의 첫 에세이는 이 모든 사건을 '왕의 목을 친' 것으로 해석할 수 없는 이유를 설명한다. 4.19혁명은 보수적인 민주당의 집권으로 끝났고 5.16쿠데타로 뒤집혀졌으니 실패(혹은 절반만 성공), 10.26사건은 신군부의 등장으로 실패(혹은 절반만 성공), 6.10항쟁은 노태우의 집권으로 끝났으므로 실패(혹은 절반만 성공)라고 말이다. 그러므로 우리의 민주혁명은 언제나 좌절되었으며, 친일 세력이든 독재 세력이든 제대로 청산한 적이 없는 역사라고 설명된다.

그렇게 본다면 역시 다음과 같은 의문이 떠오른다. 영국은? 프랑스는? 찰스 1세가 처형되고 11년이 지난 1660년에 영국은 왕정복고를 하고 망명 중이던 찰스 1세의 장남을 찰스 2세로 추대한다. 프랑스대혁명은 테르미도르 반동과 나폴레옹 1세의 집권으로 끝났다. 실패? 절반만 성공? 유산된 민주혁명? 그렇게 따진다면 저들도 마찬가지다. 물론 후세의 시선으로 본다면 그 나라들에선 결과적으로 민주주의가 승리했다. 우리는 결말을 알고 있으므로 찰스 2세와 나폴레옹 1세에서 민주혁명이 좌절되고 말았다고 한탄하지 않는다.

사후적으로 본다면 한국도 그러한 결론으로 나아가는 중이었다. 2000년대 초반의 시점에서 그 결말을 알기 어려웠다고 항변할 수는 있다. 그러나 더 냉철하고 영민한 시선으로 사태를 바라볼 수 있었다면, 왕의 목을 치는 것은 그다지 중요한 문제가 아니며 방향성과 결론이 중요하다고 봤을 것이다.

주류 세력 교체 문제에 집착하는 '청산사관'

아마 상당수 사람들은 위에서 내가 전개한 논의가 지엽말단적인 문제를 붙들고 있다거나, 치졸한 말장난에 불과하다고 생각할지도 모른다. '한 번도 왕의 목을 치지 못한 역사'라는 비유에 어딘가 문제가 있고 덜컹거린다는 점에 마지못해 동의하는 사람들조차 그렇게 생각할 수 있다. 왜냐하면 그들은 한홍구가 의도한 바를 명료하게 알아들었으며, 내가 말한 부분은 중요하지 않은 부차적인 문제에 불과하다고 주장할 것이기 때문이다.

그러나 한홍구의 의도를 명료(?)하게 알아들었다고 생각한다는 사실은, 그 자체로 분석의 대상이 된다. 덜컹거리는 비유로도 사람들에게 메시지를 전달할 수 있었던 이유는 간단하다. 한홍구의 마음에 들어 있던 하나의 관념이, 우리 마음속에도 똑같이 들어 있었기 때문이다. 우리에게 너무나 익숙한 심상이었기 때문에, 가리키는 손가락이 다소 어설플지라도 환하고 둥근 달을 적시할 수 있었던 것이다.

그 관념, 심상의 정체에 내가 붙인 이름이 바로 '청산사관'이다. 이는 우리 역사에선 어느 순간 '청산'이 필요했는데, 그 청산이 지연되고 있어서 문제라는 생각이라고 풀어 쓸 수 있다. 이 세계관에선 주류 세력이 교체되지 않았다는 게 대단히 중요한 문제가 된다. 한국 민주화운동 세력의 핵심적인 정치인 중 한 명인 이해찬 전 더불어민주당 대표는 2020년 가을 공개된 〈시사IN〉 인터뷰에서 "정조대왕이 1800년에 돌아가신 뒤로 김대중, 노무현을 빼면 수구 보수 세력이 210년을 집권했다"[11]고 말한 바 있다. 이는 이해찬이란 사람의 독특한 견해가 아니다. 민주화운동 세력 일각의, 어쩌면 다수파의 인식이었다고 봐도 좋다. 정조대왕 이후로 수구 보수 세력이 주욱 집권했다면 그것은 노론, 세도정치, 개화파, 친일파, 독재 세력이 계속해서 한 몸이었다고 주장하는 것과 비슷하다. 그러니까 우리는 그들을 청산해야만 미래로 나갈

---

11   천관율, 〈이해찬 독점 인터뷰 1 나는 왜 20년 집권을 말했나〉, 〈시사IN〉 679호, 2020년 9월. 사실 이해찬 전 대표는 이미 2009년에도 동일한 취지의 말을 한 적이 있었다. 평소의 신념임을 알 수 있다(이종태, 〈"민주 세력 '새 단결'이 김 전 대통령의 유언"〉, 〈시사IN〉 102호, 2009년 8월).

수 있다는 논리다.

정조가 노론 집권 세력에게 휘둘렸다는 주장은 근년에 발견된 노론 영수 심환지와의 사이에서 오간 어찰을 통해 반박할 수 있다. 정조는 독살당하지도 않았으며, 노론에게 휘둘리지도 않았다. 조선 왕의 권력은 중국 황제만 못했을지언정 유럽의 군주들에 비해선 대단히 강력했다(이 점은 한홍구의 《대한민국사》에서도 지적된 바 있다![12]). 조선 왕은 함부로 놀 수 없었고, 열심히 공부해야만 통치자의 자격이 정당화됐다는 것과는 별개로, 일하며 공부하는 조선 왕의 정국 운영 방향을 거스를 수 있는 신하의 권력은 존재할 수 없었다. 역사적 사례가 있었다면 다만 조선 왕의 확신이 흔들려서 물러섰던 그런 상황이었다.

또한 정조가 어떤 왕이었는지에 대한 토의는 일단 뒤로 물리더라도, '노론=세도정치=개화파=친일파=독재 세력'의 도식 자체가 긍정하기 어려운 생각이다. 애초에 시대별로 성격이 전혀 다른 지배 계층을 한 몸이라고 말하는 것은 설득력이 빈약하다. 그러나 이러한 역사 인식도 어제오늘의 일이 아니다. 나는 선배 세대들이 대단한 선생님으로 치켜세웠던 고 신영복의 역사 서술에서 그와 같은 기술이 나왔던 걸 보며 아연실색한 바 있다.

신영복과 노무현의 '청산사관'적 인식

신영복은 가장 냉소적인 선배들도 '선생님'이라고 존경을 표했던, 인격적으로 훌륭한 사람이었다. 하지만 그런 사람이라도 역사적으

---

12   한홍구, 《대한민국사》, pp. 32~33.

로 헐거운 얘기를 할 수 있다는 것도 당연하다. 그는 존경받는 진보 진영의 원로였으므로 한때 진보 진영에서 청년 논객으로 살아온 바 있던 나도 어쩌다 그를 대면한 바 있다. 〈한겨레〉가 '청년상담앱'이란 코너로 진보 판의 몇몇 주니어를 시니어 1인과 만나게 하여 각 인생 문제를 상담하는 기획을 짰을 때였다. 청년들이 원로에게 상담해야 하는 내용에 역사에 관한 견해는 포함되어 있지 않았다. 그래도 나는 궁금함을 감추지 못하고 조심스럽게 여쭤봤다.

"선생님, 선생님께서 역사적으로 한국의 지배층이 다 이어져 있다고 말씀하신 걸 봤는데요…. 근거는 있으신 거죠?"

이에 대한 신영복의 대답은 "그럼요. 당연하죠"였으며, 그 이상의 설명은 없었다. 나는 감히 논쟁하려는 용기를 버리고 바로 다음 주제로 넘어갔다.

한국 사회가 주류 세력을 교체해본 경험이 없기에 문제라는 인식은 고 노무현 전 대통령의 저 유명한 2002년 대선후보 수락 연설에서도 드러났다.

> 조선 건국 이래로 600년 동안 우리는 권력에 맞서서 권력을 한 번도 바꾸어 보지 못했습니다. … 눈감고 귀를 막고 비굴한 삶을 사는 사람만이 목숨을 부지하면서 밥이라도 먹고 살 수 있었던 우리 600년의 역사! … 권력에 맞서서 당당하게 권력을 한 번 쟁취하는 우리의 역사가 이루어져야만이 이제 비로소 우리 젊은이들이 떳떳하게 정의를 이야기할 수 있고 떳떳하게 불의에 맞설 수 있는 새로운 역사를 만들어 낼 수 있습니다.

그야 전근대사에서 기존 권력에 맞서 새로운 권력을 쟁취하려면 왕조를 교체하는 방법밖에 없었으니 마지막 왕조인 조선왕조 성립 이후로 그러한 역사가 없음이 당연하다. 그걸 근거로 전근대 한국인이 다른 나라 사람들보다 비굴하게 살아온 것처럼 말하는 것은 대단히 이 상하다.

한홍구가 '한 번도 왕의 목을 치지 못한 우리 역사'라고 평할 땐 적어도 근대적 시민혁명에 대한 얘기였다. 그러나 다른 사람들의 논의 를 추가하니 전근대로부터 우리가 왕을 두들겨 팬 적이 없는 수동적인 사람이었다는 얘기처럼 들린다. 아무래도 저 비유가 덜컹덜컹했던 것 은 이것이 미완의 시민혁명에 대한 비유만이 아니라, 전근대사까지를 포괄하는 주류 세력 교체 문제에 관한 비유였기 때문이 아닐까.

한국사를 아는 사람들은 한국사의 왕조 존속 기간이 다른 나라 에 비해 상당히 길다는 사실을 알고 있다. 한국사에선 조선왕조나 고려 왕조에서 알 수 있듯이 500여 년이 기본이다. 중국사 등 다른 나라 역 사에서 왕조 길이는 보통 200여 년 정도다. 일본의 경우도 덴노 일가는 '만세일계萬世一系'라고 하여 덴노만 본다면 하나로 이어졌다고 볼 수 있지만, 실질적으로 권력을 쥔 막부 가문의 권력을 기준으로 하면 통상 적으로 200여 년 안팎이었다고 볼 수 있다.

일제강점기 때 일본의 학자들은 한국의 왕조 존속 기간이 긴 것 을 두고 한국 역사가 무력했다는 증거처럼 얘기했다고 한다. 이른바 '식민사관'을 구성하는 논리 중 하나였던 모양이다. 그러나 '식민사관 과 비슷한 논리'란 점을 빼고 보더라도 왕조가 오래 지속되었다는 것 은 한국사의 특성일 뿐 어떤 문제나 열등함을 보여주는 증거는 아니다. '기득권 세력'이란 것이 다른 사회에 비해 주욱 이어져온 듯 보인다는 점 역시 마찬가지다. 여기서 재미있는 것은, 누구보다도 '식민사관'을 비난하는 입장에 서 있을 진보적 민족주의자의 논리 체계 중에서도 '식민사관'의 입장과 통하는 요소가 숨어 있다는 것이다. 왕조가 오래 지속되었다는 것을 한국사의 무력함으로 보는 시선과 기득권 세력 교체가 거의 없었다는 것을 문제라고 보는 시선은 사실 매우 비슷한 종류의 접근법이기 때문이다.

주류 세력 교체가 드문 역사란 점은 사실이 아닐까?

미국의 한국학 권위자 중 한 명인 마크 피터슨 브리검 영 대학 명예교수는 '우물 밖의 개구리The Frog Outside the Well'라는 (주로 한국어로 설명하는) 한국학 유튜브 채널을 운영하고 있다. 그는 한국의 역사가 전반적으로 안정적이고 평화로웠다는 가설을 제시하고 이에 대한 근거를 열두 가지로 들면서 '열두 개의 기둥'이라고 부르는데, '왕조가 오래 지속되었다는 사실'과 '왕조 교체가 평화스러웠다는 사실'[13]은 이 열두 개의 기둥 중 가장 먼저 나오는 기둥들에 해당한다. 왕조 교체가 평화스러웠다는 사실은 가야→신라→고려→조선왕조 교체 과정에서 왕족이나 주요 귀족들이 죽임당하거나 축출되지 않았음을 의미한다. 축출되지 않았다는 것과 모든 지배 세력이 한 몸이란 것 사이엔 많은 차이

---

13   마크 피터슨, 유튜브 채널 '우물 밖의 개구리'(www.youtube.com/@TheFrogOutside theWell), 〈하버드 한국학자가 말하는 한국은 평화로운 역사를 가진 나라?! 소개 편 Peaceful Korea‐Introduction〉(2020년 4월 20일), 〈하버드대 한국학자가 말하는 한국의 평화로운 역사 #1: 오래 지속된 왕조들 Peaceful Korea #1: Long Dynasties〉(2020년 4월 23일), 〈한국의 평화로운 역사 두 번째! 한국에서는 왕조 변화가 평화롭게 이루어졌다? 2/10〉(2020년 4월 27일), 〈평화롭고 안정된 역사의 한국 시리즈, 마지막 강의!Last Lecture of "Peaceful and Stable Korean History"〉(2020년 7월 4일). 마크 피터슨 교수의 한국사에 대한 견해는 《우물 밖의 개구리가 보는 한국사: 하버드대 출신 한국학 박사에게 듣는 우리가 몰랐던 우리 역사》(마크 피터슨·신채용 지음, 홍석윤 옮김, 지식의숲, 2022)에서도 확인할 수 있다. 지금 다룬 내용은 p. 37에 나온다.

가 있긴 하지만, 아마 신영복이 주장하는 바의 근거도 이와 비슷한 맥락이었을 것이다. 여기서 예외 상황은 세 번, 고구려와 백제, 그리고 후백제의 멸망 사례였다고 피터슨 교수는 말한다. 피터슨 교수는 그렇게까지 설명하지 않았지만, 고구려와 백제의 멸망 이후 일어났던 일은 당나라 점령군이 양국의 지배층을 끌고 간 것이었으니 우리 전근대사에서 한국인끼리 싸웠을 때 상대를 절멸시켰던 사례는 상당히 희귀했던셈이다. 피터슨 교수는 고려의 왕가였던 왕 씨들은 다른 사례보다는 더많이 죽었지만, 역시 다른 나라의 몰락한 왕족에 비하면 덜 죽은 편이었으며 조선 중기 이후로 가면 왕 씨 가문에서 문과 급제자도 나온다고설명했다. 또한 개성 왕 씨들의 운명과 별개로 고려의 지배층과 조선왕조의 개국 세력인 신진 사대부가 단절적이지 않고 연속성이 있었다는사실은 다른 유명한 미국의 한국학 연구자이자 역사학자인 존 B. 던컨이 쓴 《조선왕조의 기원》[14]의 주된 주장이기도 하다.

그렇다면 '한 번도 왕의 목을 치지 못한 역사', '주류 세력 교체를이루지 못한 역사'란 서술은 결과적으로 올바른 것이 아닌가. 위의 서술을 믿는다면 심지어는 정조대왕이나 조선왕조가 아니라 통일신라,혹은 가야 시절까지 거슬러 올라갈 수 있다. 실제로 신영복은 어디에선가 '통일신라 이후 교체를 못 해본 역사'라고까지 썼던 듯하다. 따라서'왕의 목'에 대한 얘기는 건너뛰더라도, '주류 세력 교체를 이루지 못한역사'라는 서술은 한국사의 특성을 잡아낸 것일 수 있다.

그런데 요즘에는 유럽 쪽에서 전해지는 연구에서도 통념과 다른 얘기가 들려온다. 그간은 프랑스의 16~17세기 구체제 귀족이 18세기 혁명기의 신흥 귀족과 단절되었을 거라 보는 게 통설이었는데, 면밀

---

14   존 B. 던컨, 《조선왕조의 기원》, 김범 옮김, 너머북스, 2013.

106

하게 살펴보면 혈통 귀족과 법복 귀족의 혼인, 귀족들의 부르주아 혹은 궁정 신하로의 적극적인 변신으로 인해 "중세에서 근대로의 이행기에 귀족은 몰락한 것이 아니라 기존의 존재 양식에서 탈피하고 스스로 사회적 변화에 적응함으로써 존재 자체를 강화했다"고 평가받는다.[15] 한편 이탈리아 학자들의 논문에서 피렌체의 1427년과 2011년의 납세 기록을 비교해본 결과, 15세기 부유층의 상당수가 600여 년 후인 21세기에도 부유층으로 남아 있음이 분석됐다고 한다.[16] 한국의 권력 승계가 다른 나라들보다 더 안정적이었을 수도 있겠지만, 애초에 '권력자의 후손이 권력자'가 되거나 '부자의 후손이 부자'가 되는 일은 다른 나라에서도 비일비재했다는 얘기다.

물론 방금 언급한 두 사례가 유럽의 모든 상황을 대표하지는 못할 것이다. 훨씬 더 심한 정치적 변혁이 있었다면, 지배계급이 실제로 교체될 수도 있을 것이다. 그러나 그런 경우라도 유전적으로 똑똑한[17] 이의 후손이 살아남았다면 몇 세대 이후 다음 사회의 작동 원리를 통해서라도 다시 상류층에 합류하는 과정이 충분히 상상 가능하다. 이 경우 가계도를 추적해서 그가 '양반'이나 '귀족'의 후손임이 밝혀질 경우 그 사회는 주류 세력 교체를 이룩하지 못한 곳이 되는 걸까? 만약 우리가 '주류 세력 교체'를 이룩하지 못했기 때문에 '정의가 승리한 나라'에서

---

15   이에 대해서는 이영림, 〈구체제의 귀족: 몰락인가 변신인가〉, 《프랑스 구체제의 권력구조와 사회》, 한성대학교출판부, 2009, pp. 247~276을 참조할 것. 인용된 구절은 p. 275.

16   〈'부자 3대 못 간다'는 피렌체에선 틀린 얘기… 25대 지속〉, 〈연합뉴스〉, 2016년 5월 23일. 기사에 소개된 이탈리아 중앙은행 소속 경제학자인 굴리엘모 바로네와 사우로 모체티의 논문 내용.

17   이 말을 어떻게 정의할지는 난감하지만, 이런 범주가 현실적으로 존재한다는 점은 인정할 수밖에 없다. 일부 진보주의자들은 앞선 이유로, 그 현실적 존재마저 부정하면서 대중에게 신망을 잃곤 한다.

살지 못하고 있다고 믿는다면, 사실은 근대적 시민혁명을 이룩한 나라들에서도 '정의'는 패배해왔다고 말할 수 있다는 것이다. 그렇게 말할 수는 없지 않겠는가? 그러니 한 사회가 얼마나 정의로운지를 따질 때 권력자나 부자의 가문이 얼마나 승계되느냐 여부에 집착할 필요는 없다.

이러한 반박과 별개로, 한국 사회에서 '주류 세력 교체'에 집착하게 되는 주요한 원인은 '친일파 청산'의 문제라는 사실을 나도 잘 알고 있다. 즉 앞서 예시한 가상의 사례(하지만 현실적으로 꽤 있을 법한 사례)처럼 지배 계층에서 탈락했다가 수 세대 후 상류층에 편입된 경우와 다르게, 부정하게 재산을 축적한 친일파의 부가 승계되는 직접적인 연결고리가 있는 지배 계층이 한국에 존재하는 게 문제라는 것이다. 이러한 '착상'은 심정적으로 꽤 설득력이 있는데, 만일 반박하려면 별도의 논의가 필요하다. 일단 여기서는 길게 논하지 않겠지만, 이 경우라면 그 '부'가 승계된 직접적인 연결고리가 있다고 여겨지는 '친일파→독재 세력→현재 사회 지도층'이라는 100년에서 150년 사이의 상황에 집중하는 게 논리적으로 타당하다. 이렇듯 비교적 최근 상황을 한국 역사 전체에 확대하여 '노론→친일파→독재 세력→현재 사회 지도층'이라는 도식을 창출하거나, '통일신라?→고려 호족?→조선 초기 지배층?→노론→친일파→독재 세력→현재 사회 지도층'이 다 연결되어 있다는 환상을 유포하는 것은 전혀 별개의 문제가 될 것이다. 그리고 전혀 타당성을 인정받을 수 없을 것이다.

왕조가 길어 무기력한 역사? 한중일을 비교해보면⋯

한편 다시 돌아와 한국사의 왕조가 길고 왕조 교체가 상대적으로 평화스러웠다는 객관적인 현실에서 추정해야 할 것은 '권력에 무기력했던 한국인'이란 심상은 아닐 것이다. 이는 비슷한 문화권인 옆 나라이면서 우리와 여러모로 상황이 달랐던 중국이나 일본과 비교해봐도 쉬이 확인된다.

앞서 말했듯, '왕조 교체'가 아니라 '막부 교체'에 가까웠지만 권력 가문 교체의 주기라는 문제에서 일본은 한국보다는 중국에 흡사했다. 그런데 일본은 다른 방면에선 중국의 반대 방향에 있었다. 중국은 역사상 농민반란이 주기적으로 일어난 나라였다. 반면 일본의 경우 '잇키一揆'라고 불리는 농민들의 항의 행동은 '민란'이나 '반란', '폭동'이라고 칭하지는 못할 정도로 규모가 작고 폭력 행사도 제한적이었다. 한편 조선의 민란은 중국과 일본의 중간 정도에 있는 현상이었다.

한국사학자 미야지마 히로시는 2020년 출간된 그의 역작《한중일 비교 통사》에서 '역사의 삼각측량'에 관해 이야기한다. 이 삼각측량은 일본의 저명한 문화인류학자 가와다 준조가 제기한 '문화의 삼각측량'에서 힌트를 얻었다고 한다. 가와다 준조는 본인의 고국인 일본, 유학지인 프랑스, 그리고 연구 대상인 아프리카의 삼자를 비교했다. 미야지마 히로시는 지금까지 동아시아 비교사 연구는 한중, 한일, 중일 등 양자 비교 연구가 압도적으로 많았는데 특히 연구 축적이 가장 많은 중일 비교만으로는 비교사적 연구의 진전에 한계가 있었다고 지적한다. 왜냐하면 중일 사이에 한국을 두고 보면 어떤 부분에선 중국과 유사하지만 다른 부분에선 일본과 유사하기 때문에 중일 비교에선 보이지 않던 부분을 깨닫게 된다는 것이다. 따라서 미야지마 히로시는 중국의 영향을 깊게 받은 한국과 일본을 비교할 뿐 아니라, 이를 통해 중국도 새롭게 재검토해보는 '역사의 삼각측량'이 동아시아 역사를 이해하는 데 중요한 통찰을 준다고 지적한다.[18] 지금 내가 말하려는 바는 측량이라기에도 민망한 눈대중 수준이지만, 대가의 얘기에 감화받아 어찌하여 위와 같은 차이가 발생하는지 생각한 바를 다음과 같은 표로 그려보았다.

	한국	중국	일본
지방의 (경제적·지리적) 자율성	X	O	O
농민의 (타 정치체제로의) 이탈 가능성	O	O	X

한중일의 권력 교체·민란의 양상을 보여주는 요소

단 두 가지 요소밖에 적지 않았지만 한중일 세 나라가 명료하게 구분되는 것이 위 표의 매력이다. 한국을 중심으로 설명해본다면 이렇다. 지방의 자율성이란 한 지방을 점유했을 경우 그 지방의 생산력을 수취해서 중앙 권력에 도전할 만한 역량을 쌓을 수 있는지, 그 역량을 쌓는 동안 중앙 권력에서 군사를 보낼 경우 쉬이 막을 수 있는 지리적 경계가 있는지 여부를 의미한다. 그래서 경제적·지리적 자율성이라 적었다.

한국은 이렇듯 지방의 자율성이 심각하게 부족했기 때문에 농민반란이 정권을 전복한 사례가 없는 것을 넘어서 지방 군벌의 반란조차 성공한 사례가 거의 없다. 반란이나 정변이 성공한 경우는 서울 사대문 안에서 시작된 것이 대부분이다. 조선시대로 보면 '(1, 2차) 왕자의 난', '중종반정'과 '인조반정'이 그랬으며 이는 훗날 현대사의 쿠데타인

---

18   미야지마 히로시, 《한중일 비교 통사: 역사상의 재정립이 필요한 때》, 박은영 옮김, 너머북스, 2020, pp. 6~8.

5.16이나 12.12가 성공한 이유와 크게 다르지 않다. 반면 신라 시절 '김헌창의 난', 고려 시절 '묘청의 서경 천도 운동', 조선 시절 함경도 기반의 '이시애의 난', 평안도 기반의 '이괄의 난'이나 '홍경래의 난', 삼남에서 봉기한 '동학농민운동'에 이르기까지 지방을 점거하고 서울이나 중앙 권력을 타격하기 위해 출정한 반란 중 성공한 사례는 없다. 고려왕조를 끝장내고 조선왕조 개창으로 나아가는 결정적인 계기가 됐던 '위화도 회군' 정도가 예외 사례일 텐데, 이때는 고려 말 가장 강한 사병 집단을 보유했던 이성계에게 요동 정벌을 지시하면서 국가의 최정예병을 몰아준 상황이었다. 또한 조선왕조는 지방의 반란을 두려워하여 고려왕조와 달리 사병을 혁파하는 등의 조치를 취하면서 위화도 회군과 같은 일을 원천적으로 막으려고 했다. 한국의 지방 중에서 지리적인 방어선을 가진 지역은 함경도 북부나 강원도 영동, 그리고 제주도 정도였으며, 이곳들은 지리적 방어선을 가진 대신 인구 부양력에 한계가 있었기에 중앙 권력을 뒤엎을 만한 지역 근거지가 되는 것이 사실상 불가능했다.

중국은 워낙에 땅덩이도 넓고 중간중간 여러 지리적 방어선을 가지고 있어 자율성이란 측면에서 한국과 극적으로 반대되는 위치에 있었다. 지방 한 곳을 장악해도 수취한 생산력의 부가 엄청났으며 중간에는 지리적 장벽이 있었으니 지방의 패자나 군벌이 되거나, 나아가 중앙을 향해 진격할 수 있었다.

그런데 바로 그렇기에 격변기에 농민은 수틀리면 다른 곳으로 도망갈 수 있었다. 춘추전국시대를 예로 든다면 모든 나라는 경쟁 관계에 있었기에 부국강병을 추구해야 했지만, 농민들의 삶도 신경 쓰지 않을 수 없었다. 왜냐하면 한 나라의 세금이 인접국보다 너무 높다면 농민들에게는 그 인접국으로 도망친다는 선택지가 존재했기 때문이다. 그리고 농민에게 관용적인 정치로 세를 불린 세력이 영역을 넓히고 패권을 강화할 가능성이 있었다. 그 시대에 제자백가 사상이 경쟁했던 이유가 거기에 있다. 물론 춘추전국시대가 중국 전근대사에서도 가장 극단적인 시대이긴 하지만 그렇기에 중국사에선 언제나 지방 군벌과 농민반란을 우려해야 했다.

일본은 한반도의 두 배가 조금 안 되는 국토 면적으로 한국에 비하면 상당히 큰 나라지만 중국의 규모에 비하면 조족지혈이다. 하지만 열도라는 특성 탓인지 한반도에 비해 지방 세력이 할거할 수 있는 지리적 경계가 많았다. 전국시대에는 최대 300명에 육박했던 '다이묘大名'라 불린 영주들이 각각의 나라를 가지고 다퉜으며, 천하 패권이 결정나던 순간에도 10여 개의 세력이 있었다. 그렇게 나뉜 지역들은 한국의 함경도 북부나 강원도 영동, 그리고 제주도처럼 지리적 방어선은 존재하지만 인구 부양력이 현저하게 떨어지는 곳도 아니었다. 애초 일본 열도 자체가 한반도 전체의 1.7배 규모였던 만큼 그렇게 분할된 지방을 수취해서 얻을 수 있는 경제적 이득도 컸다.

그런데 일본에서는 전국시대 영주들이 경쟁적으로 농민들을 수취해도 도망갈 곳이 없었다.[19] 일본의 마을(무라) 등 동일한 신분(무라의

---

19 일본의 경우 영토가 한국보다 크기도 했지만 동시대 조선왕조에 비해 농민 착취도 심했기 때문에 권력 기구가 누릴 수 있는 경제적 부의 크기가 컸던 면이 있다. 한국 역시 고려시대에는 건축물이 매우 화려했다고 하니, 고려왕조는 조선왕조보다는 전근대 일본에 가까운 사회였을 것이다. 그러나 만약에 한반도의 역사가 조선왕조의 방식으로 이행하지 않고 고려왕조의 방식으로 존재했다면, 인구 수가 너무 적었기 때문에(1600년경 조선왕조 추정 인구는 800만~1,200만 명, 고려왕조 추정 인구는 300만~500만 명 정도다) 히데요시의 조선 침공 때 한반도가 흡수됐을 가능성도 있다. 우리는 고려왕조의 상무 정신에 감동받아 흔히 '외적에 무기력했던 조선왕조'보다 외침에 더 잘 대응했을 거라고 생각하곤 한다. 그러나 애초 고려왕조는 백성을 쥐어짜서 상비군을 유지하는 방식으로는 상시적인 외침에 대응하는 데 한계가 있음을 특히 대몽항쟁 과정에서 실감하고 역사에서 퇴장한 것이라 봐야 한다. 또한 조선왕조 방식으로의 이행(백성에 대한 수취율을 낮추면서 그들을 잘 먹여서 인구를 부양하는 방식)은 한반도의 인구 '체급'을 올리면서 한국사가 중국사 및 일본사로부터 독립해서 존재하는 데 결정적으로 기여했다고 나는 평가한다. 물

경우는 농민)끼리 조직됐던 중간 단체는 나름의 자치 기능까지 갖춘 촘촘한 조직이었으며, 여차하면 다른 마을로 가서 살아도 되는 조선의 마을과는 전혀 달랐다. 한편 지방이 중앙을 공략해서 성공할 가능성도 한국에 비해선 훨씬 컸다. 전국시대 이후 도쿠가와 시대가 상대적으로 안정된 것은 영주들의 영지 분배를 도쿠가와 가문을 수호하는 방향으로 철저하게 재편하고 '힘의 우위'를 바탕으로 한 '힘의 균형'을 만들어낸 탓이었다. 도쿠가와 막부와 260여 개의 봉건국가인 번이 공존하는 막번체제는 일종의 '복합국가'와 같았고, 도쿠가와 막부의 평화 시대에 각 번은 '잇키'가 났다는 소문이 주변에 퍼지는 것이 두려워 '인정 경쟁'에 돌입해 이는 농민의 불만을 어느 정도 해결하는 계기로 작용했다. 그래서 '잇키'와 같은 행위만으로 모종의 효과를 낼 수 있었다.[20]

그렇다면 한반도에서 농민의 이탈 가능성이 있었다는 것은 무슨 이야기인가. 물론 섬나라에 비해 옆 나라 중국으로 도망갈 가능성도 좀 더 크긴 했지만, 그렇다고 해서 먼 길을 떠나는 것이 일반적인 농민의 선택일 수는 없었다. 한국에서 농민의 체제 이탈 가능성을 말하게 되는 핵심적인 계기는 외침 상황이었다. 한반도 왕조에서는 고대로부터 외침이 있을 시 군부대가 방어를 위해 산성으로 퇴각하면서 농민들도 같이 입소해 농성하도록 유도했다. 그렇지 않으면 외침 세력이 농민을 학살하거나, 자국으로 끌고 가면서 한반도 왕조의 신민 숫자를 줄이고 역량을 약화시키는 것을 막을 수 없었기 때문이다. 농민들을 산성

론 농민에 대한 수취율이 낮았다는 조선왕조의 특성은, 왕조 말기에는 그로 인해 재정적인 여력이 너무 없어서 서세동점의 시기에 어떠한 의미 있는 저항도 하지 못하는 안타까운 결말을 낳기도 했다.

20   이에 대해선 박훈, 《메이지 유신은 어떻게 가능했는가》, 민음사, 2014, pp. 17~37 을 참조할 것.

으로 입소시키려 시도할 때 이른바 '청야작전'이라고 하여 산성 바깥의 식량을 모두 옮겨오거나 불태우는 일은 필수였다. 산성 바깥에 식량이 있으면 외침 세력이 현지에서 군량미를 충당할 수 있고, 그런 이유로 외침 상황이 오래 지속될 것이기 때문이었다.

한반도 왕조들에게 외침이란 상황은 결코 멀리 있는 것이 아니었다. 가령 중세 일본인들은 여몽연합군의 두 차례에 걸친 일본 원정에서 크나큰 충격을 받았다. 그러나 몽골 혹은 원나라가 일본 원정을 떠나기 전까지 고려를 항복시키기 위해 벌여야 했던 침략 전쟁은 아홉 차례였다. 고려왕조는 그 이전에는 거란(요)의 대대적인 침입을 받았는데, 그 침략 전쟁 역시 큰 것만 따져도 세 차례나 됐고 귀주대첩이라는 황당할 만큼 극적인 승리를 거두며 간신히 종결될 수 있었다. 심지어 두 북방 패권 국가 사이에 존속했던 금나라와의 관계에서도 긴장감이 없었던 것이 아니다. 너무 멀리 올라가면 지금의 한국과의 개연성이 약해지긴 하지만, 그 이전에는 고조선과 고구려와 백제가 중원제국의 군대에 의해 멸망하는 것을 경험했다. 고려와 북방민족 왕조, 그리고 중원 왕조들은 그러한 전사前事까지 염두에 두면서 행동했다. 고려 태자의 항복을 접한 원나라의 쿠빌라이가 "당 태종도 굴복시키지 못했던 고려가 내게 항복해오니 이는 천명天命이 내게 있음이다"라고 반응한 것은 전형적인 예시다. 조선은 고려에 비하면 그러한 대규모 침입을 덜 받은 편이라고 봐야겠지만, 그래도 흔히 양란이라고 불리는 임진왜란과 병자호란 역시 위협 수준이 여몽연합군의 일본 원정에 비할 바는 아니었다.[21] 무엇보다 조선왕조는, 애초에 한반도에 존속하는 왕조는 고

---

21   나는 '임진왜란'과 '병자호란'이란 명칭에 담긴 조선왕조의 화이론華夷論을 현대인 들이 받아들일 이유는 없다고 봐서, 되도록 이 명칭을 피해 '히데요시의 조선 침공'

려왕조처럼 상시적인 전쟁으로 지탱하기 어려우니 농민을 잘 대우할 때 더 잘 존속할 수 있다는 새로운 개념으로 수립된 왕조였다고 볼 수 있다. 즉, 고려왕조에서 조선왕조라는 기조 변경 자체가 상시적 외침에 대처하는 방식을 변경한 것이라고 볼 수 있다.

그렇다면 한반도 왕조들로서는 언제나 염두에 둘 수밖에 없는 외침 상황에서 백성들의 삶의 터전을 사실상 망가뜨리는 '청야작전'을 시행하고 산성으로 입소하자는 공권력의 요청에 농민들이 얼마나 호응할 것인지가 크나큰 문제가 된다. 응하지 않고 도망가버려도 문제고, 산성에 입소한 이후에 내부의 불만 세력이 되어도 문제다. 또한 한반도 왕조의 병력은 대부분 외침 세력에 비해 열세였기 때문에 입소한 농민에게도 수성전을 요청해야 하는 상황이었다. 따라서 한반도 왕조의 공권력은 농민들이 산성에 입소하는 상황을 대비하여 거듭해서 무언가 약속을 해야만 했다. 고려시대에 대몽항쟁에서 수성전을 할 때 성 내부에서 노비문서를 불태우는 일이 잦았던 것은 우연이라고 볼 수 없다.[22]

정리하자면 그렇기에 중국은 전근대사에서 역성혁명도 농민혁명도 잦은 나라가 됐다. 일본은 '천황일가 만세일계'를 지켰지만 막부의 권력 변동이 상대적으로 잦았으되 농민혁명은 언감생심 꿈도 꿀 수 없는 나라가 됐다. 한국은 지방 군벌의 반란이 지극히 어려웠으며 농민혁명도 성공하기 어려웠지만 농민을 무시할 수는 없는 나라가 됐다. 조선 후기 민란의 양상을 보면 일본의 '잇키'보다는 폭력적이지만 중국의 농민반란에 비하면 훨씬 체제 순응적으로 행동했다. 민란을 일으킨 농

과 '홍타이지의 조선 침공'으로 표기하려고 한다.

22 한반도의 전근대 역사에서 산성 방어라는 상황이 얼마나 중요하고 특징적인 요소인지에 대해서는 홍대선의 《한국인의 탄생》(메디치미디어, 2023) 중 〈전쟁은 산성이다〉(pp. 63~98)에서 매우 치밀하게 분석됐다.

민들은 향리 출신 아전은 살해했지만 왕이 임명한 지방관은 살해하지 않았다. 지방관의 옷을 벗기고 능욕하여 고을 밖으로 꽁꽁 묶어 던져버리는 식이었다. 불만은 표출했지만 근왕주의의 틀을 벗어나지는 않았던 것이다. 민란이 일어나면 조선 조정은 안핵사를 파견하여 지방관 등 관리들과 민란 주동자 몇 명을 함께 처벌했다. 민란은 농민들의 불만으로 인해 자연 발생적으로 터져 나오는 경우가 많았지만, 주동자의 역할은 보통 '잔반'이라 불렸던 지방의 몰락한 양반이 맡았다. 그들은 사대부로 태어나 중앙정계에서 뜻을 펴지 못한 대신에 민초民草들의 밥벌이를 위해 목숨을 바칠 수 있게 된 것을 일종의 영예로 받아들였다. 민란은 보통 그들을 주동자로 보아 처형하고, 지방관과 주변 관리 몇몇을 처벌하는 수준에서 매듭지어졌다. 이러한 상황 전개는 현대 한국에서도 파업을 수습할 때 참가자 전원을 처벌하지는 않는 대신에 지도부 역할을 했던 노동운동가 몇은 거의 반드시 감옥에 가게 되는 서글픈 현실과 상당히 흡사하다.

'민족성'을 믿지 않더라도 '역사성'은 따질 수 있다

이렇듯 전근대사의 상이한 양상은 각 나라의 특성을 구성한다. 한반도 왕조의 안정성이란 것도 위와 같은 조건에 적응하는 과정에서 생겨났다고 봐야지, 한국인들이 고분고분했다거나 진취적이지 못했기 때문은 아니었다. 특성은 어떤 시기를 만나느냐에 따라 장점도 될 수 있고 단점도 될 수 있다. 한국인들이 한국사의 특질을 근거로 중국인이나 일본인들에게 우월감을 느낀다면 이 역시 사려 깊은 태도라고 볼 수 없다. 뒤집어본다면 같은 이유로 중국사나 일본사에 열등감을 느끼는 것 역시 타당한 태도는 아니다. 소위 '청산사관'은 근현대사에 형성된 불만을 전근대사에까지 투영하는 것으로 이해해야 한다.

이렇게 논박한다고 해도 '청산사관'이 쉬이 사라지기는 어려울 것이다. 전근대사에까지 투영하는 것은 문제가 있다고 해도 근현대사에선 청산이 필요하다는 견해가 여전히 강력하게 유지될 것이기 때문이다. 물론 이 '청산사관'에 대해서는 반대 당파의 버전도 있다. 두 당파의 청산사관 내용을 전달하는 것은 이어지는 지면에서 계속하게 될 일이므로 지금은 일단 말을 아끼겠다.

'민족성'이나 '국민성' 등은 사회 전반적으로는 흔히 쓰이지만 진보주의자의 입장에선 꺼려지는 말이다. 그들은 이러한 단어를 허상이나 편견 같은 것으로 치부한다. 그런 태도에도 일리는 있다. 유전적으로 볼 때 우리는 모두 호모 사피엔스 사피엔스다. 인류는 태곳적에 멸종 위기에까지 이른 적이 있는 종이므로, 인류 사이의 유전적 다양성은 그다지 크지 않다고 한다. 인류는 호미닌, 즉 다른 호모 속의 동료들을 살해하면서 세력을 넓힌 것으로 여겨진다. 다만 인류가 다른 형제들을 모두 살해한 승리자가 됐다고 해도 고인류 사이에 이종교배는 간혹 있었다고 한다. 요즘은 유럽에 도착한 호모 사피엔스 사피엔스에겐 네안데르탈인의 유전자가 다소 섞였고, 그렇게 네안데르탈인의 유전자가 섞인 채로 다시 아시아로 이동한 이들에겐 데니소바인의 유전자가 추가적으로 다소 섞였다는 식으로 큰 틀에서의 인종 사이에는 어떠한 유전적 구분이 있다는 식의 연구도 있다. 그렇더라도 인류 사이에 그다지 큰 유전적 차이가 없다는 것만은 분명하다. 육안으로 볼 때 너무나 현격한 차이로 보이는 피부색과 머리카락 색깔 등도 기후 환경에 대한 적응에 불과하다. 애초에 호모 사피엔스 사피엔스가 아프리카에서 활동할 때는 모두가 오늘날의 흑인에 해당했는데, 인류의 유전적 다양성은 오히려 아프리카에서 더 크게 나타난다고 한다. 이는 물론 아프리카에 있던 호모 사피엔스 사피엔스 중 일부 그룹만이 다른 대륙으로 진출한 것이기 때문이다.

인종이란 구별조차 상당히 자의적이다. 백인종, 황인종, 흑인종이란 흔한 삼분법이 있지만 자세히 따져보면 더 잘게 나누지 못할 이유도 없다. 백인 중 상당수는 우리가 보기엔 하얗다기보다는 빨간 사람들, 즉 홍인으로 여겨진다. 역사 시기 어느 때 어느 곳에선가는 인종 구별 중 '홍인종'이란 범주를 만들었다고 한들 놀랄 일도 아닐 것이다. 유럽의 선교사들이 처음 청나라에 왔을 때는 중국인들을 백인이라고 봤다가 나중에 황인종이라는 새로운 분류법을 만들어냈다고 한다.

그러나 문화권의 차이는 있다. 사람은 사회적 동물이므로 사회 규율이나 율법은 개개인의 특성에 영향을 미친다. '민족성'이나 '국민성'이라고 말할 때는 그 특성이 우열 관계를 형성하지 않는다는 점, 그리고 영원불멸한 것은 아니라는 점을 분명히 해야 한다. 그러나 이미 존재하는 특성은 문화적 기풍이 개인에게 가한 압력에 의한 변동이라고 봐야 할 것이다. 새로운 압력이 나타나면 당연히 변동할 수 있지만, 이전의 특성에 새로운 압력에 대한 변동이 추가된다. 한국전쟁이 새로운 한국인을 조형했다는 것은 분명한 사실이겠으나, 그 한국인조차 이전의 재료를 가지고 창조된 것이다. 하늘에서 뚝 떨어진 존재일 수는 없다. '민족성'이나 '국민성'이란 말에 거부감을 느낀다면 '역사성'이란 말로 수정할 수도 있을 것이다.

전통문화의 영향력은 '역사성'이란 말뿐만 아니라 '경로의존성'이란 말을 통해 이해해 볼 수 있다. 가령 현대 한국인들은 왜 천편일률적인 스테인리스 그릇을 사용하는가? 그 전에는 왜 '양은 냄비'로 대표되는 구리합금인 '양은'을 썼는가? 양은이나 스테인리스가 조선시대엔 없었으니 우리는 이러한 문화가 전통과 무관하다고 생각할 수도 있다. 그러나 한국인들이 그 반짝반짝하는 그릇을 좋아하는 것은 조선시대에 유기그릇(놋그릇)을 귀하게 여겼고 후기로 갈수록 더 많은 사람들이 사용하게 된 역사와 무관할 리가 없다고 본다.

국밥은 어떠한가? 현대 한국인들도 국밥을 너무나 사랑하기 때문에 심지어 '국밥충'이란 말까지 생겼다. 그 이유로는 1만 원이 넘는 음식을 먹은 이들이 올린 사진 게시물 밑에 허구헌 날 '저걸 저 돈 주고 먹느니 뜨끈하고 든든한 국밥을 가성비 좋게 7,000원(최근 몇 년간 급속도로 가격이 오르고 있긴 하지만) 주고 먹겠다'라고 댓글을 다는 일군의 사람들이 있었기 때문이다. 그런 댓글을 달 필요까지야 없는 게 사실이지만 국밥이 대부분의 한국인들에게 '참 가성비가 좋은 음식'인 건 엄연한 현실이다. 도대체 우리는 왜 중국과 일본에도 존재하지 않는, 밥을 국에 말아먹는 음식을 먹고 있을까?

국밥은 조선시대 주막의 패스트푸드였다고 한다. 알다시피 밥은 조리에 꽤 시간이 걸린다. 오늘날의 밥솥으로 해도 수십 분이 소요되는데, 쌀을 불린 후 해야 했던 옛 시절엔 조리에 한 시간이 넘는 시간이 필요했다. 게다가 주막에서 가마솥에 밥을 하면 하루에 한두 번 이상은 조리가 어려웠고 그렇기에 대량으로 해야 했으니 언제나 찬밥이 발생했다. 그런데 밥은 한 번 한 후 식혔다 데우면 맛이 현저하게 떨어지는 음식이다. 오늘날에도 냉동고와 전자레인지의 힘을 빌려야 얼추 갓 지은 밥에 준하는 맛을 낼 수 있다. 그래서 조선시대 주막에선 빠른 상차림을 위해 찬밥에 뜨겁게 끓인 국물을 몇 번 부었다가 따라내어 덥히는 방식(토렴)을 택했다는 것이다. 온돌 문화의 특성상 밥은 여러 번 하지 못할지라도 국물은 대체로 약불을 활용하여 끓이고 있었기 때문이다. 이것이 오늘날 국밥의 조상 격에 해당했고, 요즘도 토렴 방식으로 조리하는 국밥집들이 있다.

고개가 끄덕여지는 설명이다. 그러나 중국과 일본에선 다른 길을 택했는데, 왜 우리는 이 길을 왔는지는 의문이다. 패스트푸드가 필요할 때, 다른 동아시아인들은 대체로 국수를 선택했다. 북송 시절 수도 카이펑은 상업적으로 번성하여 24시간 운영하는 식당들이 있어 '불야성不夜城'이란 말의 어원이 됐다고 알려져 있는데, 그곳에서 파는 것은 국수였다. 현대 일본의 패스트푸드도 보통 우동 같은 음식이다. 우리가 고속도로 휴게소에서 먹는 우동은 이를 본뜬 것이리라. 그렇다면 전근대의 우리는 왜 국수를 선택하지 않았을까?

조선에선 밀농사가 흔하지 않았고 밀은 '진말眞末'이라 불릴 정도로 귀한 취급을 받았다. 덩달아 국수도 귀한 음식이었다. 보통 밀이 아니라 메밀로 만들었고 잔칫날에야 먹을 수 있었으니, 그게 '잔치국수'라는 말의 어원이 됐다. 쌀은 밀만큼 점성이 충분하지 않기 때문에 전근대에 쌀가루로 국수를 만들기는 상당히 어려웠다. 그런 맥락 위에서 같은 동아시아 벼농사 문화권에서도 유난했던 한국인들의 밥(쌀이어야 만족했지만, 언제나 쌀이지는 않았던)에 대한 집착이 형성됐다. 그 점에서 현대 한국인은 그들의 조상과 전혀 다르지 않다. 밥을 한번에 많이 퍼먹기 위해 한국의 숟가락은 그저 국물이나 떠먹는 용도인 다른 동아시아 국가들의 것과 다른, 곧고 긴 자루가 달린 형태가 됐다. 이러한 숟가락은 물론 국밥을 먹는 데에도 최적화되어 있다. 중국인과 일본인들은 대체로 젓가락으로 밥을 먹는 편인데, 그렇게는 국밥을 퍼먹을 수 없다. 그리고 일본인들이 (당시 조선인들과 달리) 숟가락을 사용하지 않고 젓가락만 사용한다는 기술은 신숙주의《해동제국기》에서부터 서술된 것이다.

중국의 식문화에선 마라탕이든 훠궈든 보통 국물을 중점적으로 먹지는 않는다. 쓰촨성 사람이라면 마라탕 국물을 시원하게 '완탕'하는 경우도 있겠으나, 일반적인 사례는 아니다. 상하이에서는 쓰촨성의 마라탕 국물을 활용해 훠궈를 만들었으나, 이때 그 국물은 요리 재료를 데치기 위한 용도였을 뿐이다. 한국인들이 마라탕 국물을 숟가락으로 떠먹다가 콜록콜록하면서 "이 매운 걸 어떻게 먹어요?" 말하면 중국인들은 깜짝 놀라서 "그걸 왜 떠먹나요?"라고 반응한다고 한다. 현대 중국에서 '마라탕 국물도 먹을 놈'이란 말은 가난한 이나 자린고비를 비하하는 말로 쓰인다. 물론 중국인들도 숟가락으로 국물을 먹는 경우가 있다. 그러나 중국, 일본, 베트남 등지에서 쓰이는 숟가락은 한국식의 곧고 긴 자루가 달린 형태가 아니라 다소 구부러진 포클레인의 삽과 같다. 형태에서부터 알 수 있듯이 국물 전체를 먹겠다기보다는 국물에 담긴 재료를 건져서 먹겠다는 의도가 강하다. 한국에서 영업하는 일본 우동이나 라멘집에서 이런 형태의 숟가락만 제공되면 나를 포함해 국밥에 익숙한 한국인들은 '진짜 숟가락'을 주실 수 없느냐고 묻는 경우가 생긴다. 왜냐하면 저런 숟가락으로는 속도감 있게 먹기 어렵고, 특히 공깃밥을 말아버리는 경우 떠먹기가 힘들기 때문이다. 지금 해외여행을 나온 게 아니니 이 가게에서 기본적으로 '우리 숟가락'을 제공하지는 않더라도, 요청하면 갖다줄 거란 확신이 있다. 아마도 한국에서 숟가락의 진화는 국밥의 탄생보다 먼저였을 테지만, 한국식 숟가락과 국밥이 동일한 원인('한국인들의 밥에 대한 집착')에서 파생된 다른 결과라는 사실은 분명해 보인다.

우리가 조선 후기에 감정 이입하는 것의 자연스러움에 대해

경상북도 문경시 문경읍 상초리에는 소백산맥 조령의 제2관문

길가에 서 있는 '산불됴심' 표석이 있다. 말 그대로 '산불됴심'이라고 한글로 쓰인 원뿔형 자연석이다. 정조 때 만들어진 것으로 추정된다. 딱히 이 비석의 문구를 베낀 것도 아니지만, 현대 한국의 관공서에서도 '산불조심'이란 표어를 쓴다. 말을 축약하는 방식이 완전히 똑같은 것이다. 저런 풍경을 보면서 그 시대 사람들이 나와 연결되어 있다는 생각을 안 한다면 그게 더 이상하다.

19세기 후반에 즉위한 조선왕조 제25대 왕 철종, 왕이 될 예정 없이 강화도에서 살다가 별안간 왕이 되었기에 '강화도령'이라는 별명이 있었다는 철종의 이름이 뭔지 아느냐고 내가 술자리에서 물으면 친구들은 그런 걸 알아서 뭐하냐고 되묻는다. 그런데 '이원범'이라고 그의 이름을 알려주면 그들은 알 필요가 없는 지식이라는 생각 따위는 밀어내고 그저 키득키득 웃기 시작한다. 이원범 씨의 부모는 아들이 왕이 될 거라는 생각을 해본 적이 없었기 때문에 '피휘'[23]에 대한 고민 없이 이름을 평범하게 지었다. 그 결과 그 이름은 현대 한국에도 흔하디 흔한 이름이 됐다. 포털사이트에서 이 이름을 검색하면 1920년대생부터 1970년대생까지 다양한 분야에 속한 사람이 나타난다.

영정조(조선왕조 제21대, 제22대 왕) 시절이 우리와 얼마나 가까운지를 살피려면 미국 역사와 비교하면 된다. 영조가 사망한 해가 1776년인데, 이때는 미국이 독립전쟁 와중에 독립을 선언한 독립혁명 연도이다. 독립전쟁의 영웅이자 초대 대통령인 조지 워싱턴은 1732년생으로 영조(1694년생)보다는 한 세대 뒤의 인물이지만 정조(1752년생)보다는

---

23   동아시아 전통에서 왕의 이름에 쓰인 글자를 신민들이 쓸 수 없었던 것을 일컫는 말. 그래서 황제나 왕이 될 이들의 이름은 흔히 쓰이지 않는 한자를 활용해서 외자로 짓는 것이 보통이었다.

20년 연상이다. 조지 워싱턴은 사도세자와 비슷한 시기에 태어나 정조와 비슷한 시기에 사망했다. 한편 앞서 말한 철종은 그로부터 한 세기 뒤의 사람인데, 남북전쟁의 영웅이자 훗날 미국 대통령이 된 율리시스 S. 그랜트와 동시대를 살았다.[24] 한국사가 개화기 이후 엄청난 격변을 맞이했기에 더 멀리 느껴지는 것이지, 이 시대의 인물들은 미국에 비유한다면 조지 워싱턴이나 에이브러햄 링컨만큼 우리에게 가깝다. 감정 이입이 안 된다면 그게 더 이상하다.

'역사성'이나 '경로의존성'에 대한 강조가 '민족성' 담론과 다른 부분을 말해보려고 한다. 민족성을 말하는 이들은 흔히 태고 시기부터의 단일한 민족을 상정한다. '고조선시대부터 내려온 우리 민족의 흥' 운운하는 것이 대표적이다. 나는 이런 말들에 "결코 그럴 리가 없다"라고 말하기도 어렵지만, 근거로 댈 수 있는 자료가 워낙 없기에 개연성이 심각하게 떨어지는 주장이라고 생각한다.

그러나 조선시대 현종 3년(1662년)에 호남 무안현의 남녀 18인이 섬에서 고기잡이를 하다가 광풍으로 오키나와에 흘러 들어갔는데, 그들이 어느 나라에서 왔는지를 알기 위해 오키나와인이 북을 갖다주니 조선인들이 노래를 부르며 북춤을 추자 '고려인'이란 걸 알게 되었고 나중에 일본으로 보내졌다가 조선까지 돌아오도록 했다는 실록 구절을 보면서 '그때나 지금이나 한국인들은 노래 부르는 걸 좋아하는구나'라고 생각하는 것까지 안간힘을 써가면서 부정할 필요가 있을까?[25]

---

24   철종(1831~1863)이 그랜트(1822~1885)보다 늦게 태어나서 일찍 사망했다. 홍선대원군(1821~1898)은 그랜트보다 약간 일찍 태어나서 더 오래 살았다.

25   《현종실록》 5권, 현종 3년 7월 28일 기해 첫 번째 기사 〈호남 무안현의 남녀가 고기잡이를 하다가 광풍을 만나 유구국까지 표류하다〉. 내가 아는 한 한국에서 이 사례를 가장 먼저 언급한 것은 장르소설가 곽재식이다. 그는 장르소설의 소재를 얻기 위해 《조선왕조실록》의 괴물 이야기 등을 수집한 것으로 유명한데, 그 과정에서 이

이는 길거리를 지나가면서도 흥얼흥얼하곤 하는 현대 한국인의 행동과 비슷한 문맥에 있다. 우리에겐 너무 익숙한 풍경이라 그러려니 하지만, 외국인들이 한국에 와서 처음 겪으면 웃음을 터트리는 습속이라 한다. 이런 것까지 부인하면 그게 더 이상하다.

전근대사와 근대사 사이의 급격한 변혁과 단절은 인류 역사에 보편적이다. 그 변혁과 단절이 너무나 큰 나머지 우리는 근대사 이후엔 완전히 새로운 역사가 생겨난 것으로 생각하기 쉽다. 하지만 아무리 변혁과 단절이 크더라도 일본의 전근대사에서 한국의 근현대사가 튀어나올 수 없고, 그 반대도 마찬가지다. 이 점을 부인하려는 이가 있다면, 중국을 한번 바라보라고 말하고 싶다. 중국은 문화대혁명을 통해 한국과는 비교할 수도 없는 수준으로 자기 손으로 전통을 도려낸 나라다. 한국이 아무리 식민 지배와 분단 전쟁으로 인한 철저한 파괴를 강조한다고 한들 문화대혁명에 비길 수는 없다. 그렇다고 현대 중국에 과거 중국의 요소가 남아 있지 않느냐고 물어본다면 우문으로 여겨진다. 중국 역시 자국의 여건과 역사를 벗어날 수 없으며, 지금은 스스로 잘라낸 역사와 전통을 억지로 회복하기 위해 갈팡질팡하는 중이다. 한국사와 종교학을 전공한 한국학자 최준식이 경험한 바에 따르면, 한국에 유학 온 중국인 유학생들은 한국인의 음주가무 문화를 체험하면서 춤을 추는 것은 상상도 할 수 없었을뿐더러 노래조차 할 수 없었다고 하소연했다고 한다. 그러면서 자신들의 문화 안에는 사람의 감정을 짓누르는 무언가가 있다고 했다는 것이다.[26] 곰곰이 들여다보고 따져볼수록 이

사례를 발견하고 트윗을 남겼다.

26   마 씨아오루·최준식, 《한국미 자연성 연구: 중국미의 자연성과 어떻게 다른가?》, 주류성, 2019, p. 19.

러한 문화의 차이를 근대 이후의 사건들로만 설명하려고 시도하는 것이 오히려 부자연스럽고 어려운 일로 여겨진다.

한편 '단절사관'이나 '청산사관'과도 다소 다른, '부채상속사관'이라고 이름 붙일 만한 태도도 존재한다. 이는 현대 한국의 장점은 모조리 20세기 이후에 창조되었고 전근대사가 우리에게 끼친 영향은 부정적인 것밖에 없다고 간주하는 태도다. 이 태도를 극적으로 간직한 이들은 현대 한국인이 부유하고 자유롭게 살 수 있는 이유를 미국과 일본의 조력에서만 찾을 것이다. 뉴라이트 계열의 학자들이 대표적으로 그렇다고 볼 수 있다. 혹은 꼭 뉴라이트가 아니라도, 현대 한국인의 자국 전근대사에 대한 태도는 '단절사관'과 '청산사관', 그리고 '부채상속사관' 사이를 요동치는 경우가 많다. 세 가지 사관이 지금까지 설명했던 것처럼 제각각 조금씩 다르고 심지어는 모순되는 부분도 있음에도 그렇다. 세 가지 사관을 포함해서, 전근대사 특히 조선사에 대한 한국 사회의 양대 정치적 당파가 가진 태도를 간단한 표로 정리해보면 다음과 같다.

	보수 우파, 산업화세대 인식	진보 좌파, 민주화세대 인식
상대방을 규탄할 때 조선사에 포개기	86세대는 조선 사림과 같은 존재	현대 한국의 기득권 세력은 노론을 계승
조선인의 문제	일을 안 하고 게을러서 문제	정치적으로 고분고분해서 문제
단절사관	·산업화에 대한 전근대사의 공로는 없음 ·미국과 일본이 전달해준 근대문명을 수용한 개화파·친일파·우리 세대가 은인	·민주화에 대한 전근대사의 공로는 없음 ·미국과 유럽에서 유학하는 등 사회과학을 공부하면서 민주화 투쟁한 우리 세대가 은인
청산사관	샤머니즘과 유교 윤리를 청산해야!	한 번도 왕의 목을 치지 못한 역사, 친일파 등 기득권을 청산해야!
부채상속사관	전근대사, 조선사는 질곡에 불과	전근대사, 조선사는 질곡에 불과

양대 정치적 당파가 한국 전근대사를 경멸하는 방식

'모두가 양반이 된 나라'에 대한 부정적인 태도

조선 후기의 사회 현상 중 하나였던, '모두가 양반이 된 나라'[27] 라고 표현된 세태에 대한 분석 역시 전형적으로 한국 전근대사를 경멸 하는 방식으로 이루어졌다. 유럽 역사에 비교하자면 노비제를 폐지하 고 근대적 시민 개념을 형성해야 할 시기에, '모두가 양반이 되는' 수준 으로 양반의 비율을 증가시켜 우회적으로 신분제를 형해화한 조선의 역사는 부정적인 것으로 그려졌다. 현대 한국인들도 바로 그러한 조선 인의 심성을 따르고 있기에, 지배 계층이나 권력에 저항하지 않고 오히 려 그 일원이 되려고 노력한다고 분석됐다. 앞선 용어 정의를 따른다면 이런 분석 역시 전형적인 '부채상속사관'이었던 것이다. 사실 당대에도 양반 숫자가 급증한 상황을 개탄했다. 당대 양반은 납세를 하지 않는 존재였기 때문이다. 그러나 최근의 역사학 연구에 따르면, 조선 후기 양반 비율의 증가는 신분제를 해체할 수준은 아니었다고 한다.[28] 양반

---

27   나는 이 책에서 '사대부'와 '양반'이란 말을 함께 쓰고 있는데, 온전히 같은 의미로 말하는 것은 아니다. 굳이 따지자면 '사대부'는 개념적 규정에 가깝고 '양반'은 신 분의 의미가 다소 들어가 있다. 이를테면 조선 양반을 동시대 중국 명청의 사대부 와 비교하여 훨씬 고루한 신분제의 산물이었다고 비판하는 것도 가능하며, 그에 대 한 반론도 존재한다. 하지만 한국인에겐 '사대부'와 '양반'이 거의 같은 말로 들리 기 때문에, 나는 그때그때 더 적절한 말을 골라 쓰고자 한다.

28   "이러한 점에서 조선 후기 신분제 해체의 증거로 자주 인용되는, 경성제국대학 교 수였던 사가타 히로시의 통계도 다시 살펴볼 필요가 있다. 과연 조선 후기에 양반 이 급속히 증가하여 의미가 없을 지경이 됐다는 것은 사실일까? 우선 호적에는 실 제 인구의 30~40퍼센트 정도밖에 기재되어 있지 않았다. 또한 조세 수취를 위한 장부였지 신분을 조사하는 장부가 아니었다는 점에서, 호적에 '유학幼學', 즉 관직 에 아직 오르지 않았거나 과거 준비를 위해 학교에 재학 중인 유생이라고 기재됐 다고 모두 사회적으로 인정받는 양반으로 볼 근거는 약하다. 군역을 면제받기 위한 목적에서 실제 양반이 아닌 자들도 장부상으로만 '유학'으로 기재한 경우가 많았다 고 추측되기 때문이다. 또한 양반은 호적에서 누락되는 비율이 낮았지만 상민이나 노비의 경우는 높았다. 이를 감안하여 18~19세기에도 양반은 5~10퍼센트 정도에 불과했다는 주장도 제기되었다. 김득신(1754~1822)의 풍속화를 보아도 신분제

의 비율이 도드라지게 많아 보였던 것 역시 조선 후기의 호구조사에서 파악한 인구가 실제 인구에 현저히 못 미쳤는데, 납세의 의무가 없는 양반들의 경우 호구조사를 피할 이유가 없었기 때문이라고 해석된다.

　　보수주의자들은 '모두가 양반이 된 나라'에서 '분수를 모르고 허세가 심한 한국인'을 보고 경멸했고, 진보주의자들은 '권력을 뒤엎지 못하고 주류에 동화된 한국인'을 보고 실망했다. 그러나 사람들이 먹고 살 만해졌을 때 자국의 전근대 지배층을 흉내 내는 버릇은 당연하게도 보편적인 것이다. 대표적으로는 영국 역시 산업혁명 이후 부유해진 계층이 자국 상류계층을 흉내 내기 위해 귀족들의 예법에 관한 책을 사들이고는 했다. 영국과 프랑스의 부르주아들은 귀족과는 다른 정체성을 확립하고자 했고, 그것이 현대적 의미의 정장의 모태가 되었지만 부르주아들이 모이는 레스토랑에는 과거의 궁중 요리가 변형되어 제공됐다. 물론 영국에서는 부르주아만 그랬을 뿐 노동자 계급은 이를 따라 하지 않았고, 계층 분화가 일어났다. 그래서 한 사회 내부에 다른 문화가 공존한다. 앞으로 논할 '상식'이란 말에 포개보자면, 계급마다 '상식'이 달라지기 때문에 그 말을 우리와 같은 방식으로 사용할 수는 없다. 그들에겐 '사회 일반의 상식'이 아니라 굳이 따지자면 '계급의 상식'이 중요할 것이고, 그렇기에 '계급에 따라 지켜야 할 규범'이란 것을 표현하기 위해 '상식'이란 말을 활용하지 않을 것이다.

　　한국에서 '진보 정당 운동'을 하려던 내 선배 세대들은 '모두가

가 해체된 것처럼 보이지는 않는다. … 조선 후기에 양반이 너무 많아져 양반과 상민의 구별이 없어졌다기보다는 호적상으로라도 노비를 보유하는 집이 많아졌으며 많은 사람들이 노동에서 벗어나 양반이 되기를 열망했다고 이해하는 편이 좀 더 합리적일 것이다." 김재호, 《대체로 무해한 한국사: 경제학 히치하이커를 위한 한국사 여행안내서》, 생각의힘, 2016, pp. 119~122.

양반이 된 나라'라는 현상에 좌절했다. '노동계급 의식'이 없었기에 노동조합 기반의 진보 정당 운동이라는 기획이 잘 작동하지 않았다. 없는 노동계급 의식을 억지로 만들어내는 것은 불가능했다. 그러나 우리의 역사적 맥락마저 넘어서기는 너무 어려우며, 그 토양을 저주하기만해서도 의미 있는 활동을 만들어낼 수 없다. 한국 사회는 영국처럼 부르주아는 와인을 마시고 노동자 계급은 맥주를 마시는 사회가 아니지만, 대신 재벌이라도 소주를 마시는 나라다. 2002년 고 노무현 전 대통령과 재벌가 출신 정치인 정몽준이 단일화에 합의했을 때, 정몽준은 노무현을 향해 "2차는 포장마차에 가서 소주 한잔합시다"라고 말했다. 우리에게는 평범한 일상이기에 그러려니 하지만, 다른 사회를 살아가는 사람들의 입장에서 보자면 말도 안 되는 동질성이다. 마이클 브린은 1980년대 전두환 정권 시기에 다른 외국인들과 달리 본인은 한국에 민주주의가 올 거라고 조심스럽게 전망했던 근거 중 하나로, 고위 공무원과 시위하는 학생들이 너무나 비슷한 생각의 결을 가진 사람들이라는 사실을 들었다.[29] 그런 점에서 볼 때 '모두가 양반이 된 나라'는 개탄할 현상이 전혀 아니며, 우리의 역사적 문맥에서는 대한민국이라는 사회의 승리에 해당한다. 오늘날 '양반' 행세를 하는 사람들 모두가 예전의 양반처럼 납세를 거부하며 국가 재정을 파탄 내지 않는 이상은 말이다. 양반, 혹은 사대부 의식의 보편적 확산이 어떻게 '한국적 민주주의'를 이끌어냈는지는 4장에서 좀 더 상세하게 설명할 것이다.

　　여기서 추가로 우리가 할 일은 '양반'이라는 지배층의 특성이 무엇이며, 그래서 현대 한국인은 어떤 사람이 되고 싶어 하는지, 한국인이 전근대 양반을 일정 부분 흉내 내려고 하기에 발생한 장점과 폐해는

29　　마이클 브린, 《한국, 한국인》, 실레북스, 2018, pp. 21~22.

무엇인지를 규명하고 보완책을 고민하는 일일 것이다. 현대 한국인과 타국인을 분명하게 구분할 수 있는 몇 가지 기질, 서울로 올라오고 싶어 하거나 미국으로 유학 가고 싶어 하는 주류 지향성, 돈을 아무리 많이 벌어도 학력이 없으면 공허해지고 위조해서라도 가지려 드는 심성, 개인의 인권과 자유를 지켜보기보다는 타인에게 도덕성과 몸가짐을 요구하는 경향 등은 조선의 지배층이 '양반'이었다는 사실과 결코 무관할 수 없기 때문이다.[30]

　한국인들이 '상식'에 집착하는 것, '상식'이 세상을 통치해야 한다고 믿는 것 역시 이 틀 위에서 설명할 수 있다. '양반'이란 지배계급은 '사무라이', '기사'와 같은 다른 나라의 지배계급과는 달리 '지식'에 의해 규정된다. 그런데 이 지식은 삶에서 동떨어진 사변적인 지식, 초월적인 지식과는 거리가 멀다. 사실 조선인들은 조선이 유학, 성리학의 나라임을 자부했지만 조선 유학의 수준은 그렇게까지 높지 않았다. 성리학 일변도였던 탓도 있는 데다가 성리학 체계 내에서도 다루는 주제가 협소했다. 퇴계 이황과 고봉 기대승의 논쟁을 거름으로 자라난 사단칠정논변四端七情論辨은 조선 유학이 성취한 높은 봉우리지만, 극단적으로 말하면 그 봉우리 하나밖에 없었다. 동시대 명청 유학에는 다른 수많은 봉우리가 있었다. 조선 선비들은 본인들이 중국 문인들보다 경서에 능통하다고 자부했지만, 그것과 별개로 조선 유학자들이 쓴 책이 중국에서 베스트셀러가 된 경우는 거의 없다. 중국에서 흥행한 조선인의 책은 의서였던 허준의 《동의보감》, 그리고 허난설헌의 시집, 유성룡의

30　젊은이들이 도덕과 명분에 너무 휘둘리는 이들을 조롱하는 말로 사용하는 '씹선비'라는 표현도 그냥 튀어나온 것이 아니다. 이 비하어에는 '한국인들은 어떤 사람이 되고 싶어 하는지'와 '그 욕망에 지나치게 매달릴 때 타인에게 어떤 사람으로 보이게 되는지'가 너무나도 적절하게 담겨 있다.

《징비록》등이었다.[31]

　　이는 조선인들이 지식에 대해 너무나도 실천적인 틀에서 접근했기 때문이다. 철학의 수준을 높이는 것은 사변인데, 조선인은 잡다하게 사변적인 것을 좋아하지 않았다. 오늘날 우리가 조선왕조의 지식에 대한 태도나 성리학을 사변적이라고 비난하는 것은 그것이 현실 세계에서 실천적이지 않았다고 비판하는 것에 해당한다. 그런데 당대인의 관점에서는 지식이 지나치게 복잡하지 않고 도덕을 정당화하는 역할을 하는 것이 더 실천적이었다. 과학의 발전이 이렇게까지 실생활에 도움이 되는 세상을 그들은 상상하지 못했다. 이에 반해 유럽의 과학혁명은 오늘날 남은 그 유산이 매우 실용적으로 보일 뿐, 기본적으로는 동아시아 유학보다 훨씬 사변적이고 논쟁적인 지적 토양 위에서 탄생할 수 있었다.

　　동아시아에서 지식은 심신 수양과 사회 복리에 기여할 만하면 족했으며, 수신제가치국평천하修身齊家治國平天下가 교리인 세상에서 그것들은 사실상 하나의 실천이었다. 특히 조선은 그러한 중국 중심의 유학 세계에서도 좀 더 단출한 것을 추구했다. 오늘날 우리가 생각하는 '학문'과 당시 사람들이 생각하는 '공부'의 성격이 달랐던 것이다. 동아시아 전통사회에서의 공부는 지금으로 치면 체력 단련, 혹은 요가 수련과 비슷한 양상이었다. 물론 경전을 학습하는 여러 문화권의 전통사회

31　에도시대 일본에선 퇴계의 성리학이 유행하여 성리학이 아니라 '퇴계학'이라 불릴 정도였다고 하나, 이는 그들이 다른 창구가 없는 상황에서 '히데요시의 조선 침공'의 결과 교류하게 된 조선의 유학자들을 통해 성리학을 받아들였기 때문이다. 현대에 비유하자면 퇴계는 '위대한 수학자'가 아니라 《수학의 정석》의 저자'로서 일본에서 히트한 셈이다(요즘은 영향력이 다소 퇴조한 《수학의 정석》은 20세기 한국에서 유행한 많은 것들이 그랬듯이, 먼저 있던 일본의 책들을 참조하여 만들어진 것으로 알려져 있다).

가 보이는 양상이 그것과 비슷했지만, 동아시아는 이 부분에서 특히 더 심했다고 볼 수 있다.

가령 조선의 사림파들은 《소학小學》에 나오는 소박한 진리만 실천하면 세상이 잘 돌아간다고 믿었다. 그런데 《소학》은 우리가 흔히 동아시아 사회의 경전이라고 일컫는 사서삼경에는 들어가지도 않는 책이다. 앞서 말한 체력 단련 및 요가 수련의 비유를 차용하면, 《소학》을 암송하는 것은 간단한 10분짜리 '운동 전 스트레칭'을 반복하는 것과 유사하다. 단순하고 평이한 구성이지만 신체 각 부분을 자극하는 그 스트레칭을 반복하면 큰 효과를 볼 수 있다고 본 것과 비슷하다.[32]

대부분의 주지주의자의 관점에서 볼 때, 우리는 공부를 하면 할수록 더 복잡하고 어려운 진리를 체득할 수 있어야 한다. 체력 단련 및 요가 수련의 비유를 차용하더라도, 국민체조를 벗어나 더 어려운 요가 동작으로 나아가야 한다. 그렇지만 《소학》 같은 소박한 경전을 무한 반복하는 것이 선비의 도리라고 믿는 사회에선 '좀 더 성숙해지는 것'이 아니라 '처음 마음가짐을 반복하는 것'이 더 중요한 과제다. 해야 하는 일들은 뻔한데, 그것들을 계속할 수 있는 근기가 있느냐가 중요하다는 것이다.

현대 한국 사회에서도 '초심을 지켜라'라는 말이 그렇게도 널리 통용되는 이유가 그것이다. 이 점에서 우리는 모두 조선인의 후손이다. 한때 운동권들의 구호이자 민중가요 제목이었다가 이제는 신영복의 글씨체를 로고 디자인으로 사용한 소주 브랜드로 유명한 '처음처럼'이

---

32   내 또래 이상의 현대 한국인들에게 가장 보편적인 '운동 전 스트레칭'은 박정희 정부 통치기에 정립된 '국민체조'였다(물론 이 역시 그 시절 한국의 많은 것들이 그랬듯 일본에서 확립됐던 무언가를 본뜨고 수정해서 만들어진 것이다). 그러니 비유하자면 《소학》은 조선시대 사대부들의 국민체조였던 셈이다.

란 말도 마찬가지다. 그렇게 단순한 지식, 단순한 윤리를 '초심을 지키며', '처음처럼' 반복하면 된다고 생각할 뿐, 공부하면 할수록 더 어려운 지식이나 윤리가 등장할 거란 생각을 하지는 못한다. 그래서 현대 한국에서도 철학 공부를 한다고 하면 어르신들이 '(철학) 공부를 많이 했으면 마음을 착하게 먹어야지. 부모님에게 잘하렴' 따위의 말들이나 한다. 철학을 포함하여 지식을 습득함에 있어 '지식 그 자체'의 가치나 재미는 거의 강조하지 않는 사회라고 볼 수 있다.

그 대신 '적정 수준의 지식'에 이르는 이를 대량 생산하는 것이 조선의 특징이었다고 볼 수 있다. 이는 현대 한국의 특징, 장점과도 곧바로 통한다. 조선 유학의 수준은 높은 봉우리를 많이 형성하는 것에 이르지 못했으나, 조선 사대부의 평균적인 수준은 중국 사대부들에 비해 높았다. 현대 한국에서 기승을 부리는 사교육의 핵심도 '부유층 자녀의 지식과 교양 수준에 내 자식이 뒤떨어지면 안 된다'는 중산층과 서민층 부모의 강박에 의한 것이다. 학생들의 부모 소득수준별 수학 성적을 보면 다른 나라에 비해 중간층의 성적이 부유층에 비해 거의 뒤떨어지지 않는다. 재미있는 것은 다른 나라의 경우 부유할수록 성적이 높아지는 경향성이 더욱 뚜렷한데, 한국은 부유층 자녀들이 굳이 더 나은 수학 성적을 위해 노력하지 않는 것처럼 보인다는 것이다.[33] 이 역시 공부란 그 자체로 가치를 지니거나 잘하면 잘할수록 더 재미있는 것

---

33 김창환 미국 캔자스 주립대 사회학과 교수가 본인의 블로그(https://sovidence.tistory.com/1101)에서 〈이코노미스트〉의 그래프를 보고 해설한 내용을 빌려왔다. 해당 그래프는 각 국가별 90~10% 사이 초등학교 4학년의 평균 수학 성적을 표시한 것이다. 여기에서 한국 그래프의 몇 가지 특징은, 미국이나 독일의 상위 10%보다 한국의 하위 10%의 수학 성적이 더 높을 정도로 기본적으로 수학 성적이 좋다는 것, 그리고 소득 상위 6분위에서 9분위 사이만 보면 소득과 수학 성적의 상관관계가 전혀 없다는 것 등이다. 말하자면 한국 중산층 자녀의 수학 성적이 워낙 높기 때문에, 상류층 자녀의 수학 성적이 그보다 더 좋기 어려운 상황으로 보인다.

이 아니라, 내 삶에 도움을 주고 내가 사회에 기여하는 데 도움을 줄 정도면 족하다는 세계 인식과 연결되는 현상일 것이다. 현대 한국인들이 '상식'의 통치를 바란다는 사실도 공부를 대하는 이 태도와 무관하지 않다.

도구론적 정치관이 만들어낸 일

그래서 한국의 정치 문화 역시 '근본 없는', '뿌리 없는' 것이라기 보단 다른 종류의 근본, 다른 종류의 뿌리에서 출발하여 형성됐다고 볼 수 있다. 동아시아 유교 윤리가 권력을 대하는 독특한 방식을 사회학자 이철승이 《불평등의 세대》에서 인상적으로 정리한 바 있다. '유교 윤리'에는 '권력자의 수행 성과에 대한 항상적인 평가'가 내재되어 있다는 것이다. 쉽게 말하면 성과를 내면 왕으로 모실 수 있지만 성과가 없으면 뒤집을 수 있다는 것이다.[34] 이러한 태도는 맹자의 '역성혁명론'에서부터 시작됐다고 여겨지지만, 급진적이라 평가받는 맹자조차도 '무'에서 이를 만들어낸 것이 아니라 전통문화의 논의를 기반으로 했다고 한다.

맹자의 '역성혁명론'의 토대를 따지자면 무려 서주시대(춘추시대 전, 주나라 천자가 실질적으로 중원을 다스리던 시대)까지 거슬러 올라간다. 동아시아 철학자 신정근이 《철학사의 전환》에서 정리한 바에 따르면, 특히 서주 초기 시대 저작으로 고증된 《시경詩經》과 《서경書經》 등의 경전에 선 이전 시대와 달리 왕이 스스로 천명에 따르고 있는지를 묻는 모습이

---

34   이철승, 《불평등의 세대》, 문학과지성사, 2019, pp. 43~44.

많이 나타난다고 한다. 상나라(은나라)에 대한 역성혁명으로 들어선 주 왕조로선, 역성혁명의 정당성을 세우기 위해서라도 '왕은 통치를 잘해야 왕'이란 정당화 논리가 필요했던 셈이다. 또한 그런 면에서 중국의 초기 철학에서 지식은 '어떻게 하면 잘할 수 있는가?'라는 실천적인 방법론의 성격을 지녔다고 분석한다.[35]

현대에는 왕이 없지만, 이러한 태도가 내면화된 유교 문화권의 사람들은 집권자의 수행 능력이 정당성을 가져온다고 믿는다. 이것이 '유교적 정당성'이다. 나는 현대 한국은 유교적 정당성론으로 초창기에는 개발독재를 옹호하다가, 나중에는 한국적 민주주의로 이행했다고 생각한다. 이 과정은 4장에서 다시 다룰 것이다.

한국의 정치문화를 이 문맥에서 읽어내려면 먼저 파악해야 할 것이 '도구론적 정치관'이다. 도구론적 정치관은 유교적 세속주의에서 파생된다. 유교적 세속주의란 무엇인가? 공자가 정립한 유교의 전통은 본래 괴력난신怪力亂神에 대해 논하지 않는다는 태도를 취한다. 그래서 유교에는 애초 형이상학이라고 할 게 없었는데, 그러다 보니 인도의 정교한 형이상학적 전통에 어느 정도 대항한 불교의 교리에 속수무책으로 당하는 결과를 초래했다. 한국에서도 삼국시대로부터 고려시대까지 오랫동안 그러했듯, 종교로서는 불교를 신앙하며 유교는 일종의 관변 학문으로만 기능하는 상황이 지속됐다. 그래서 불교에 대항하기 위한 최소한의 소박한 형이상학을 도입한 유학이 바로 신유학, 즉 성리학이었다. 한편 양명학은 성리학에 비해서도 형이상학의 영역을 벗어던진 심신 수양의 이론이었다. 중국 학자 리쩌허우李澤厚는 이를 두고 중

---

35 신정근,《철학사의 전환: 동아시아적 사유의 전개와 그 터닝포인트》, 글항아리, 2012, pp. 118~125.

국 전통 사상의 전체적인 특징 중 하나는 '실용적 이성' 혹은 '실천적 이성'이라고 설명했다. 그렇게 설명한 이유는 고대 그리스의 추상적인 사유에 기반한 논리적인 이성이나, 인도에서 염세와 해탈을 추구하는 냉철한 이성과는 다소 다르기 때문이라 하였다.[36]

　　물론 우리는 이 세속주의라는 표현을 근대의 세속주의와 같은 것으로 취급해서는 안 된다. 정치학자 전인권은 그가 살아생전 정리하지 못하고 떠난 유작 《1898, 문명의 전환》에서 성리학적 세계라는 '진리의 나라'가 개화 문명이라고 하는 '세속의 나라'로 급속하게 전환된 시기라는 것이 개화기의 진정한 함의라고 분석했다.[37] 이러한 분석틀에 따르면 기본적으로 전근대는 '진리의 나라'일 것이고 근대 이후는 '세속의 나라'일 것이다. 나는 이러한 접근에도 전적으로 동의한다. 성리학 사회 조선은 중세 기독교 사회와 비슷한 방식으로, 그러나 다른 문화의 방식으로 '진리의 나라'였다. 대부분의 인류 사회는 이 과정을 통과했는데, 근대화 이후에도 '진리의 나라'를 추구하면 '근본주의자'라고 불리게 된다.[38] 그러나 그럼에도 내가 '유교적 세속주의'란 표현을 고수하는 이유는 전근대 사회는 전근대 사회끼리 비교해야 한다는 '역사성'과 '상대성'을 결합한 복합적인 분석을 지향하기 때문이다. 전근대와 근대 사이의 간극이 워낙에 크기 때문에 우리는 근대 이후의 사람들은 하늘에서 떨어져 내려온 것처럼 분석하는 경향이 있다. 그러나 그들도 앞선 문화권의 영향을 받지 않을 수는 없다는 것이 내가 생각하는

36　　마 씨아오루·최준식, 《한국미 자연성 연구》, pp. 45~49.

37　　전인권·정선태·이승원, 《1898, 문명의 전환》, 이학사, 2011, p. 20.

38　　가령 '이슬람 근본주의자'란 말은, 현대 사회에서도 여전히 '진리의 나라'를 사는 이들을 가리키는 말이다. 같은 이슬람 문화권이라도 '세속의 나라'로 전환된 곳을 살아가는 이들은 '이슬람 근본주의자'라고 불리지 않는다.

'역사성'의 테제다. 한편 나는 그처럼 전근대와 근대의 간극이 크기 때문에 근면함이나 정치적 역동성을 평가할 때 전근대는 전근대끼리 비교해야 하고 근대 이후는 근대 이후끼리 비교해야 한다고 생각하는데, 여기에 '상대성'의 테제라고 이름을 붙였다. 두 테제를 적용했을 때, '유교적 세속주의'라는 정의는 유교가 전근대 사회에서는 다른 나라에 비해 더 세속주의적이었고, 그리하여 근대화 이후에도 다른 전통문화에 기반한 곳보다 더 세속주의적인 사회가 될 수 있다는 사실을 의미하는 것이다.

　　적어도 중국과 조선에선 이 '유교적 세속주의'라는 것이 전근대 시기에서도 시간이 지날수록 누적되어 갔다는 것이 내 생각이다. 덴노를 섬기는 일본은 이 부분에선 중국 및 조선과 격차가 있었을 것이며, 이것이 동아시아 유교 문화권 내에서 일본의 독특함을 만들어냈으리라는 추측도 가능하다. 당장 한반도 왕조에서 고려와 조선을 비교해볼 때, 고려 왕가는 서해 용왕의 후손이란 식의 신화적 정당화 논리가 여전히 존재했다. 하지만 조선 왕가의 계보를 미화한 것으로 여겨지는 《용비어천가》는 그 정도 수준의 정당화는 하지 못한다. 조선의 왕은 동시대 유럽의 군왕들에 비해서도 상당히 세속화된 왕이었다고 봐야 할 것이다. 이를테면 프랑스의 왕은 프랑스혁명 직전에도 평민들을 만져주면 눈병이 낫는 종류의 이적을 일으키는 존재였다. 하지만 조선의 왕이 농민들에게 덕을 베풀려면 만져주는 것만으로는 효력이 없었고, 격쟁擊錚을 통해 올라온 민원을 해결해줘야 했다. 격쟁이란 삶에 불만이 생기고 무언가 부당한 일을 당했다고 생각하는 조선 농민들이 왕의 어가 앞을 막아서고 꽹과리를 치면서 민원을 제기하는 행동을 제도화한 것이다. 물론 이는 프랑스 왕을 둘러싼 진리 체계가 이적을 일으키는 인격적 유일신인 반면에, 조선 왕을 둘러싼 진리 체계는 성리학적 규범

체계였다는 차이 때문이기도 하다.

문제는 이 '유교적 세속주의'에서는 권력자가 쉽사리 도구 취급을 받게 된다는 것이다. 유교의 정치적 도덕은 민民을 위한다고는 하지만, 임마누엘 칸트의 도덕철학과 같은 유럽 철학에서의 목적론적 논의와는 정반대 방향에 있다. 조선에서 왕이란 무엇이었을까? 극단적으로 말하면 사대부의 정치적 도구였다고 볼 수 있다. 성리학 국가에서 왕은 사대부의 정치적 이상을 실현시켜주는 존재인 동시에, 사대부의 전횡을 막고 부패를 감시하는 역할을 해야 하는 필수적인 존재였다. 그렇다면 사대부란 무엇이었을까? 사대부는 성리학 도덕 체계에서 철학적 주체이긴 했지만, 민의 목구멍에 밥을 밀어넣는 도구로 기능할 때만 철학적 주체가 되는 도구적 주체였다.[39]

유럽의 민주주의 정치철학의 기본은 개인의 주체성과 자율성을 중시하는 데에서 나온다. 그리스적 전통과 기독교적 전통이 혼합되면서 형성된 포기할 수 없는 개인의 권리가 근간이다. 따라서 유럽에서 민주주의 체제란, 인간 종족에게 운명적인 저주처럼 주어진 '공동체 형성'의 필요성 앞에서도 개인이 본인의 포기할 수 없는 권리를 고수한 결과 형성된 타협의 산물이다. 그리하여 여기서 어떠한 타협도 거부하게 되면 쉬이 아나키즘의 논리로 흘러가게 된다. 그래서 동아시아 사람들이 가장 납득하기 힘들어하는 유럽의 정치철학적인 논리가 아나키즘이다. 공동체가 도구적 기능을 하려는 상황에서 개인들이 어떠한 것도 포기하지 않겠다는 태도를 보이는 것 자체가 이해가 가지 않기 때문

---

39 이에 대해 홍대선은 《한국인의 탄생》, p. 217에서 링컨의 게티즈버그 연설에서 사용한 민주주의에 대한 정의인 "인민의, 인민에 의한, 인민을 위한"을 패러디하여 조선을 딱 한 문장으로 정리한다면 "임금의, 사대부에 의한, 백성을 위한"이 될 것이라고 분석했다.

이다. 유럽의 중세사를 본다면 직능 영역은 대체로 조합組合, guild에 의해서 규율되었고 국가의 개입은 나중에 이루어졌으며, 국가가 생산 영역을 통제하려 한 이유는 그 영역에서 재화를 수취하여 전쟁을 하기 위해서였다. 반면 동아시아의 국가들은 고대로부터 치수와 관개사업을 위해 조직되었으니, "생산은 나와 조합이 할 뿐이고, 국가는 여기에서 무언가를 뺏어갈 뿐이다"라는 유럽 아나키스트들의 발언이 이해가 가지 않을 수밖에 없다. 여하간 이러한 역사적 경로의 상이성으로 유럽적 민주주의 논의가 자유로운 개인들의 연합이란 바탕 위에 추구되는 것이라면, 동아시아의 민주주의는 일종의 다수결에 해당하는 '민심'의 이름으로 특정 개인의 인권이 발가벗겨질 수도 있는 방향으로 형성되었다. 동아시아에서 가장 민주주의를 진전시킨 편에 해당하는 한국 사회에도 여전히 존재하는 문제가 바로 그것이다.

민주주의의 다양성

한국인에게 정치는 가치가 아니라 도구다. 한국인은 정치를 '사용'한다. 심지어 정당조차 그렇게 취급된다. 유럽적 민주주의 논의에서 정당이란 주체성과 자율성을 가진 당원들이 공통의 정치 지향을 형성하면서 만들어낸 공동체일 것이다. 그들에게 정치란 인간이 공동체를 형성하고서도 포기할 수 없는 본연적인 삶의 이름이다. 정당은 그 정치적 삶을 실현하기 위한 본질적인 매개체다. 그러므로 정당 자체가 이미 그 자체로 목적인 공동체가 된다. 그러나 한국 사람들은 정당을 그렇게 복잡하게 대하지 않는다. 정당이란 한국인들에게 본질적으로 상대 당을 징벌하기 위한 회초리다. 민주당이 여당일 때는 국민의힘이 회초리가 되고, 국민의힘이 여당일 때는 민주당이 회초리가 된다. 두 정당이 둘 다 마음에 안 들 땐 제3정당 열풍이 일어난다.

제3정당에 대한 한국인들의 열망을 진보 정당 지지로 변환하려고 했던 진보 정당 운동의 성과가 충분하지 못했던 이유도 이렇게 설명이 된다. 진보 정당 운동은 정치 지향을 공유하는 당원들의 공동체를 만들려고 했으나, 한국 사회 시민들은 그때그때의 회초리가 필요했을 뿐이기 때문이다. 나는 2018년부터 2020년까지 몇몇 여론조사 기관에서 일하면서 매주 정당 지지율을 살폈는데, 정의당의 지지율 변동을 어떻게 해석해야 할지 몰라서 당혹스러웠던 적이 많다. 왜냐하면 적어도 2018년에서 2019년까지의 정의당 지지율 변동은 정의당의 행동보다는 민주당의 행동에 좌우되는 일이 많았기 때문이다. 그 시기 유권자들은 박근혜 대통령 탄핵 정국이 얼마 지나지 않은 여파로 당시 자유한국당(이후 미래통합당, 국민의힘으로 변동됨)을 '민주당을 때리는 회초리'로 소비할 수 없었기 때문에, 민주당에 뭔가 불만이 있으면 그중 일부가 무조건 정의당을 지지한다고 응답하는 것처럼 보였다. 심지어는 '진보적 경제정책'인 최저임금제의 과격한 인상으로 민주당의 지지율이 빠질 때조차 자유한국당이 아니라 정의당을 향해 빠졌다. 정의당 측은 이를 두고 "사람들은 좀 더 진보적인 개혁을 원하는데 민주당이 이를 충족시키지 못해서 우리에게 지지율이 온다"라고 생각했겠지만, 내가 보기에 정책 지향은 상관이 없었고 어떤 이유로든 민주당에 불만이 있느냐 없느냐 여부가 훨씬 중요했다. 이러한 도구론적 정치관은 매우 실용적이면서도 유연하며 한국 사회를 빠르게 진보시키기도 했지만, 그때그때 회초리를 들고 다른 정당을 두들겨 패다가 그만 회초리를 부러뜨리는 일이 반복되니 어느 정당이건 튼튼한 정당을 형성하는 데엔 어렵다는 약점이 있다. 그리고 1장의 말미에서 지적했듯이 한국 사회의 시민들도 점점 그 사실에 답답함을 느끼고 있다.

　'자본주의의 다양성Varieties of Capitalism, VoC' 논의라는 것이 있다. 과거에는 자본주의가 발달하면 그 체제는 비슷비슷해지리라고 생각했다. 그런데 시간이 지나면서 비교해보니 각기 다른 문화권에서 발전한 다른 유형의 자본주의가 있더라는 것이 논의의 요지다. 나는 비슷한 방식으로 '민주주의의 다양성Varieties of Democracy, VoD'을 논할 수 있는 시대가 오고 있다고 생각한다. 한국이 다만 유럽 철학의 전통을 성공적으로 이식했기 때문만이 아니라 동아시아의 사상적 전통에서 형성된 신념 체계와 마음의 형식을 함께 활용하여 민주주의의 공고화를 이루게 되면서 '민주주의의 다양성'에 관한 논의가 힘차게 뻗어나갈 가능성을 보여주고 있다고 생각한다. 이는 "어느 나라에서든 야구 룰은 같다"라는 말이 진실이면서, 동시에 '야구 문화의 다양성'을 논할 수 있는 것과 같다. 한국 문화의 특수성을 그저 부인하기만 하고 '복사와 모방'으로만 분석하려는 시선에서는 이러한 다양성의 존재가 보이지 않을 것이다. 그리고 '민주주의의 다양성'이란 한국 문화의 특수성 때문에 생겨나는 예외적인 사태가 아닐 것이다. 민주주의가 여러 문화권으로 확산되면서 드러나게 될 수밖에 없었는데, 주류 민주주의 국가들과 다른 문화권에 살던 한국의 민주주의가 공고화되면서 비로소 처음 관측되는 사태일 것이다. 다이아몬드의 한 편에 서서 안타를 쳤을 때, 내 인식의 한계를 규정하던 낡은 편견을 방망이처럼 창공 위로 던져버리고 1루를 향해 달리기 시작할 때 더 넓은 세상을 느낄 가능성이 열리게 될 것이다. 이제는 그럴 때도 됐다.

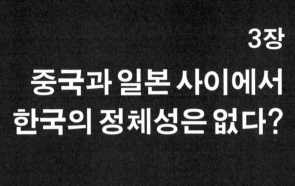

3장
중국과 일본 사이에서
한국의 정체성은 없다?

〈킹덤〉 이후에 새롭게 오게 될 것들

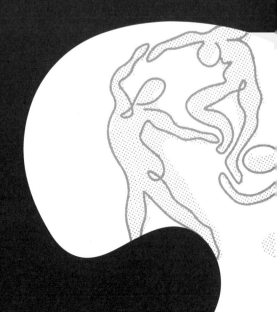

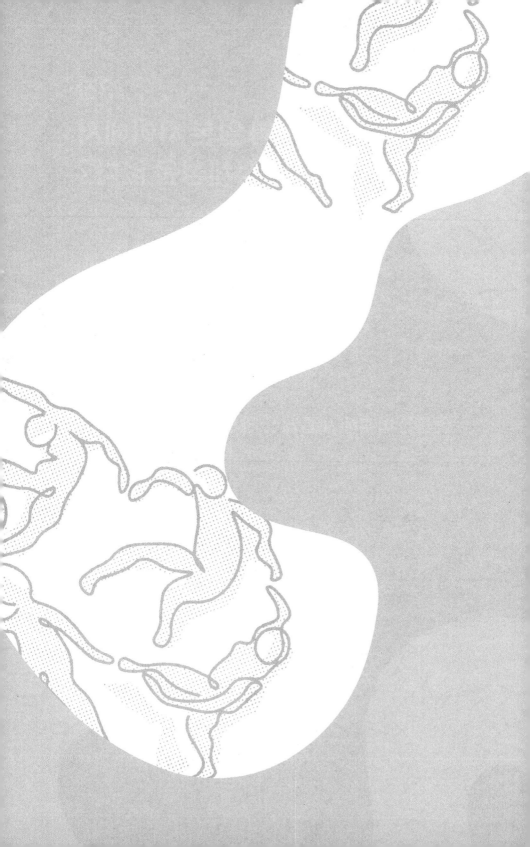

넷플릭스와 같은 OTT의 세상을 나이가 제법 들고서 만난 이들은 젊은 세대와는 다소 다른 체험을 하게 된다. 넷플릭스가 내 취향에 맞는 영화를 '정확하게' 추천한다는 사실을 클릭하기도 전에 알게 되기 때문이다. OTT의 세상이 오기 전 아득한(?) 옛날에 좋아했던 영화를 넷플릭스가 내 눈앞에 들이밀었을 때의 그 오묘한 기분은, 바로 2019년 어느 날 쿠엔틴 타란티노의 영화 〈킬 빌〉(2003~2004)을 추천받은 내 심경이었다.

그리고 15년의 세월을 격하고 그 영화를 다시 틀었을 때, 나는 놀라게 됐다. 당시 쿠엔틴 타란티노 감독이 수많은 오마주를 바쳤던 일본과 중국 대중문화의 찬연한 이미지 속에서, 한국의 존재감은 깃털만큼도 없었던 것이다. 당시엔 그게 너무나도 당연했기 때문에 우리는 억울해한 바도 없다. 오히려 홍콩 영화의 것으로 알려진 배경음악 하나가 실은 한국 영화에서 유래했다는 사실을 자랑했던 것으로 기억한다.

그 시기, 넷플릭스에선 오리지널 드라마 〈킹덤〉이 국제적인 인기를 얻어가고 있었다. 〈오징어 게임〉의 인기 이후로는 그전의 성취들이 모두 사소해 보일 수도 있지만, 당시로선 〈킹덤〉의 인기만으로도 현기증 날 정도의 희열이 있었다. 〈킹덤〉은 해외 팬들로부터 〈왕좌의 게임〉과 〈워킹데드〉를 섞어놓은 것 같다는 평을 받았는데, 두 작품의 이름이 거론되는 것 자체로 느끼는 감격이 있었다.

그러나 더 놀라운 풍경은 드라마 애청자들이 늘어나면서 해외 팬들이 조선왕조의 복식들, 특히 다양한 모양의 '갓'에 주목하게 되었다는 점이다. 〈킹덤〉은 어느새 '멋진 모자와 좀비의 이야기'라 불리게 되었고, 조선인이 신분이나 시기에 따라 어떤 식으로 구별되는 모자를 썼는지를 추적하는 사람들이 나타났다.

하나 더 놀라운 것은, 내가 그 사실에 고무되자마자 '조선의 모자'에 대한 유럽인의 관심이 그때가 최초가 아니었다는 점을 새롭게 인지했다는 것이다. 〈킹덤〉을 통해 '갓'이 주목을 받으니 사람들은 사료를 뒤져 구한말 프랑스인들 몇몇이 조선을 '모자의 나라'라 불렀고, 파리지앵들의 주목을 요구할 정도로 패션적으로도 높은 평가를 했다는 사실을 재발굴했다. 구한말에 그런 일이 있었음을 전혀 알지 못했다가 〈킹덤〉이 새로 유행을 만들어낸 이후에야 알게 된 것이다. 이는 우리가 '역사적 사실'이라고 믿는 것들도 엄정하게 고정되어 있는 것이 아니라, 현재 상황과 관점에 따라 선택되고 재해석된다는 것을 보여주는 또 하나의 사례였다.

그리고 그로부터 얼마 지나지 않아, 영화 〈기생충〉으로 황금종려상과 아카데미상을 거머쥔 봉준호 감독은 아카데미 감독상 수상 소감에서 마틴 스코세이지 감독에게 받은 영향을 고백하면서, 쿠엔틴 타란티노 감독을 본인을 도와준 은인('쿠엔틴 형님')으로 호명한다. 한국은 조선의 '갓'이 분명 오래전부터 존재했음에도 어느 순간 갑자기 인지된 것처럼, 원래 역사에 존재하던 것이었으되 갑자기 뜨겁게 세계인들에게 인지되기 시작했다.

한국이 정체성이 취약한 나라였던 이유는?

21세기 초라는 시공간은 훗날 '한국'이란 나라가 '중국'과 '일본'이라는 거대한 이웃들의 틈바구니에서 빠져나와 세계인들에게 존재감을 획득한 시기로 기록될 것이다. 이전까지는 그 존재를 아는 이들에게도 '일본 비슷한 나라'이거나 '중국 비슷한 나라', 혹은 '중국과 일본을 섞어놓은 듯한 나라'였다. 넷플릭스의 투자를 받은 〈킹덤〉의 제작진이 처음에 맞닥뜨린 현실도 그것이었다고 한다. 넷플릭스 측에서 만들어 온 초기 설정집은 본인들이 보기에는 중국 의상, 혹은 일본 의상에 더 가까웠다고 한다. 물론 당연히 한국은 전통 의상이 존재하지 않는 그런 나라가 아니었고, 그들은 한국 사극 작업의 경험을 통해 축적된 자체적인 고증 작업으로 〈킹덤〉의 의상을 만들어냈다.

한국처럼 문화와 역사가 나름대로 뚜렷하고, 규모도 그리 작지 않은 나라가 그간 그러한(?) 취급을 받았던 데에도 역사적 사연이 있다. 아시아 주요국 중에서 중국과 인도는 실크로드에서 교역을 시작할 때부터 유럽과 아랍 세계에 알려졌다. 일본만 해도 13세기 말 마르코 폴로의 《동방견문록》을 통해 유럽에 알려졌으며 대항해시대 시절부터 유럽과 접촉을 시작했다. 반면 조선은 19세기에 이르기까지도 '은자의 나라'였다. 이러한 사실조차 조선의 고루한 정책 탓으로 돌리는 이들이 많은데, 실은 그뿐 아니라 지구과학적 이유가 있었다.[1] 16세기 포르투

---

[1] 사실 '쇄국정책'이란 일본에서 시행됐던 정책을 조선사에 대입시킨 것이지, 조선인들은 흥선대원군의 시기를 포함해서 '쇄국정책'이란 말조차 쓴 적이 없었다. 쇄국이 가능하다는 발상 자체가 섬나라의 개념이지, 반도인들은 어차피 대륙과 교류할 수밖에 없다. 지금의 관점에서 본다면, 일본과의 간헐적인 교류를 제외하곤 바닷길이 막혀 있었을 뿐이다. 그리고 해상 교류를 금지한 주체도 조선왕조라기보단 명나라였다. "덧붙여 전술한 조선의 통상 거부의 상태를 일본과 마찬가지로 '쇄국'이라

갈 무역선 선원들은 대만의 남쪽 해상에서 북상하는 한 조류를 만나면 규수 동해안의 가고시마와 나가사키에 쉽게 도달할 수 있다는 것을 발견했다. 류큐(지금의 오키나와)의 상인들도 예전부터 이 조류를 타고 일본을 방문했는데, 일본에서는 '검은 해류黑潮'(일본어 발음 '쿠로시오')라고 불렀다. 쿠로시오 해류는 포르투갈과 네덜란드 상인들을 통해 유럽에 알려져서 오늘날의 지리학에서도 같은 이름이다.[2] 한반도는 유럽인에게 일본만큼의 흥미를 주지 못했을 뿐더러, 설령 흥미를 가지고 탐험하려고 해도 도달하기 어려운 땅이었다. 쿠로시오 해류를 탔을 때 풍랑을 겪어야 제주도로 도달할 확률이 생기는데, 그렇게 도달한 이들이 박연(벨테브레이)과 하멜 일행이었다. 《하멜 표류기》의 유럽 출판 이후 네덜란드 동인도 회사가 잠깐 조선에 관심을 가졌다가 접촉을 포기한 것은 한국 근현대사의 안타까운 장면 중 하나다.

일본인들은 유럽인들의 배를 '흑선黑船'(일본어 발음 '쿠로후네')이라 칭했는데, 이는 일본인들이 포르투갈이나 네덜란드인을 접촉할 때는 아직 유럽인들의 배도 나무로 만든 범선이었고 겉면에 타르 칠을 해서 흑색으로 만들었기 때문이다. 반면 조선인들은 그러한 흑선은 거의 만나본 적조차 없었고, 300년이 지난 19세기 후반 한반도에 당도한 미국이나 프랑스의 군함들은 증기기관을 장착한 철제 군함이었다.[3] 근대화, 제국주의 시기에 적응하기엔 이미 너무 늦은 시간이었다. 그렇기에 조

는 개념으로 파악하는 사례를 교과서나 연구서에서 종종 볼 수 있는데, 조선에 '쇄국'이라는 말은 존재하지 않았으며, '쇄국'이라는 자기 인식 자체가 일본의 고유한 것이었다는 점에 주의하지 않으면 안 된다." 미야지마 히로시, 《한중일 비교 통사: 역사의 재정립이 필요한 때》, 박은영 옮김, 너머북스, 2020, p. 151.

2   허주병, 《한국과 베트남, 두 나라 이야기》, 책과나무, 2018, pp. 146~150.

3   위의 책, p. 154.

선은 동남아시아나 일본보다 유럽 정세에 무지할 수밖에 없었다.[4] 따라서 서세동점의 시기에 잘 대응했다고는 결코 말할 수 없지만, 왜 그렇게 무지했는지는 충분히 설명이 가능하다.

"한국은 없다"라는, '중국과 일본의 해석적 합의'

그러니 유럽인들은 조선에 대한 정보를 중국인이나 일본인에게서 들을 수밖에 없었다. 중국인이 조선에 대해 '조선은 중국의 일부이며 속국'(중화사상의 반영)이라고 말하면 그리 생각했고, 일본인이 조선에 대해 '조선은 우리의 상실한 영토이며 속국'(정한론의 반영)이라고 말해도 그리 생각하게 됐다. 19세기 말부터 개화기가 시작되면서 조선에 호기심이나 애착을 가지게 된 외국인들이 나타났지만, 그보다 훨씬 많은 사람들이 일본인이나 중국인과 교류하면서 그들에게 조선에 대한 설명을 들었다. 현대에 와서도 중국인과 일본인을 다수 만난 한국인들은 그들의 입에서 "안녕, 반가워! 난 한국인을 좋아해! 왜냐하면 우리가 옛날에 한 나라였거든!"과 같은 한국인의 '상식'에서는 '망언'에 해당하는 말이 순진무구하고 악의 없이 태연하게 튀어나오는 것을 주기

---

4   "신라나 고려는 아랍 상인들과 교역을 했잖아요?"라고 반문할지 모르나 그때는 당 제국이나 예케 몽골 울루스 같은 세계 제국이 유라시아 대륙의 비단길이나 초원길을 통해 교역할 때였고, 중원까지 온 상인들이 중국 쪽 해로로 입국한 것에 해당한다. 명 제국이 정화의 원정 이후 해상에서 철수하고 무역에 관심을 끊은 것은 조선의 책임은 아니었고, 청 제국에 대해선 조선이 '오랑캐'라고 여기면서 시큰둥했던 것이 문제의 원인이었다. 그렇지만 조선이 청나라에서 건너오는 문물의 영향을 전혀 안 받은 것도 아니었으니, 청나라가 좀 더 유럽과 적극적인 교역을 했다면 유럽에 대한 조선의 인식도 조금 더 나아졌을 것이다. 청나라가 유럽과 미국을 향해 개항한 항구인 광저우가 조선 사신이 당도하는 베이징에서 너무나 먼 남쪽에 있었던 것도 큰 문제였다.

적으로 한 번씩 경험하고 아연실색하게 된다.

　근현대사를 거치면서 중국과 일본은 여러 차례 격돌했지만, 단 하나의 사안에서만큼은 암묵적으로 의견이 일치했다. 그것은 '한국'이 별도로 존재하지 않고, 중국과 일본의 투쟁의 결과 속에서 잠정적으로 존재하는 것이란 생각이었다. 중국은 한무제가 고조선을 멸망시키고 한반도 북부에 설치한 한사군에 주목했다. 오늘날 한국의 사이비 역사학자와 그 지지자들은 한사군이 한반도 내부에 설치됐다는 사실도 부정한다. 일본은《일본서기日本書紀》에 기록된, 일본이 한반도 남부를 200년간 통치했다는 가설인 임나일본부설에 주목했다. 임나일본부설은 한국의 주류 역사학자들도 인정하지 않는다. 다만 임나일본부의 허구성과 별개로 야마토[5]가 일정 시기 한반도 남부에서 활발하게 군사 활동을 했다는 점은 사실이다. 한국인들이 고조선으로부터 지금까지 이어지는, 태곳적부터 동질한 민족을 강하게 확신하는 것은 이와 같은 일련의 '정체성 침탈'에 대한 완강한 반작용이라고 봐야 할 것이다. 이러한 확신은 오늘날에는 점점 더 약화되고 있지만 그래도 일각에선 끈질긴 생명력을 유지한다.

　오랜 시간 외국인들에게는 한국인 본인의 설명보다 훨씬 접하기 쉬운 '중국과 일본의 해석적 합의'가 끝난 "한국은 없다"라는 설명이 훨씬 이해하기 쉬웠다. 가령 백강전투(663)에서 당나라와 야마토가 싸움을 벌였고 당이 완승을 거두면서 몇백 년간 한반도 남부에서 군사 활동을 벌인 야마토는 물러나게 됐다는 식이다. 물론 이런 설명에선 당나

5　일본이란 국호 성립 이전의 고대 일본大和을 일컫는 말. 우리는 흔히 왜倭라고 표기하지만, 이 표기엔 한일 간의 지긋지긋한 상호 정신승리의 함의가 있으므로 나는 이렇게 적겠다.

라가 한반도 국가인 신라와 연합했고, 야마토는 멸망했던 한반도 국가인 백제의 부흥군과 연합했다는 사실은 생략된다. 백강전투가 끝난 후 신라가 백제 부흥군과 힘을 합쳐서 당나라와 전쟁을 벌여 당나라 세력까지 대동강 북쪽으로 밀어냈다는 사실도 생략된다. 그 후 1,000년의 세월이 지나 도요토미 히데요시의 조선 침공(1592)이 이루어졌을 때 명나라가 원군을 파병한 전쟁에 중국인들이 후세에 붙인 이름은 항왜원조전쟁抗日援朝戰爭(일본에 대항하여 조선을 구원하는 전쟁)이었다. 참고로 중국에서 한국전쟁을 부르는 명칭은 항미원조전쟁抗美援朝戰爭(미국에 대항하여 조선을 구원하는 전쟁)이니, 두 전쟁의 성격을 현대에 와서 거의 같은 것으로 규정한 셈이다. 중국의 관점에서 본다면, 백강전투 이후 지속되었던 한반도에 대한 영향력을 상실한 전쟁이 바로 청일전쟁(1894)일 것이다. 일본의 입장에서도 이러한 중국의 관점을 반대하거나 비판할 이유가 하나도 없다. 그들은 중일전쟁을 네 번 치렀는데, 그중 마지막 네 번째 전쟁(1937~1945년)을 제외한 세 번의 전쟁(앞서 말한 백강전투, 히데요시의 조선 침공, 그리고 청일전쟁)은 한반도에서 치렀고 그 결과로 한반도의 주인을 바꾸어왔다는 식으로 이해하는 것이 간편하다. 덧붙여 일본은 중국 대신 러시아와 싸운 러일전쟁(1904~1905)도 중일전쟁들과 비슷한 것으로 이해할 테고, 앞서 말했듯이 중국은 한국전쟁(1950~1953년)도 일본 대신 선수만 미국으로 바뀐 비슷한 성격의 전쟁으로 이해할 것이다. 한반도에서 벌어진 무력 충돌의 역사를 '대륙 세력과 해양 세력의 대립'으로만 이해하려는 어떠한 흐름(주로 뉴라이트 세력이 주장하는)도 일정 부분 이러한 시선에 동조하는 것과 다름이 없다.

전투 이름	연도	격돌한 국가	일본 시점 승패	결과
백강전투 (일본식 명칭: 백촌강전투)	663년	나당연합군 vs 일본(한중 vs 일본)	일본 패배	백제 멸망 확정 ·일본 세력 축출
히데요시의 조선 침공 (중국식 명칭:항왜원조전쟁)	1592~1598년	조명연합군 vs 일본(한중 vs 일본)	일본 패배	침공 실패 국제 질서 재편
청일전쟁	1894~1895년	청나라 vs 일본 (중 vs 일)	일본 승리	청나라의 한반도 영 향력 상실
러일전쟁	1904~1905년	러시아 vs 일본	일본 승리	조선 식민지화
한국전쟁 (중국식 명칭: 항미원조전쟁)	1950~1953년	중국·북한 vs UN군(미군 대다수)· 남한	-	분단 고착화

역사적으로 한반도에서 외세끼리 격돌한 사례[6]

언제나 소멸을 걱정하는 한국? 베트남과 일본에 비교해봐도…

중국과 일본의 역사관에 애국적인 반박을 하는 것이 이 책의 목적은 아니다. 그런 반박은 길게 할 필요도 없다. 한국이 그저 주변 강대국의 탁구 시합에 동원되는 탁구공에 불과했다면, 오늘날 이처럼 별도의 정체성을 가진 존재로 남을 수는 없었다. 단순히 운만 좋다고 있을 수 있는 일이 아니다. 한국이 중일, 러일, 혹은 미중 사이에서 탁구공으로 전락한 순간을 부지런히 그러모아서 제시해봤자, 그 외 기간에 탁구공에서 벗어나기 위해 노력했던 시간이 부정되지는 않는다. 나는 그보다는 한국이 역사시대 내내 받았을 스트레스에 주목하고 싶다. 우리는 존속 자체가 중대한 과업인 나라였다. 언제나 소멸을 걱정해야 했다.[7]

---

6   필연적인 법칙일 리 없겠으나 '일본 시점 승패'에서 일본이 승리할 때 한국에 비극이 발생했으므로, 현대 한국인이 일본을 다른 나라보다 특히 과도하게 경계하는 이유도 역사적 맥락이 있다고 생각할 수 있다.

7   한국이 언제나 소멸을 걱정하는 나라였기에 가지게 된 특성에 대해선《추월의 시

비교적 비슷한 처지에 있었던 베트남과 일본에 비해서도 그랬다. 한무제가 고조선을 멸망시키고 한사군을 설치하기 3년 전, 먼저 남월南越을 정복하여 그 땅에 9군을 설치했다. 그런 점에서 베트남은 한국과 역사가 참으로 닮은 나라다. 한국의 진보주의자들은 한국이 베트남전쟁 때 미국을 도와 참전하고 전쟁범죄도 저지른 사실 때문에라도 더더욱 죄책감을 가지면서 베트남을 미화하는 경향이 있다. 나쁜 일은 아닌데, 가끔 선택적인 사례 인용을 한다. 이를테면 베트남은 몽골과 청나라를 패퇴시켰는데, 고려는 몽골에 굴복하여 원 간섭기의 굴욕을 겪었고 조선은 청나라에 패배하여 치욕을 경험했다고 기술하는 식이다. 더구나 20세기에는 베트남이 프랑스와 미국을 상대로 승리를 거두었으니 한국과 달리 불굴의 의지를 가진 나라이며 제국의 무덤이라는 것이다. 물론 베트남의 역사가 '그 어떤 제국도 굴복시키지 못한 불굴의 나라'를 보여준다는 점에는 아무런 이견이 없다. 문제는 한국의 역사를 베트남의 역사보다 훨씬 수동적이고 굴종적인 역사라고 생각할 수 있느냐는 것이다. 한국 진보주의자들의 통념과는 다른 사례를 들자면 한반도에 설치된 한사군은 가장 오래 살아남은 낙랑을 기준으로 해도 서기 314년에 고구려에 의해 정리되지만 한무제가 9군을 설치한 이후 베트남은 1,000년이 넘게 중국 역대 왕조의 지배를 받다가 서기 939년에 이르러서야 독립한다(당연히 그동안 여러 번의 저항 시도가 있었다). 또한 명나라 영락제 시기인 1406년에는 베트남의 왕조 교체기를 틈탄 명나라의 침입에 나라가 망한 적이 있고, 이후 1428년 독립전쟁을 거쳐 새로운 왕조가 들어섰다. 한국사와 베트남사는 어떤 의미에서 굉장히 닮았기에 양국인들이 서로의 역사를 쳐다본다면 동질감을 갖기 쉬

대》 10장(pp. 318~358)의 논의에서 이미 다룬 바 있다.

운 것이지, 한국의 역사가 베트남의 역사보다 특별히 굴종적인 것은 아니었다.

베트남의 왕조들이 '외왕내제外王內帝'라고 해서 인도차이나 반도 안에서 '황제'를 자칭한 것은 엄연한 사실이다. 그러나 한국사 역시도 고려왕조 때까지는 엇비슷한 전략이었다고 봐야 한다. 그리고 베트남의 '황제'들이 중원 왕조로부터 받은 칭호는 '안남도호 정해군절도사'나 '안남도통사', 또는 '교지군왕'인 경우가 많았고 '안남국왕'이란 호칭은 중원 왕조가 분열되거나 베트남에 거의 간섭할 수 없는 매우 예외적인 상황에서나 수여됐다. 중국이 부여한 호칭의 수준으로 볼 때는 '황제'를 자처하지 못했던 조선왕조 쪽이 오히려 우위에 있었다. 베트남의 '황제'들은 중국의 침공으로 사로잡혀 압송되는 일이 종종 있었다. '황제'의 친조(중원 왕조의 조정에 직접 나가 조공을 바침)도 종종 이루어졌으며, '친조'가 권위를 떨어뜨리리라 우려한 실권자들은 재빨리 양위하여 '친조'의 의무는 아들에게 넘기고 '태상황'으로서 통치하기도 했다.[8]

한반도 왕조는 일본이 내부 분열로 조용할 때조차 중원 왕조와 북방 유목민족 왕조의 틈바구니에 끼인 상태였다. 북방 유목민족 왕조는 중원으로 진격하기 전에 한반도 왕조를 정복하여 후방을 단속하고자 했으니,[9] 요동에서 어떤 세력이 패권을 잡든 고려와 조선은 전쟁을

---

8 이상의 내용은 유인선, 《베트남의 역사: 고대에서 현재까지》, 이산, 2018, pp. 22~250의 내용을 두루 참조하여 서술함.

9 그런데 재미있는 것은 대부분의 한국인들이 이 사례의 전형으로 알고 있는 '홍타이지의 조선 침공'은 오히려 여기에 해당하지 않는다는 것이다. 중국사학자 구범진의 최근 분석에 따르면, 홍타이지는 명나라를 치기 전 후방을 단속하기 위해 조선을 침공한 것이 아니었다. 오히려 당시엔 명나라가 곧 망하게 되리란 것을 누구도 예측할 수 없었기 때문에, 홍타이지는 칭제稱帝의 정당성을 강화하기 위해 명나라의 제1조공국인 조선에게 칭제의 지지를 얻어내고자 조선을 침공했다는 것이다. 홍타이지는 오히려 조선을 침공하기에 앞서 배후의 위협을 잠재우기 위해 명나라로 출정하여 총 56차례의 전투가 포함된 대대적인 약탈전을 전개했다고 한

대비해야 했다. 반면 베트남은 보통 중원의 통일이 완료된 시점에서만 침공의 위협을 느꼈다. 또한 베트남 주변에는 '외왕내제'하기 좋은 만만한 소국들이 많았지, 조선처럼 자기보다 덩치가 큰 일본 같은 나라가 자리한 위협을 느낄 일도 없었다.

일본 역시 한반도 왕조가 중원 왕조에게 완전히 제압당한 매우 독특한 경우에만 침공의 위협을 느꼈는데, 두 번에 걸쳐 이루어진 여몽 연합군의 일본 원정 같은 사례가 그것이었다. 일본은 그 두 번의 침공 만으로도 고려에 깊은 원한을 품었는데,[10] 그조차 몽골에게 아홉 차례 나 침입을 당해 전 국토가 유린당한 다음에 일본 원정에 동원된 고려로 서는 억울하고 황당한 얘기였다. 그러나 이러한 차이는 서로의 입장에 서 이해해봐야 할 가치가 있는 것임에 분명하다.

일본은 그 존재 자체로 한국의 역사를 베트남의 역사보다도 훨 씬 더 힘겹게 만드는 타자였는데, 그 사이에도 앞서 말한 지긋지긋한 상호 정신승리의 역사가 있다. 이는 무려 1,500년 이상 된 것으로 추정

다. 구범진은 그러함에도 중국사학자 대부분이 청나라를 연구함에 있어 '명나라와의 관계'를 1순위, '몽고와의 관계'를 2순위로 여기며, '조선과의 관계'는 에피소드처럼 취급하기 때문에, 지금까지 '홍타이지의 조선 침공'의 함의가 제대로 분석되지 못했다고 주장한다. 이 책의 논의와 연결시켜 본다면, 중국사학자들이 그간 청나라 연구에서 조선과의 관계를 중시하지 않았던 것은 20세기 한국의 국력을 기준으로 전근대사를 바라보았기 때문이며, 향후에는 개선될 수 있는 부분이라 볼 수 있다. 이상의 내용은 구범진,《병자호란, 홍타이지의 전쟁》, 까치, 2019, pp. 39~41, pp. 61~71을 참조하여 정리했다.

10   여몽연합군의 일본 원정 후 '무쿠리고쿠리むくりこくり'는 일본에서 무섭고 혐오스러운 것을 가리키는 일반 명사가 된다. '무쿠리'가 몽골, '고쿠리'가 고려. 일본에선 전통적으로 아이가 울면 '무쿠리고쿠리가 온다'고 말하며 울음을 그치게 하는 관습이 있었다고 한다. 또 고려 말, 고려를 침탈해 약탈하다가 관군에 체포된 왜구의 심문 기록 중에서도 "무쿠리고쿠리의 원한을 갚으러 왔다"고 당당히 말한 경우도 있었다고 한다. 심지어는 히로시마에 미국의 원자폭탄이 떨어졌을 때, 생존자들이 버섯구름을 '무쿠리고쿠리 구름'이라 부르기도 했다. 홍대선,《유신 그리고 유신: 야수의 연대기》, 메디치미디어, 2022, pp. 23~24.

되며, 심지어 백제와 야마토의 관계에서도 나타난다. 백제-가야(임나)-야마토(왜)가 연합하여 신라를 공격한 고대 한반도 남부의 군사행동에 대해 한국의 역사학자들은 백제가 주도했으며 야마토는 동원됐다고 보는 편이며, 일본의 역사학자들은 야마토가 한반도 남부에서 광개토대왕의 고구려군과 패권을 다퉜다고 설명하는 방식을 선호한다. 맥락을 살펴보면 백제는 문화와 기술을 전파하고 야마토에게 군사를 빌리면서 서로가 상대에 대해 '상국上國'이라고 믿으며 정신승리하는 관계였을 것으로 추정된다. 실제로는 서로의 서열 관계가 분명하지 않았지만, 상호 간에 내부적으로는 본국 왕의 서열이 상대 왕보다 위라고 선전하는 관계였을 것이다. 아마도 백제가 강성했을 때는 실제로 상국 비슷하게 행동했을 것이나, 고구려 전성기 이후 약해진 다음에는 왕자를 야마토에 볼모 비슷하게 보내면서까지 군사적 개입을 요구하게 됐다.

백제와 고구려가 멸망했을 때, 고구려 왕족과 백제 왕족의 일부는 야마토로 도망갔으며, 덴노는 그 왕족들의 수장을 각기 '고려왕'과 '백제왕'으로 봉하고 그들을 거느리는 '왕중왕'이 된다. 그리하여 '고려왕'(고구려는 말년에는 정식 국호가 고려였다는 추정이 지배적이다)과 '백제왕'은 원래부터 덴노의 봉신이었다는 논리 아래 편찬된 역사서가 《일본서기》다(다만 '백제왕가'의 기록은 뚜렷한 반면, '고려왕가'에 대한 기록은 다소 희미하다[11]). 그래서 한국 역사학자들의 입장에선 골치가 아픈 역사책이 《일본서기》인데, 분명히 왜곡된 기록도 많은 반면 한국에서는 상실된 고구려와 백제의 기록을 반영한 구절도 많기 때문이다. 그래서 일본에 남은 백제의 유물인 칠지도를 보고도 한국 학자들은 문구를 해석하여 '백제

---

11   이재석, 《고대 한일관계와 〈일본서기〉: 〈일본서기〉의 허상과 실상》, 동북아역사재
      단, 2019, pp. 211~215.

왕이 하사한 검'이라 주장하는 반면, 일본 학자들은《일본서기》의 기록을 토대로 '백제왕의 진상한 검'이라 주장하게 된다. 또한 일본이란 국호가 성립한 후 일본은 신라에 더는 조공을 바치지 않는다고 꾸짖었다. 일본이 기억하는 신라야 백제에게 침탈받고 고구려의 구원을 받던 국가이니 자신들보다 격이 떨어진다고 충분히 생각했을 수 있다. 그럼에도 한반도에 고려가 수립된 이후 고려의 왕들은 '대왕大王'이나 '태왕太王'이란 이름으로 '왕중왕'을 자처하면서 일본과 여진 등을 속국으로 여겼다. 고려의 관점에서 볼 때 고려는 고구려의 계승국이었고, 고구려는 중국 왕조도 인정한 '(동쪽) 해외의 오랑캐들을 모두 제어'[12]한 나라였으니 요하 동쪽은 해동천하이며 고려의 왕은 이 해동천하를 다스리는 해동천자라고 주장한 것이다. 한국의 일부 사이비 역사학자는 이 주장을 근거로 가져와서 고려의 국경선이 요하였다고 우기기도 한다. 물론 그런 식으로 따지면 고려는 일본도 통치한 나라였어야 한다. 사실 그러한 고려의 해동천하 인식도 일방적인 것이었고, 일본의 동의를 받은 바도 없었다. 18세기에도 일본의 정치가였던 마쓰다이라 사다노부는 조선통신사를 극진하게 대접한 것에 불만을 표하며 "지금은 속국이 아니더라도" "옛일을 생각하면 천년이나 속국이었던 소이小夷"에게 "이렇게까지 천하의 재율財粟을 기울여 영접할 필요는 없다"라고 논평했다.[13] 삼국시대로부터 고려시대까지 한국이 일본의 속국이었다는 인식을 표

---

12 《위서魏書》〈열전列傳〉 고구려 편에서 북위의 8대 황제 선무제는 "고려가 대대로 상장上將의 직함을 가지고 해외를 마음대로 제어하여 교활한 오랑캐인 구이九夷를 모두 정벌하여 왔다"고 평했다.

13 당시 조선통신사를 접대하는 데 드는 비용은 막부의 1년 예산이었던 100만 냥에 가까웠다는 연구가 있다고 한다. 해당 연구 내용과 마쓰다이라 사다노부의 논평은 다음에서 따왔다. 손승철, 《조선통신사: 평화외교의 길을 가다》, 동북아역사재단, 2022, p. 124.

한 것이다.

한국은 일본의 '상국'이었던 적이 없다

이 상호 정신승리의 전통은 끝없이 이어졌다. 도쿠가와 막부가 히데요시의 조선 침공 이후 단절된 국교를 정상화할 때도 양측의 상호 정신승리를 제어하기 위해 쓰시마 번주는 국서를 날조해야만 했다. 조선통신사 파견은 그나마 전근대에 있었던 아름다운 한일 교류의 전통이라 윤색되지만, 그마저도 내용을 상세히 쳐다보면 상호 정신승리의 풍경이 자주 목격된다. 일본은 군사적·경제적 측면에서, 조선은 정치적·문화적 측면(조선의 정치체제가 성리학의 논리에 입각했을 때 더 잘 정돈되어 있고, 한자 문화권의 지식과 논리에 좀 더 해박했다는 점)에서 서로에 대한 우월의식을 드러냈다. 조선 전기의 조선통신사에선 무로마치 막부의 쇼군 아시카가 요시미쓰가 명나라 영락제에게 '일본 국왕日本國王'의 책봉을 받았기 때문에, 조선 국왕과 일본 국왕을 대등한 관계로 보는 교린 관계가 깔끔하게 성립할 수 있었다. 반면 도쿠가와 막부 시절의 교류는 쓰시마 번주의 국서 날조를 시정하는 단계에서 '막부 쇼군-쓰시마 번주-동래 부사-예조-조선 국왕'이란 외교의 지휘 계통을 확립했다. 명나라는 이미 망했고, 조선은 청나라의 연호를 쓰기를 원하지 않았으며, 일본이 청의 책봉을 받은 바도 없으므로 탈중화의 교린 체계가 성립했다. 일본 학계에서는 이 시스템을 '대군외교체제大君外交體制'라고 한다. 막부 쇼군에 대한 호칭으로 조선이 '대군'을 선택했기 때문이다. 일본에선 '대군'을 두고 조선에서 국왕의 적자를 가리키는 용어라 대등하지 않다고 주장하면서 잠깐 다시 '국왕'으로 바꾸었다가 또다시 '대군'

으로 돌아가는 등의 혼선이 있었다. 결과적으로 조선으로서는 '조선 국왕'이 '막부 쇼군'과 대등한 관계가 되면서 당시로서는 실권자가 아니었던 덴노가 친정을 하게 될 경우 덴노가 조선 국왕보다 우위에 설 위험성을 품게 됐다.[14] 실제로 메이지유신 이후 일본 측에서 조선을 대등한 관계가 아니라 속국처럼 취급할 때도 이 논리를 사용하게 된다.[15] 오늘날에도 한국과 일본은 '가깝고도 먼 나라'라 불리는데, 서로가 서로에게 우월의식을 품으면서 상대방이 내게 실은 열패감을 느낄 거라고 야무지게 착각한다는 점에서 전근대의 전통을 끝없이 갱신하는 중이다. 그리고 이러한 상호 정신승리적인 한일관계는 전근대에도, 그리고 현대에도 한반도 거주민들의 스트레스를 증대시키는 큰 요인이 됐다.

한국인의 자기 인식이란 건 중간이 없고 자기혐오와 자기긍정을 요동치기 때문에, '한국은 없다'란 생각을 하면서도 그와 동시에 '역사적으로 한국은 일본의 상국이(었)다'라고 생각하는 경우가 꽤 있다. 요즘 젊은이들은 굳이 그런 생각을 하지 않지만, 특히 옛날 어르신들은 확실한 역사적 사실이었다고 확신하는 경우가 많다. 가령 백제가 일본 열도에 문화를 전파했을 때, 또 고려와 조선왕조에 일군의 일본인들이 조공을 바쳤을 때, 한국이 일본의 '상국'이었다고 보는 것이다. 한국의 정체성은 물론 중국이나 일본과는 별개로 엄연히 존재한다. 한국의 역사는 중국이거나 일본이거나 중국과 일본의 짬뽕인 게 아니라 한국

---

14   손승철,《조선통신사》, pp. 21~112.

15   1874년, 조선의 관리와 외교 협상을 하던 일본의 외교관 모리야마 시게루는 다음
      과 같이 말한다. "귀국 국왕이 우리나라에 오면 몇 품인가. 옛날 쇼군이 종2위에서
      종1위였고 그와 등대하였음은 어찌 된 일인가. 우리 외무경은 정4위이나 청국 공
      친왕, 이홍장 등과 필적의 예를 취한다. 귀국은 공친왕, 이홍장 등과 필적할 사람이
      누인가. 우리 관위는 훈공이 있는 자에게 주는 것이다. 귀국은 청국에 비할 바가 아
      니다." 현명철,《메이지 유신 초기의 조선침략론》, 동북아역사재단, 2019, p. 147.

의 역사다. 한국의 근대 역시 미국이거나 일본이거나 미국과 일본의 짬뽕인 게 아니라 한국의 근대다. 그러나 앞서 삼국시대와 고려시대, 그리고 조선시대를 두루 살펴본 바에서 알 수 있듯이, 역사적으로 일본이 한국을 상국으로 여겼던 적은 없다. 조선시대에 일본과의 무역이 조공무역의 형식으로 진행된 것은 '조선 국왕'과 '쓰시마 도주' 사이의 상하관계였으며, 조선 전기와 후기의 조선통신사 체제에서 '조선 국왕'은 줄곧 '막부 쇼군'과 동등한 위상이었다. 조선의 성리학이 주로 퇴계 이황 버전인 '퇴계학'으로 일본에 유행한 적은 있으나 일본의 성리학은 결국 그 사회에서 주류가 되지 못했다.[16] 히데요시의 조선 침공 이전엔 일본이 성리학에 거의 관심이 없었기 때문에 '조선의 유학을 흠모하여 귀순'했다는 '항왜'들의 서사는 일정 부분 윤색된 것일 가능성이 높다.[17] 도쿠가와 막부 시절 일본은 이전과 달리 성리학을 일정 부분 받아들이면서도 군사적으로 조선을 괴롭혔던 기억이 있기 때문에 그리 높게 평가하지 않았다. 명나라가 청나라에 의해 멸망할 때, 조선의 성리학자들은 침울했지만 일본에선 성리학자들조차 '화이변태華夷變態'의 세상이 왔다면서 즐거워했다. 더구나 조선 말기가 되면 에도 일본의 경제적 번영과 함께 성리학의 수준도 어떤 의미에선 조선의 성리학을 추월해버리기 때문에, 일본의 성리학자들은 조선을 계속해서 존경하려야 존경할 수도 없었다.

한국에서 8년 동안 한국 철학을 공부했던 오구라 기조小倉紀藏

---

16   가령 베트남에서도 전근대 한국과 거의 비슷하게 1,000여 년간 과거 시험이 실시됐으나 일본에선 역사상 한 번도 실시된 바가 없을 정도다.

17   나는 '항왜'들이 '조선의 유학을 흠모'했다기보다는 전쟁 초기 일본군의 조선 농민에 대한 제노사이드 양상에 질색하여 귀순한 것이 아닐까 하는 심증을 가지고 있다.

는 "한국의 고민 중 하나는 중국이라는 보편과 일본이라는 특수 사이에 끼어 있다는 것"이라는 사실을 날카롭게 지적한 바 있다. 오구라 기조는 이에 대한 한국의 대응을 "특수에 맞서서는 보편을 무기 삼아 능수능란하게 나오고, 보편에 맞서서는 그 보편의 정수를 손안에 쥐고 순도를 가지고 싸운다. 이것이 종래의 전법"[18]이었다고 해설했다. 일본에 맞설 때는 일본적인 것이 보편이 아니라고 꾸짖고, 중국에 맞설 때는 우리 조선이 중국보다 보편을 더 잘 구현했다고 주장했다는 것인데, 매우 적절한 요약이라 생각한다. 그러면서 오구라 기조는 "원래 일본 고대문화의 많은 부분이 한반도로부터 건너왔다는 것은 분명하지만 한국인은 일본의 고급문화는 모든 것이 한국 것이고, 혹은 한국인이 가르친 것이라고 굳게 믿고 있다"[19]는 사실을 꼬집었다.

중국에 대해서는 한국 문화의 독자성을 말하고, 일본에 대해선 일본 문화의 독자성을 부정하는 태도는 사실 자기모순이라 볼 수 있다. 결국 그러한 자기모순, 중국과 일본에 대한 이중 잣대에서 벗어나려면 한국이 '보편 문화의 우등생'(이는 전근대에 중국 문명의 영향을 받던 시기에도, 그리고 20세기 이후 미국 문명의 영향을 받던 시기에도 그랬다)이었을 뿐만 아니라 '어떤 방식의 특수성을 가진 존재'였는지가 해명되어야만 한다. 이것은 전근대 역사의 맥락과 근현대사의 질곡을 생각해봤을 때, 결코 쉬운 일은 아니었다. 그러므로 아직까지 이 작업을 완료하지 못한 기성세대를 비난할 것도 아니다. 하지만 지금쯤이면 할 때도 됐다.

---

18   오구라 기조, 《한국은 하나의 철학이다: 리理와 기氣로 해석한 한국 사회》, 조성환 옮김, 모시는사람들, 2017, p. 231.

19   위의 책, p. 229.

조선 후기의 극단적인 무기력함에 대한 궁금증

현대 한국인들 역시 언제나 소멸을 걱정하며 살고 있다. 현대 한국은 전근대 국토의 절반만으로도 세계 GDP 순위 13위(2022년 기준), 1인당 GDP 순위 29위(2022년 기준), 세계 군사력 순위 6위(글로벌파이어파워GFP 2023년 기준)에 해당한다. 특히 제조업만 보면 미국, 중국, 일본, 독일 정도만 한국 위에 있으니 5위 수준이 된다.

그런데도 21세기 한국인들 역시 습관적으로 '망국'을 걱정한다. 무리도 아니다. 한국이 지금까지 이룬 성취를 한꺼번에 상실할 가능성도 쉬이 상상되기 때문이다. 한국은 놀라운 성취에도 불구하고 불안정한 토대 위에 서 있는 나라다. 북한이나 중국과 전쟁이 일어난다면(군사적 불안정성), 원자재나 연료 혹은 식량 수급이 어려워진다면(자원이 없는 나라라는 불안정성), 국제적 경제변동의 파고에 제대로 대처하지 못해 외환 위기가 발생한다면(극단적인 무역 중심 경제라는 불안정성), 제조업 흐름에 발맞추지 못해서 몇몇 대기업이 갑자기 국제적 경쟁력을 상실한다면(재벌 중심 체제라는 불안정성), 쉬이 나라가 망할 것도 같다. 그러나 역설적으로 모두가 망국을 걱정하고 있기 때문에 한국은 그리 쉽게 망하지도 않을 것이다.

여기까지 적으면 전근대 한국의 역사적 고난과 현대 한국의 역사적 고난은 너무나도 유사하여 그 연속성을 부인하는 것이 더 놀라운 일로 보인다. 그러나 그럼에도 한국인들이 그 연속성을 알아보기 어려운 하나의 요소가 있다. 바로 '조선왕조 후기의 극단적인 무기력함' 때문이다. 19세기 후반 '은자의 나라'가 세상에 공개됐을 때, 그곳에 당도한 외국인들이 본 조선은 대단히 정적이고 활력이 없는 나라였다. 특히 양반들은 꼼짝도 하지 않고 앉아서 담뱃대나 물고 있었다. 극단적이고 극성스러운 현대 한국인이 이러한 조선인의 후예라고는 믿기 어렵다. 이 엄연한 사실은 내가 지금까지 공들여 설명하고 있는 '역사성'을 쉽사리 믿지 못하게 한다. 역시 일제강점기나 한국전쟁, 아니면 박정희의 새마을운동이 지금의 극단적이고 극성스러운 한국인을 만들어냈다는 결론으로 이끌리게 된다. 이 미스터리를 어떻게 풀어야 할 것인지는 4장에서 논할 것이다.

그보다 먼저 살펴봐야 할 것은 현대 한국에 존재하는 하나의 완고한 정서, '조선 폄하론'에 관한 것이다. 우리 역사를 굳이 부끄러워해야 할 이유가 없다는 말에 고개를 주억거릴 사람이라도 조선왕조에 대해서는 긍정적인 평가를 유보할 사람들이 적지 않다. 일제강점기가 한국인에게 치욕이 되는 것만큼이나, 그 치욕을 겪게 한 원인이기도 한 조선왕조에 대한 복잡미묘한 심사도 커진다. 누군가는 '피해자에게 책임을 돌리지 마라. 가해자인 일본의 책임일 뿐이다'라고 하지만 '왜 망했는지 이유를 면밀하게 들여다봐야 같은 일을 겪지 않을 수 있다. 그들의 극단적인 무기력함을 반성해야 한다. 현대 한국에서 조선왕조처럼 사고하고 행동하는 사람들을 방치하면 우리는 또 망할 것이다'라는 주장에 대한 정서적 지지도 만만치 않다.

'망국의 원인'을 진단하는 것은 좋다. 조선왕조의 일련의 선택이 당대의 맥락으로 볼 때 이해할 만하다고 해서, 그들이 시대에 적응하지 못해 망국을 맞이했다는 사실이 사라지지는 않기 때문이다. 그러나 '망국의 원인을 진단하자'는 이들의 주장이 극단적인 폄하로 이끌린다는 점은 별도의 문제다. '스스로 근대화하지 못한 조선왕조'와 '스스로 근대화한 에도시대부터 메이지 유신까지의 일본'만 이항 대립적으로 비교하며 조선왕조의 모든 요소를 약점으로 폄훼하는 논의도 흔하다. 말이야 바른 말이지 후발주자로 제국주의 시대에 열강이 된 나라는 일본 하나이기 때문에, '일본이 되지 못했다'고 비판하는 것은 적절하지 못한 구석이 있다. 그렇게 치면 이제 한국도 '식민지 출신의 유일한 선진국'이라는 기적과도 같은 성취를 이룬 상황이 됐다.

'조선 폄하론'과 민주당 및 86세대 비판이 포개질 때…

'조선 폄하론'은 쉽사리 특정한 정치 성향과 결합하게 되는 듯하다. '조선 폄하론'을 설파하는 담론가들의 논의를 보면 조선왕조의 사림을 '86세대'와 포개는 일이 흔하다. 아마 대한민국에서 86세대를 방치하면 조선왕조처럼 망한다는 말을 하고 싶은 것이겠지만, 이제 슬슬 은퇴 시기에 들어선 86세대가 사림처럼 300년 동안 나라를 통치할 거라고 예측하는 것인지 웃음이 나오기도 한다. 86의 어떤 모습은 당연히 조선 사림을 연상케 할 것이다. 지금까지 내가 계속 논의한 '역사성' 때문이다. 한국에서는 86이 아니라 86을 비판하는 이들이라도 비분강개하면서 세상을 욕할 때는 사림파, 특히 산림山林(벼슬하지 않고 시골에서 지내는 선비)의 모습이 포개진다. 그들이 제아무리 미국의 시장주의자들을 동경하거나(정치적 우파들), 유럽의 68세대를 동경하더라도(정치적 좌파들) 어쩔 수 없이 꾀죄죄하지만 완고한 산림 같은 모습을 노출하고야 만다.

담론가들의 논의보다 광범위하게 유포된 인터넷 조류를 보면 한층 노골적인 정치 성향이 느껴진다. '조선'='민주당'='북한'이란 이미지를 유포하기 위해 노력하는 이들이 있는 것이다. 더 악랄한 치들은 '조선'='호남'='민주당'='북한'이란 황당한 이미지를 유포하려 든다. 조선시대에 지역적으로 정치적 여당에 해당했던 곳을 꼽는다면 기호지방(경기, 충청)일 것이고, 정치적 야당에 해당했던 곳을 꼽아도 영남지방이 먼저 튀어나올 텐데 말이다. 심지어 조선시대에 호남은 농업의 중심지조차 아니었다. 당시 농업 기술을 선도했던 지역은 오히려 경북이었으며,[20] 호남의 곡창지대가 본격적으로 높은 생산성을 내기 시작한 시점은 일제강점기 때부터였다. '조선 폄하론'에 '호남'을 끼얹는 치들은 고작 조선 왕가의 본관을 강조하여 '전라도 전주 이씨 왕조'라고 적는데, 조선은 폄하하면서 어째서 《용비어천가》의 기록은 그토록 신뢰하는 것인지 우습기만 하다.[21]

오히려 나는 '조선 폄하론'에서 앞서 언급한 오구라 기조가 말한 한국 사회의 특성, 즉 강렬한 도덕 지향성과 이기론적 쟁탈전을 떠올리게 된다. 다시 말해 '조선 폄하론'은 정치적 적대자를 '조선 사림파'에 빗대지만 실은 본인들의 행동 양상 자체가 지극히 '조선적 당쟁'을 닮았다. 조선이 그리 싫다면 조선을 언급하지 않으면 될 일이다. 그런데 조선 폄하론자들은 오히려 조선을 너무 자주 언급하면서 그 체제가 '악'이란 점을 사회적으로 공인받아야 한다고 생각한다. 존재 자체를 '언급하지 말아야 할 것'으로 공인받는 담론 투쟁을 벌여서 본인들이 승리해야 한다고 생각한다. 오구라 기조는 한국 사회의 '이기론적 쟁탈'이 그 사상의 내용과 무관하게 벌어지는 양상을 《한국은 하나의 철학이다》의 문고판 후기에서 다음과 같이 말한 바 있다.

---

20   이에 대해서는 김성우, 《조선시대 경상도의 권력중심이동》, 태학사, 2012의 논의를
      참조할 것.

21   다만 정황상 이성계 선조의 가문이 전주에 있다가 동북면으로 이주했다는 기록은
      상당히 신빙성이 있어 보이기는 한다. 그리고 온라인상의 '조선 폄하론'과 그 정치
      의식, 그리고 뉴라이트 역사관의 교차에 대해선 《추월의 시대》 3장(pp. 90~110)에
      서도 이미 다룬 바 있다.

사람들은 새로운 '리'의 획득에 의해 자신의 서열을 상승시키려고 한결같은 노력을 한다. 낡은 '리'를 고집하는 세력은 탁기濁氣의 존재로 폄하된다. 그런 의미에서 한국 사회의 근본적인 구조는 아무것도 바뀌지 않았다. '리'의 내용이 바뀌었을 뿐이다.[22]

위 서술의 '새로운 리'를 '조선 폄하론'으로, '탁기의 존재'를 '사림파에 가까운(혹은 계승한) 86세대'로 바꾸어 읽어본다면 내가 무슨 말을 하고 싶은 것인지 명확하게 이해가 될 것이다.

그렇지만 진지하게 검증해봐야 하는 폄하론도 있다. 바로 조선이 노예제 사회였으며, 그렇기에 사악한 체제였다는 주장이다. 어떤 이는 '사악'에 방점을 찍기도 하고, 다른 이들은 '한심함'에 방점을 찍기도 한다. 한심함에 방점을 찍는 이들이 내세우는 대표적인 수사가 있다. '자국민을 노예로 삼은 유일한 나라 조선'이 그것이다. 말하자면 노예를 부리려면 제국주의 열강처럼 장쾌하게(?) 전쟁에서 이기거나 식민지에서 이민족을 노예로 충당해야 하는데, 같은 민족끼리 뜬금없는 근거로 누군가를 노예로 삼고 착취한 너무나도 한심한 족속이었다는 것이다. 여기에 아무런 일도 하지 않고 '에헴' 하며 담뱃대나 뻐끔뻐끔 빨면서 성리학이나 들먹이는 양반의 이미지, 무기력한 조선 후기의 이미지를 끼얹으면 폄훼는 완성된다.

일단 이 폄훼에 논리적 모순이 있다는 점부터 지적해야 한다. 조선이 노예제 사회였다고 주장하면서 비판할 수도 있고, 조선 양반이 무기력했다고 비판할 수도 있지만, 둘을 동시에 주장하면 논리적 모순이다. 조선 인구 중 노비('노비'와 '노예'를 구별했음에 유의하라. 조선의 '노비'를 '노

---

22   오구라 기조, 《한국은 하나의 철학이다》, p. 255.

예'로 볼 수 있느냐가 '조선 노예제 논쟁'의 핵심이기 때문이다) 비중이 높았던, 노비제도가 경제구조의 핵심이었던 조선 중기까지 양반들은 무기력한 존재이기는커녕 적극적인 농장 경영주였기 때문이다. 양반들은 노비들을 지휘하면서 땅을 개간하고, 농사일을 감독했다. 이때의 양반이 '일을 하지 않았다'고 주장하려면 경영자의 경영 행위는 결코 노동이 아니라고 생각하는 마르크스주의자가 되어야 한다. 양반들이 아무 일도 안 하고 무기력해진 것은 생산성이 증대하면서 노비제가 해체되고 소작제도로 전환되면서 양반들이 지주계급이 됐을 때다. 양반이 아무 일도 안 하고 놀려면 농사일은 소작농이 해야 한다. 노비는 지휘 감독이 없이는 열심히 일하지 않는 존재이기 때문이다. 실제로 16세기 말에 오희문이라는 양반이 저술한 《쇄미록》이라는 일기가 있는데, 자기 소유의 토지에서 농사를 짓는 노비를 감독하면서 노비의 게으름을 거듭 비난하는 기록이 많이 보인다. 이는 노비를 이용한 농업 경영의 비능률성을 보여주는 사례로, 그래서 17세기 이후부터 농사 기술이 발전하면서 가족 구성원이 농사를 지을 수 있는 소농사회가 성립되어 노비를 이용한 양반의 직영지가 급속하게 감소하게 된다.[23]

'자국민을 노예로 삼은 유일한 나라, 조선'

'자국민을 노예로 삼은 유일한 나라, 조선'. 나는 어느 유튜브 채널에서 이 문구를 처음 발견했다. 말 자체가 뚱딴지같다고 생각했다.

---

23   미야지마 히로시, 《미야지마 히로시, 나의 한국사 공부: 새로운 한국사의 이해를 찾아서》, 너머북스, 2013, p. 67.

그럼 미국의 흑인 노예는 미국인이 아니었다는 말인가? 선조가 아프리카에서 끌려왔더라도 미국에서 일하면 미국인이 아닌가? 한국인들은 단일민족국가에 살고 있다고 믿는 관계로 자주 '국가'와 '민족'을 헷갈리니, '자국민'이란 말을 좀 더 이해하기 쉽게 '민족'이나 '종족'으로 바꿔준대도 마찬가지다. 조선왕조 등 전근대 역사에 민족 개념을 적용하는 것은 난센스에 해당한다는 것이 뉴라이트들의 주장이 아니었던가?

해당 유튜브 채널은 사실 워낙에 황당한 말들을 하고 있었기 때문에, 진지한 반박의 대상이라고는 생각하지 않았다. 이를테면 한글을 만든 사람은 세종대왕이 아니라 후쿠자와 유키치라는 식의 '어디서부터 손을 봐야 할지 모르는 소리'들을 하고 있었기 때문이다.

그런데 다른 황당한 주장과는 달리 '자국민을 노예로 삼은 유일한 나라, 조선'이란 주장에는 어떠한 학자 이름이 근거로 달려 있었다. 노예제도에 대한 세계적인 전문가 '스탠리 엥거만Stanley Engerman'이 그렇게 말했다는 것이다. 갑자기 호기심과 흥미가 솟구쳤다. 이건 또 무슨 뚱딴지같은 소리일까? 이런 사람이 실제로 있을까? 그가 정말로 그런 말을 했을까? 이게 '가짜 뉴스'라면 대체 어느 수준의 단체에서 제작됐을까? 모종의 착각이었을까, 아니면 의지를 가진 날조였을까? 나는 마치 탐정이 된 것만 같은 느낌이 들었다.

먼저 네이버 블로그 등에서 '스탠리 엥거만'이란 이름을 검색해 보니 이런 글이 나왔다. 2018년의 글이었다.

노예제 연구가인 경제학자 스탠리 엥거만은 얼마 전 방한 당시 가졌던 한 강연에서 조선시대의 노예제도를 언급하며 "세계적으로 유례가 없는 특징을 가졌다"고 말한 바 있다.

이유인즉슨 조선시대 노예가 모두 같은 민족이기 때문이다. 조선을 제외한 동시대 대부분의 나라에서 노예는 주로 전쟁 포로 등 피정복지의 이방민족이었다. 그런데 조선은 이웃 나라를 침공한 경우가 없었기 때문에 노예로 쓸 수 있는 전쟁 포로나 이방민족이 없었던 것이다.

스탠리 엥거만이란 학자가 방한하고 강연을 가졌다는 건 사실일까? 인터넷상 가짜 뉴스를 오랫동안 봐온 입장에선, 심증으로는 아닐 것 같았다. 왜냐하면 2018년의 글이 아니라 2021년의 글에도 '얼마 전 방한 당시 가졌던'이란 구절이 그대로 나왔기 때문이다. 게다가 3년간 퍼져나간 이 '이야기'는 그저 '복사 후 붙여넣기'를 하고 끝나는 게 아니라 살이 붙어서 확장되고 있었다. 가령 2021년에 다른 블로그에 올라온 글의 제목은 〈한국인은 왜 좌파적인가? / 스탠리 엥거만 칼럼〉이었다. 그 글을 클릭해보니,

"한국인의 노예근성 때문이다."

노예제 연구가인 경제학자 '스탠리 엥거만'은 얼마 전 방한 당시 가졌던 한 강연에서 조선시대의 노예제도를 언급하며 "세계적으로 유례가 없는 특징을 가졌다"고 말한 바 있다.

이유인즉슨 …

그저 조선왕조를 욕하는 글이 어느샌가 "한국인은 왜 좌파적인가?"라는 질문을 던져놓고, "한국인의 노예근성 때문이다"라는 자문자답을 늘어놓은 후, 그다음에 '원래 하던 조선왕조 욕'을 계속하는 구조로 바뀌어 있었다. 스탠리 엥거만인지 앵거만인지 하는 분은 조선왕조의 노예제도에 대해 칼럼을 쓰신 걸까, 정말로 강연을 하신 걸까?

계속 검색을 해도 저 방한 당시 강연에 대한 두어 문단 말고는 걸리는 게 없어서 난감해하고 있었는데, 나 말고도 이 현상(?)이 신기해서 검색해본 이들이 있었는지 '제보' 비슷한 것을(실제론 그분이 내게 제보한 건 아닌데, 검색하다 걸리니 그런 느낌이었다) 발견했다. 《반일 종족주의》의 대표 저자인 역사학자 이영훈이 1990년대에 쓴 '조선 노비제'에 관한 논문에서 스탠리 엥거만이란 이름이 등장한다는 것이다. 나는 당장 그 논문을 찾아냈다. 1998년 서울대학교 경제연구소에서 발간한 〈경제논집〉에 실린 〈조선 노비제와 미국 흑인노예제: 비교사적 고찰〉이란 논문이었고, 당시 서울대 경제학과 교수였던 이영훈과 양동휴가 공동 저자였다.

스탠리 엥거만을 찾아서

먼저 나는 이 논문을 보자마자 '조선 노예제가 독특하다'는 주장을 하려고 했다면 스탠리 엥거만이 아니라 다른 이름을 말해야 한다는 것을 알게 됐다. 논문의 도입부, 첫 페이지와 두 번째 페이지에 걸쳐서 바로 언급되기 때문이었다.

설명인즉 올랜도 패터슨Orlando Patterson이란 학자가 그의 저서 《노예제와 사회적 죽음》(1982) 부록에서 망라한 '대규모 노예제'의 사례 100여 군데 가운데 코리아 노예제가 독특하다고 했다는 것이다. 그 독특함의 근거는 이렇다. 일단 노예제의 역사가 12세기로 매우 길고, 다른 노예제와 상관없이 아시아대륙 동쪽 끝에서 독립적으로 존재했다는 것이었다. 이 논문에서 전달한 패터슨의 설명에 따르면, 나머지 100여 군데의 분포를 보면 고대 그리스 로마의 지중해 지역, 4세기 이후의 아프리카, 16세기 이래의 신대륙이 3대 중심 지역이라고 한다. 아시아는 열 군데인데, 코리아를 제외하고는 인도양권에 위치했다고 한다.[24] 패터슨의 설명을 이해하기 쉽게 재서술하자면 이렇다. 나머지 노예제 사회는 노예무역의 사슬로 묶여 있어서 노예무역상이 노예를 사고팔고 배에 실어나르는 체제 안에 편입되어 있었는데, 코리아는 그런 것 없이 별도로 노예제를 실시했기 때문에 독특하다는 것이다.

한 가지 분명하게 선을 긋자면, 이 올랜도 패터슨이란 사람도 "코리아 노예제가 되게 독특하네요?"라고 말했지 "자국민을 노예로 만든 유일한 나라, 조선"이라고 말하지는 않았다. 하지만 아마 올랜도 패터슨이란 사람의 이런 평가를 들었다면, 자괴감이 든 한국인은 '자국민을 노예로 만든 유일한 나라, 조선'이라고 읊조릴 수도 있었을 것이다. 그리고 자기 머릿속에서 열등감으로 인해 일어난 그 연산 과정을 건너뛰고 '올랜도 패터슨이 그랬다고. 한국 노예제가 되게 독특하다고. 세계 어느 나라에도 자국민을 노예로 쓴 나라가 없다고 말이야'라고 기억할 수도 있을 것이다.

이 논문에선 '스탠리 엥거만'이라는 이름도 한참 뒤에 나온다. 스탠리 엥거만은 조선 노비제에 대해 언급한 적이 없는, 전혀 다른 학자였던 것이다. 아마도 머릿속에서 방금 설명한 저 연산 과정을 거친 후, '올랜도 패터슨이 그랬다고'를 한 번 더 헷갈려서 "스탠리 엥거만이 그랬다고"라고 말했다고 본다면, 이 오류가 설명될 것이다. 그래서 나는 이 오류는 이영훈 본인이 어느 강연에서인가 범한 것이고, 그 발언을 근거로 여러 유튜버와 블로거들이 생산해낸 것이라고 추측하게 됐

---

24   이영훈·양동휴, 〈조선 노비제와 미국 흑인노예제: 비교사적 고찰〉, 〈경제논집〉, 서울대학교 경제연구소, 1998, pp. 293~294.

다. 왜냐하면 이영훈의 추종자가 이런 논리를 만들어냈다면 저 논문을
검토했을 것이고, '자국민을 노예로 만든 유일한 나라, 조선'이라는 오
류를 창출해냈더라도 올랜도 패터슨의 이름만큼은 정확하게 썼을 거
라고 봤기 때문이다. 사실 이 논문에서는 올랜도 패터슨의 이름을 찾는
것이 스탠리 엥거만의 이름을 찾는 것보다 훨씬 쉽다. 스탠리 엥거만의
이름을 찾으려면 정말이지 이 논문을 샅샅이 뒤져야 한다. 그러나 이
영훈 본인이 말한 것이라면, 자기 머릿속 왕년의 기억을 더듬어 그렇게
혼동했다고 봐도 전혀 이상하지 않을 것이다.

　　그러면 여기서 '어라, 뭐 사람 이름 헷갈리고 약간 덧붙이기는
했지만 이영훈이 아주 틀린 얘기한 것도 아니네?'라고 생각할 수 있다.
하지만 그렇게 생각하려면 두 가지 전제가 필요하다.

　　첫째, 전근대 역사 시기 한국이 노예제 사회였다는 사실이 입증
되어야 한다. 한국 학자들은 보통 전근대 역사 시기 한국의 노비가 중
국이나 일본의 노비와 별반 다를 바 없고, 유럽의 농노와 크게 차이가
나는 지위가 아니었다고 생각한다. 그렇게 본다면 애초 한국의 노비제
는 저 노예무역상들과 비교할 이유가 없으니 독특한 게 아니라 평범한
게 되어 버리는 셈이다. 그러면 올랜도 패터슨이 누구의 자료를 보고,
어떠한 근거로 한국 노비제를 노예제와 비등한 것이라고 봤는지를 해
명해야 한다.

　　둘째, 올랜도 패터슨이 말한 12세기라는 시간의 범위는 조선왕
조 시기와 일치하지 않는다. 아마도 올랜도 패터슨이 참조한 자료에선
한국이 대충 통일신라, 고려, 조선시대 내내 노예제 사회였다고 적혀 있
었던 것으로 보인다. 당연히 이것 또한 정말로 그러한지 해명해야 한다.

당시 이영훈은 올랜도 패터슨과 제임스 팔레의 주장에 반박했다

이렇게 논리를 정리하고 돌아가면 이영훈과 양동휴의 논문은 바로 정확하게 위 두 논점에 대한 반박으로 쓰였다. 두 번째 논점이 더 반박하기 쉬웠는지 곧바로 반박해버렸다. 통일신라시대와 고려시대의 노비는 인구의 1할 미만으로 중국이나 일본과 별 차이가 없는 수준이었고, 따라서 당시는 노예제 사회라고 볼 수 없었다는 것이다.[25] 어떤 사회가 노예제 사회인지 아닌지를 따지는 문맥에선 노예 인구가 3할 이상인지 아닌지를 중요하게 따지는 것으로 추정된다. 노예가 인구의 3할이 넘는다면 그들은 경제사 관점에서 볼 때 당대의 생산양식에 본질적으로 필요했던 존재로 볼 수 있기에, 노예제 사회로 규정할 수 있다는 논리라고 생각된다.

올랜도 패터슨은 기존 자료를 취합하고 정리한 수준에서 논평한 것이지 한국사 전공자는 아니었다. 그래서 이영훈과 양동휴는 미국의 조선사연구자, 제임스 팔레James Palais에 대한 언급으로 나아간다. 그가 조선이 노예제 사회였다고 주장한 대표적인 학자이기 때문이다. 논문의 네 번째 페이지에서, 그가 노비가 인구의 3할은 차지하는 12세기부터 18세기까지 한국사를 노예제 사회로 규정했다고 한다. 이 논문에 따르면 한국 학자들은 조선의 노비도 유럽의 농노와 비슷한 것이라고 보고 싶어 했지만, 제임스 팔레는 실증적 근거를 들어 그것을 논박했다고 한다. 그리고 역사는 때때로 퇴보할 수도 있으니, 조선왕조가 노예제라는 악한 체제였다는 것을 인정하라고 한국 학자들에게 권유했다고 한다. 미국도 남북전쟁 이전 남부에서 노예제가 존속된 것이 역사적

---

25   이영훈·양동휴, 〈조선 노비제와 미국 흑인노예제: 비교사적 고찰〉, p. 294.

사실인 것처럼 말이다.[26]

　이영훈과 양동휴의 논문은 제임스 팔레의 이러한 권유에 맞서 '조선 노비는 노예가 아니다'라는 것을 입증하는 형식으로 되어 있다. 물론 결론을 미리 정해놓고 논한 것은 아니다. 본인들이 따져보니 그렇다는 것이다. 그리고 나는 이 지점에서 이영훈과 양동휴의 논리가 상당히 흥미로웠다.

　노예는 그 사람을 사람이 아니라 물건으로 취급하는 것이다. 그렇다면 당연히 '왜 그래야 하지?'라는 물음에 대한 답변이 필요하다. 사람을 물건 취급할 수 있는 이유가 무엇인지 정당성이 요구된다. 왜 그들은 인간 이하의 존재냐는 질문에 대한 답변이 있어야 한다. 그리고 그렇게 철학적 정당화 기제가 생기면, 그것은 하나의 신념 체계이며 편견으로 굳어질 것이다.

　그에 대해 이영훈과 양동휴는 '특이한 점은 한국은 노비제를 수치스러워하지 않음에도 현대에 노비제의 영향력이 없는데, 미국은 노예제를 수치스러워하지만 그 영향력은 노예해방 이후에도 적어도 100년은 존속'했다고 정리한다. 말하자면 미국은 노예해방 이후에도 한때 노예였던 흑인을 열등한 인간으로 취급한 역사가 한참 이어졌다는 것이다. 두 논자는 한국에선 그런 일이 없었다면, 그러니까 노비제도가 사라지자마자 모두가 평등한 인간 취급을 받을 수 있었다면, 조선의 노비가 노예처럼 '인간 이하의 물건임을 철학적으로 입증'당해야 하는 존재는 아니었을 가능성이 높지 않겠느냐고 강변한다.[27] 굉장히 세련되고 흥미로운 논리였다. 왜 이영훈이 지금은 다르게 생각하는지 이

26　이영훈·양동휴, 〈조선 노비제와 미국 흑인노예제: 비교사적 고찰〉, pp. 295~296.

27　위의 논문, pp. 296~297.

해하기 어려울 정도였다.

물론 이 논리는 일종의 심증의 영역에 해당한다. 그래서 두 논자는 논문의 나머지 부분에서 조선 노비의 특징과 처우를 여러 가지로 검토한다. 과거의 이영훈이 옳은지, 현재의 이영훈이 옳은지는 내가 판단내릴 수 있는 영역이 아니기 때문에 논의를 상세하게 소개하지는 않도록 한다. 논문의 결론에 집중하자면 이렇다. "이상의 여러 공통점과 차이점의 종합으로서, 일반적으로 말하여 조선의 노비를 노예로 칭하기 어렵다는 것이 우리의 비교사가 어렵사리 도달한 결론이다."[28]

그렇지만 두 사람은 의문점도 남겨둔다. 쉽게 얘기하자면, 이영훈과 양동휴가 살펴봤을 때 조선의 노비 중에는 농노와 비슷한 이도 있지만 실제로 노예에 가까운 이들도 있었다. 그렇다면 왜 이들에게 별도의 이름을 부여하지 않고 함께 묶어 '노비'라 불렀는지가 의문이라고 그들은 말한다. 중국과 일본에서는 그런 경우를 구별해서 별도의 이름을 붙였기 때문이다.

그렇다면 이영훈은 왜 오늘날 '자국민을 노예로 삼은 유일한 나라, 조선'이란 생각을 학문적으로 정당화하는 사람이 됐을까? 이 논문에서 훗날 이영훈의 변화가 엿보이는 대목을 확인할 수 있다. 이를 통해그의 욕망과 감정선을 살펴보면 지금의 변화가 이해되는 부분이 있다.

이영훈의 '자괴감'이 폭발한 부분

이영훈은 조선의 노비제는 노예제와 다르다고 옹호하긴 했지만

---

28   앞의 논문, p. 332.

그와 별도로 미국 학자들의 지적이 대단히 곤혹스럽고 부끄러웠던 모양이다. 그는 1980년대 이래 미국으로부터 새롭게 제기된 주장이 한국인들을 곤혹스럽게 만들고 있다고 썼다. 심지어는 이렇게까지 적었다. 논문의 세 번째 페이지다.

> 이 같은 독성의 노예제가 그토록 오래 한 민족의 역사를 지배하였다면, 그 민족의 문화에서 추악함 이외에 다른 무엇을 기대할 수 있겠는가. 본의가 아니더라도 미국으로부터의 새로운 주장은 이러한 이미지의 역사를 우리에게 선물하고 있다.[29]

현재의 이영훈이 조선왕조를 노예제 사회라고 규정하는 것, 그의 주장을 확대 재생산하는 극우 스피커들이 '부끄러운 역사'를 받아들이라고 요구하는 것, 어떤 이가 조선왕조를 나치 독일처럼 취급해야 한다고 열변을 토하는 것의 근거가 바로 위 문장에 있다고 할 수 있겠다. 그들은 지금 조선왕조 500년의 문화를 '독성의 노예제'로 범벅된 '추악함'으로 이해하고 있는 것이다.[30] 이어서 논문의 스물두 번째 페이지에서 나는 '자국민을 노예로 만든 유일한 나라, 조선'이라는 규정이 어디에서 비롯되었는지를 명확하게 알게 됐다. 마치 범인을 검거한 심정이

---

29 이영훈·양동휴, 〈조선 노비제와 미국 흑인노예제: 비교사적 고찰〉, p. 295.

30 당연한 말이지만 설령 조선의 노비를 노예와 같은 것으로 이해한다 하더라도 '조선왕조 500년'의 문화를 그저 '추악함'으로 이해해야 할 이유는 없다. 가령 한국학자 마크 피터슨은 조선의 노비를 미국의 노예와 구별하려는 시도가 부질없는 것이라 생각하지만, 한국 전근대사의 '노비제의 안정성'은 한국 전근대사의 안정성을 보여주는 한 양상(비록 부정적인 것이지만)에 해당한다고 분석한다. 이에 대해서는 마크 피터슨·신채용, 《우물 밖의 개구리가 보는 한국사: 하버드대 출신 한국학 박사에게 듣는 우리가 몰랐던 우리 역사》, 홍석윤 옮김, 지식의숲, 2022, pp. 209~223을 참조할 것.

었다. 몇 줄 옮겨보자면 다음과 같다.

한 백인 부인은 우리가 조선 노비제와 미국 노예제를 비교하고 있다고 하자 대뜸 다음과 같이 물었다. 'Where were they from?' 우리 중의 한 사람은 오랫동안 한국사의 노비제에 대해 연구자로서 관심을 가져왔지만 국내에선 누구로부터 그런 질문을 받은 적도 없거니와 누구로부터 그에 관해 만족할 만한 대답을 들은 적도 없다. 그런 질문을 나라 밖에서 처음 듣다니 기묘한 일이 아닐 수 없는데…[31]

다음 페이지에선 이러한 서술도 나온다.

근 천 년 전의 포로와 채무노예로써 어찌 천 년 이후 전 인구의 3할을 초과할 정도의 노비를 충분히 설명할 수 있겠는가.[32]

정리하자면 이렇다. '자국민을 노예로 만든 유일한 나라, 조선' 이라는 관념은 아마도 이영훈의 머릿속에서 만들어졌다. 이는 올랜도 패터슨과 제임스 팔레와 한 백인 부인의 발언으로 촉발된 열등감의 구성물이었다고 추정된다. 이들 중 누구도 '자국민을 노예로 만든 유일한 나라, 조선'이라고 비판한 이는 없다. 패터슨은 '코리아 노예제가 매우 독특하다'고 말했고, 팔레는 '조선이 노예제 사회였다는 사실은 인정하라'고 말했으며, 백인 부인은 'Where were they from?'이라고 물었을 뿐

---

31   이영훈·양동휴, 〈조선 노비제와 미국 흑인노예제: 비교사적 고찰〉, p. 314.

32   위의 논문, p. 315.

이다.

'강약'은 '선악'과 별도다. 약하다고 선한 것도 아니지만, 강하다고 선한 것도 아니다. 이영훈은 조선의 '약함'을 경멸하다가, 그것을 '사악함'으로 만들기로 결심했다고 나는 생각한다. 그렇게 해서 본인이 원래는 반대하던 '노예제 국가, 조선'을 받아들였고, '자국민을 노예로 만든 유일한 나라, 조선'이라는 관념을 창출했다.

이영훈이 조선왕조에게서 느낀 자괴감을, 진보 지식인 홍세화는 그보다 십수 년 전 대한민국에게서 느꼈다. 홍세화는 모종의 사건으로 인해 망명자 신세가 된 프랑스 파리에서 '80년 광주'를 맞이했고 텔레비전 화면에 생생히 비친 광주민중항쟁의 모습을 보며 어느 프랑스인이 "그들(광주 사람들)은 소수민족인가? 이교도들인가?"라고 묻는 것을 아프게 들었다.[33] 조선의 역사를 '자국민을 노예로 만든 유일한 나라, 조선'이란 관념으로만 규정하는 것이 타당하다면, 비슷한 방식으로 '자국민(이민족도 아니고 이교도도 아닌)을 학살한 유일한 나라, 대한민국'만으로 대한민국사를 규정하는 것도 타당해진다. 물론 나는 조선왕조에 대해서도 대한민국에 대해서도 그러한 접근은 타당하지 않다고 본다. 어떤 제도나 사건의 부조리함을 비판할 수는 있지만, 그것으로 하나의 체제 전부를 규정하는 것은 무리라고 본다.

나는 이영훈이나 홍세화보다 운이 좋았다. 다만 몇십 년 늦게 태어났다는 이유로, 그들이 느껴야 했던 열등감이나 자괴감의 반의반도 느끼지 못하고 자라났다. 하지만 그런 내게도 우리 역사에 대한 열등감이나 자괴감이 일정 부분 있었으니 그 고통이 이해는 간다. 2004년에 출간된 공저《국사의 신화를 넘어서》의 한 꼭지인 〈민족사에서 문명사

---

33   홍세화,《악역을 맡은 자의 슬픔》, 한겨레신문사, 2002, p. 16.

로의 전환을 위하여〉에서 이영훈은 다음과 같이 적었다. "1908년 1월 13도 의병 총대장 이인영은 망해가는 왕조를 구하기 위해 서울로 진격하며 근교 30리까지 이르렀다가 아버지가 돌아가셨다는 소식을 듣고 '하늘이 무너졌다'고 하면서 고향으로 돌아가버렸다. 그에 따라 의병군도 해산하였다. 한국사를 막 공부하기 시작한 대학원 시절의 필자에게 이 사실은 영문을 알 수 없는 큰 충격이었다."[34] 요즘 말로 하자면 '피꺼솟'했던 심정을 고백한 셈이다. 나는 이 글을 재밌고 반갑게 읽었다. 왜냐하면 어릴 때 이인영의 행동을 기술한 구절을 읽고서 나도 꼭 같은 기분을 느꼈기 때문이다. 이영훈의 지적 여정 또한 분명히 모종의 애국심에서 출발했다는 사실을 그때 절실하게 이해하게 됐다.

《소학》의 나라, 조선

조선을 성리학, 특히 주자학의 나라라고 흔히 말하지만, 중국이나 일본에도 없었던 특징을 잡아 얘기한다면 《소학》의 나라였다고 봐야 한다. 사실 《소학》 자체가 주자가 자신이 생각하는 유학의 정수를 제자들을 시켜 가장 쉽게 써서 정리한 책이니, 조선을 '찐주자학의 나라'였다고 불러도 될 것이다. 사림파의 정계 장악을 최초로 시도했던 조광조가 끼고 살았던 것이 바로 《소학》이다. 조광조가 《소학》을 중시한 것은 무오사화로 유배된 김굉필에게서 학문을 배웠기 때문인데, 김

---

34 이영훈, 〈민족사에서 문명사로의 전환을 위하여〉, 임지현·이성시 엮음, 비판과 연대를 위한 동아시아 역사포럼 기획, 《국사의 신화를 넘어서》, 휴머니스트, 2004, pp. 82~83.

3장 중국과 일본 사이에서 한국의 정체성은 없다?   177

굉필은 《소학》을 독파한 후 〈독소학讀小學〉이란 시를 썼을 정도였으며 '소학동자'라고 불린 사람이었다. 김굉필은 김종직의 제자였으며, 사실 김종직이 바로 조선 내 《소학》 열풍의 선구자였다. 통상적으로 '사림'이라 불리는 이 집단을 한국사학자 미야지마 히로시는 《소학》 실천 집단'이라고 표현하기까지 한다. 그리고 《소학》을 주희 사상의 핵심으로 놓는 이러한 조류는 중국에서조차 발견되지 않으며, 일본에서는 《소학》이 주목받은 적조차 없다고 한다.[35] 현대에 와서 실학파의 거두로 칭송받게 된 정약용이 말년에 붙들고 있던 두 권의 책 중 하나가 바로 《소학》이었다. 나머지 한 권은 가장 어려운 심신 수양의 방법을 다룬 《심경心經》이었다고 한다. 지난 장에서 사용한 체력 단련 및 요가 수련의 비유를 차용한다면, 말년의 정약용은 '가장 간단한 운동 전 스트레칭 프로그램'과 '가장 난이도가 높은 요가 프로그램' 두 개만 수련했다는 의미다.

여기에서 바로 현대인들이 보기엔 황당한 이인영의 선택을 이해할 수 있는 맥락이 나오는데, 부모에 대한 효도가 국가에 대한 충성보다 위에 있다고 주장한 책이 《소학》이었기 때문이다. 유학도 일종의 통치 이데올로기인지라 원래는 이런 식으로 말하지는 않았다. 주자 이전의 유학 경전에서 효를 논한 대표적인 경전은 《효경孝經》이다. 이 책에서는 충과 효는 분리되지 않으며, 군주에 대한 충성이 가장 완성된 형태의 효라고 주장된다. 평범한 통치 이데올로그들이라면 그렇게 쓰는 것이 당연하다.

주자의 독특함과 위대함은 그렇게 군주를 위한 통치 이데올로기를 만들지 않았고, 평범한 삶의 양상에서의 도덕률을 깊이 다지면 그

---

35   미야지마 히로시, 《한중일 비교 통사》, pp. 239~242.

도덕률이 결국 국가도 보호할 거라고 봤다는 점에서 나왔다. 말하자면 《소학》에서 펼친 주자의 사상은 얼핏 보면 통치 이데올로기 같지 않은 통치 이데올로기, 결과적으로 볼 때 굉장히 수준이 높은 통치 이데올로기였다. 이 점을 이해해야 조선사의 많은 부분이 납득이 된다. 왜 상비군이 없어도 나라가 잘 유지되는지, 그러다가 외적이 쳐들어오면 의병義兵이 일어나게 되는지 말이다. 조선 농민의 관점에서 봤을 때, 조선왕조는 국가와 정치의 목적을 다음과 같이 말하는 것과 다름이 없었을 것이다. "임금님은 오직 네 목구멍에 밥알이 넘어가는 것, 네가 부모님께 효도하는 것, 네 자녀들이 네게 효도하는 것만 염려하신다. 그러니 임금님은 네 아버지다." 그런 아버지가 가부장인 사회에서 산다면, 그 문명이 붕괴되려고 할 때 평범한 농민이 의병으로 투신하게 되는 것도 이해가 된다.[36] 영화 〈자산어보〉(2021)가 두어 사람의 입을 빌려 "주자는 참으로 힘이 세구나…"라고 말하도록 하는 이유도 거기에 있다. 주자가 힘이 센 이유는 그의 주지주의가 민중의 삶에서 쉽게 납득할 수 있는 도덕률을 벗어나지 않은 것에 있다.

　《소학》의 세계를 살았던 조선 사대부에게는 왕조차도 윤리적 평가의 대상이었다. 나는 조선사에서 조선적인 낭만이 실현됐던 가장 아름다운 순간을 단종이란 묘호가 수여된 순간이라고 생각한다. 내가 스스로 한 생각은 아니고 역사학자 오항녕의 서술에 영향을 받았다. 숙종은 '노산군'이었던 그를 일단 '노산대군'으로 추봉한 후 그 뒤로도 17년이 지나 단종으로 정식 복위시킨다. 단종이 영월 땅에서 교살된

36　물론 낭만을 다소 거두고 건조한 사실을 말하자면 히데요시의 조선 침공 당시 상당수 의병은 영호남의 양반들이 본인들의 가노家奴, 즉 노비들을 동원해서 일으킨 것이긴 했다.

지 242년 뒤였다. 쉽게 말한다면, 조선 사대부들은 그동안 '세조는 죄 없는 조카를 죽이고 왕이 된 사람이다'란 얘기를 매우 유학적으로 에둘러서 해왔고, 결과적으로 왕가가 그 얘기를 일부분은 승인한 것이다.[37] '사육신 신화'는 이때부터 국가의 공식 이데올로기가 됐다. 우리가 상식처럼 알고 있는 《육신전六臣傳》의 여러 기록은 교차 검증을 해보면 그다지 사실에 부합하지 않는다. 그러나 조선 왕가와 사대부들은 '사육신에 대한 미화와 윤색, 사육신 신화'를 그대로 내버려뒀다. 이는 현대 한국인들이 1980년대의 민주화운동을 찬양할 때, 그 운동권의 상당수가 실제로는 '사회주의 혁명세력'이었다는 사실을 슬쩍 생략하는 것과도 매우 흡사하다.

노예제와 식민지를 비교해본다면…

다시 이영훈과 양동휴의 논문으로 돌아오니, 흥미로운 부분이 하나 더 있었다. 이영훈의 자기모순을 지적할 수 있는 부분이었는데, 내가 그의 모순을 너무 발견하고 싶은 나머지 억지로 쥐어짜내서 말하

---

37 "혹시 단종과 사육신이 언제부터 '단종'과 '사육신'이었는지 아시는지? 세조의 왕위 찬탈 이후 어린 왕은 '노산군'으로 강등되고, 어린 왕에게 구현된 정통성을 지키려고 한 성삼문(1418~1456) 등은 역적이 되어 시신조차 찾을 수 없었다. 이후 사육신이란 말조차 금기시되었다. 240여 년이 지난 숙종 때(1698년)에 이르러서야 노산군은 '단종'으로, 역적이었던 성삼문 등은 '사육신'으로 복권되었다. 흥미롭게도 우리가 장희빈의 치마폭만 떠올리는 숙종 시절에 말이다. 단종이 영월 땅에서 세조에게 죽임을 당한 지 242년 만의 일이다. 242년 동안 무슨 일이 있었는가? 조선의 학자들은 책을 지어 이들을 추모했다. 보통 사람들은 단종과 사육신에게 제사를 지내거나 민담을 만들어 입에서 입으로 이들의 정당성을 전했다. 그렇게 240여 년을 기억해왔다. 별로 비장하지도 않게, 그저 살면서 그렇게 했다. 그리고 마침내 잘못된 역사를 바로잡았다." 오항녕, 《밀양 인디언, 역사가 말할 때: 오항녕 교수의 역사 시평》, 너머북스, 2014, pp. 109~110.

는 게 아니라 그저 논문을 읽다가 자연스레 발견하게 된 것이다.

그 모순은 다시 한번 '스탠리 엥거만'이었다. 아마도 이영훈 본인이 범했을 가능성이 높은 그 실수는 사실 굉장히 문학적이었다. '올랜도 패터슨'과 '스탠리 엥거만'을 혼동한 그 사건에 자기 논리에 대한 반박이 들어 있었다. 앞서 말했듯, 이 논문에서 엥거만의 이름을 찾기는 상당히 어렵다. 나는 열여섯 번째 페이지에서 간신히 그 이름을 발견했는데, 미국 남부의 노예제 플랜테이션이 생산성이 제법 좋았다는 사실을 '포겔과 엥거만의 연구'[38]가 알려준다고 적혀 있었다. 그러니 처음에 '스탠리 엥거만'으로 검색해서는 찾을 수가 없었던 것이다. '포겔과 엥거만의 연구'가 보여주는 함의는 이러하다. 노예제에 대한 도덕적 혐오와 노예제의 경제적 기능에 대한 분석은 별개라는 것이다. 두 논자는 포겔과 엥거만의 실증적 연구를 높게 평가해서 인용했을 것이다. 이후 이영훈과 양동휴의 논문에서는 조선 후기로 이르면 농업기술의 발달로 노비 노동의 사회적 수요가 감소하는 새로운 생산양식, 즉 소농사회가 발달하고 성숙하면서 노비 숫자가 줄어들었다고 언급하고 있다. 그래서 조선의 노비는 초중기엔 3할에 이르렀다가 말기엔 1할 정도로 줄어든다고 적어야 정확하다. '스탠리 엥거만' 운운하는 인터넷 자료에서는 조선의 노비 비중이 4할이나 5할이라고 적기도 하고, 심지어는 9할이라고 떠드는 이들도 존재한다. 4할이나 5할이라는 서술은 주로 영남권의 문서 자료에서 가져온 것이다. 영남권은 원래 다른 지역보다 노비가 많았기 때문이다. 지금의 북한 지방, 특히 평안도와 함경도에서는 양반도 노비도 드물었기 때문에 전체 평균은 3할이었다고 보는 것이 타당하다. 한편 '조선은 노비가 9할인 나라'라고 하는 이들은 '1할

---

38   이영훈·양동휴, 〈조선 노비제와 미국 흑인노예제: 비교사적 고찰〉, p. 308.

양반만 기득권이었다'를 강조하다가 양인, 평민, 상민 등으로 불렸던 '가장 숫자가 많았던 사람들'의 존재를 그만 까먹고 나머지 전부를 노비로 계산한 수치라 볼 수 있다.

　　정리하자면 이렇다. 미국의 학자 '제임스 팔레'는 조선 노비제를 노예제로 평가하고 도덕적 비판이 필요하다고 했다. 악한 제도는 악하다고 말하는 것이 타당하다고 봤다. 반면 '스탠리 엥거만'은 노예제의 경제적 기능을 건조하게 분석했다. 이영훈은 두 태도를 모두 받아들였다. 그리하여 훗날 조선왕조는 도덕적으로 악하다고 평가한 반면, 일제 강점기에 대해선 경제성장을 건조하게 분석했다. 제임스 팔레가 제국주의에 대해 어떻게 가치 평가했는지 나는 모른다. 하지만 노예제가 사람을 물건으로 취급하니 나쁜 것이라면, 제국주의와 식민지의 관계도 그와 흡사하다. 식민지인은 제국의 시민과 동등한 대우를 받지 못한다. 제2차 세계대전 이후 한국 독립의 중요한 계기가 된 카이로선언(1943)에서는 미국, 영국, 중국 3국이 '한국민의 노예 상태에 유의하여 적당한 시기에 한국을 자유 독립시킬 것을 결의'한 바 있다. 그리고 일본은 카이로선언을 계승한 포츠담선언(1945)을 수락하였으나, 1953년 한일회담 중 수석대표 구보타 간이치로가 '한국민의 노예 상태에 유의'한다는 카이로선언의 표현이 '연합국의 전시 히스테리적 표현'이라고 하여 회담을 파행시켰다.[39] 구보타 발언에 대한 평가와는 별도로, 나는 카이로선언의 표현이 지금의 '노예제 논쟁'과 같은 범주는 아니라고 생각한다. '비유'나 '수사'에 가까웠다고 생각한다는 뜻이다. 하지만 이 지점에서 이영훈을 평가한다면 그는 식민지 체제에 대해선 그것을 '악'이라고 가치 평가하지 말고 경제성장을 보자고 제안하는 반면, 조선왕조는 경

39　　이원덕, 《한일회담》, 동북아역사재단, 2022, pp. 53~63.

제사적 관점에서 보지 않고 도덕적으로 규탄한다. 이 지점은 모순이라고 생각한다.

이러면 '조선왕조에선 경제성장이 없었잖아?'라고 반론할 이들이 있을 텐데 그렇지는 않다. 물론 전근대 왕조 국가의 경제성장을 산업혁명 이후 근현대국가의 그것과 비교할 수는 없다. 유럽에서조차 산업혁명 이전에는 경제성장이 매우 제한적이었다. 지금의 잣대로 말한다면 1인당 GDP는 거의 상승하지 않았다는 것이다. 하지만 조선왕조 시기 한반도 주민들의 인구가 폭증한 것만은 분명하다. 왕조 초기 500만 명 정도에서 말기에는 1,500만~1,800만 명으로 늘어났다고 보는 것이 흔한 추정이다. 이렇게 되면 1인당 GDP는 개선이 없었을지 몰라도 총 GDP는 상승하게 된다. 이에 대해선 이영훈의《한국경제사 I》 도입부에서도 "조선시대의 경제가 정체했다는 주장은 사실이 아니며, 처음부터 잘못 제기된 것"이라고 확고하게 논평된다.[40] 물론 같은 벼농사 문화권인 중국의 명왕조와 청왕조, 그리고 에도시대 일본에서도 비슷한 양상의 인구 증가가 있었다. 조선은 그들보다 더 잘한 것은 아니었지만, 그 인구 증가의 과정을 얼추 따라는 갔다.

한국사학자 미야지마 히로시에 따르면, 동아시아 지역은 역사인구학적 관점에서 볼 때 산업혁명이 일어나기 직전 시기인 기원후 1000년에서 1750년까지 인구 증가가 상대적으로 급격하게 있었으며 조선 역시 이 조류에 함께했던 지역이라고 주장하는데, 이는 우리가 알고 있는 맥락적 지식과도 부합한다.[41] 1800년경 우리와 같은 문화

---

40 이영훈,《한국경제사 I: 한국인의 역사적 전개》, 일조각, 2016, p. 43.

41 "동아시아의 특징은 다른 두 개의 집단과 비교해서 이른바 중간기中間期의 인구 증가형이라고 할 수 있으며 1000년부터 세계적인 공업화가 본격적으로 시작되는 1750년까지의 시기에 다른 지역에서는 보이지 않는 급속한 인구 증가를 실현했다

3장 중국과 일본 사이에서 한국의 정체성은 없다?   183

권인 베트남의 인구는 1,000만 명이었던 것으로 추정되는데, 국토 규모는 한반도의 1.5배에 해당하며 현재 인구수인 1억 명도 한반도 인구 7,000만 명의 1.5배에 해당한다. 즉, 베트남 인구만 보고 추정해본다면 조선 후기의 추정 인구는 500~600만 명 정도였으리라는 것이다. 조선 왕조가 만약 동시대 중국과 일본에서 나타났던 인구 증가의 흐름을 따라잡지 못하고 그 정도 인구에 머물렀다면, 격동하는 역사 속에서 중국이나 일본에 쉬이 흡수되고 용해되어 한국이란 정체성이 소멸했을 가능성도 충분히 생각해봄 직하다. 한중일 3국에서 일어났던 이 시기 인구 증가의 경향은 동아시아 특유의 집단도작 방법이 보급되었기 때문이었는데, 그 과정에서 조선왕조에서는 독특하게도 중국이나 일본과도 다르게 인구 중 노비 비율이 급격하게 확산된 시기를 경험했고 이후 노비 비율이 다시 줄어들면서 소농사회가 성립하게 됐다. 즉, 조선 초기 얼마 되지 않던 노비(10% 미만)가 조선 중기까지 폭발적으로 늘어나다가(30~40%) 조선 후기로 들어오면서 다시 급격하게 줄어들었다(10% 미만). 이영훈에 대해 아무리 더 이해해보려고 시도해봐도, 별다른 이유 없이 한쪽은 도덕적으로 비난하고, 다른 한쪽은 경제사적으로 평가하는 것은 엄연한 이중잣대에 해당할 것이다.

는 것이다. 그런데 듀런드의 표에서는 한국이 '그 외의 아시아'에 포함되어 있으나, 최근의 연구에 의하면 한국에서도 1000년부터 1750년까지의 시기에 급속한 인구 증가가 있었던 것이 거의 확실하다. 다음의 〈자료 2〉는 권태환과 신용하의 연구 및 토니 미첼Tony Michell의 연구에서 보여주는 조선시대 추정 인구수의 추이이다. 이 두 개의 연구는 그 절대 수치에서 상당한 차이가 있으나, 조선 전기 1392년부터 16세기 말까지의 순조로운 증가와 1592년 이후 일본의 침략에 의한 인구의 급격한 감소, 17세기 이후의 회복과 인구 증가, 18세기 중엽 이후의 정체 내지 약간의 감소라는, 전체적인 흐름에서는 일치하고 있다." 미야지마 히로시,《미야지마 히로시, 나의 한국사 공부》, p. 54.

이영훈의 견해는 언제, 어떻게 바뀌었나?

1998년 이영훈의 생각에 천착하는 것이 큰 의미가 있을까? 누군가는 그런 생각을 할 것 같아 자료를 좀 더 찾아봤다. 앞서 언급한 2004년에 쓴 공저 《국사의 신화를 넘어서》 가운데 〈민족사에서 문명사로의 전환을 위하여〉에서 이영훈은 다음과 같이 적었다.

"이렇게 조선 노비들의 존재 형태는 여러 가지로 다양하였다. 전반적으로 그들은 그 계급적 성격을 농노라고 부를 만한 존재였다."[42]

일단 1998년에서 2004년까지는 생각의 전환이 찾아오지 않았다. 다음으로 비판자들도 인정하는 이영훈의 역작인 2016년작 《한국경제사 I》을 살펴보자. 387쪽부터 392쪽까지 '노예제사회인가'라는 제목의 절이 있다. 여전히 올랜도 패터슨과 제임스 팔레의 논의를 소개하고 그에 반박한다. 주된 논박은, 먼저 "주인에 의해 사역되고 급양되는 입역노비"는 노예의 범주에 든다고 판단되지만 "주인가와 떨어져 자신의 가족과 토지를 보유한 납공노비"는 일반 양인 농민과 마찬가지로 공민이었다는 것이다. 입역노비만으로 인구의 30%를 충족시키는 것은 쉽지 않은 일이었을 거라고 판단한다. 또 경제사적으로 조선왕조의 지배적 생산양식이 노예제 생산양식이었다는 주장도 몇 가지 잘못된 선입견에 기초한 것이라며 논박한다.[43]

---

42   이영훈, 〈민족사에서 문명사로의 전환을 위하여〉, p. 67.

43   이영훈, 《한국경제사 I》, pp. 387~392.

이영훈의 견해가 바뀐 것은 2018년의 연재물에서 확인된다. 〈한국경제〉에서 연재한 '이영훈의 한국경제사 3000년' 중 〈조선은 '동의와 계약' 원리 작동 안 해··· 넓은 의미에서 노예제사회 (23) 조선 사회구성의 정체〉라는 글에서다. 이 연재물의 내용은 다소 혼란스럽다. 조선왕조가 근세 사회라는 견해를 비판하는 것인지, 노예제 사회라고 정의 내리는 것인지 헷갈린다. 이영훈은 "근세近世는 중세와 근대 사이에 놓인 과도기다. 인간의 사회적 지위를 태생적으로 차별하는 신분제가 해체되고, 인본주의 문화가 고양되고, 사회는 합리적인 관료제로 통합되고, 상업경제가 활발히 전개되는 사회가 근세다. 일부 중국사 연구자는 이런 조건을 갖췄다고 해서 송宋 이후의 중국을 근세로 규정한다. 한국사 연구자도 마찬가지 시각에서 조선시대를 근세로 규정하는데, 한영우 서울대 명예교수가 대표적이다"라고 한다. 그런데 조선시대를 근세 시대라고 규정할 수 없다는 것과 조선이 노예제 사회라는 것은 별개다.

하지만 이영훈은 이 글에서 두 가지를 섞는다. "그 결과 노비가 전 인구의 30~40%까지 확장됐다. 노비제는 18세기 들어 쇠퇴하지만, 인간의 사회적 지위를 양반과 상민으로 차별하는 신분제는 19세기까지 쇠하지 않았다"[44]라는 구절이 그것이다. 신분제가 19세기까지 쇠하지 않았다는 것은 조선시대가 근세 시대라는 견해에 대한 비판으로는 성립할 수 있다. 하지만 노비제가 18세기 들어 쇠퇴했다면, 적어도 말기의 조선왕조는 노비제 사회는 아니라고 말해야 한다.

---

44 이영훈, 〈조선은 '동의와 계약' 원리 작동 안 해··· 넓은 의미에서 노예제사회〉, 〈한국경제〉, 2018년 10월 20일.

'억까'의 논법, 근세 시대 논쟁과 노예제 논쟁을 섞어버리다

이영훈은 이때는 둘 다 이미 고인이 된 미국학자 제임스 팔레의 '노예제 사회설'과 북한학자 김석형의 '농노제 사회설'을 소개한 후 어느 것도 경험적 근거가 취약하다고 논박한다. 이 논박은 과거 그의 견해와 일맥상통한다. 그러다가 이영훈은 조선왕조가 '제후의 나라'였음을 이해해야 그 세계사적 성격을 이해할 수 있다고 말한다. '제후의 나라'였다는 것이 근세 시대 논쟁은 물론, 노예제 사회 여부와 무슨 상관이 있는지는 알 수 없다. 마지막으로 그는 과거와 다르게 납공노비도 노예라고 생각한다면서, '동의와 계약' 또는 '지배와 보호'의 원리가 작동하지 않은 사회는 '광의의 노예제 사회'로 정의될 수 있다고 선언한다. 이 '광의의 노예'에 납공노비만 포함되는지, 아니면 왕과 양반을 제외한 조선왕조 농민 모두가 포함되는지도 제대로 설명되지 않는다. 또한 '광의의 노예제 사회'로 확장된 범주엔 조선왕조만 포함되는 것인지, 아니면 지금까지는 노예제 사회로 인지하지 못했던 다른 많은 사회가 포함되는 것인지도 논의되지 않는다.

'근세 사회론'과 '조선 노예제론'이 왜 혼란스럽게 포개져 있는 것일까? 맥락을 살펴 정돈해보자면 이렇다. 아시아에서, 아니 비서구권에서 제국주의 시대에 스스로 '근대화'에 성공해서 '제국 열강'의 위치에 올라간 것은 일본뿐이다. 그 '일본이라는 성공 사례 분석'으로 역사를 볼 때엔 '일본의 역사는 중국(이나 한국)과는 어떻게 다르고 유럽과 어떤 부분에서 비슷해서 성공할 수 있었는지'를 보기 쉬웠다. 신기하게도, 혹은 당연하게도 일본의 역사는 동아시아 역사 중에선 유럽과 흡사한 부분이 꽤 있었다. 에도시대 일본은 상업이 융성하고 도시가 발달했으며, 유럽의 중세와 비슷하게 봉건제로 해석할 수 있는 체제였다.

그런데 '상업이 융성하고 도시가 발달'했다는 것이야 장점으로 볼 수 있겠으나, 봉건제는 그 자체로 장점은 아니다. 봉건제보다는 중앙집권적 관료제가 현재 근대 사회의 모습에 가깝기 때문이다. 이런 얘기를 하면 또 '일본의 성공 요인을 분석해야 하는데 정신승리나 하고 있다니!'와 같은 반응이 나온다. 그러므로 나는 조선 이야기는 일단 하지 않을 것이다. 조선의 상업과 도시화가 미진했다는 것은 사실이기 때문이다. 하지만 중국과 비교해본다면, 명청시대 중국은 상업도 발달했으며 봉건제이기는커녕 신분제도 거의 해체된 상황이었다. 시장경제가 발달해 분업화가 가능했기에 사회적으로 신분제가 필요 없어진 까닭이었다. 그러니 중국에 대해 비록 '근대'까지 성취하지는 못했지만 '중세'의 단계는 훌쩍 벗어났다는 '근세 사회론'이 나오게 된 것이다.[45] 애초에 고대-중세-근대의 구별 자체가 유럽의 발달 단계를 기준으로 한 것이고, 요즘은 유럽의 역사 해석에서도 중세 유럽의 역할을 무시하고 '고대'와 '근대'만을 주목했다는 점은 실제와 어긋난 '편견'에 가깝다는 논의가 이루어지고 있다. 이런 상황에서 유럽 중세와 일본 에도시대가 '봉건제라서 닮았다'면서 '역시 우리는 유럽의 산업혁명을 잘 수용할 수 있는 장점이 있었다'라고 보는 것은 오히려 그쪽이 '발가락이 닮

---

45   '근세'는 '얼리 모던early modern'을 번역한 말로, 유럽사에서 '얼리 모던'은 르네상스 시기부터 산업혁명 이전 시기를 의미하며, 산업혁명 이후 시기를 '모던'으로 표현한다. 이 구분은 유럽사에선 큰 의미를 지니지 않으나, 동아시아 역사를 해석하면서 더 큰 의미를 지니게 됐다. 일본 학자들이 중국사를 유럽의 도식에 끼워맞추면서 처음에는 '당송변혁론'이라 하여 송나라 시대를 근세로 보는 '송대 근세설'을 내세우다가 현재는 명청시대를 근세라고 보는 시각이 대세가 됐다. 오카모토 다카시,《중국사 어떻게 읽을 것인가: 황허문명부터 중국공산당까지 역사 흐름과 그 특징》, 강진아 옮김, 투비북스. 2023, pp. 216~218. 한편 '근세' 시대가 송대로 분석되다가 명청시대로 늦춰지게 된 것은 중국 강남의 집약도작 농법의 혁신의 시기를 과거에는 송대로 분석하다가 최근에는 명대로 늦춰지게 된 것과도 흡사한 부분이 있다.

왔다' 류의 정신승리로 보일 여지가 있을 정도다.

한편 조선 후기는 상업 융성과 도시화의 측면에서는 동시대 청나라 및 에도 일본보다 뒤졌지만, 신분제의 영역에서는 청나라처럼 떨쳐버리지는 못했으되 공고했던 일본보다는 좀 더 유연한 상태였다. 이걸 '유연하다'고 해석하면 '조선이 더 근세에 가까웠다'고 해석할 여지가 생기는데, 이를 '불안정했다'고 해석하면 에도 일본보다 못하다고 말할 수 있게 된다. 그런데 좀 이상하기는 하다. 신분제가 '나쁘다'고 보면서 그 신분제가 불안정(?)했던 것이, 신분제가 공고한 사회보다 뒤처졌다고 말할 수 있는 걸까?

조선의 불안정한 신분제는 조선 사람들의 삶에 숨통을 틔워주는 요인이었다. 설령 노비라도 도망간 후 평민으로 살아갈 방도가 있었으며, 호적대장을 살펴봤을 때 같은 가족이라도 서로 다른 '직역'을 가지고 있거나, 한 사람이 다음 호적대장에선 다른 '직역'을 가지게 된 것으로 표기될 정도로 유동적이었다. 즉, 조선에선 신분과 직역이 일치하지 않았고, '평민'은 살면서 '직역'을 바꿀 수 있었다. 따라서 조선의 호적대장에 쓰인 '직역'은 흔히 이해되듯이 '신분'이었다기보다는 지금의 '직업'에 좀 더 가까웠다. 반면 일본에선 직역과 신분이 온전히 일치했으며, 각 직역(무사, 농민, 초닌町人, 에타穢多, 히닌非人 등)은 집을 기본 단위로 하면서 그 위의 중간 단체인 마을이나 동업 단체로 순차적으로 구성되었으며 그 단체가 해당 직역의 세금을 부담하기도 했다. 한편 조선에서는 직역을 부담하는 단위로서의 단체 자체가 존재하지 않았으며 직역의 의무는 언제나 개인(성인 남성에 국한)에게 부여됐다.[46]

---

46   이상의 명청시대 중국, 에도 일본, 조선의 신분제 차이에 대한 논의는 미야지마 히로시,《미야지마 히로시, 나의 한국사 공부》, pp. 136~150을 참조함.

일본이 봉건제 사회였기 때문에 구미(유럽과 아메리카)로부터 이식된 근대화에 유리했던 측면이 분명히 있다. 왜냐하면 일본에게는 적어도 봉건제 사회를 타파해야 한다는 과제는 명백했기 때문이다. 반면에 중국은 대체 저들을 따라잡으려면 무엇을 바꿔야 하는지 한참 헤맬 수밖에 없었다. 일본의 성공 요인에는 그들이 '동아시아 문명의 열등생'이었다는 '열등생의 역설'이 작용했다고 볼 수도 있다. 게다가 당시 동아시아 문명이란 것이 현대 기준에서 대단히 반인권적인 문명의 양상이었던 것도 아니다. 앞서 말했듯 조선시대가 '근세 시대'였는지 여부와 '노예제 사회'였는지 여부는 논리적으로 별개인데, 모든 논의를 '조선 옹호론'과 '조선 비판론'으로 단순화해야 간신히 엮일 수 있게 된다. 말하자면 이영훈은 모든 논점에서 '조선 비판론'의 편에 서기로 결정했다고 저 글에서 선언한 셈이다. 요즘 말로 하면 '빠'와 '까', '쉴드'와 '디스'의 이분법이다. 그러니 최근 이영훈의 논의는 과거와 일관성이 없다는 것만 문제인 게 아니라 왜 견해가 바뀌었는지도 납득이 가지 않는 '억까'에 해당하는 셈이다.

남북전쟁, 그리고 '일본인과 북한인의 민주주의'

그래도 이영훈의 역작인《한국경제사 I》을 통해 이 논의와 관련된 생각의 흐름을 좀 더 정밀하게 파악해 보자면 다음과 같다. 그간 한국의 역사학자들은 마르크스주의의 역사 발전론의 틀 안에 한국사를 끼워맞춰 바라봤다. '원시공산제-노예제-봉건제(농노제)-자본주의-공산주의'라는 도식에서 앞의 4단계가 한국 역사에서도 구현됐다는 가정하에 논의를 전개했다. 하지만 최근 수십 년간 발견된 풍부한 자료에 따르면, 마르크스주의 역사학은 한국사에 전혀 들어맞지 않았다.[47] 가령 삼국시대에서는 중국사에 존재했던 노비를 거의 찾아낼 수 없었고, 삼국시대에 쓰인 '노奴'라는 말의 용법은 중국에서 쓰이는 '신臣'이란 말과 흡사했다.[48] 고려시대의 노비 인구 비율은 아무리 늘려 잡아도 10%를 넘을 수 없었다. 그런데 유럽식 역사 구분에 따르면 근대에 가까운 중세 시기인 조선시대에 갑자기 노비 비율이 30~40%를 넘는 시대가 도래했다가 후기에는 다시 그 비율이 급격하게 축소됐다. 도식화하자면 서유럽에선 노비-농노-소농 순의 변화로 발전이 왔다면, 한국사에선 세대 복합체(가족보다 큰 단위) 농민-양반 지휘하 대농장 노비-(가족형) 소농 순의 변화가 있었다.

    한편 조선시대에 노비가 늘어날 때는 그 지위나 인격적 대우가 고려시대의 노비 대우만도 못했다. 고려시대 노비가 '개'에 비유됐다면, 조선시대 노비는 '개똥'에 비유됐다.[49] 이영훈은 조선이 노비제 사회가 아니라는 근거로 오랫동안 노비와 평민이 입는 옷에서 차별이 없었다는 점, 노비와 평민의 결혼이 자유로웠다는 점을 들었는데, 노비와 평민의 결혼이 자유로웠던 탓에 노비의 자녀는 노비라는 신분이 세습되어 조선 중기에 인구 중 노비 비율이 폭증하는 원인이 되기도 했다. 노비의 상당수는 다른 사회의 노예에 해당하는 이였지만, 일부는 그렇지 않았다. 더구나 노비를 활용한 생산양식이 조선 중기에도 생산양식의 주류라고는 볼 수 없었다. 그런 점에서 그간은 조선이 노예제 사회라는 미국 학자의 견해엔 반대했지만, 이러한 현상이 매우 곤혹스러운

---

47   이영훈, 《한국경제사 I》, pp. 21~27.

48   위의 책, pp. 107~109.

49   위의 책, p. 383.

것은 사실이었다.[50] 조선왕조는 중국이나 일본과도 달리, 양안대장이라 불리는 호적과 토지대장을 따로 관리하는 독특한 사회였다.[51] 이영훈은 이에 대해 조선왕조가 '땅 한 뼘 나눠주지 않고 세금을 수취했다'고 부정적으로 평가했다. 이는 이영훈이 훗날 조선왕조가 '광의의 노예제'에 해당한다고 평가하게 되는 심리적 토대가 됐다. 그런데 같은 현상을 보고 미야지마 히로시는 조선의 양반이 중국 사대부와 마찬가지로 토지 소유에 대한 특권계층은 아니었다는 증거로 파악했다. 이영훈은 한국과 중국을 비교할 때는 '인신에 대한 세금이 있었다가 사라진 중국'과 '인신에 대한 세금이 없었다가 오히려 조선왕조에서 생겨났으며 사라진 바가 없는 한국'을 비교하면서 안타까워했다.[52] 한국과 일본을 비교할 때는 '신분제가 이완되어 수틀리면 도망갈 수도 있었던 한국'과 '사회 전체가 군단처럼 촘촘하게 짜여 있던 일본'을 비교하면서 아쉬워했다. 이영훈은 여러 저술에서 한국사의 목표가 '근대'는 아니었기 때문에, 한국사에서 억지로 근대를 발견하려고 들 필요는 없다는 훌륭한 이야기를 했다. 그러나 그러면서도 '근대에 도달하지 못한 조선, 중국이나 일본에 비해서도 그 가능성이 보이지 않았던 조선'에 자괴와 폄하의 시선을 떨치지 못했다. 이영훈은 한중일을 비교하면서도 미야지마 히로시처럼 '역사의 삼각측량'을 통해 특수성을 가늠하지 못했고, 그때그때 한중 비교나 한일 비교를 하면서 '뒤떨어진 한국'에 대해 아쉬워했다. 사실 그 양자 비교에서 드러난 한국의 특성은 어떨 때는 중국을, 어떨 때는 일본을 닮아 있었다는 점에서 단순히 폄하의 대상이

---

50   이영훈, 《한국경제사 I》, pp. 387~392.

51   위의 책, pp. 362~364.

52   위의 책, pp. 26~27, pp. 493~495.

될 것은 아니었는데도 그렇게 했다.

한국의 근현대사 논쟁은 흔히 '백년전쟁'이라는 수사로 소비된다. 민족문제연구소가 2012년 대선을 앞두고 유포한 영상의 제목이기도 하다. 그러나 조선 노비제 논쟁을 살펴보다 보니 우리의 근현대사 논쟁은 '남북전쟁 이후의 기억 해석 투쟁, 문화 논쟁'과 흡사하다고 생각하게 됐다.

문학작품이면서 영화로도 공전의 흥행을 한 〈바람과 함께 사라지다〉(1939, 원작 소설은 1936)를 생각해보자. 〈바람과 함께 사라지다〉는 명작으로 취급받지만, 한편으로는 정치적 반동을 옹호하고 흑인에 대한 편견을 강화하는 작품으로 비판받는다. 미국 사회에서 〈바람과 함께 사라지다〉는 그러한 양면적인 평가를 받았지만, 만약에 한국이었다면 '정치적 반동을 옹호'한 창작물은 좀 더 혹독한 평가를 받았을 것이다. 한국은 종종 '창작의 자유'보다 '도덕적 명분'을 우선시하는 나라이기 때문이다.

이영훈과 '자국민을 노예로 삼은 유일한 나라, 조선'이라는 구호를 믿는 '조선 폄하론'자들은 박경리의 《토지》나 조정래의 《아리랑》과 같은 문학작품을 〈바람과 함께 사라지다〉와 같은 것으로 규정하고 몰아내야 한다고 생각할 것이다. 그들은 일제가 침탈하기 전 조선왕조의 전통사회나 문명을 고요하고 안온하고 수준 높은 것으로 그리는 것에 대단히 불쾌해하기 때문이다. 그것은 억지로 만든 판타지이며, 의지적으로 만들어낸 피해 서사라고 생각한다. 말하자면 그들은 조선왕조를 남북전쟁 전 미국 남부 노예제 사회처럼 바라보는 것이고, 일본이 가져다준 근대 문명을 미국 북부 공업지대의 문명처럼 바라보는 것이다. 이러한 유비에 따르면, 한국인들이 일본인들의 식민 지배에 분개하는 것은 '악의 체제'를 운영해온 주제에 북부군 셔먼 장군의 대대적인 방화에 분개한 남부인들의 그것에 지나지 않게 된다. 미국 남부 노예제 사회처럼 노비나 부리고 살았던 미개한 조선 문명과 전통문화 혹은 생활 풍속을 품격 있게 그리는 것을 정치적 반동이라고 볼 것이다.

한편 이 반대편에 서 있는 민족주의자들도 상대편을 〈바람과 함께 사라지다〉의 옹호자처럼 바라보는 것은 마찬가지다. 이들에게 〈바람과 함께 사라지다〉는 이영훈 등 뉴라이트 계열의 학자들이 설파하는 식민지근대화론이 될 것이다. 이들에겐 정반대 구도가 되어, 타파해야 할 미국 남부의 체제에 해당하는 것은 일제의 식민 통치였고, 조선인들은 여기서 흑인의 위치에 서게 될 것이다. 그래서 이 전쟁은 '백년전쟁'이라기보다는 '남북전쟁 이후의 기억 해석 투쟁, 문화 논쟁'으로, 서로가 서로를 미국 남부를 옹호하는 나쁜 놈이라고 주장하는 그런 상징 전쟁을 벌이고 있는 셈이다.

여기에선 '상식'의 지위를 탐하는 두 세계관이 상호 지나치게 극단적이면서, 상대방의 절멸을 의도하고 있다. 그러나 다행히도 이러한 세계관은 대중의 '상식'과는 상당히 거리가 멀다. 대중의 '상식'도 다소 극단적으로 분화되어가는 중이긴 하지만, 이 정도는 아니다. 대중의 '상식'과 관련한 문제는 이후 5장에서 내가 '일본인과 북한인의 민주주의'라고 이름 붙인 논의를 통해 다시 탐구하게 될 것이다. 그러나 그 전에 우리는 이 장 초반에 언급한 남은 역사적 미스터리, '어째서 이토록 극성스럽고 극단적으로 근면한 한국인들이 무기력한 조선왕조 후기 사람들의 후손일 수 있는가?'라는 문제를 해명해야 한다.

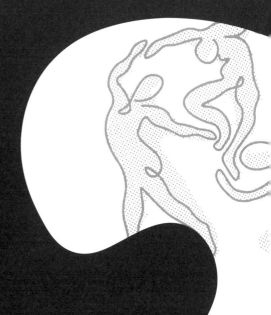

4장

그 '게으른 조선인'이
어떻게 현대 한국인의 조상일까?

'한말 외국인 기록'의 재인식

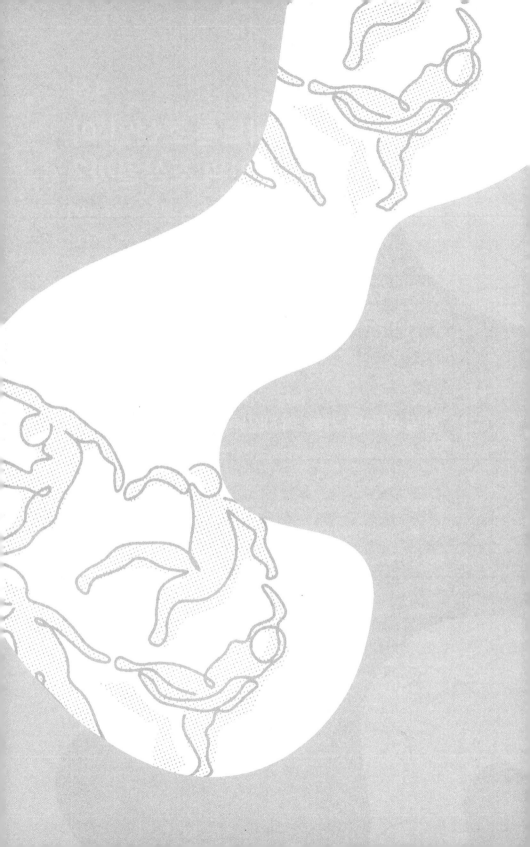

이번 장에서 나는 조선왕조 후기의 '무기력하고 게으른 조선인'을 '단절사관'이나 '청산사관'으로 바라보는 것이 아니라, '왜 하필 그때만 그토록 무기력했는지'의 관점에서 설명할 수 있음을 밝히고자 한다. 간단히 말하자면, 벼농사를 지으면서 이미 근면함을 습득했던 조선인이 한반도 내에선 더는 개발할 경작지를 찾을 수 없었던 탓에 태만해진 것이기 때문에, 훗날 정치적 상황이 바뀌어 한반도를 벗어나 두만강을 건너 러시아령 연해주로 가는 상황이 발생했을 때 금세 다시 근면해질 수 있었다는 점을 설명할 것이다. 그렇기에 현대 한국인은 이승만 정부의 토지개혁 이후로도 곧바로 근면성이라는 장점을 발휘해 성공한 자영농이 될 수 있었음을 밝힐 것이다.

　　그리고 또 하나의 줄기로는, 철학적으로는 '민주주의의 맹아'를 가지고 있다고 보기 어려운 조선왕조의 '사대부적 정치 문화'가 3.1운동에서부터 시작되는 근현대사 사건을 거치면서 어떻게 '교육받고 정치에 참여하는 시민'의 상을 형성하면서 실질적인 민주주의의 길로 나아갔는지를 밝힐 것이다. 즉, 조선인은 경제적으로 게으르고 정치적으로 고분고분한 이들이었기에 현대 한국인과 아무 상관이 없는 사람들이었다는 가설을 정면으로 논파할 것이다.

이는 한국인들이 가지고 있는 오랜 편견이다. 보통 보수주의자들은 조선인의 게으름에 대한 편견을 가지고 있고, 진보주의자들은 조선인의 고분고분함에 대한 편견을 가지고 있다. 보수주의자들은 '게으른 조선인'들로부터 확연히 구별되는 산업화의 역사가 근대 이후 한국에서 실현되었다고 믿고, 진보주의자들은 '고분고분한 조선인'들로부터 확연히 구별되는 민주화의 역사가 현대 한국에서 실현되었다고 믿는다. 앞의 설명을 모두 따라온 이들은 눈치챘겠지만, 이는 전형적인 '단절사관'에 해당한다. 한때 그렇게 믿었던 나도 이제는 그렇게 생각하지 않는다. 그 시절 사람들도 부지런했으며 무턱대고 고분고분하지는 않았다고 생각한다. 물론 현대인과 비교해서는 아니고, 전근대 시절 사람들끼리 비교해봤을 때 상대적으로 그렇다는 것이다. 산업혁명 이후 인류의 삶은 이전과는 현격하게 달라졌기 때문에 비교할 때는 동일한 층위에서 해야 한다. 즉, 서세동점의 시기인 19세기의 유럽인과 조선인을 비교해서는 곤란하다. 유럽인은 산업혁명 이후의 사람이고, 조선인은 그 전의 사람이라고 봐야 하기 때문이다. 산업혁명 이후에는 열심히 일하면 일할수록 더 많이 가져갔으니 사람들이 급속하게 근면해졌다.

그러나 동아시아 사회(벼농사를 짓는 유교문화권, 즉 한국·중국·일본·베트남·대만 등을 포괄하는 범위. 역시 벼농사를 짓는다 해도 동남아시아 국가들과는 도작 방법에서 차이가 있다)는 산업혁명 이전의 유럽 등 여타 사회보다는 근면했기 때문에, 산업혁명이 도입될 경우 한층 대단히 근면해질 가능성을 가지고 있었다고 봐야 한다. 일본의 경제학자 하야미 아키라는 일본을 포함한 동아시아 사회의 발전 경로를 서유럽의 산업혁명industrial revolution에 대비해 근면혁명industrious revolution이라고 비유하기도 했다. 서유럽의 농업은 많은 토지에 소량의 노동을 투하하는 노동 절약적, 자본 집약적 경로를 따랐기 때문에 산업혁명의 길로 나아갈 수 있었던 반면에, 동아시아의 농업은 적은 토지에 다량의 노동을 투하하는 노동집약적 경로를 따라갔기 때문에 산업혁명에는 이르지 못했고 대신 근면혁명의 길로 나아갔다고 분석한 것이다.[1] 일본에선 이 '근면혁명'이 17~18세기 시기 농업이 발전하는 과정에서 있었고, 조선에서도 15~18세기에 걸친 농업 발전에서 비슷한 경로를 따랐다고 볼 수 있다. 한편 이영훈은 당시 조선이 성취한 소농 자립의 수준은 중국과 일본의 선진 지대에 비해 제한적이었다고 논평하는데, 이 논평이 적절한지는 추후 다시 평가할 생각이다.[2]

전근대의 조선인은 게을렀는가?

내가 조선인에 대한 평균적인 편견, 즉 게으르고 고분고분했을 거란 생각에서 벗어나게 된 까닭은 그렇지 않으면 현대 한국인들이 잘 설명되지 않기 때문이다. 나아가 기존의 편견을 반박하고 극복할 근거도 어느 정도 쌓였기 때문이다. 먼저 앞에서, 특히 2장에서 정리한 역사성과 경로의존성에 대한 논의를 생각해보자. 사실 이는 내가 창작했다기보다는 일본사학자 박훈이 몇몇 칼럼에서 다룬 내용에 감화받아 받아들인 것이다.[3]

---

1   이영훈, 《한국경제사 I: 한국인의 역사적 전개》, 일조각, 2016, pp. 33~34.

2   위의 책, pp. 473~475.

3   해당 칼럼들은 박훈, 《위험한 일본책》, 어크로스, 2023에 묶였다. 그중에서도 특히 〈소용돌이의 한국, 상자 속의 일본〉(pp. 20~24)에 이 문제에 대한 직접적인 서술이 있다.

그런데 역사성 혹은 경로의존성을 받아들이고 나니 '현대 한국인은 이렇게 부지런한데 조선 사람들이 매우 게을렀다는 편견이 사실일 수 있을까?'라는 의문이 피어났다. 우리가 조선인이 게으르다는 편견을 형성한 경로는 보통 개화기 이후 구미인들과 일본인들의 기록이었다. 조선왕조가 대한제국을 거쳐서 망했기 때문에 흔히 '구한말' 외국인 기록이라고 하는 것들이다.

내가 지난 몇 년간 느낀 것은, 이 '구한말 외국인 기록'이란 것도 우리의 열등감이 소멸하면서 전혀 새로운 차원에서 조망되고 있다는 것이다. 10대 시절인 1990년대에 내가 처음으로 그런 종류의 문헌을 펼쳤을 때는 '그래서 조선은 왜 망했을까?', '우리는 어디가 어떻게 모자랐을까?'란 생각을 하면서 그 내용을 살폈다. 나만 그런 게 아니었고, 그런 책을 번역하고 펴낸 학자들의 심경도 마찬가지였을 것이다. 많은 경우 역자 서문이나 편저자 발문에 우리의 수치스러운 역사에서 반면교사의 교훈을 얻어야 한다는 주문이 적극적으로 적혀 있었다.

그러나 요즘에는 저러한 열패감의 감정으로 기록을 살피지 않기 때문에 전혀 다른 것들이 발견되곤 한다. 3장 초반에서 언급한, 드라마 〈킹덤〉이 흥행했을 때 영어권 트위터(2023년 7월부터 X로 명칭 변경) 유저들이 '조선의 모자'에 관심을 갖게 된 현상이 대표적이다. 우리는 조선시대 사극에서 언제나 심상하게 보는 그 다양한 종류의 갓에 외국인들이 흥미를 보이리라고 기대한 적이 없었다. 하지만 막상 〈킹덤〉을 계기로 외국인들이 흥미를 가지기 시작하자 구한말의 구미인들 또한 비슷한 반응을 보인 바 있다는 사실이 재발굴됐다. 구한말의 누군가는 조선을 '모자의 나라'라고 불렀으며, 이 다양한 모자 패션에 파리지앵들이 주목해야 마땅하다는 식의 주장이 호평을 얻은 적이 있다는 사실이 새삼스럽게 조명됐다.

다시 돌아와 보통 구한말 외국인 기록에서 조선 사람들, 특히 양반들은 흔히 손 하나 까딱하지 않는 이들로 묘사된다. 그래서 우리 머릿속에 깊숙이 박혀 있는 '양반'은 긴 담뱃대를 뻐끔거리며 아무것도 하지 않는 식충이 같은 존재다. 조선왕조 말기의 양반들이야 그런 서술이 충분히 이해가 가지만, 기록에 따라서는 상민도 마찬가지로 게으르기 짝이 없었다는 식의 서술이 있다.

특히 그런 기록 중에서 가장 유명한 축에 속하는 여행 작가 이사벨라 버드 비숍의 《조선과 그 이웃 나라들》에서도 조선인들의 게으름을 다룬 서술이 많이 보인다(남성들이 일을 안 하는 대신 여성들이 매우 부지런했다는 식의 서술도 있다). 비숍의 경우 그래도 어느 순간부터 조선의 여러 곳에서 발견한 이 게으름을 인종적 특징으로 생각하지는 않게 됐다. 왜냐하면 그녀가 연해주로 불법 이주한 조선인들의 마을을 방문했을 때, 그곳에선 게으름이 아니라 근면함을 발견하게 됐기 때문이다. 당대엔 어쩔 수 없이 만연했던 인종주의적 편견까지 섞어서, 비숍은 그 마을의 조선 남자들이 더는 '아시아적'이지 않았고 '영국적인 남자다움과 독립심'을 보여줬다고 기술했다. 그 마을에서는 조선에서 보았던 '양반의 거만한 몸짓'이나 '농부가 기운 없이 어슬렁대는 태도'는 온데간데없어졌고 민첩한 행동이 넘쳐났다고 했다.

비숍은 이들이 대개 기근으로부터 피난 온 굶주린 사람들에 불과하기 때문에, 특별히 조선 사람들 중에서 예외적으로 근면하고 검소한 부류가 건너온 경우가 아님은 분명하다고 생각했다. 대신 그는 조선의 마을 풍경과 전혀 달랐던 연해주의 조선인 정착민 마을 풍경을 다음과 같이 해석했다. 그들이 노력해서 번 돈을 쥐어짜고 수탈할 양반이나 관리가 사라졌기 때문에 근면할 수 있었노라고 말이다. 이는 비숍이 여행 초반에는 '열등 민족'이며 '삶의 희망이 없는 존재'라고까지 여겼던 조선인에 대한 판단을 수정하기 시작한 계기가 됐다. 하지만 그러면서도 그는 이러한 조선인의 변신에 러시아의 행정이 우수한 탓도 있으리라고 추정했다.[4]

연해주로 건너간 조선인들은 전혀 게으르지 않았다

　　비숍은 요즘 말로 하자면 '근면성의 문제는 민족성이 아니라 정치체제에서 기인한다'는 사실을 깨달았다고 말한 셈이다. 일단 연해주로 건너간 조선인이 근면했다는 것 자체는 비숍 개인의 인상을 넘어선 사실이라 볼 수 있다. 1876년에 러시아의 고르차코프 외상이 황제 알렉산드르 2세에게 제출한 의견서를 살펴보면, 조선 신민의 연해주 이주가 연해주 발전에 훨씬 도움이 되기 때문에 러시아는 조선 정부와 조약이나 공식 국교를 맺지 말아야 한다고 주장한다. 맥락을 보자면 러시아가 중앙부로부터 신영토인 연해주로 1860년대 내내 4,444명을 이주시켰던 반면, 1869년부터 이듬해까지 2년이 채 되지 않는 동안 조선 북부에서 기근 때문에 탈출한 이주민은 6,500여 명에 달했던 것이다.[5] 이처럼 당시 잠깐이나마 러시아의 연해주 이주민보다 조선을 탈출한 연해주 이주민 숫자가 더 많을 정도였고, 이들의 경작이 러시아의 연해주 장악에 도움이 되었기 때문에 러시아는 조선과 국교 수립을 하는 것도

4　　이사벨라 L 버드 비숍, 《조선과 그 이웃 나라들》, 신복룡 역주, 집문당, 2019(개정판), pp. 239~240. 비숍은 조선에서의 조선인과 연해주에서의 조선인의 품성이 사뭇 달랐다는 사실이 너무나 인상 깊었는지 원저자 서문의 도입에서도 이 차이를 언급한다.

5　　와다 하루키, 《러일전쟁 1: 기원과 개전》, 이웅현 옮김, 한길사, 2019, pp. 118~119.

손해라고 생각할 정도였다. 비숍이 연해주를 방문한 시점은 이 의견서 제출로부터 18년 정도 지난 시점인 1894년이었으므로, 러시아의 조선인 마을은 그들의 노력으로 쌓아올린 일정 수준의 부유함을 여행객에게 인상 깊게 전달할 수 있었다.

　　오늘날 우리가 전근대 조선인을 게을렀다고 여기는 경우, 그들을 지금의 근면한 한국인으로 만든 것은 근대 이후의 특정한 사건이라고 생각하곤 한다. 앞서 몇 차례 언급한 것처럼 박정희 전 대통령을 찬양하는 이들은 게으른 조선인을 근면한 한국인으로 탈바꿈한 것이 박 전 대통령의 공로, 혹은 새마을운동의 성과라고 주장한다. 식민지 근대화론자들은 이 근면함이 일제강점기에 형성된 것으로 간주한다. 진보주의자들은 악독한 일제나 독재자 박정희에게 그 공로(?)를 넘겨주기는 싫은 관계로 한국전쟁의 참혹한 현실에서 연유한 생존을 향한 강박이 한국인들을 '빨리빨리'의 민족으로 만들었다고 설명하려는 경향이 있다.

　　그러나 러시아 당국과 비숍이 주목했던 연해주의 조선인 이주민의 사례는 위 가설들을 실천적으로 반박한다. 훗날 연해주의 조선인들은 스탈린에 의해 중앙아시아로 강제 이주하게 된다. 역사적 궤적을 살펴보면 이들은 박정희의 개발독재도 한국전쟁의 참혹함도 경험하지 못했고, 사실상 일제강점기의 식민지 근대화도 제대로 경험하지 못한 이들이다. 그럼에도 이들은 훗날 카자흐스탄으로 이주해서도 벼농사에 성공하면서 근면함으로 명성을 떨친다. 연해주에서도 그리고 카자흐스탄에서도 공산주의 소련의 배급이 어려워질 때 속수무책이었던 소련인들과 달리 이들은 구황작물을 농사하거나 근처의 초근목피를 수집해서라도 버텨내곤 했고, 그 방법을 주변 소련인들에게도 전파했다. 배추가 없는 현지에서 당근으로 김치를 담그는 방법도 개발했다. 오늘날 이 김치는 현지에서 '한국당근'으로 불리며, 이 음식에 익숙한 러시아나 중앙아시아 사람들이 한국에 왔을 때 정작 '한국에는 한국당근이 없다'는 사실에 놀라기도 한다. 이들은 러시아 현지에서는 '조선인'이 아니라 '고려인'이라고 불리게 됐다. 그리고 오늘날 한국으로 입국한 고려인 3, 4세들은 조부모와 부모로부터 '고려인은 어디에서나 매우 부지런한 사람들'이란 말을 들으며 자랐노라고 일관되게 증언한다.

그렇다면 우리에겐 풀어야 할 미스터리가 생긴다. 조선인은 어떤 방식으로 근면함을 습득했는지, 그리고 그렇게 근면함을 습득했음에도 왕조 말기엔 게으를 수밖에 없었던 이유가 무엇인지를 설명해내야 한다. '양반과 관리의 수탈이 없었기 때문에 연해주에선 부지런할 수 있었다'는 비숍의 설명은 인상적이지만 피상적이다. 앞선 서술에서 봤듯이 그는 인종주의를 전제로 하고 있었으므로, '조선인은 유럽인과 마찬가지로 근면함의 미덕을 가지고 있는 민족이지만, 현재의 정치체제에선 그것을 발휘할 수 없었다'라고 설명하는 것으로 충분하다. 하지만 우리는 한 민족의 근면함이 DNA의 수준에서 규명된다고 생각하지는 않기 때문에, '조선인이 근면함을 습득한 이유'와 '그런데도 왕조 말기엔 게을렀던 이유'를 둘 다 설명해야만 한다. 정치체제만이 문제였다면 '사람을 게으르게 하는 정치체제'에 오랫동안 적응한 조선인들이 이주하자마자 근면해지는 이유를 알 수 없기 때문이다. 하다못해 1990년대 초반 구공산권이 붕괴한 이후 그곳 사람들도 자본주의 사회의 근로조건에 적응하는 데 어려움을 겪었다. 이는 근면성이란 것이 특정한 정치체제에 의해 허물어지면 그렇게 빨리 복구되지는 않는다는 의미다. 그렇다면 비숍이 조선인에 대한 인상을 극과 극으로 바꿀 만큼 근면성의 격차를 만든 비밀은 도대체 무엇이었을까?

벼농사에 대한 집착과 토지의 부족

이 미스터리를 풀기 위해 나는 두 가지 키워드를 제시하려고 한다. '벼농사'와 '토지'가 그것이다. 최근에는 벼농사와 기타 농사의 양상 차이를 통해서 문화권의 특성을 가늠하는 논의가 누적되고 있다. 가장 대중적이고 평이한 서술로는 말콤 글래드웰이 《아웃라이어》에서 제시한 것이 있다. 그에 따르면 유럽의 농민들이 대략 1년에 1,200시간을 일한 것으로 추정되는 반면에, 중국 남부를 포함한 아시아 지역의 논에서 일하면서 벼농사를 지은 농부의 업무량은 연간 대략 3,000시간으로 추산된다. 한 역사학자가 채집한 러시아와 중국 농민의 속담 차이도 극적이다. 자신의 노력으로 수확량을 늘릴 길이 없다고 보았던 숙명론적이고 비관주의적인 러시아 농노들은 '하느님이 키우지 않으시면 땅에서도 자라지 않는다'는 속담을 읊조렸다. 그러나 중국 남부의 농민들은 '비료와 노력이 결정하는 것이니, 종자가 무엇이냐고 물어볼 필요는 없다', '1년 내내 해뜨기 전에 일어날 수 있다면 어찌 부자가 못 되리'와 같은 속담을 주고받았다. 벼농사의 특징은 노력과 결과 사이의 관계가 명확하고, 제법 복잡한 작업이란 것이었다. 그래서 농사짓는 이가 자율성을 발휘하도록 해야 수확량의 상승을 기대할 수 있었다.[6]

우리는 연해주로 이주한 조선인들의 사례를 보던 중이었는데, 마침 러시아 농민의 속담이 비교됐다. 역사 문화적으로도 러시아 농민과 조선 농민을 비교할 때, 오히려 조선 농민 쪽이 더 근면하다고 기대할 수 있는 원인이 존재했던 셈이다. 그런데 조선 농민은 단순히 벼농사를 짓는 아시아 농민의 표본이 아니었으며, 벼농사 문화권 내부에서

---

6   말콤 글래드웰, 《아웃라이어》, 노정태 옮김, 김영사, 2009, pp. 268~275.

도 가장 악착같이 벼농사에 집착한 사람들이었다. 이에 대해서는 사회학자 이철승이 《쌀 재난 국가》에서 적절하게 서술한 바 있다. 한반도는 애초 중국 양쯔강 유역이나 일본 간토 평야에 비해 벼농사를 짓기에 척박한 풍토였다. 그런데 역설적으로 바로 그 이유 때문에 다른 작물로는 충분한 인구를 부양할 수 없었고, 더욱더 벼농사에 매진했다. 결국 그 척박한 풍토에서도 쌀을 경작하는 데 성공한 조선인은 다른 이들이 포기한 곳에서도 벼농사를 성공시켜왔다. 전근대 시대 임진강 이북은 벼농사에 부적합한 기후였음에도 조선인들은 쌀 경작의 북방 한계선을 끊임없이 밀어올렸다. 오늘날 중국 내륙의 쌀 경작 북방 한계선은 황허강 근처인 산둥성과 산시성 남부지만, 조선 후기와 일제강점기에 만주로 건너간 조선인들은 그보다 훨씬 위도가 높은 동북 3성 지역 전체를 쌀 경작 지역으로 만들었다. 이철승은 박지원의 《열하일기》에서 묘사된 홍타이지의 조선 침공 때 끌려간 조선인들이 벼농사를 짓고 있었다는 '고려보'라는 마을에 주목한다. 《열하일기》 시점에서 끌려간 지 100여 년이 지난 그들은 산해관 동쪽 1,000여 리에 걸쳐 논이라곤 없는 그 지역에서 유일하게 벼농사를 짓고 있었다고 한다. 앞서 말했듯이, 조선 후기와 일제강점기 연해주로 이주한 한국인 17만여 명이 스탈린에 의해 카자흐스탄으로 강제 이주되어서도 벼농사를 지었다는 놀라운 사실도 있다.[7]

　　이렇게까지 설명하면 이제는 '벼농사를 열심히 하는 습속을 형성한 조선인이 왕조 말기에는 왜 그렇게 게을렀는지'가 외려 궁금해진다. 여기에 대해서 나는 단적으로 하나의 가설을 제기하고 싶다. 바로 '토지'의 부족이다. 압록강과 두만강의 국경선에서 제주도에 이르는 조

7　　이철승, 《쌀 재난 국가》, 문학과지성사, 2021, pp. 56~61.

선왕조 국경선 내부에서의 토지 개간이 어느 시점 한계에 도달했던 것이다.

토지 개간에 대한 추론은 미야지마 히로시의 것을 활용했지만, 이를 조선인의 근면함 또는 게으름에 대한 논의와 연결시킨 것은 나 자신의 것이다. 이 가설은 맥락적인 것이라 두세 겹의 설명이 필요하다. 먼저 18세기에서 19세기까지의 인구 변동 추이를 보면 조선과 일본에서는 인구가 정체하는 데 비해 중국에서는 인구 증가 추이가 지속된다. 이를 두고 미야지마는 중국에는 여전히 개발 가능한 지역이 풍부했지만 조선과 일본은 17, 18세기 단계에서 기본적인 개발을 완료했기 때문이라고 추정한다.[8]

이어서 일본과 조선을 비교하면, 메이지유신 이후 실시된 지조개정地租改正 사업 결과 파악된 경지면적은 470만 헥타르 정도였는데, 일제강점기 토지조사 사업 결과 파악된 한국의 경지면적은 420만 헥타르였으니 국토 면적에서 차지하는 경지의 비율은 조선 쪽이 훨씬 높았다고 추정된다.[9] 일본 열도와 한반도 사이의 국토 면적은 대략 1.7 대 1인데 지조개정 사업 때는 일본에서 홋카이도와 오키나와의 면적은 파악되지 않았으므로, 이 기준으로 치면 양국의 면적은 4대 3 정도였다.

---

8   "즉 중국의 경우는 산간부나 동북지방만이 아니라, 명 말에 인구가 급감한 사천 지역 등 개발 가능한 지역이 상대적으로 풍부했지만, 조선과 일본은 17, 18세기 단계에서 기본적인 개발을 완료했다고 볼 수 있기 때문이다." 미야지마 히로시, 《한중일 비교 통사: 역사의 재정립이 필요한 때》, 박은영 옮김, 너머북스, 2020, p. 119. "농업의 중심지인 하삼도(충청도, 전라도, 경상도)에서는 1718~1720년에 걸쳐 양전이 이루어졌는데, 이때 파악된 경지가 기본적으로는 조선 말기까지 증감 없이 존속되었다. 경지의 외연적 확대가 한계에 도달하자 농업 생산력의 발전은 단위 면적당 생산량의 증대, 즉 집약화 방향으로 향하게 되었다. 조선에서 이러한 전환이 일어난 시기는 18세기였다." 미야지마 히로시, 《미야지마 히로시의 양반》, 노영구 옮김, 너머북스, 2014, p. 220.

9   미야지마 히로시, 《한중일 비교 통사》, p. 288.

이런 상황에서 거의 동일한 기준으로 산정된 경지면적의 비율 격차는 1.1 대 1 정도였던 셈이다. 일본 열도와 한반도는 국토 면적의 7할 이상이 산악지형이란 점에선 거의 동일하거나 한반도가 오히려 상대적으로 산악지형이 많아서 열악하다고 알려져 있다. 게다가 이후 일본의 경지면적은 지조개정 이후 최대 68만 정보(1정보=3,000평)가 증가한 데 비해 토지조사 사업 이후 한국의 경지면적 증가는 46만 정보에 그쳤기 때문에, 미야지마는 "한국의 경지 개발이 이미 전근대 시기에 기본적으로 완료되었다는 것을 보여주고 있다"고 논평한다.[10] 이영훈 역시 비슷한 추정을 했는데, 1917년에 완료된 토지조사 사업상 한반도의 전답 경지인 총 487만 헥타르와 1877년 홋카이도를 제외한 일본 열도의 경지 총 484만 헥타르를 비교하면서, 해당 조사 기준에서 일본 열도의 절대 면적이 1.35배 높았는데 한반도의 경지가 일본 열도보다 조금 많음은 "18~19세기 한국인들이 동시대의 일본인에 비해 얼마나 열심히 산으로 올라가 농지를 일구었는지를 이야기해주고 있다"고 논평한다. 두 사람이 비교한 자료에 약간 차이가 있긴 하지만 기본적인 추세와 분석 내용은 일치한다.[11]

또한 조선에서 농지 개간의 한계는 이미 17세기 후반에 나타난 현상이었다고 해석할 수 있는 기록도 존재한다. 숙종 14년, 1688년의 기록을 보면 "산골짜기 사이에 바닷가의 조그만 토지도 모두 개간되어 실로 노는 땅이" 없는 상태였다고 한다. 그럼에도 그 후 200여 년 동안 인구가 늘었던 이유는 18세기 중엽 일본으로부터 고구마가, 19세기 초

10   미야지마 히로시,《미야지마 히로시, 나의 한국사 공부: 새로운 한국사의 이해를 찾아서》, 너머북스, 2013, pp. 63~65.

11   이영훈,《한국경제사 I》, p. 543.

반 중국으로부터 감자가 들어왔기 때문이라고 추정된다.[12] 이 해석이 사실이라면 18세기에서 19세기까지 약 200년 동안 조선인들은 쌀 대신 구황작물을 먹는 빈도가 늘어나면서 대를 이어 내려갈수록 삶의 질이 하강하고 있다고 느꼈을 것이다.

환곡제도가 망가지면서 닥쳐온 무기력한 19세기

말하자면 동시대 중국이나 일본은 영역 국가 내에서 개간의 한계에 도달하지 않았으나, 그보다 훨씬 척박한 땅조차 이미 벼농사 경작지로 바뀌어버린 조선은 더는 경작할 땅을 찾지 못했던 것이다. 조선왕조는 이미 중기 시점부터 인구밀도의 관점에선 세계 최고 수준이었다. 1600년경의 인구밀도(1제곱킬로미터당 인구)를 비교해보면 영국 22명, 프랑스 23명, 이탈리아 44명, 중국 20명, 일본 32명이었는데 조선은 50명이었다고 추정된다.[13] 벼농사를 짓는 논의 생산성이 밀농사를 짓는 밭의 생산성보다 월등하기 때문에 동아시아의 인구밀도는 유럽보다 조밀한 것이 자연스러웠는데, 그러한 맥락과 별도로 한반도의 인구밀도는 다른 동아시아 영역 국가에 비해서도 매우 높은 편이었다. 산업혁명의 단계에 진입하지 않는 이상 한반도에서 이 이상의 인구 부양력을 기대할 수는 없었다. 온돌 문화로 인한 벌목과 화전火田으로 인해 조선 후기에 전국의 산이 민둥산이 되어버린 것, 그즈음부터 농민들이 기회만 나면 간도나 연해주로 넘어가게 된 것도 이 맥락에서 설명이 된다. 특

---

12   김재호,《대체로 무해한 한국사》, 생각의힘, 2016, p. 105.

13   위의 책, p. 87.

히 환곡제도의 변동이 극적인데, 18세기 후반까지 이는 기근에 대처하는 일종의 복지제도로서 동 시기 중국에 비해서도 인구 규모 대비 다섯 배에 해당하는 양을 저장했던 당대 최고 수준의 국가 저장 곡물 창고였다. 그러한 환곡제도가 19세기에 이르면 장부에만 존재하는 곡물이 절반 이상인 텅 빈 창고가 되어, 그 창고를 채우기 위해 농민들에게 곡물을 징발하는 일종의 조세제도로 전락한다.[14] 19세기 말 '삼정의 문란'이라고 할 때 '전정', '군정'과 함께 '환곡'이 묶이게 됐고 '환곡'이 아니라 '환정'이라고 불리게 된다. 복지제도가 수취제도로 전락한 것이다.

경작할 땅을 더는 구하지 못한 조선왕조는 어떤 변동을 겪게 됐을까. 우리는 히데요시의 조선 침공과 홍타이지의 조선 침공 이후 '오랑캐'라 여겼던 일본과 여진에게 치욕적인 패배를 경험하면서 소중화 사상을 고취시키며 더 교조적인 유학화의 길로 나아갔다고 생각한다. 이러한 해석도 큰 틀에서는 무리가 없지만, 지나치게 정신적인 측면만 고려한 접근이다. 경제적인 측면을 고려하면 토지가 부족해졌기 때문에 더 근본적인 유학의 길로 나아가게 됐다는 해석도 가능해진다. 조선의 상속제도가 전기에는 '남녀균분상속'이었는데 후기에는 '장자상속'으로 변한 것이 대표적인 사례다. 말하자면 조선 전기까지만 해도 장남이 아닌 아들뿐만 아니라 딸도 공평하게 n분의 1로 상속을 받는 것이 보통이었다. 율곡 이이의 어머니로서 오늘날의 5만 원권에 등장하는 신사임당은 아버지로부터 상속받은 재산을 바탕으로 강릉에서 아들을 키웠다. 물론 조선 후기가 되면 상황은 전혀 달라진다.[15]

---

14   김재호, 《대체로 무해한 한국사》, p. 163.

15   미야지마 히로시 역시 비슷한 추정을 했다. 다만 아래의 추정에서 그는 해당 상황의 원인을 '재지양반 계층의 경제력 저하'라는 말로 표현했는데, 그가 분석한 내용에서도 전후 맥락을 따져보면 그 경제력 저하의 원인은 결국 토지의 한계에서 비

혹시 판소리계 소설인《흥부전》에서 왜 형 놀부는 부자인데 동생 흥부는 가난한지 생각해본 적이 있는가? 그 시절과 동떨어져 있는 우리는 이유를 알 수가 없기에, 1990년대에 고전에 대한 수정주의 해석이 유행했을 때는 놀부는 근면 성실하게 노동했을 것이며 흥부는 게을렀으리란 식의 자본주의적 해석이 등장하기도 했다. 하지만 미국의 한국학자 마크 피터슨은 당대 사회상을 고려할 때 놀부가 부자이며 흥부가 가난한 이유는 조선 중기 이후 장자상속으로의 전환 때문이었을 것이며, 그런 점에서《흥부전》은 장자상속의 부조리함을 꼬집는 저항 문학이었을 것이라고 주장한다.[16]

　홍타이지의 조선 침공으로 인해 조선이 청나라 중심의 세계 질서에 편입된 사건은 확실히 하나의 극점이었을 것이다. 그러나 어쩌면 그 극점의 핵심은 오랑캐에게 패배했기에 조선왕조가 정신승리의 길로 들어섰다는 것이 아니라, 만주가 발상지였던 여진족 왕조에게 패배하면서 조선에게 국토 확장의 모든 가능성이 상실됐다는 것이었는지도 모른다.[17] 한족 왕조인 명나라가 계속 성립했다면 압록강과 두만강

　　롯되었다고 보는 것이 합리적이다. "상속제도가 변하기 시작한 것이 주자학을 국교로 수용하고도 2세기 이상 지난 후의 일임을 생각하면 주자학의 보급을 상속제도 변화의 원인으로 보기에는 무리가 있다. 그보다 재지양반 계층의 경제력 저하로 상속제도를 변화시킬 수밖에 없게 되었을 때, 주자학이 그 변화를 합리화하는 데 이용되었다고 보는 것이 더 타당하지 않을까." 미야지마 히로시,《미야지마 히로시의 양반》, p. 187.

16　마크 피터슨, 유튜브 채널 '우물 밖의 개구리', 〈흥부, 형제애에 대한 이야기가 아닌 저항문학이다〉, 2019년 9월 30일. 마크 피터슨·신채용,《우물 밖의 개구리가 보는 한국사: 하버드대 출신 한국학 박사에게 듣는 우리가 몰랐던 우리 역사》, 홍석윤 옮김, 지식의숲, 2022, pp. 248~257도 함께 참조할 것.

17　사실 압록강과 두만강이라는 자연 국경선은 '자연스럽게' 생긴 것이 아니라 방어에 손쉬운 지형을 철저하게 계산한 세종대왕의 의도를 통해 수립됐다. 이에 대해서는 역사학자 임용한의 다음 강연이 적절하게 설명했다. 임용한, 유튜브 채널 '캐내네 스피치'(www.youtube.com/KNN_Speech), 〈[최강1교시] Full ver. 세종의 묘수, 4군 6진 | 역사학자 임용한〉, 2021년 4월 25일.

을 건너간 조선인들이 부락을 형성하면서 남만주 쪽으로나마 영토 확장을 시도해볼 수 있었을 것이나, 청나라가 만주를 봉금지封禁地로 설정하면서 조선은 진출 가능성이 아예 막힌 것이다. 러시아가 청나라로부터 연해주를 탈취한 이후에서야 조선인의 연해주 이주가 시작된 것도, 청나라에 비해 러시아는 조선인의 연해주 이주를 사실상 묵인했다는 맥락으로 설명되는 부분이 있다. 즉, 청왕조 수립 이후 기존 국경선 안에 완전히 갇힌 조선왕조는 19세기에 인구가 증가할수록 생활수준이 떨어지는 '멜서스의 덫'에 빠지게 됐고 이어서 인구 증가조차 정체됐다고 볼 수 있다. 이는 동시대 청나라나 에도 일본은 그때까지 경험하지 못한 한계선이었다. 한반도의 인구 부양력은 유럽의 산업혁명으로 인한 근대적 과학기술의 산물이 도래할 즈음에서야 그 한계선을 돌파하게 된다.

다시 강조하자면 조선왕조 말기의 조선인들은 '근면함을 익히지 못해 게으른 상태'가 결코 아니었고, '한때는 근면했으나 지금은 (토지가 부족하여) 열심히 일을 할 만한 거리가 없어서 부지런할 수 없었던 상태'였다고 보는 것이 타당할 것이다.

대한민국의 토지개혁은 높게 평가받아야 한다

근대적 과학기술의 산물, 비료와 농기계의 도래로 한계선이 돌파됐을 때, 현대 한국인을 다시 근면하게 만든 것은 해방 직후의 토지개혁이었다. 대한민국 정부에서 실시된 것은 더 정확하게 말하자면 농지개혁이었다. 1949년 농지개혁법 발효로 전체 경지 중 약 31%의 농지 소유자가 변동되는,[18] 가히 혁명적인 사건이었다. 그런데 극히 최근까지도 진보주의자들은 미 군정에서부터 시작되어 대한민국 정부 수립 이후 가속화되었으며 한국전쟁 이후 완료된 이 토지개혁을 그리 긍정적으로 평가하지 않았다. 보통 북한과 비교하면서 북한은 농지뿐만 아니라 다른 종류의 토지도 분배했으며 '무상몰수 무상분배'였는데, 한반도 남쪽에선 농지에 한정해서만 '유상몰수 유상분배'가 이루어졌으니 상대적으로 미약한 개혁이 이루어졌다고 봤다. 이러한 인식이 어떤 지점에서 오류이며, 대한민국의 토지개혁이 얼마나 막대한 영향을 발휘했는지는 뉴라이트를 포함하여 경제사학자들이 주로 강조해왔는데, 대중적인 반향이 크지는 않았던 듯하다.

　　대한민국의 토지개혁이 얼마나 과소평가를 받아왔는지 알 수 있는 개인적인 경험담이 하나 있다. 2014년에 작가 주대환 등 선배 몇 분이 활동하는 '세수포럼'이란 단체에서 주최한 한국 현대사 세미나에 나간 적이 있다. 그날의 주제가 마침 '남한의 농지개혁'이었고, 발제는 김정진 변호사, 지정 토론은 남기업 토지+자유연구소 소장이 맡았다. 남기업 소장은 부동산 문제에 대한 진보적 논평가로 유명한데, 그날은 아직도 대한민국의 토지개혁이 과소평가받아왔다는 얘기를 들으니 당혹스럽다고 했다. 즉, 전공자들의 입장에선 대한민국의 토지개혁이 매우 긍정적인 역할을 했던 것으로 이미 재평가가 끝났는데, 대중적 담론으로는 아직 그러한 인식이 전혀 확산되지 않았다고 하니 황당했다는

18　　농지개혁 결과 총 694,894정보의 농지가 분배되었는데, 1947년 경지면적이 2,192,546정보였음으로 전체 경지 중 약 31%라고 계산했다. 한국농촌경제연구원, 《농지개혁사 관계자료집. 제3집, 통계 편》, 한국농촌경제연구원, 1984, pp. 12~13, pp. 30~31. 김정진 변호사의 '세수포럼' 발제문 〈잊혀진 역사, 농지개혁〉(2014년 5월)에서 재인용.

것이다. 그런데 이 인상적인 세미나를 마치고서 이후 만나는 80학번에서 90학번 사이 선배들에게 "토지개혁은 이미 (매우 긍정적인 효과를 낸 것으로) 재평가가 끝났다고 한다"라고 전하면 "그랬어? 전혀 몰랐네…"라는 답변이 돌아왔다.

　　작가 주대환은 훗날 세수포럼 등 여러 곳에서 한 공부와 논의를 정리하여 《주대환의 시민을 위한 한국 현대사》를 출간했다. 이 책은 뉴라이트 사관과 민족주의 사관의 관성적인 대립을 횡단하고 관통하는 뉴레프트 사관을 형성하는 것을 목표로 하는데, 토지개혁의 의의와 남북한 토지개혁(남한은 농지개혁에 가깝지만 북한은 토지개혁이었기 때문에 양자를 비교하려면 토지개혁이라고 쓰게 된다)에 대한 비교가 잘 설명됐다. 북한은 '무상몰수 무상분배'였다고는 하지만 소출의 40%를 세금으로 거두었기 때문에 농민의 부담이 컸다. 소작농의 경우 소출의 50%를 지주에게 지불하는 게 보통이었으니 소작농 시절보다 약간 나아진 정도였다. 그나마 1950년대 중반 이후엔 집단농장으로 통합되고 말았다.[19] 북한뿐 아니라 소련에서든 중공에서든 공산주의자의 토지개혁이란 당장은 농민들에게 농지를 분배하는 것 같아도 결국 집단농장으로 귀결되기 때문에 농민들이 원하는 바는 아니었다. 자본주의 사회의 토지개혁과 동렬에 놓고 비교할 수 있는 바가 아니었던 것이다. 물론 마오쩌둥이 승리한 중국과 소련군이 진주한 북한에서 토지개혁이 진행됐다는 사실은 대한민국과 대만이 일정 수준 이상의 농지개혁을 하지 않으면 체제경쟁에서 살아남을 수 없다는 압박을 받게 하는 계기가 됐다.[20]

　　한편 남한에서의 농지개혁은 소출의 150%를 5년에 걸쳐서 지

19　　주대환, 《주대환의 시민을 위한 한국 현대사》, 나무나무, 2017, pp. 22~24.

20　　주대환, 《주대환의 시민을 위한 한국 현대사》, p. 30.

불하면 소유권을 인정해준다는 것이었기 때문에, 실질적으로는 소출의 30%를 5년간 국가에 지불하면 그다음부터는 자작농이 될 수 있었다. 김정진은 당시 발제에서 미 군정이 몰수한 일본인의 농지를 조선인들에게 분배했다는 점에서 농지개혁에 있어 미 군정의 공로도 크다고 서술했는데, 미 군정은 소출의 300%를 15년간 매년 20%씩 납입하면 소유권을 인정했다. 그는 미 군정이 300%라는 기준을 제시했던 것은 대한민국 정부는 적어도 그 아래 선의 기준을 제시해야 한다는 압박으로 작용했을 거라고 해석했다. 미 군정의 일본인 농지 분배 기준은 이후 대한민국 정부의 농지개혁법 체제에 흡수됐다.

토지개혁이 만들어낸 자영농의 나라

그렇게 해서 대한민국은 자영농의 나라가 됐다. 대한민국이 '자영농의 나라'로 출발했다는 맥락은 이후 한국 사회가 2장에서 서술한바 '모두가 양반이 된 나라'가 될 수 있었던 물질적 기반이 됐다. 농지개혁은 우파 정치인 이승만 대통령이 좌파 정치인 조봉암을 농림부장관으로 발탁하면서 가능했다.[21] 애초부터 이승만이 농지개혁을 위해 조봉암을 발탁했다는 설도 있고, 조봉암을 발탁하려고 할 때 그가 평소 소신인 농지개혁을 주장했고 이를 이승만이 수용했다는 설도 있다. 어느 쪽이든 두 사람 모두 역할을 했다고 평가하는 게 옳을 것이다. 남기업은 2014년 세미나에서 본인 할아버지와의 과거 논쟁을 소개했는데, 본인이 아무리 이승만을 여러 가지 논거로 비판해도 할아버지는 물러

---

21   앞의 책, p. 31.

서지 않았다고 했다. 할아버지는 이승만이 나눠준 땅에서 농사를 지어 너희 아버지를 포함한 많은 자녀를 모두 교육시켰는데, 그런 이승만을 비판한다면 배은망덕한 일이라고 말씀하셨다고 했다.

　　토지개혁, 혹은 농지개혁을 논의하다 보면 동아시아의 이상 중 하나였던 정전제井田制가 자연스레 떠오르게 된다. 정전제는 흔히 주나라 시절에 시행됐던 제도라고 설명되고 그렇지 않았을 거라는 이설도 있는데, 여하간 이후 동아시아 여러 나라에서 이상적인 토지제도로 여겨졌다. 핵심적인 아이디어는 단순해서, 우물 정井자 모양으로 땅을 9등분하면 주변부 여덟 개의 땅은 사전私田으로 각 가구에 분배하여 농사를 짓게 하고, 가운데 아홉 번째 땅은 공전公田으로 여덟 가구가 함께 경작하여 그 소출을 국가에서 세금으로 징수하도록 한다는 것이다. 이 아이디어에선 지주가 존재하지 않으며, 경자유전耕者有田(농사짓는 사람이 밭을 소유)의 원칙이 준수된다. 그런데 설령 이 아이디어가 실행된다 하더라도 토지가 유한하다면 몇 세대가 지나기 전에 지주는 부활할 수밖에 없을 것이다. 정전제가 시행되면서 생활이 안정된 각 가구가 자녀 서너 명을 낳는다면, 더는 개간될 땅이 없다는 전제하에 자녀들에게 돌아갈 땅은 전 세대의 3분의 1에 지나지 않게 되어서, 자작농으로서 충분한 소출을 거둘 수 없는 지경에 이르렀을 테니 말이다. 그러면 화전민이 되거나, 땅을 팔아버리고 소작농 또는 머슴으로 전락할 수도 있다. 앞선 논의에서 정리한 바로, 조선왕조 말기는 아마도 이런 종류의 한계점에 도달한 상태였을 것이다. 이와 별개로 공산주의자들의 방식이라는 것은 저 정전제에서 '사전'에 해당하는 9분의 8에 해당하는 땅을 집단농장으로 만들어버리는 것에 가깝다. 그리고 그렇게 해서는 생산성이 담보되기 어렵기 때문에 자투리땅을 '텃밭'이라고 인정하여 거기서 나온 소출을 각 가구가 가져가는 것을 허용한다. 정전제에 비유하

私田	私田	私田
私田	公田	私田
私田	私田	私田

정전제

집단농장

텃밭

공산주의 토지개혁

자면 '공전'에 해당하는 가운데 땅 9분의 1을 다시 9분의 1로 분할하여 '텃밭'으로 인정하는 것과 같다.

　　한편 여기에서 그치지 말고 더 생각해봐야 할 것이 있다. 급진적인 토지개혁이 좋은 결말을 가져오지 못하는 경우도 있었다. 한국과 대만에서는 가능했던 것이 다른 나라에선 작동하지 않기도 했다. 라틴아메리카 여러 나라와 필리핀의 경우 20세기 중반에 한국과 대만처럼 토지개혁을 실시하지 않았기 때문에 인구 대다수를 차지하는 농민들에게 근로 의욕을 불러일으킬 수 없었고 경제성장에서 성과를 낼 수 없었다고 해석할 수 있다. 그런데 주대환은 이런 방향으로 설명하다가 멕시코라는 특수한 사례를 발견한다. 멕시코에선 1910년에 혁명이 시작되었고 그 에너지가 지속되어 1917년에 새로운 헌법을 제정하기에 이르렀다. 이 헌법에 따라 1930년대와 1960년대에 두 차례나 토지개혁을 실시했는데, 얼마 지나지 않아 효과가 사라졌다. 멕시코 농민들이 자영농의 삶을 유지하지 못하고 얼마 지나지 않아 지주들에게 땅을 팔아버리고 농업 노동자로 다시 돌아가버렸기 때문이다. 주대환은 이에 대해 한국 농민들은 소작농인 시절에도 경영 능력이 있었기 때문에 자영농의 위치를 감당할 수 있었던 반면, 대농장에서 일해온 라틴아메리카의 농업 노동자들은 그렇지 않았으리라고 추론했다. 기본적으로는 토지개혁의 유무가 큰 결과의 차이를 낳았다고 해석했지만, 한국과 대만의 토지개혁이 좋은 결과를 낳을 수 있었던 데엔 동아시아 소농 경제라는 좀 더 뿌리 깊은 문화적 맥락이 작용했으리라고 짐작했다.[22]

사실 주대환이 직관적으로 간파한 이 부분은 매우 타당한 분석이었다. 이는 이영훈이나 미야지마 히로시 같은 역사학자들이 얘기한 '소농사회론', 그리고 사회학자 이철승이 논의한 '벼농사 협업체제'에 관한 논의와 일치한다. 이영훈은 한 연재물에서 다음과 같이 말한 바 있다.

박정희 대통령을 위시한 고도성장의 주역들은 자주 아무것도 없는 허허벌판에서 신천지를 개척한 듯 자처했지만, 그 역시 몰역사적인 과장이다. 이 세상에 기적은 없으며, 다 있을 만한 일이 일어날 뿐이다. 그들은 역사가 남긴 자산을 밑천으로 현명한 선택을 했을 뿐이다.

이 연재는 한국에서 정착 농경이 성립한 이후의 긴 문명사를 추적해왔다. 15세기 들어 세대복합체가 해체되고 개별가족이 사

---

22   주대환, 《주대환의 시민을 위한 한국 현대사》, pp. 56~57.

회생활의 기초 단위로 분리됐다. 17~19세기에는 초보적 수준의 시장경제 위에서 소농사회가 성립했다. 소농은 장시간 노동을 견디고, 합리적으로 계산하고, 미래를 예측하고, 후대를 위해 저축하는 능력을 전제한 경영체다. 세계사에서 소농사회가 들어선 지역은 서유럽과 동아시아로 한정된다. 이 지역에서 유달리 근대적 경제성장이 순조로웠던 것은 '경제하려는 의지'의 인간군이 소농사회의 터전에서 성숙했기 때문이다.[23]

위와 같이, 이영훈은 한국경제사를 연구하는 문맥에서는 결코 '단절사관'이나 '청산사관'의 신봉자가 아니었다. 그러나 그와 별도로 근현대사를 논평하는 문맥에서는 '식민지 근대화론'을 강조하며 '단절사관'의 신봉자처럼 굴었다고 볼 수 있다. 이러한 모순은 이후 이영훈이 '단절사관'을 벗어나 '부채상속사관'으로 폭주하는 원인이 된다. 나는 공저 《추월의 시대》 9장 〈기적의 재구성: 한국은 하루아침에 이루어지지 않았다〉에서 세월을 거슬러가면서 1980년대 김재익의 역할, 1960~1970년대 박정희의 역할, 1950년대의 역할, 일제강점기 '만주모던'의 역할, 그리고 사회학자 이철승이 말한 전근대 '벼농사 협업체제론' 등이 모두 '한강의 기적'에 기여했음을 설명한 바 있다. 여기서 나는 이영훈에 대해 "이영훈은 조선왕조가 이룩한 문명이 현대 한국의 산업화에 끼친 영향을 종종 긍정했다. 그러나 근본적으로 보면 그 긍정의 수준은 '올바른 일본의 방식을 이식할 만한 수준은 되었던 조선'에 대한 평가에 그쳤다. 그의 논의 구조에는 '천박한 조선왕조의 후예'들

---

23   이영훈, 〈한국형 개발체제로 타오른 한민족 기업 의지…'한강의 기적' 일궜다〉, 〈한국경제〉, 2019년 5월 31일.

이 '고귀한 일본'이 정해준 길을 이탈하고 조상들의 습속을 흉내 내기 시작하면 근대화에서 탈선하여 망국의 길에 이르게 될 거라는 훗날의 폭주가 잠재되어 있었다"고 평가했다.[24]

　　사실 이영훈의 생각처럼 식민지 근대화론을 전적으로 긍정하더라도 현대 한국이 일본의 지도 및 지침 아래에서만 행동해야 할 이유는 전혀 없다. 이는 산업혁명 이후 영국과 다른 유럽 국가들의 관계만 봐도 알 수 있다. 동아시아보다 앞선 유럽 산업혁명의 역사에서도 산업혁명을 자생적으로 시작한 것은 영국뿐이며, 다른 나라들은 영국의 산업혁명을 수용했다고 볼 수 있다. 그렇더라도 여타 후발주자들이 이영훈이 한국더러 그저 일본에게 복종하라고 요구하는 것처럼, 영국이 만든 자유무역의 룰에 복종할 때에만 성장할 수 있었던 것은 아니다. 영국 이후의 후발주자들은 오히려 보호무역을 통해 성장했으며, 어느 정도 시간이 지나자 미국과 독일은 영국을 제치고 2차 산업혁명을 주도하기까지 했다. 따라서 한국이 계속해서 경제성장을 하고 싶다면 산업혁명과 경제성장의 비밀을 연구해서 그 길을 따라가면 될 뿐이다. 이영훈처럼 우리가 '일본의 길'을 받아들여 성장했으니 거기서 벗어나면 망한다는 식으로 생각하는 것은 본질적으로 경제학적 사고라기보다는 주술적 사고인 것이다.

'벼농사 협업체제론'과 '소농사회'의 역할

24　　김시우·백승호·양승훈·임경빈·하헌기·한윤형, 《추월의 시대》, 메디치미디어, 2020, pp. 290~291.

다시 돌아와 서유럽과 동아시아가 소농사회에 들어선 지역이었다는 이영훈의 논의에서 벼농사의 특수성을 추가하면 미야지마 히로시와 이철승의 논의를 한층 쉽게 이해할 수 있다. 여기서 주의해야 할 것은 '소농사회'와 '벼농사'의 교집합이어야 한다는 것이다. 나는 몇 년 전부터 이러한 논의에 매우 매력을 느끼고 있는데, 이철승의 《불평등의 세대》나 《쌀 재난 국가》 등에 소개된 '벼농사 협업체제론'에 대해 얘기하려고 하면 여러 종류의 반론이 나오곤 했다. 이를테면 "동남아시아 사람들도 쌀에 환장하는데요? 벼농사와 밀농사의 대비로 동(북)아시아를 규정할 수 있을까요?"와 같은 반응이다. 이철승의 논의가 실제로 듬성듬성하게 전개되는 구석도 있기에 타당한 반론이다. 그러나 이에 대해 대신 반박해보자면 단지 벼농사만으로 규정되는 것은 아니고, 방금 말했듯 '소농사회'라는 요소가 강하게 작용한다고 봐야 한다. 앞서 소개한 일본의 경제학자 하야미 아키라가 주장한 '근면혁명'도 이 '소농사회'와 '벼농사'의 교집합에서 일어난 일이라고 나는 판단한다. 이철승의 경우 사회학자이지만 벼농사 문화권과 밀농사 문화권을 비교하는 논의에선 심리학자 토머스 탈헬름과 함께 작업하여 심리학 저널에 논문을 제출했다. 그리고 두 문화권의 사회심리가 어떤 지점에서 차이가 나는지 살펴보는 이 비교 작업에선 아직 벼농사 문화권 내부의 차이까지는 들여다보지 못하고 있다. 그러나 나는 패널 분석을 하는 것이 아니라 가설적 논의를 하는 것이므로 벼농사 문화권 내부의 차이까지 들여다보고자 한다.

편의상 거칠게 '소농사회'와 '벼농사'의 교집합이라 단순화시키긴 했지만 좀 더 정밀하게 들어가면 동아시아의 독특한 집약 도작의 방법에서 발생하는 차이라 볼 수 있다. 미야지마의 정리에 따르면, 아시아의 도작법은 크게 건조대륙乾燥大陸(건조한 평야부)의 전작형田作型(밭농

사형) 도작, 조엽수림照葉樹林(습윤한 산간부)의 이식移植 도작, 열대산지熱
帶山地의 화전식 도작으로 나눌 수 있다. 그중 건조대륙의 전작형 도작
은 인도에서 발달한 것인데 우리 기준에서 본다면 벼를 밭농사하듯이
기르고 모내기 없이 직파하는 방식이라 설명할 수 있다. 방글라데시와
동남아시아의 삼각주 지대에서도 이 방식으로 쌀을 재배한다. 우리가
아는 모내기가 있는 도작법은 조엽수림의 이식 도작에 해당하는데, 동
아시아의 집약 도작이란 이와 같은 이식 도작법을 대하천 하류부에까
지 확장한 것에 해당한다.[25] 그런데 여기에서 하나 정리해야 할 문제가
생기는데, 조선의 이식 도작법은 호남평야 등 대하천 하류부까지의 확
장이 이루어지지 않았으며, 호남의 곡창지대에선 일제강점기 이후에
야 이식 도작법이 시행되었다.[26] 그렇기에 현상적으로 볼 때 조선 후기
의 농업 양상은 농업기술에서 동시대 중국이나 일본보다 뒤떨어진 것
처럼 보였을 것이다. 앞서 이영훈이 조선의 '소농 자립' 수준이 중국이
나 일본에 비해 제한적이었다고 논평한 것 역시 이러한 '편견'을 벗어
나지 못한 것에 해당한다. 이에 대해 미야지마는 한국의 경우 중국이나
일본에 비해 모내기 시기 물을 안정적으로 확보할 수 있는 기후 조건
이 아니었기 때문에, 수리 시설에 막대한 투자를 하기보다는 물의 공급
이 불안정한 조건 아래에서 가능한 수도작 기술을 개발하는 방향으로
나아갔다고 논평한다. 따라서 조선에서 이식 도작법의 확산 역시 중국
및 일본과 같은 방향이었다는 것이다.[27] 또한 이철승이 이태진과 문중
양의 논의를 수용하여 논한 바에 따르면, 한반도는 중국 송대 남부에서

25   미야지마 히로시, 《한중일 비교 통사》, pp. 43~44.

26   미야지마 히로시, 《미야지마 히로시, 나의 한국사 공부》, p. 64.

27   위의 책, p. 65.

개발되어 일본에서 일반화된 수차를 이용하기에도 지형과 토질이 받쳐주지 않았다고 한다.[28]

　　사실 해당 논의를 가장 정교하게 펼친 이는《조선시대 경상도의 권력 중심 이동》을 써낸 역사학자 김성우이다. 김성우는 한국의 기후와 지형 때문에 조선시대 농지의 확장은 산간지대로의 확산으로 나아갈 수밖에 없었는데, 이를 주도했던 경상도의 집약농법이 17세기 이래 본격화되었다는 점에서, 개시 시점은 중국 강남(16세기 후반~17세기 초반)이나 일본 간사이 지방(17세기 초반)의 그것과 크게 차이 나지 않았다고 지적한다. 게다가 한국의 기후적·지형적 조건과 긴밀히 연결된 이러한 농법 및 지역개발은 중국 강남이나 일본 간사이의 그것과 지극히 다르다는 점에서, 지극히 '한국적인 것'이었다고 분석한다. 따라서 해당 농법, 즉 조선시대 경상도의 수전농법은 중국의 '강남농법'이나 일본의 '간사이농법'과 크게 다르다는 점에서 '영남농법'이라 불러야 마땅하다고 그는 주장한다.[29] 김성우의 해당 논의는 이영훈, 미야지마 히로시, 이철승 등이 분석한 내용과 맥락적으로 완전히 합치하면서도 굉장히 구체적이기 때문에 크게 설득력이 있다. 또한 김성우는 "한국은 산지가 70% 이상을 차지하고, 험준한 산맥과 계곡 사이로 수많은 하천이 거미줄처럼 퍼져 있는 지형적 특성"을 지니고 있기에 자급자족적인 농촌 공동체에서 살아갈 수밖에 없었고, 지역 간 상품유통은 개항 직후의 시기까지에도 크게 제약을 받을 수밖에 없었으며, 높은 운송 비용은 그대로 물류 비용에 흡수될 수밖에 없었다고 분석했다.[30] 즉 조선시대

28　　　이철승,《쌀 재난 국가》, p. 56.

29　　　김성우,《조선시대 경상도의 권력 중심 이동》, 태학사, 2012, pp. 30~33.

30　　　위의 책, pp. 300~303.

의 농업이 수차도 사용하지 못했고, 대하천 하류부에서 집약 도작을 하지 못했으며, (상업적 측면에서는) 수레를 활용한 지역 간 상품유통도 하지 못했던 까닭은 겉보기에는 '미개'나 '낙후'의 징표처럼 보였지만 결국에는 자연환경의 질곡에서 비롯된 것이다.

　　따라서 조선의 벼농사 기술이 중국과 일본에 비해 뒤떨어졌다는 편견에서 벗어나, 오히려 어떤 의미에선 그들보다 뛰어났다는 점을 이해해야 모든 의문이 해소된다. 실제로 일제강점기 초기 조선총독부는 식민지 조선에 일본의 앞선 농업기술을 보급하려고 시도했으나 효력이 없었다고 한다. 식민지 조선의 농업을 발전시킨 것은 근대적 기술로 지어진 수리 관개시설, 비료, 농기계와 같은 것들이었지, 전근대 일본의 '더 발달된 기술'이란 게 딱히 존재하지는 않았던 셈이다. 오히려 앞에서 소개한 이철승의 설명에서 그 맥락을 파악하면 조선인들은 어려운 동아시아 집약 도작의 방식을 가장 척박한 기후에서도 성공적으로 실행해온 이들이란 얘기가 된다. 또한 이 집약 도작의 방식이 정립되면 가족 경영이 가장 높은 생산력을 실현하는 방법이 되는데, 여기에서 성립하는 것이 바로 소농사회인 것이다.[31] 그리하여 단순화해서 설명할 때 '소농사회'와 '벼농사'의 교집합으로 정의 내릴 수 있는 '벼농사 협업체제론'에 의거하여 이철승이 던지는 도발적인 질문이 바로 이런 것들인데, 나는 여기 담긴 문제의식에는 전적으로 동의한다.

> … 박정희가 주도한 새마을운동 덕분에 이들이 효율적으로 '협업'할 수 있었는가, 아니면 효율적으로 '협업'할 줄을 이미 알고 있었기에 새마을운동이 성과를 거둔 것인가? 전자는 기존의 발

31　　미야지마 히로시, 《한중일 비교 통사》, pp. 46~47.

전국가론 및 위대한 영도자론의 설명이고, 후자는 '벼농사 체제' 론의 설명이다.[32]

　… 유신의 교과서로 초등교육을 받은 나로서는 이 새마을운동 의 위상과 역할에 대해 의문을 제기할 때가 되었다. 어떻게 그 토록 '친족 집단 간의 불화, 반상의 갈등, 남녀 차별, 도박과 음 주로 무기력하게 찌들어있던'(이영훈 2016) 비자립적이고 무정형 적이던 사회가 7년 만에 모범적인 자립 자조형 마을과 공장으로 변신할 수 있는가? 《한국경제사》(2016)라는 기념비적인 저작을 남긴 이영훈 교수는 핸더슨의 '소용돌이 정치'라는 은유를 조금 변형시켜 '나선 사회'라는 개념으로 이 퍼즐을 설명하려고 한다. … 이는 한국 '사회'를 중앙집권 체제에 순응적이며 자체 동력과 자발성이 없는 비루한 신분 사회로 격하시킨 후, 능력 있는 지도 자와 테크노크라트의 영도력을 격상시키는 설명이다. 내가 보기 에 1930년대 혹은 그 직후 출생 세대 학자들은 이 퍼즐을 풀 수 없었다. 동아시아 사회에 깊숙이 뿌리박혀 있는 벼농사 체제와 그로부터 유래하는 사회적 협업의 하부구조를 저평가했기 때문 이다.[33]

새로운 '유교 자본주의론'에 불과할까?
좀 더 깊게 파고들면…

32　　이철승, 《불평등의 세대》, 문학과지성사, 2019, p. 162.

33　　위의 책, p. 163.

부연하자면 나는 한국의 경제성장에 미친 박정희 전 대통령의 영향력을 부당하게 축소하려는 의도는 없다. 다만 일각에서 믿는 것처럼 '반인반신'적 존재가 한국사와 한국 사회에 그간 없던 것을 외곽에서 도입해 만들어낸 것처럼 서술할 필요는 없다는 것이다. 이는 지극히 보수적 성향의 역사학자인 이영훈도 지적한 것처럼 '몰역사적인 과장'에 해당한다. 그러나 박정희가 한국 사회에 없던 것을 만들어낸 게 아니라는 사실은 오히려 초기 박정희를 옹호할 만한 근거를 형성할 수도 있다. 박정희가 성공한 것은 무에서 유를 창출했기 때문이 아니라 당대 사람들이 원하는 바를 대변했기 때문이라고 얘기할 수 있기 때문이다. 나는 이 문제에 관해서는 마이클 브린의 서술이 매우 적절했다고 생각한다.

한국 사람들이 슬기로운 선택을 하도록 하고, 선택이 실패했을 때는 현명하게 방침을 바꾸어 또 다른 지혜로운 선택을 하도록 한 원동력은 무엇이었는가? 똑똑한 분석가는 "그들이 나처럼 하버드를 다녔기 때문"이라고 생각하는 경향이 있다. 그러나 다른 가난한 나라에도 박사학위를 가진 장관들이 있다. 올바른 해답을 찾는 것은 보다 어렵다. … 필자가 보기에 한국인들은 분노했고, 혼란스러웠으며, 필사적이었다. … 그들은 성공해야만 했다.

… 필사적인 사람들에게는 다른 우선순위가 있다. … 1961년에 한국인들은 그들의 우선순위에 맞는 지도자를 만나게 된다.

… 박정희는 한국인들을 격려하고, 윽박지르고, 때리고, 회유하

고, 부추겨서 논두렁에서 산업세계의 최전방으로 몰아갔다.[34]

　　다시 돌아와서 '벼농사 협업체제론'에 대해 얘기해보자면, 이에 의거한 분석은 내게는 상당히 매력적인 것으로 들리지만 누군가에게는 위험해 보이기도 할 것이다. 멀지 않은 과거에도 문화권의 영향으로 현대 사회를 규명하려는 시도는 보통 이미 근대화나 경제성장이 이루어진 지역의 문화를 정당화하는 방식으로 이루어졌기 때문이다. 사회학의 고전인 막스 베버의 《프로테스탄티즘의 윤리와 자본주의 정신》(1905년 출간)의 경우에도 꼭 그렇게 해석될 필요는 없는 것 같은데도 기독교 문화권에서만 자본주의가 가능하다는 '기독교 자본주의론'을 정당화하는 것으로 이해되곤 했다. 문화권과 근대화의 인과관계를 단순하게 엮는 이러한 분석은 20세기 말 일본의 제조업이 세계를 정복할 기세로 발전하고 '네 마리의 작은 용'(싱가포르, 홍콩, 대만, 한국을 지칭하던 말로 이 말이 처음 생길 때만 해도 한국은 이 네 나라 중에서도 말석으로 취급됐다)이 뒤따르자 '유교 자본주의론'이란 변형된 형태로 나타났다. 당시 '유교 자본주의론'은 개발독재를 정당화하는 방식으로 나아가기도 했다. 1994년에 미국의 국제정치학술지인 〈포린 어페어스Foreign Affairs〉에 고 김대중 전 대통령이 〈문화가 운명인가?Is culture Destiny?〉란 글을 기고하여, 사실상 아시아 문화에는 민주주의적 가치가 들어맞지 않는다고 주장한 고 리콴유 전 싱가포르 총리의 주장을 논박한 것도 그런 맥락에서 발생한 일이었다. 리콴유와 같은 단순화된 정당화는 언제나 경계해야 한다. 한편 반대편에선 '유교 사회주의론'이라는 단순화 논리도 나타났다. 전통적인 중국 사회에선 사유私有의 개념이 약하고 공公의 관념이

────────────

34　마이클 브린, 《한국, 한국인》, 실레북스, 2018, pp. 251~254.

강했다고 파악한 다음 그래서 사회주의와 어울린다고 논증했다는 것
인데, 이 역시 중국을 포함한 동아시아 사회는 사유제도가 아주 일찍부
터 발달한 지역이란 점에서 가당찮은 논의다.[35] 앞서 본 것처럼 동아시
아 전통의 이상인 정전제에서도 이미 '사전'이 전제되어 있었고, '공전'
의 규모는 9분의 1에 불과했다. 동아시아 지역에서 공의 관념이 강했
다는 문제는, 추후 7장에서 다시 다루겠지만 사유재산의 문제와 별도
로 훨씬 더 섬세하게 파악해야 한다.

하지만 나는 문화권의 특성과 현대 사회의 모습을 연결 짓는 분
석이 꼭 저렇게 단순해야 한다고 생각하지는 않는다. 어떤 문화권이 근
대화를 할 수 있는지 없는지, 민주주의에 걸맞은지 걸맞지 않은지를 논
하는 수준을 넘어서, 어떤 문화권은 '어떤 근대화'를 만들어내기 쉽고
'어떤 민주주의'를 만들어내기 쉬운지를 논의할 수 있다고 믿는다. 앞
서 2장에서 한 번 언급한 것처럼, '민주주의의 다양성'을 말할 수 있는
시대가 도래하고 있다고 생각한다.

'모두가 양반이 된 나라'는 조선 후기가 아니라 현대 대한민국에
서 완성됐다. 신분제가 제도적으로 해체된 것은 물론이거니와, 문화적
으로도 사람들은 과거의 신분을 지운 채 처음부터 모두가 양반이었던
양 처신할 수 있었다. 해방 이후 토지개혁에 의해 땅을 얻게 된 자작농
중 출신이 비천했던 이들은 사는 지역을 옮겨서 아무도 모르는 곳에서
새 출발을 하게 된다.[36] 이때부터 고도성장의 길을 밟게 된 한국 사회에

---

35   미야지마 히로시, 《한중일 비교 통사》, p. 200.

36   "농지를 분배받은 그들은 토지를 팔고 자기의 원래 신분을 모르는 다른 지방으로
      이사를 하였습니다. 그곳에서 새로 토지를 구입하여 독립자영농으로 열심히 일하
      여 꿈에 그리던 일가를 창립하지요. 그중에서 자식농사를 잘 지어 초등학교 교사까
      지 시킨 사례가 채집되어 있습니다. 그야말로 사민평등의 시대가 찾아온 것이지요.
      빈농의 자식이라도 머리만 좋으면 대학에 다니고 판검사도 하고 심지어 대통령까

서 한국인들은 모두가 양반인 것처럼 처신하기 시작했다고 볼 수 있다.

이 지점에도 전근대사의 영향력이 있는데, 사실 지역공동체를 옮기는 데 별 부담감을 느끼지 못하는 삶의 태도 역시 적어도 조선시대 후기부터 형성된 것이다.[37] 현대 한국인은 큰 부담감 없이 자주 이사를 다니는데, 이는 지역공동체에 붙박여 사는 옆 나라 일본과는 극적으로 대조적인 태도다. 일본인들은 도쿄로 일자리를 구하러 떠났다고 해도 은퇴하면 거의 반드시 고향으로 돌아오지만, 한국인들은 서울에 계속 머물거나 서울을 떠나더라도 다른 교외로 내려가지 굳이 고향으로 가야 한다는 강박이 없다. '모두가 양반이 된 나라'를 만들기 위해 현대 한국인 중 상당수는 이사를 가야 했는데, 그렇게 훌쩍 이사를 갈 수 있는 문화도 전통사회로부터 연유한 것이었다.

'한국적 민주주의'를 되돌아보다

그런데 문화권을 해석할 때는 '단순한 인과론'도 경계해야 하지

지 할 수 있는 시대가 열린 것이지요. 제헌헌법이 선포하고 있는 그대로 어떤 형태의 차별도 특수계급의 존재도 인정하지 않은 건국의 이념이 농지개혁을 통해서 실현되었던 것입니다." 이영훈,《대한민국 이야기: 해방전후사의 재인식 강의》, 기파랑, 2007, p. 228.

37 "조선왕조의 지배자들은 정처 없이 자주 옮겨 다니는 백성들을 철새의 무리에 비유하곤 하였다. 농가의 이동성이 어느 정도였는지는 현존하는 군현의 호적을 통해 살필 수 있다. 1717년 경상도 단성현 법물야면에서 가계를 계승하고 유지한 기간은 평균 41년이다. 신분별로 기간의 차이가 있어 양반의 가계는 78년, 양인의 가계는 37년, 맨 하층 노비의 가계는 23년이다. 이에 100년이 지난 1825년까지 존속한 가계는 각 동리를 대표하는 양반 친족집단의 대소 종가에 해당하는 45호에 불과하였다. 이같이 대다수의 가계는 평균 2~3세대 안에 다른 지방으로 거주지를 옮겼다. 농가의 이동은 잘 알려진 흉작의 해에 특히 심하였다." 이영훈,《한국경제사 I》, p. 483.

만 '정치적 올바름에 입각한 지나친 형평론'도 경계해야 한다. 이를테면 나는 유교 문화권이 개발독재를 쉬이 옹호할 여지가 있다는 점, 기독교 문화권에 비해 정직이란 가치를 중시하지 않는다는 점은 사실이라고 생각한다. 이 분석에 의거하여 동아시아 사람들은 민주주의에 어울리지 않는다거나, 아니면 동아시아 사람들은 거짓말쟁이에 사기꾼이라고 주장한다면 부당한 일이다. 하지만 저런 종류의 분석 자체를 금기시한다면 그 역시 과하다. 이것저것 다 그렇게 말해서는 안 된다고 금기를 설정하다 보면 분석 자체가 무의미해진다.

나는 2장에서 동아시아 유교 윤리가 권력을 대하는 독특한 방식을 사회학자 이철승이 《불평등의 세대》에서 정리한 바를 소개했다. 그는 '유교 윤리'에는 '권력자의 수행 성과에 대한 항상적인 평가'가 내재되어 있다고 한다. 성과를 내면 왕으로 모실 수 있지만 성과가 없으면 뒤집을 수 있다는 것이다. 이러한 태도가 내면화된 유교 문화권 사람들은 집권자의 수행 능력이 정당성을 가져온다고 믿으며, 이것이 '유교적 정당성'이다.[38] 이런 태도가 개발독재를 정당화할 수 있는 심리적 토대가 된 것도 당연하다. 대만의 장제스, 싱가포르의 리콴유, 한국의 박정희와 같은 지도자들이 추앙받는 토대도 이러한 문화에 있었고 중국 공산당의 통치가 아직까지 안정적인 이유도 여기에 있다고 봐야 한다.

여기서 '동아시아는 그렇게 미개하니까 민주주의가 안 되는 거야!'라고 손사래를 치기 전에 조금만 더 논의를 뜯어서 살펴보자. 우리가 독재자들을 몰아낸 지 얼마 안 됐을 때는 '개발독재'란 말을 들으면 '독재'란 말부터 발견하고 화들짝 놀라는 게 당연했다. 그러나 한국 민주주의가 공고화된 다음에는 저 네 글자에서 '개발'에 주목할 수 있다.

---

38   이철승, 《불평등의 세대》, pp. 43~44.

동아시아 독재자들은 권력을 정당화하기 위해 보통 '개발'이란 이름의 성과가 필요했고, 그러지 못할 경우엔 권력을 정당화하기가 궁색해졌다는 것이다.

흥미로운 점은 한국 사회 시민들은 이 '개발독재'의 정당화 논리를 '끝까지 몰아붙였기에' 민주화를 쟁취할 수 있었다는 것이다. 보통은 어느 정도 성과가 나면 그 독재자가 계속 집권하는 것을 용인해준다. 싱가포르의 리콴유 일가도 중국 공산당도 러시아의 블라디미르 푸틴도 '공로가 있으니 그 공로를 인정해주겠다'는 식으로 인민들의 승인을 받았다. 사실 한국에서도 박정희에 대해 특히 대구·경북 지역의 일각에선 '박정희가 만든 나라이니 박근혜가 망쳐도 상관없다'는 수준의 폭넓은 승인이 펼쳐졌다. 하지만 한국 사회 시민들의 기본적인 태도는 '그다음으로 줄 수 있는 건 뭔데? 줄 수 없다면 이제 내려오지 그래?!'였다. '항상적인 개발독재에의 요구'는 '해줄 게 없다면 그냥 내려와라!'라는 자기파멸적인 요소를 내재하고 있었다. 그리하여 박정희는 중화학공업이라는 원대한 다음 목표와 유신 체제라는 권력 보신 독재 체제를 결합시켜서 끝까지 치달렸고, 결국 역사에서 퇴장하게 됐다.

그렇다면 왜 한국에선 이런 일이 일어날 수 있었는가? 우리는 조심스럽게 두 가지 접근 방식을 택해야겠다. 하나는 좀 더 보편적인 방식으로, 앞서 말한 동아시아의 유교적 정당화 논리가 민주주의의 길로 나아가는 방도를 한국의 사례에서 발견하는 것이다. 다른 하나는 특수성에 대한 분석으로, 한국이 다른 나라보다 그 경로를 먼저 수월하게 발견하게 된 연유를 규명하는 것이다. 이 두 가지를 규명할 수 있다면 우리는 동아시아 문화권의 다른 국가에서도 민주주의를 추동하기 위해 어떤 노력을 기울여야 하는지를 더 정확하게 진단할 수 있을 것이다.

이제 이철승의 논의에서 슬며시 빠져나와 나 자신의 가설을 좀 더 담대하게 밀어붙이려고 한다. 나는 한국에서 어떤 일이 일어났는지를 다음과 같이 설명할 것이다. "한국 사회의 20세기 후반에서 21세기 초반이라는 시공간에서 진행된 개발독재에서 민주주의로의 이행은, '유교적 세속주의'가 동아시아에서도 가장 잘 진행된 사회에서 가능했던, '도구론적 정치관'을 통해 수행됐다"라고 말이다.

요약하자면 나는 20세기의 한국인들이 본인들이 전근대 사회에 형성했고 익숙했던 그 문화적 전통 위에서 개발독재 체제를 형성하고 이어서 한국적 민주주의로 나아갔다고 제안하고 싶다. 한국 민주주의란 그저 미 군정에 의해 이식된 것이라는 논리도 최근에 와서는 반박되는 추세다. 과거의 우리는 제헌헌법을 그저 유진오라는 탁월한 개인이 만든 것으로 취급했지만, 연구를 하다 보면 임시정부 헌법이 제헌헌법에 미친 영향이 있고, 그 임시정부 헌법에 3.1운동의 강령들이 영향을 미쳤음을 확인할 수 있다.

그런데 한국의 헌법은 내각제적 요소가 있음에도 대통령제를 받아들였으며, 그 이유는 초대 대통령 이승만의 생떼 같은 고집이 작용했다고 알려져 있다. 그는 양녕대군의 후예임을 자랑했고, 본인이 유학 시절 경험한 미국 대통령제의 대통령 같은 것을 하고 싶었다. 재미있는 것은 그 이승만이 정권을 연장하기 위해 선택한 대안이 '직선제'였다는 것이다. 신생 대한민국은 국회의원이 대통령을 선출하는 간선제를 택했으나, 1대 대통령 선거에서 국회의원들의 압도적인 지지를 받고 선출된 이승만이 2대 대통령 선거에선 당선을 장담할 수 없자 무려 한국전쟁 당시 북한군에 의해 소멸의 위협에 놓였던 1952년의 임시수도 부산에서 헌병대를 동원하여 국회의원을 감금하고 직선제 선거로의 '발췌 개헌'을 단행한다. 이를 당대엔 '부산정치파동'이라 했는데,

1952년 영국의 한 언론인이 "한국에서 민주주의를 기대하는 것은 쓰레기통에서 장미가 꽃피기를 기대하는 것이다"라는 냉소적인 논평을 한 계기가 된 사건이기도 하다.

사실 이승만 시기를 살펴면, 생각보다 제헌의회 의원은 '이승만 박사'에게 '잘 개겼다'. 이승만이 미국 박사학위와 연령에서 나오는 권위로 찍어누르려 했지만, 그들은 '당신이나 내나 같은 초선 의원인데' 와 같은 태도를 견지했다. 인구 2,000만 명의 신생 민주주의 국가에서 국회의원 200명이 생겼으니, 그들 각자는 10만 명을 대표하는 사람들이었으며, 스스로를 '십만선량'이라고 칭했다. 어쩌면 각 정당 당론의 거수기로 전락한 오늘날의 국회의원보다 당당하고 주체적이었다. 세간의 편견과는 다르게 친일파 출신이라고 덜 개기고 독립운동가 출신이라고 더 개기는 것도 아니었다. 오히려 독립운동가 출신인 이범석 같은 이가 이승만의 수족이 되기도 했다.[39]

그런 자들에게서 지지를 기대하기 어렵게 된 이승만이 직선제로 방향을 틀었을 때, 엄청난 나비효과가 발생했다고도 말할 수 있다. 이승만은 직선제로 개헌한 이후 1952년과 1956년 선거에서 승리했으나, 1960년에는 본인의 대통령 선거도 아니고 후계자를 위한 부통령 선거 결과를 바꾸기 위해 부정선거를 저지르다가 시민혁명을 당하게 된다. 이후 전개된 제2공화국의 혼란기에 두 번째 독재자 박정희는 1961년 군부 쿠데타를 통해 등장한다. 이 점에 대해선, 당대에는 군부 쿠데타란 사건을 사람들이 지금처럼 민주주의에 대한 폭거라면서 질색하지는 않았다는 점을 이해할 필요가 있다. 이집트의 나세르를 필두

---

39   이에 대해서는 김진배, 《두 얼굴의 헌법: 결정적 순간, 헌법 탄생 리얼 다큐》, 폴리티쿠스, 2013의 논의를 참조할 것.

로 하여 제3세계에서 민중주의적 쿠데타가 유행했기 때문이다. 한국의 진보적 정치학자들은 박정희와 나세르를 연결하려고 하면, 나세르는 '좌파'이고 박정희는 '우파'라는 이유로 질색하는 경향이 있다. 그러나 박정희는 몰라도 적어도 김종필은 본인들의 쿠데타가 나세르와 관련이 있다고 생각했으며, 쿠데타 당시 박정희가 일정 부분 환호받은 맥락도 그 때문이었다. 쿠데타는 수단이어야만 했고, 군사정권은 일시적이어야 했기에 박정희는 군복을 벗고 직선제 선거에 참여했다. 우리는 우리 역사니까 그런가 보다 하지만, 제3세계 전체로 시선을 돌려보면 이 자체가 굉장히 희소한 사례였다. 박정희는 1963년, 1967년, 그리고 1971년 선거에서 승리했다. 두 번은 윤보선과 붙었고 한 번은 김대중과 붙었다. 윤보선과의 첫 번째 선거는 박빙이었고, 두 번째 선거 때는 공로를 인정받아 제법 차이를 넉넉하게 벌렸다. 세 번째 선거는 수치만으로 봐서는 두 번째 선거보다도 차이가 크지만 박정희는 더는 선거를 하지 않겠다고 결심했다. 당대 많은 사람들이 느낀 것처럼 김대중과 펼친 세 번째 선거는 노골적인 부정선거였을 수 있다.

이쯤에서 여러분은 내가 서론에서 '대중독재'에 대해 피상적인 의미와 학술적인 의미를 나누어 논한 것을 떠올릴 필요가 있다. 그렇다. 나는 '대중의 독재'가 아니라 '대중이 승인한 독재'라는 학술적 의미를 궁구해볼 때, 1952년부터 1960년까지의 이승만과 1963년부터 1972년까지의 박정희는 '대중독재'라고 부를 만하다고 생각한다. 물론 승인의 관점에서 보자면 다소 사기 계약인 성격이 있다. 왜냐하면 이승만과 박정희가 본인들이 행한 악랄한 국가 폭력의 목록을 시민에게 낱낱이 보고하지는 않았으며, 시민은 그걸 전부 보고받지 못한 채 승인했기 때문이다. 진보주의자들은 1961년 박정희의 5.16쿠데타로부터 전두환 일당이 실각한 1987년까지의 만 26년을 '군부독재 30년'으로 규정하기를 좋아한다. 이제 나는 그렇게 생각하지 않는다. 한국 사회 시민들의 입장에선 박정희의 1963년에서부터 1972년까지는 다소 달랐으며, 1972년 유신 이후 그가 사망하고 1980년 광주의 비극을 거쳐 전두환이 집권하여 직선제 없이 통치한 1987년까지의 상황이 이와 구별될 수 있다고 생각한다. 1987년에 사람들이 "내가 대통령을 뽑을 권리를 돌려내라!"라고 할 때 그들이 생각한 것이 미국이나 유럽에 있는 추상적이고 이상적인 민주주의였겠는가? 아니면 과거 어느 시점에 연장자들이 누렸다고 얘기했던 직접 대통령을 뽑을 권리였겠는가? 1987년 사람들은 일제히 봉기하여 상황을 15년 전으로 되돌렸다. 그렇게 접근해야 기껏 대통령 뽑을 권리를 찾고서도 3분의 1 이상의 사람들이 군부독재자 전두환의 친구이자 조력자였던 노태우를 선출하여 새 대통령으로 만든 맥락을 온전히 이해할 수 있다. 그들은 '군부독재 30년'을 청산하기로 결심한 게 아니라, 일단은 15년 전에 뺏긴 권리를 되찾자는 지점까지만 동의한 것이었기 때문이다.

표준압이 멱살 잡고 이끌었다

여기서 직선제가 만들어낸 나비효과를 조금 더 탐구해보자. 전근대 조선왕조는 성리학적 진리 체계를 수호하는 나라였으며, 사대부들은 정치 참여의 주체였다. 원론적으로는 과거에 합격하여 관료가 된 이들이 사대부였으나, 현실 세계에선 초시만 합격한 이나 관료의 자손, 시험공부를 한 이도 공론의 형성에 참여할 권리가 있는 것처럼 굴었다. 앞서 말했듯 그래봤자 사대부와 농민 사이에는 넘을 수 없는 벽이 있었으므로, 이 체제에서 개념적으로 민주주의의 맹아를 찾기는 어렵다.

그러나 한국인들은 철학의 민족이 아니었으므로, 민주주의로의 도약을 철학의 전환이 아니라 실천의 방책으로 이끌어냈다. 19세기 말 성리학적 진리 체계는 무너졌으되, 교육받은 사람들이 정치에 대해 발언할 수 있다는 식의 과거 정서의 찌꺼기는 남았다. 이제 한국인은 교육받아야만 했다. 교육을 받는다면 왕년의 사대부와 같은 이가 될 수 있는 것이었다. 발상 전환의 징조는 3.1운동에서부터 나타났다. 통감부 지배하에 있던 1906년 조선에 근대적 초등교육기관인 보통학교(기존의 '소학교'가 '보통학교'로 바뀌었고, 일제 말 다시 소학교로 바뀜)가 설립됐을 때, 조선의 부모들은 꺼려 했다. 그곳에 자녀를 보내면 일본인으로 교육받지 않을까 우려했고 나중에 일본 군인으로 차출될 수 있다는 소문마저 돌았다. 그래서 1919년만 해도 보통학교 적령 아동 39만 명 중 70%에 달하는 27만 5,000명이 서당에 다녔다. 그러나 1919년에 그 보통학교 학생들이 3.1운동의 주역으로서 활동하는 모습을 보고선 너도나도 자녀를 보내고자 했다. 1920년의 한 보통학교는 전년도에 비해 입학 지원자가 70배 늘었고, 지원자가 많아 입학 시기를 무기한 연기한 학교도 있을 정도였다. 일제는 조선인 모두를 교육시킬 의사가 추호도 없었기에 교육기관의 수립을 자제하고 주저했으나, 조선인들은 일제에 교육기관을 만들어 달라고 요구하고 요구가 받아들여지지 않으면 자체적으로 교육기관을 만들어서 운영하기까지 했다.[40]

이미 3.1운동에서부터 나온 '한국인의 민주화' 프로젝트의 핵심 키워드는 '교육'과 '정치 참여'였던 것이다. 근대적 교육을 받은 이가 정치 참여를 실천할 때 과거의 사대부와 같은 사람이 될 수 있다는 해법

40   김정인, 《독립을 꿈꾸는 민주주의: 민주주의 개념으로 독립운동사를 새로 쓰다》, 책과함께, 2017, pp. 160~176.

이 자리 잡은 것이다. '개념'이라 칭하기엔 아무도 논리적으로 설파한 바가 없으나, 한국인 중 상당수는 무의식적으로 이 길을 택했기에 이 방책을 '해법'으로 삼았음을 알 수 있다. 교육받고, 정치 참여하라! 그러면 양반이 될지어다![41] 20세기의 한국인은 그 길을 충실히 따라왔다. 대학생들이 4.19혁명을 주도한 사건은 '대학생은 많이 배웠으니까 정부에 좀 개기고 그래도 돼!'라는 식의 안이하고 관대한 통념 없이는 설명하기 힘들다. 이승만은 20세기 대한민국 서울에서 대학생에게 총질하면 어떤 정권도 지탱될 수 없다는 사실을 그의 몰락으로 증명했다. 한편 서울에서 대학생들이 봉기한 이유는 마산에서 고등학생이 최루탄을 맞고 죽었기 때문이었으므로, 지방이라고 해서 함부로 뭘 할 수 있는 것은 아니었다. 일제강점기부터 흘러넘쳤던 배움을 향한 한국인들의 갈망은 1950년대 초반 문맹률의 극적인 감소로 나타났고, 고등교육을 받은 이들의 비율이 증가하면서 산업화에도 크게 기여했다. 이 와중에 직능 교육과 이과 교육을 중시하여 산업화에 적극 활용한 것은 박정희의 공로라고 할 수 있다.

---

41   일단 나는 이 해법을 아무도 논리적으로 설파하지 않은 '무의식적 길'이라 서술했으나, 조선왕조 후기의 성리학적 전통에서 이와 같은 개념이 배태되고 있었다는 해석도 가능할 수 있다. 역사학자 이태진에 따르면, 19세기에 이르면 '사'는 양반의 다른 용어가 아니라 글을 읽을 줄 아는 존재의 범칭으로 바뀌어 있었다고 한다. '교육받으면 사대부'라는 개념이 이미 나타나고 있었던 셈이다. 또한 이태진은 고종이 1895년에 발표한 몇몇 조서에서 사대부를 넘어선 전체 인민(물론 당시엔 다른 용어를 사용)을 향해 '근대적 교육'을 받을 것을 요구했다고 분석한다. 그리고 고종의 이러한 요구가 정조 시기에 사대부 양반이 아닌 서민('소민')도 윤리와 교육을 공유하는 존재로 이해하고 '민국' 개념을 형성하고 있던 것의 연장선상이라 분석한다. 이러한 분석에 모두 동의하지는 않더라도, 성리학에 입각한 사대부적 정치문화가 유입된 근대 문명을 맞닥트렸을 때 인민을 향해 '교육'을 요구하고 이후 '정치참여'를 보장하면서 '시민'으로 대우하려는 전략을 채택할 수 있었을 것이라는 개연성을 확인할 수 있다. 해당 논의는 이태진, 〈국민 탄생의 역사 – 3.1 독립만세운동의 배경〉,《3.1독립만세운동과 식민지배체제》, 지식산업사, 2019, pp. 25~29를 참조할 것.

그리하여 1987년엔 어떠한 일이 일어났던가. 나는 좀 재미있는 일화로부터 시작하려고 하는데, 2013년 기자 시절 내 아버지뻘인 주대환 작가와 인터뷰를 하다가 "사실 우리는 박정희는 좀 무서워했는데 전두환은 아주 우스운 놈으로 봤다"는 말을 듣고 눈이 번쩍 뜨였던 적이 있다. 흔히 만날 수 있었던 80년대 학번들에게선 전혀 듣지 못한 이야기였기 때문이다(그는 대학교 학번으로 치면 73학번이다). 이후 이 얘기를 간직하다가 언젠가 다시 작은아버지뻘에 해당한다고 할 수 있는 역사학자 한홍구와 함께한 자리에서 "이런 얘기를 들었는데 어떻게 생각하십니까?"라고 물었다가 "정말로 그랬다"라는 답변을 들었다. 앞서 언급했듯이 마이클 브린은 1980년대를 회고하면서, 민주화 시위대와 진압하려는 경찰이 동질적인 모습을 보였고, 엘리트 공무원조차도 전두환의 통치에 당혹스러워하고 있었기에 본인은 한국이 민주화가 될 거라고 예상했다고 말했다.[42] 이 사실을 앞선 논의와 연결해보면, 이승만과 박정희의 카리스마란 그들이 두어 번 정도는 실제로 대중의 선택을 받았고 승인을 구했다는 점에서 나왔음을 알 수 있다. 전두환은 그 점을 생략했기 때문에 사람들이 일단은 용인했다 하더라도 훨씬 비상한 성과를 내야 했다. 그는 본인이 꽤 비상한 성과를 내는 중이라 생각했고, 경제적인 측면에서 볼 때는 그것도 사실이긴 했지만, 정당성이 없었기에 사람들은 그 이상을 요구했다. 한국인들에게 있어서 권력자가 만들어내야 할 성과라는 것은 경제성장뿐 아니라 자유의 문제까지 포괄하는 것이었음이 1980년대에 밝혀지게 된다. 사실 전두환 역시도 이 점을 이미 알았기 때문에 박정희의 유신 시절 있었던 참혹한 억압(대중문화 탄압, 패션 규제 등)을 청산하고 '3S'라 비판받은 새로운 시대를 연 것

42   마이클 브린, 《한국, 한국인》, pp. 21~22.

이기도 했다. 전두환 시기엔 학원 자율화 조치와 대학생 정원 확대 등이 대대적으로 이루어졌다. 그의 입장에선 어차피 정통성이 없으니 사람들이 원하는 것을 다 들어주자는 심리였을 텐데, 사람들은 원하는 것을 다 얻고 나니 더는 네가 필요 없다는 식의 태도를 보이기 시작했다. 대학생 정원의 확대는 정치 참여를 원하는 시민들이 확대됨을 의미하는 것이기도 했다. 1980년대 내내 호황을 맞이한 한국 사회에서 돈을 벌던 직장인, 넥타이 부대는 1980년대 후반에 이르자 슬슬 정권을 전복하려는 학생운동권을 지지하기 시작했다. 학생운동권의 관점에서는 1980년 광주에서의 학살에 항의해왔던 본인의 활동에 힘입어 대중이 깨어난 것이겠지만, 넥타이 부대의 관점에선 이 정권을 전복하기 위해 학생운동권을 도구로 활용한 것이나 다름없었다. 1987년에 있었던 박종철과 이한열의 죽음은 넥타이 부대가 학생운동권을 온전히 지지하면서 시위에 합류하기 위한 결정적인 명분을 줬다.

이 논의에서 내가 마지막으로 제시하고 싶은 것은 '표준압'이란 개념이다. 2015년 정도부터 사석에서 떠들고 다니던 것인데, 발표된 글로는 정리하지 못했다. 다행히 배려심이 강한 문화인류학자 엄기호가 본인의 책에서 '표준압'이란 단어 이전에 내가 떠들고 다닌 '평균압'이란 표현을 쓰면서 내가 만든 것임을 밝혀주는 수고를 했다.[43] 이처럼

---

43   "학부모고 학생들이고 실제로는 '최상'인데 그것을 마치 중간값이고 평균인 것처럼 착각하고 있어요. 한윤형 씨가 썼던 표현대로 하면 '평균압'입니다. 평균에 대한 압력이죠. 한국은 적어도 평균이 되어야 한다는 압력이 매우 높은 사회라는 뜻입니다. 평균이 되지 못하면 탈락이고 낙오이며 패배한 인생이라는 말이 돼요. 그런데 한국 사람들이 생각하는 평균이란 건 절대 평균이 아니라는 거예요. 너무 높다는 거죠. 예를 들면 한국에서 서울대를 간다는 건 평균이 아니잖아요? 그런데 공부를 잘한다, 꽤 한다 이러면 서울대는 아니더라도 연고대는 가야 한다, 이렇게 생각해요. 중간쯤 되는 아이들도 소위 10개 대학 있잖아요, '서연고서성한중경외시'라고 하는, 그 정도까지는 가줘야 평균이라고 생각하죠. 이건 정말 말도 안 되는 거거든요." 엄기호·하지현, 《공부 중독: 공부만이 답이라고 믿는 이들에게》, 위고, 2015, p.

나는 원래 '평균압'이란 단어를 먼저 생각했다. 한국 사회를 살아가는 시민들이 평균적이어야 한다는 압력을 크게 받는다는 의미였다. 그런데 더 고민하다 보니 한국 사람들이 말하는 '평균'은 진짜 '평균'이라기보단 평균보다 높은 기준을 '표준'으로 삼는 것이란 생각이 들었고 이에 단어를 '표준압'으로 바꾸게 됐다.[44]

　'표준압'이 작동하는 양상을 좀 더 설명해보자면 이러하다. 표준압이란 하나의 세계 안에서('사회'가 아님을 주목하라!) 적어도 표준 혹은 표준 이상이 되려는 욕망이다. 표준욕이 아니라 표준압이라 칭한 이유는, 한국인은 이에 대한 욕망이 매우 절실하기에 욕망 수준을 넘어 어떤 압력이자 압박으로 느끼기 때문이다. 이 역시 이철승이 묘사한 바 벼농사 문화권의 특징 중 하나라는 '비교와 질시의 문화'의 소산인 것으로 보인다. 벼농사 문화권 사람들은 밀농사 문화권과는 다르게 상호의존적인 집단 협업을 통해 서로의 사정과 소득을 위해 기울인 노력, 그리고 실제 소득을 속속들이 알게 된다. '비교와 질시의 문화'는 그렇게 발달한다.[45] 오늘날 한국과 대만, 중국까지 포괄하는 벼농사 문화권의 출생률이 낮아지는 것도 이 맥락에서 추정할 수 있다. 이 문화권의 사람들은 '자녀를 번듯하게' 키우지 못하느니 차라리 출생 자체를 포기한다는 것이다. 한국은 그 방면의 특성을 극단적으로 발달시킨 사회라고 볼 수

114.

44　한국 사회의 이러한 특징은 이미 여러 사람이 직관적으로 느꼈을 것이고, 그리하여 사회평론가 박권일이 10여 년 전쯤부터 제안한 '표준시민'과 같은 단어도 존재한다. 다만 '표준시민'이 좀 더 한국 사회 시민들에 대한 비판적인 접근이라면, 나는 좀 더 그 역할과 폐해를 건조하게 바라보는 편이다. '표준압'은 경제성장과 민주주의의 동력이 된 동시에 현대 한국인들이 겪는 고난의 주요한 원인 중 하나다. 문제는 우리가 그 장단점을 갈라서 좋은 점만 취하는 것이 지극히 어려운 일이라는 점이다.

45　이철승, 《불평등의 세대》, p. 153.

있다. 그래서 출생률이 낮아지는 동아시아 국가들(일본, 대만 등) 중에서도 그 경향성으로 독보적인 1등을 찍는다.

그리하여 한국인은 스스로가 한국 사회의 표준 이상이 되어야 한다는 압력을 느낀다. 가령 수입이 평균 이하라 생각하면 크게 불행감을 느끼는데, 그 수입은 엄밀히 말하면 평균치도 아니다. 최근 한국의 임금은 중위 임금으로 계산하면 월수입 240만 원 정도다. 3,000만 명이 고용됐다면 그중 1,500만 명째 임금은 그 언저리란 얘기다. 하지만 우리가 흔히 생각하는 평균은 월수입 240만 원, 그러니까 연봉 2,900만 원 정도가 아니라 연봉 5,000만 원 정도에 해당한다.[46]

한국인들은 심지어 자기 자신뿐 아니라 본인이 살아가는 한국 사회 전체에 대해서도 비슷한 압박을 느낀다. 압박적 욕망이라고 표현해야 더 적절할 것이다. 한국은 우리가 생각하기에도, 그리고 남들이 평가하기에도 그럴듯한 나라여야 하며, 이는 단지 국가의 GDP나 국방력 순위 같은 총체적인 수치를 넘어 모든 구체적인 요소에 적용되어야 한다. '표준'은 보편성을 지향하면서도 '평균'보다는 주류적 보편성을 향한다. 해외와 비교할 때는 전 세계 평균이 아니라, OECD 평균과 비교해야만 한다. 마이클 브린은 세월호 참사 이후 한국인들이 느꼈던 우울에 대해 다음과 같이 기록했다.

비극이 지나간 후에 한국인들은 심한 자기 모멸감에 빠졌다. 한국의 발전 스토리는 목가적으로 살아왔던 사람들이 그저 미용사

---

46 보건복지부 고시에 따른 2024년 기준 중위소득은 1인 가구는 223만 원, 3인 가구 471만 원, 4인 가구는 573만 원 정도다. 즉, 우리가 생각하는 평균은 혼자서 3인 가구 중위소득을 벌어야 하는 수치에 가깝다.

나 은행원이 된 이야기가 아니다. 그들이 빠져나온 삶은 혹독했다. 전통적 유교문화는 억압적이었으며, 급속한 발전에 따른 변화 과정에서 마찰도 생겨났다. 한국인은 성미가 급한 민족이며 자신이 상상하는 선진국 사람들처럼 되기를 갈망한다. 그리고 자신의 나라가 눈높이에 미치지 못할 때는 지나칠 정도로 자책한다.[47]

나는 이 개념을 기성세대의 어법으로 어떻게 표현할 것인가를 두고 한참 동안 고민했더랬다. 그러던 어느 날 함께 이에 대해 떠들면서 술을 마시던 사회학자 양승훈이 내게 '사람 구실 해야 한다'는 어르신들의 말을 발굴해서 전해줬다. 그렇다. 1980년대생인 나와 양승훈의 또래도 사람 구실을 해야 한다는 어르신들의 발화에 의해 '아무리 그래도 이쯤은 해야지'라는 압박을 받는다. 최근 인터넷의 여러 커뮤니티에 올라온 경북대학교 학생의 글을 본 적이 있다. 그는 한국 사회 시민들이 어떻게 서로의 시선을 의식하다가 지옥을 만들어내는지 논했는데, 그가 전하는 현상은 내가 말한 '표준압'과 완전히 동일한 것이었다. 그가 글의 말미에서 끝내 '사람 구실'이란 말을 이끌어내는 것을 보고, 나와 양승훈이 고민했던 것과 같은 이야기를 하고 있음을 알게 됐다.

표준압이 1987년의 상황에 미친 영향은 무엇일까. 쿠데타에 성공한 박정희가 군복을 벗고 대통령 선거에 참여한 게 다른 나라에서는 매우 생경한 것과 마찬가지로, 그때 그 군중을 왜 군부독재 세력이 무력 진압하지 않았는지도 다른 나라의 관점에서 본다면 생경하다. 그런데 우리에겐 별로 놀랍지도 않다. 그 점에 대해 이제 나는 이렇게 설명

---

47   마이클 브린,《한국, 한국인》, p. 16.

하고자 한다. 장성들 역시 본인의 자녀들이 시위대의 자녀들과 섞여서 살아야 한다는 사실을 알고 있었노라고. 그들이나 우리나 한국 사회에서 따로 떨어져 나와 살 수 있는 사람이 아니었으며, 한국 사회는 기득권층과 서민이 그런 식으로 분리되어 있지도 않고 너나 내나 '표준'을 지키고 살아야 하는 사람이었노라고. 이 '표준'은 강력한 주류 지향성을 가진다. 말하자면 지방은 서울을 지향하고, 서울은 미국 및 서유럽을 지향한다. 장성의 자녀들은 시위대의 자녀들과 섞여서 살아야 하는 것은 물론이거니와, 선진국의 언론에 대해서도 할 말은 있어야 했다. 니네 나라는 먹고살 만해졌고 더는 개발독재의 명분도 없는데 시위하는 이들에게 총이나 쏴대느냐는 얘기는 들을 수가 없었다. 중국이나 일본 정치인과 달리, 한국 정치인은 외신에 비상한 신경을 써야 했다. 본인이 신경 쓰지 않는다면 신경 쓰는 표준적인 시민이 그를 권좌에서 끌어내릴 테니 말이다.

경북대학교 학생이 간파한 것처럼, 표준압은 오늘날에도 한국 사회 시민의 삶을 지옥으로 만드는 요인이기도 하다. 하지만 바로 그 요인이 우리를 1950년대의 이승만이나 1960년대의 박정희가 상상하던 '한국적 민주주의'보다 훨씬 더 심화된, 민주주의의 공고화의 길로 이끌었다. 물론 이 민주주의 또한 '한국적 민주주의'임은 부인할 수가 없다. 현대 한국인은 사회의 운영에 관여하고자 할 때는 전근대 조선왕조의 사대부처럼, 그리고 사회 서비스의 소비자처럼 대우받고자 할 때는 전근대 조선왕조의 농민처럼 굴기 시작했다. 그러한 행위의 총체가 바로 지금 우리 사회를 구성하는 한국적 민주주의인 것이다. 우리는 '모두가 양반이 된 나라'라는 무의식적 이상을 심화시키기 위해 먼저 개발독재를 선택했으며, 다음으로는 한국적 민주주의를 선택했다. 그리고 일련의 선택 아래에는, 한말 외국인 기록을 예전의 편견과 다르게 재인식하면서 우리가 재발굴해야 하는 한국적 삶의 태생적 부지런함이 깔려 있었다.

'데모지랄크라시'

나는 '한국적 민주주의'라는 말을 일부러 사용하고 있다. 박정희는 저 단어를 잘못 사용했다. 본인의 독재를 정당화하기 위해, 독재가 아니라 민주주의의 일종이라고 우기기 위해 사용했던 것이다. 그래서 우리는 저 단어를 기피하게 됐는데, 이제는 박정희가 퇴장한 지도 반세기가 다 되어가니 경계심을 풀 때도 됐다고 본다.

한국적 민주주의란 무엇인가. 비속어를 섞는 게 용서된다면, 내가 보기에 그것은 '인민지랄지배', 그러니까 '데모지랄크라시', 구성원 상당수가 본인의 이해관계와 정견에 맞춰 적극적으로 민원과 정치적 주장을 섞은 것을 남발하고 제시하며 정치권력을 길들이려고 시도하여 실현된 민주주의 체제다. 법치주의를 숭앙하는 보수에겐 그간 '떼법'으로밖에 보이지 않았으나, 여러 이해관계자가 두루 참여하니 모종의 균형을 맞추게 됐다. 민주주의에 대한 그간의 통상적인 분석에서 한국은 서구가 가진 'X'나 'Y'가 결여되었기에 민주주의의 발전이 요원하다고 여겨졌다. 그런데도 여하간 한국 민주주의가 버티거나 심지어 진전해왔다면, 이제는 (결여'가 아니라) 우리에게 남들보다 '과잉'되게 있는 것이 그런 일을 이루어왔다고 분석해야만 한다. 이해관계자 모두가 과잉되게 '광광'거리면서 민원을 제기하는 것이 두루 수렴될 때 한국 민주주의는 진전해왔다. 최근 한국 민주주의가 한계나 파행에 봉착한 것처럼 보이는 이유는, 주요 정당들이 그저 '상식과 상식 간의 대격돌'에 골몰하여 더는 이해관계자들의 민원을 적극적으로 수렴하지 않기 때문이다.

특정 개인이 얌전하다 하더라도 큰 상관이 없다. 가령 대전 출신 천주교인 김개똥이 난리를 칠 수 없는 사람이라 해도 상관없다. '대전 출신'이란 틀 안에는, '천주교인'이란 틀 안에는, 광광의 협업을 수행할 수 있는 소집단 지성이 분명히 존재할 테니까 말이다. 누군가는 눈치챘겠지만 '대전 출신 천주교인 김개똥'이란 사례는 그나마 한국에서 상대적으로 거칠게 항의하지 않는 정체성을 고른 것이다.

'데모지랄크라시'는 처음 겪으면 정신 사납고 원칙이 없어 폭삭 망할 것 같지만 균형이 지켜진다는 게 핵심이다. 한국은 한때 선진국들보다 먼저 망할 나라처럼 여겨졌지만 역설적으로 노상 이렇기 때문에 전 지구적 유행인 극우 포퓰리즘에서 비껴나 있는 것처럼 느껴지기까지 한다. 하도 서로에게 수두 주사를 찔러대고 살았더니 아무도 천연두에 걸리지 않고 심드렁하다.

박정희는 이 개념의 이름만 발견하고 떠난 것이 아니라, 지랄할 수 있는 권리를 가진 사람의 숫자를 늘리는 기능적 역할을 하고 역사 속에서 퇴장했다고 말할 수 있다. 그는 누군가의 믿음처럼 현대 한국인을 주조한 사람은 아니었고, 말년에는 분명히 타락했다. 그러나 한때는 타락하지 않았기 때문에 일정 부분 애국심이 있는 측근을 옆에 둘러치고 있었다. 따라서 타락하지 않았던 자가 타락했을 때 일어날 수 있는 사건이 10.26과 같은 것이었다고 생각한다. 리비아의 독재자 카다피처럼 민중이 본인을 반대하며 봉기했을 때, 그 머리 위로 폭탄을 떨어뜨리는 추잡한 최후를 피할 수 있었다. 카다피도 한때 '혁명가'를 자처했고, 그는 굳이 분류하자면 '좌파'였다. 그랬기에 카다피는 박정희와 달리 이집트의 나세르와 비슷한 계열의 독재자로 이해됐다. 카다피는 나세르의 범아랍주의를 지지했으며, 나세르 사후에 본인이 나세르의 지위를 차지하고 싶어 했다. 오늘날까지도 한국의 진보주의 학자들은 박정희를 나세르에 연결하는 것조차 싫어하지만, 굳이 따지자면 박정희와 그 주변인 그룹이 카다피는 물론이거니와 나세르보다도 훨씬 본인들의 조국에 기여했던 셈이다. 언젠가 우리가 '선악 결전의 백년전쟁'이 아니라 좀 더 풍성하고 뼈근한 근현대사를 서술할 여유를 지니게 된다면, 산업화의 영웅과 민주화의 영웅을 함께 추모하게 될 것이다.

5장
한국은
하나의 상식이다

성리학의 나라에서 상식의 나라로

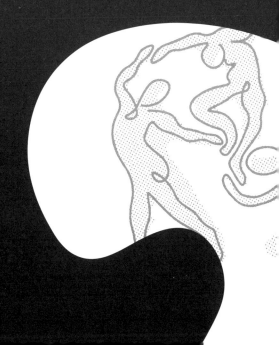

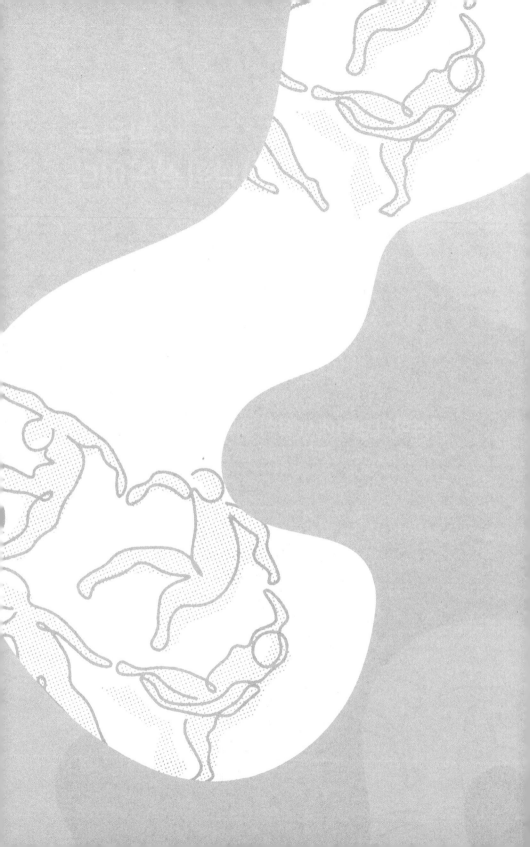

    2장에서 4장에 걸쳐 한국은 역사가 절단난 나라라는 끈덕진 믿음을 어느 정도 논파했으니, 이제부터는 우리 전근대사의 특질이 어떻게 현대를 구성하고, 또한 한국을 '상식의 나라'로 만들고 있는지를 살펴볼 때다.

    사실 "한국은 상식이 통치하는 나라예요"라고 말했을 때, 고개를 주억거릴 수 있는 사람들은 꽤 많다. 그런데 여기에 공감한 이들은 이어서 "상식 같은 허접한 것이 통치하니까 나라가 이 모양이지. 개선해야 해"와 같은 반응으로 나아갈 가능성이 크다. 학위를 땄든 자격증을 땄든 많이 공부한 사람들은 본인에게 익숙한 지식체계가 세상을 통치하기를 바라는 경향이 있다. 그래서 한국 민주주의가 '상식의 통치'로 이루어진다는 것은 그들에게 보통 유감스러운 일이 된다. 그들은 '상식' 대신에 유럽의 자유주의 정치철학, 혹은 미국의 실용주의, 또는 법치주의, 심지어는 일본식 체제 순응 의식 같은 것이 들어서야 나라가 나라답게 굴러간다고 생각할 것이다.

    나는 상식이 통치하는 세상에 특유의 문제가 있을 수 있다는 사실을 기꺼이 인정한다. 6장 말미에서는 그 폐해도 논하게 될 것이다. 한국에서 상식이 어떻게 통치하는지 묘사하는 책을 쓰면서 한국인들의 상식에 조금도 저항하지 않는다면 그 역시 말이 안 되는 일이다. 사실 지금까지 서술에서도 이미 나는 우리의 '상식'에 여기저기 잽을 날려댄 셈이다(조금 있으면 로우킥도 날리겠다는 뜻이다).

그러나 '상식 통치 사회'에 일정한 문제가 있다는 것과 별도로, 이 '상식 통치 사회'는 뿌리 깊은 현상이란 게 내 진단이다. 적어도 한국의 전근대사 몇백 년과 연결되어 있고, 전근대사에 적응한 방식이 근대화를 만나면서 표류하며 변형됐지만 '원래 하던 맥을 찾아' 복원된 형태가 '상식 통치 사회로서의 한국 민주주의'라고 나는 생각한다. 그렇기에 '상식 통치 사회'는 그 근본을 쉽게 다른 사회의 철학으로 바꿀 수 없다. '상식'이란 건 일견 보면 다른 철학이나 사상처럼 치밀하게 일관성을 추구하거나, 심오한 내용을 담고 있지 않아서 말랑말랑하고 허접해 보인다. 그래서 우리 사회의 정신문화 체계에서 그저 쉽게 뜯어내고 다른 것을 부품처럼 갈아끼우면 더 잘 작동할 것처럼 보이기도 하지만, 그것은 착각이라는 의미다. '상식'은 단순할 수 있어도, 한국이 '상식' 사회가 된 역사적 맥락은 결코 단순하지 않으며 단단하게 존재하기 때문이다. 따라서 우리는 '상식 통치 사회'의 문제점을 지적하고 보완하기 위해서라도 '상식 통치 사회'의 작동 방식을 철저하게 파악하고 그 맥락에 맞는 대안을 제시해야 한다.

이미 몇 번 언급했지만 나는 한국의 특수성이란 것이 분명히 존재하지만 그것이 외딴섬처럼 홀로 존재하는 것이 아니라 인류 문명의 다양성 가운데 하나의 좌표로 존재할 뿐이라 생각한다. 그래서 먼저 한국의 세계관이 어떤 좌표에 있는지 가늠해보고, 그 좌표적 특성이 어찌하여 이전에 '성리학의 나라'를 지지했는지, 그 '성리학의 나라'는 어쩌다가 근현대사의 질곡을 거쳐서 '상식의 나라'로 이동하게 되었는지를 설명해보려고 한다. 좌표적 특성을 따지기 위해 먼저 나는 '일원론적 세계관'부터 검토할 것이다.

한국인들은 중국인들처럼 일원론적 세계관을 산다

일원론적 세계관과 이원론적 세계관의 차이는《자현 스님의 조금 특별한 불교 이야기》에 잘 정리된 설명이 있기에 가져왔다. 불교는 인도라는 거대 문화권에서 발흥하여 중국이라는 거대 문화권에서도 크게 확산되었는데, 이후 인도에서는 오히려 힌두교에게 밀려나 비주류 종교가 된 특수성을 지니고 있다. 이는 여타 세계 종교에서도 찾아보기 힘든 독특한 특징이다. 그렇기에 불교를 말하는 사람은 인도의 불교가 중국에 가서 어떻게 변형됐는지를 말하기 위해, 인도의 세계관과 중국의 세계관 간의 차이를 설명하게 된다. 이 과정에서 제시된 비교의 구도가 바로 '이원론적 세계관'과 '일원론적 세계관'이다. 이 구별법에서 인도와 유럽은 '이원론적 세계관'의 문화가 되고, 중국은 '일원론적 세계관'의 문화가 된다. 이 구별에서 볼 때 한국 역시 전형적인 일원론적 세계관의 문화이다. 앞서 나는 2장과 4장에서 이미 '유교적 세속주의'를 논한 바 있는데, 정확히는 유교가 세속주의를 만들어냈다기보다는 일원론적 세계관의 문화권에서 자연스럽게 유교의 세속주의적 태도가 발생했다고 봐야 한다고 생각한다. 여기서 '일원론적 세계관'을 좀 더 일상 어법으로 바꾸면 '현세 중시 관점'이 될 것이고, '이원론적 세계관'을 좀 더 일상 어법으로 바꾸면 '내세 중시 관점'이 될 것이다.

이원론적 세계관의 전형은 플라톤이《국가》에서 말한 '동굴의 비유'다. 현대를 사는 우리는 길게 설명할 필요 없이 영화〈매트릭스〉시리즈(1999~2003)에서 묘사하는 상황을 생각하면 된다. '진짜 세계'와

'가짜 세계'가 존재하며, 우리가 사는 세계는 '가짜'라는 것이다. 그러나 인간에겐 '가짜' 세계가 가깝기 때문에 그 세계가 이편(차안此岸)의 세계이며, '진짜' 세계는 우리에게서 멀기 때문에 저편(피안彼岸)의 세계다. 니체는《차라투스트라는 이렇게 말했다》앞부분에서 차라투스트라의 입을 빌린 세 번째 강의로 '저편의 또 다른 세계를 신봉하고 있는 사람들에 대하여' 논하면서 이원론을 '디스'했다. 그것이 유럽의 세계관, 유럽 철학의 기반이기도 했기 때문이다.[1]

이러한 이원론의 체계에선 저편의 세계를 탐구하는 종교 지도자(교단의 총수)와 이편의 세계를 통치하는 정치 지도자(왕)가 분리되어 공존할 수 있다고 한다. 붓다가 살아생전 왕국의 왕들로부터 인정받고 교단 운영의 자율성을 침해받지 않았다는 점, 유럽에서 교황의 존재와 같은 것이 그 예시다. 자현 스님은 여기까진 얘기하지 않았지만 그렇다면 덴노와 쇼군將軍이 오랫동안 분리되어 있었던 일본 문화는 혹시 이원론적 세계관이 아니었는지, 일본이 중국이나 한국과 상당히 다른 독특함을 유지할 수 있었던 요인이 혹시 그것 때문이었는지 의문을 품어볼 만하다.

자현 스님에 따르면, 중국 문화권은 이 세계만을 실존으로 판단하는 일원론의 관점이다. 그래서 중국 문화권에는 막연한 관념이 아닌

---

1 그러나 유럽 문화의 기반, 즉 고대 그리스와 이스라엘의 경우 애초부터 이원론의 문화였다기보다는 처음에는 일원론에 가까웠다가 '축의 시대' 즈음에 이원론으로 도약했다고 볼 수도 있다. 도식화하자면 니체가 그리스 비극은 높이 평가하면서 소크라테스와 플라톤을 비판하고, 예수의 활동에 대해선 찬탄을 보내면서도 이후의 기독교에 대해선 비판하는 이유도 거기에 있다. 그리스 비극과 예수의 활동은 '이 세상'의 행위에 집중하는 '일원론'에 해당했는데, 어느 순간 후세대들에 의해 '이원론'이 강화됐다고 보는 것이다. 내 편견에 의한 단순화된 이해 방법을 덧붙이자면, 니체가 홀린 듯 칭찬하면 일원론, 니체가 헐뜯으며 험담을 늘어놓으면 이원론이라 이해하면 편하다.

구체적인 사후 세계가 없으며, 유교에서 제사를 지낼 때 음식을 챙겨주는 건 사후 세계만의 다른 에너지 공급 체계가 없기 때문이라고 한다. 이렇게 내세가 없는 곳에서는 역사에 이름을 남겨야 한다는 강한 역사주의가 파생되며, 중국 문화권의 역사주의와 내세관의 부재는 상호 표리 관계라고 한다.

역사주의가 강하면서 내세관이 부재한 사회와 반대로 역사주의가 약하면서 내세관이 강한 사회의 차이를 알려주는 중요한 예시는 공자와 붓다가 보인 기록 양상의 차이다. 공자는 중국 역사서에 생몰연대는 물론 그 날짜까지 기록되어 있다. 반면 붓다는 처음엔 경전이 글로 쓰이지도 않고 구전으로 전승되었을 뿐더러, 그 내용에도 생몰연대는 기록되어 있지 않고 일련의 사건에서 선후관계도 명확하지 않아 좀 더 복잡한 연구가 필요하다. 붓다의 문화권에선 그러한 구체적인 한 인간의 사정은 '진리'를 파악하는 데 중요하지 않다고 봤기 때문일 것이다.

내세가 딱히 분리되어 있지 않으니 한 번 군주는 죽어서도 군주이며, 그래서 군주가 아니면 성인이 될 수 없다는 성인군주론이 존재하게 되고, 성인 중 군주가 아니었던 공자나 관우도 후일 추증해서 문선왕文宣王이나 관제關帝라는 군주의 지위를 부여하게 된다고 한다. 일원론의 체계이기 때문에 정치의 비중은 매우 비대해지며, 강한 정치 지향적 문화, 출세를 중시하는 문제가 발생한다. 정신보다는 물질을 중시하기 때문에 물질주의, 배금주의, 외모지상주의, 장애인 차별과 같은 문제를 파생하게 된다.[2]

우리는 위 세 문단으로 요약한 중국 문화의 '일원론적 세계관'이

---

2 자현 스님,《자현 스님의 조금 특별한 불교 이야기: 자본과 권력의 관점에서 본 새로운 불교의 역사》, 불광출판사, 2012, pp. 218~237.

5장 한국은 하나의 상식이다   253

갖는 특성이 거의 곧이곧대로 한국 사회의 특성이기도 하다는 사실을 쉽게 파악할 수 있다. 내세가 없는 것은 아니지만 현세가 훨씬 중시된다. '개똥밭에 굴러도 이승이 좋다'라는 속담이 전형적으로 그러한 삶의 태도를 보여준다. 저승에 간다고 한들 이승과 전혀 다른 새로운 세상이 열린다고는 잘 생각하지 않는다. 문제는 그다음부터다. 중국 문화와 한국 문화가 흡사한 부분보다는 '중국 문화와 한국 문화의 차이'를 규명하는 것이 훨씬 힘든 작업이기 때문이다. 전근대 시절이든 근대 이후든 중국학자들은 기타 동아시아 국가의 특수성에 무관심한 편이다. 그들이 보편이라고 생각하기 때문이다. 한편 한국의 경우는 (대체로 전근대엔) '중국 문화와 한국 문화가 같거나 거의 비슷하다고 간주'하거나 (대체로 현대엔) '민족의 주체성을 강조하기 위해 안간힘을 다해 우리의 특수성을 강조'하는 식이었다. 현재의 내 관점에서 볼 때, 전자는 무신경한 분석이었으며 후자는 열등감에 의한 분석이었다고 볼 수 있다. 동아시아 문화가 중국 문화를 원류로 방사형으로 퍼져나간 것이 명백한 사실이라 하더라도, 그것을 수용하는 과정에서 각 영역 국가의 문화에 따라 수용 양상에 차이가 발생할 수밖에 없다. 차이가 있다는 점 역시 명백하기 때문에, 너무 안간힘을 쓰면서 찾아야 할 이유도 없다.

중국 문화와 여타 동아시아 문화의 큰 차이

중국 문화와 여타 동아시아 문화의 가장 큰 차이는, 중국 역사에선 전통사회 윤리가 빈번하게 붕괴했으며 그에 대한 대응책으로 사상적 전환이 이루어졌다는 데 있다. 가령 신라와 야마토 왕조가 받아들인 당나라의 율령 체계는, 중국에서는 진나라의 성립 과정에서 이미 씨족

공동체 등이 완전히 해체되었기 때문에 황제가 만민을 다스린다는 이념 아래 성립된 것이었다. 그러나 한반도나 일본 열도에서는 씨족공동체가 그렇게 해체된 바가 없었기 때문에 중국 문화를 수용하더라도 다른 양상이 펼쳐졌다.[3] 사실 '축의 시대'라는 도약이 이루어진 지역은 모두 전통사회 윤리가 파괴되거나 크게 흔들린 지역이었다고 볼 수 있다. 파괴가 있었기에 도약이 가능했던 셈이다.

예수가 활동했던 이스라엘은 예외적으로 전통사회 윤리가 파괴된 것은 아니었지만, 로마에게 점령당한 식민지 상태에서 전통사회 윤리를 다른 방식으로 정당화할 필요가 있었다. 고대 그리스는 활발한 무역으로 여러 나라의 문화를 접하면서 각 문화권의 상이하고도 다양한 종교와 윤리체계를 비교하는 경험을 하다가 '축의 시대'로 도약했다. 민주주의가 진리를 상대화시키는 가운데, 진리 여부를 따지기보다 논쟁에서 이기는 게 답이라는 소피스트들의 사상이 대두되었고, 그중에서도 "정의란 강자의 이익(이며 약자에겐 손해)"에 불과하다는 트라시마코스의 냉소주의에 사람들은 대응해야 했다. 붓다가 활동했던 인도에서는 상업의 융성으로 사람들이 고통받고, 성장하는 전쟁 국가가 기존의 소국을 병합하고 소멸시키는 상황이었다(심지어는 붓다가 왕자로 태어난 소왕국도 붓다의 생전에 소멸됐다). 중국 역시 춘추전국시대의 혼란과 기존 전통사회 윤리가 붕괴하는 상황에서 제자백가들이 경쟁했고 최종적으로 유학이 승리하게 됐다. 가령 우리는 맹자의 측은지심惻隱之心에 대한 설명을 들을 때, '어린아이가 우물에 빠지려고 하면 자연스럽게 생기는 도와주고 싶은 마음'이란 예시에 그저 고개를 끄덕끄덕하게 되지만,

---

3   미야지마 히로시, 《한중일 비교 통사: 역사의 재정립이 필요한 때》, 박은영 옮김, 너머북스, 2020, pp. 211~212.

당대의 문맥에선 차가워진 사람들의 마음에서 인仁의 근거를 발견하기 위한 필사적인 사유실험이었던 셈이다.[4]

이러한 차이는 중국과 한국 사이에만 성립하는 것이 아니라 중국과 나머지 동아시아 국가 모두에 성립한다. 중국을 제외한 중국 유학

'축의 시대' 비교	춘추시대 중국	고대 그리스	고대 인도	로마 식민지 이스라엘
배경이 되는 전통 윤리	·서주시대 천명사상, 봉건제 ·농촌 마을 질서	·그리스 신화 ·호메로스 서사시의 전사 윤리 ·폴리스의 정치적 삶	·브라만 족 신화 체계 ·아리안 족 전사 윤리	·이스라엘을 점령한 제국이 붕괴될 때마다 강화된 일신교 전통 ·마을 공동체 질서
전통 윤리를 파괴한 것	전쟁으로 성장하는 국가	·무역 ·민주주의, 소피스트의 변론	·상업의 융성 ·전쟁으로 성장하는 국가	·이스라엘을 정복한 로마제국
형이상학	일원론	일/이원론 혼재	이원론	일/이원론 혼재
수련 방법	나의 내면에 집중, 우리 세계 질서 내부의 도약 (장르소설적 비유: 무협소설의 내공 쌓기)	나는 인식의 주체, 진리는 외부 세계 (장르소설적 비유: 연금술, 현자의 돌)	나의 내면에 집중, 이 세계 질서로의 도약 (장르소설적 비유: 요가 고수의 수련)	신과 나의 솔직한 대화 (우리는 이것을 '기도'라고 부르기로 했어요)
주요 전략	전통 윤리에 주석을 달면서, 이를 상호 호혜적으로 해석하고, 농촌 마을 질서와 연결	신석기시대의 정의(윤리)가 '강자의 이익'에 불과하다는 냉소주의에서 출발, 윤리는 상호 호혜가 되어야 한다는 결론을 논증으로 도출하려고 시도함	상호 호혜의 요소가 있지만, 기본적인 전략은 '시장이 지배하는 세상'을 인정하고 '고통'을 줄이는 데 노력을 기울임	잉여가 없는 쪽이 진정으로 상호 호혜적일 수 있고, '가장 인간적인 이들'(하느님 나라의 거주민)이라고 주장하는 전복의 전략
행위자	·공자 등 제자백가 ·공자의 제자들	·소크라테스 ·플라톤 ·아리스토텔레스	·붓다와 그 교단	·예수 ·십이사도 및 바울 ·교회

'축의 시대'의 도약을 만들어낸 네 지역의 차이

---

4   "맹자는 사람을 어떤 특정 상황에 놓아두고서 어떤 반응을 보일까, 라는 실험을 하고 있다. 일종의 사유실험이라고 할 수 있다. 즉 그는 변수를 완전히 축소해서 사람으로 하여금 예스 아니면 노라는 대답밖에 할 수 없도록 하고서 그것을 통해 사람이 보일 수 있는 반응을 끌어내서 성선을 입증하고자 했다." 신정근,《철학사의 전환: 동아시아적 사유의 전개와 그 터닝포인트》, 글항아리, 2012, p. 218.

의 영향을 받은 여타 동아시아 지역, 조선과 베트남과 일본과 류큐(오키나와) 모두 전통 윤리가 붕괴하지 않은 채로 유학을 받아들였고, 그러므로 각자의 전통 윤리 양상의 차이에 따라 유학에 대한 수용 양상 또한 달랐을 것으로 추정된다. 조금 더 어려운 부분은 '각자의 전통 윤리 양상의 차이'라는 문맥에서 한국의 특수성을 규명하는 것이다.

'한국의 특수성'을 규명하는 일이 초래할 수 있는 문제들로는 2002년에 있었던 '붉은 악마 현상 해석 논쟁'의 사례를 참조할 수 있다. 한일 공동 개최 월드컵 당시 한국이 '4강 신화'를 이룩하는 가운데 거의 전 국민이 참여한 길거리 응원에서 보인 일사불란함이 세계적으로도 화제가 됐다. 그런데 이를 보며 박노자 등 몇몇 좌파 지식인은 '군부 독재 시절 전체주의와 파시즘 문화의 유산'에 해당한다고 비평했다. 한편 민족주의자들은 《삼국지 위지 동이전》 등에 나오는 한국 고대사의 제천 행사, 즉 '부여의 영고, 고구려의 동맹, 동예의 무천' 등의 문화가 현대에 구현된 것이라고 말하고 싶어 했다. 다른 중국 문헌에선 고조선에도 제천 행사가 있었고 그 이름은 동예와 마찬가지로 무천이었다고 기록하기도 한다. 그러니 민족주의자들에게 '붉은 악마 현상'은 '한국의 특성이자 정체성'이 몇천 년간 불변했다는 점을 증명하는 것이었으며, '고조선부터 유구하게 이어진 우리 민족의 흥!'과 같은 말로 수식하고픈 달콤한 유혹에 빠져들기에 아주 적합한 현상이었다. 오늘날에도 민족주의 성향의 한국학 원로들은 '한류'라 일컬어지는 한국 대중문화의 전 지구적 흥기 현상에 대해 매우 듬성듬성한 논리로 고조선과 부여와 고구려를 소환하고 싶어 하는데, 당연히 대중문화 업계 종사자들은 매우 질색하는 분석이다.

'한국 문화의 특수성'을 규명할 수는 있는 건가?

　20년 전의 나는, '군부 파시즘의 유산'이란 분석에 대해선 '이해는 가지만 그건 아닌 것 같다'고 생각했다. 왜냐하면 한국 축구 국가대표팀 서포터즈 '붉은 악마'의 집단 응원이 일본 축구 국가대표팀 서포터즈 '울트라 니폰'을 참조하여 형성되는 것을 10대에 본 세대이기 때문이다. '붉은 악마' 형성 전, 그러니까 1990년대 초반까지 한국 축구 관중의 집단 응원은 그저 아저씨들이 자발적으로 꽹과리를 치거나 산발적으로 소리를 질러대는 것이었기 때문에, '울트라 니폰'의 조직적인 응원 함성에 다소 눌리는 모습이었다. 그래서 나는 길거리 응원이 '군부 파시즘의 유산'이라면 왜 군부 파시즘이 시기적으로 더 가까웠던 때에 집단 응원이 오히려 더 엉성했는지가 설명될 수 없다고 직관적으로 생각했다. 사실 2002년 이전의 한국 현대사에선 길거리에 그렇게 많은 사람이 쏟아져 나오면 당연히 독재 반대 시위를 하려는 것이었다. 그렇기에 그런 시도는 반드시 경찰의 제지를 받았다. 2002년 월드컵 길거리 응원은 한국 현대사에서 최초로 탈정치적인 길거리 점유의 시도였고, 심지어 경찰의 제지 없이 실행된 그것이 무척 재미있는 일임을 거의 모든 사람에게 알렸다. 그러므로 길거리 응원의 경험 이후 곧바로 미군 장갑차 여중생 압사 사고 추모 촛불시위가 시작되는 것은 결코 우연한 일이 아니다. 탈정치적인 길거리 점유의 시도에서 겪은 거대한 즐거움이 정치 영역에도 곧바로 적용된 것이다. 그때 시작된 전국민적 촛불시위의 전통은 2004년(노무현 대통령 탄핵 반대)·2008년(미국 소고기 수입 반대)·2016년(박근혜 대통령 탄핵 촉구)에 반복되면서 21세기 한국 정치사를 주기적으로 뒤흔들게 된다.

　한편 '민족의 유산'이란 분석에 대해선 '갑자기 수천 년을 건너

뛰는 게 황당하긴 한데 웃기고 재미있다'고 생각했다. 모종의 개연성을 느낀 셈이다. 그런데 나를 포함한 더 많은 사람이 설득될 수 있도록, 개연성을 높이기 위한 연결고리를 전혀 제시하지 않는 논의 방식이 크나큰 문제라고 생각했다. '한국인'이란 정체성이 마치 선험적으로 존재하는 것처럼 전제하고 논증하는 그런 이들의 존재는, 냉소적인 논평가와 일부 시민들로 하여금 '사실 한국의 특수성이나 정체성이란 건 딱히 존재하지 않아. 한국 뭐 그래봐야 대충 전근대엔 중국을 적당히 베꼈고, 근대에는 일본을 베끼다가 미국을 베끼는 등 왔다 갔다 하다가 이렇게 생겨먹은 것일 뿐이야'라는 반대 방향으로 편향되는 유혹에 빠져들게 하는 원인이 됐다.

　　한국사는 한국인들이 상상하는 것만큼 길지는 않으며, 고대사에 대해 남아 있는 기록도 지극히 빈약하다. 한국의 '상식'은 단군이 즉위한 해를 기원전 2333년으로 잡는다. 이러면 한국 역사는 4,300년쯤 되고, '반만년 역사'라는 관습적 표현만 생각하다 보면 한 5,000년쯤 되는 것으로 착각하게 된다. 그러나 역사학계의 상식은 고조선의 기원을 기원전 10세기 이전으로 끌어 올리기는 어렵다는 것이다.[5] 미국의 저명한 한국학자 중 한 명인 존 B. 던컨 UCLA 명예교수가 2014년에 USC KSI에서 강연한 '전근대 한국사' 영상을 보면, '반만년의 역사'에 동의할 수 없다고 얘기하면서, 한국사의 길이를 2,000년 정도로 상

---

[5]　　고조선에 내한 최초의 중국 문헌 기록은 《관자管子》다. 《관자》는 춘추시대(기원전 8~7세기) 제나라의 제상이었던 관중이 편찬했다고 전해지지만, 실제로는 기원전 5~3세기(전국시대) 사람들의 저술로 보는 것이 일반적이다. 다만 그렇더라도 일부 내용은 춘추시대로부터 전해져 내려왔다고 해석되기도 한다. 따라서 《관자》에 고조선이 등장한다는 것은 고대 중국인들이 고조선을 알게 된 시기를 보수적으로 늦춰 잡으면 기원전 4세기, 최대한 끌어 올려보면 기원전 7세기까지로 추정할 수 있다는 의미라고 분석된다. 이에 대해서는 송호정, 《다시 쓰는 고조선사》, 서경문화사, 2020, pp. 20~21을 참조할 것.

정한다.[6] 다른 저명한 한국학자인 마크 피터슨 브리검영 대학교 명예 교수 역시 저술에서 거의 같은 얘기를 한다.[7] 여하간 그런 이유로, 우리 가 중국 문화의 사상적 배경을 논의하려면 전국시대쯤 쓰인 《춘추좌씨 전春秋左氏傳》과 같은 문헌을 바탕으로 기원전 7세기에서 5세기까지의 세계관과 사상 체계를 얼추 분석할 수 있지만, 이때쯤 한국인들이 무슨 생각을 하고 살았는지는 말할 수 없다.

또한 기원전 고대사뿐만이 아니라 기원후 고대사 영역에서도 한국은 사료가 빈약한 편이다. 이는 그때도 고대 왕국들이 없었거나 날조됐기 때문은 아니며, 수많은 외침과 전란으로 자료가 유실되어 남아 있는 것이 별로 없기 때문이다. 가령 일본의 《만엽집萬葉集》에는 4,500수가 넘는 시가 수록되어 있어 5세기에서 8세기 무렵의 고대 일 본어를 상당수 재구성해낼 수 있다. 그러나 비슷한 시기에 만들어진 신 라 향가는 불과 수십 수밖에 남아 있지 않아서 고대 한국어는 고대 일 본어만큼 재구성할 수가 없다. 일본의 가장 오래된 역사서인 《고사기古 事記》와 《일본서기》는 8세기에 편찬됐지만, 한국에서 동일한 위상을 갖 는 《삼국사기三國史記》와 《삼국유사三國遺事》는 각각 12세기와 13세기에 편찬된 것이다. '고대 한국'의 역사나 사상에 접근할 때 지극히 조심스 럽고 신중해야 하는 이유가 여기에 있다.

그렇다고 실망할 필요는 없다. 우리가 현재 하고자 하는 작업에

---

6   존 B. 던컨, 유튜브 채널 'USI KSI'(www.youtube.com/USCKSI), 〈Myth and Truths about Premodern Korea〉, 2014년 3월 29일. 존 던컨 교수의 강연 중 해당 발언은 몇 년 전만 해도 번역이 되어서 한국의 유튜브 채널에 업로드됐다. 그러나 최근 한국 의 유튜버들이 존 던컨 교수의 강연 내용 일부를 업로드할 때 저 부분은 반드시 빠 진다. 한국의 역사를 2,000년쯤으로 이해한다 한들 다른 나라에 비해 그리 짧아지 는 것도 아닌데 말이다.

7   마크 피터슨·신채용, 《우물 밖의 개구리가 보는 한국사: 하버드대 출신 한국학 박 사에게 듣는 우리가 몰랐던 우리 역사》, 홍석윤 옮김, 지식의숲, 2022, p. 8.

서 '고대 한국의 실체'를 규명할 필요까지는 없기 때문이다. '중세 한국'의 수준에서라도 중국과의 차이만 규명하면 된다. 그리고 오히려 간격이 줄어들면 연결고리를 규명하기가 더 쉬워지는 역설도 있다. 이를테면《삼국사기》에는 나오지 않지만《삼국유사》에는 나오는 '단군신화'를 기원전 2333년의 일을 기록한 것이라 생각한다면, 현재 우리와의 관련성을 입증하기가 지극히 어려울 것이다. 그러나 13세기쯤 고려의 평양 지역에서 채록된 민간 신화라고 생각한다면, 거기 담긴 내용을 현재 우리와 연결 짓기는 훨씬 간편해진다.[8] 사실 단군신화의 내용을 보자면 주몽설화 등 삼국시대 시조들의 설화에 비교했을 때 좀 더 관념적이고 체계적이다. 그러니 훨씬 더 원초적인 고조선의 시조 신화가 따로 존재했을 가능성도 있겠지만, 그와 별개로《삼국유사》에 기록된 단군신화는 주몽설화 등 삼국시대 시조들의 설화에 비해서도 훨씬 나중에 형성되었다고 분석할 수도 있다.

한국 문화는 '천天'과 '신神'을 인격적인 존재로 대했다

어떤 점을 조심해야 하는지는 충분히 설명했으니 이제부터는 본격적으로 분석에 들어가겠다. 이어지는 설명은 한국사와 종교학을 전공한 한국학자 최준식이《한국미 자연성 연구》에서 시도한 것을 내

---

8   실제로《삼국사기》에서 고조선의 단군왕검檀君王儉은 선인왕검仙人王儉으로 표현되며, 이는 고려시대 당시 단군이 우리나라의 시조로 인식됐다기보다는 평양 지역 민간설화에서의 신이나 고구려와 관계있는 인물로 인식됐음을 보여준다고 분석된다. 이에 대해서는 송호정,《다시 쓰는 고조선사》, 서경문화사, 2020, pp. 149~153을 참조할 것.

가 좀 더 설득력을 느끼는 방식으로 재구성한 것이다. 최준식은 퇴계와 율곡 등 중국 학자들과는 '다르게' 조선 유학자들이 유학 경전을 해석하는 부분에서 한국 고유 세계관의 흔적을 보았다. 최준식은 고대 한국의 신화와 설화를 분석한 후에 이 작업을 하였는데, 나는 여기에서 눈이 번쩍 뜨였다. 그의 분석에서 핵심은 퇴계와 율곡 등이 자꾸 공자나 주자가 한 것과는 다르게 '하늘'도 '인격적 존재'로 상정하고 '조상 귀신'도 '실제로 존재하는 것'으로 간주하려 한다는 것이다. 가령 조선 중기 이후에 생긴 '생신제'라는 제사 풍습은 부모 등 조상의 생일에 제사를 지내는 풍습인데, 《주자가례朱子家禮》에서는 그 유례를 찾아볼 수 없는 조선 특유의 제사 문화다. 이러한 제사 의례가 예에 합당한지 제사가 질문하자, 퇴계 이황은 전혀 딴소리를 한다. "생신제는 근세에 와서 생긴 풍속인데, 우리 집처럼 가난한 가문에서는 거행할 수가 없다. 그런데 다들 지낸다니 내 마음이 쓰리고 아프구나."[9]

　　중국 사상사를 검토해보면 서주시대엔 '상제上帝'를 인격적인 존재로 여겼으나 공자가 활동했던 춘추시대엔 이미 그런 태도가 상당 부분 사라진 상태였다. 《춘추좌씨전》에 나오는 여러 예화를 보면 자연에 나타나는 현상을 더는 인간 사회의 길흉을 가리는 징조로 보지 않게 되었는데, 길흉은 인간의 행위로 결정되는 것이며, 비를 내리기 위해선 기우제를 지낼 게 아니라 산림을 왕성하게 키워야 한다고까지 생각하게 된다. 제사 역시 신령이 아니라 인간 사회를 위해 지내는 것이라 이해되며, 비록 백성들은 여전히 신령을 모시는 것이라 생각했지만 지식인들은 그저 사회적·정치적 기능을 가진 의례라고 생각하게 됐다. 그

9　　마 씨아오루·최준식, 《한국미 자연성 연구: 중국미의 자연성과 어떻게 다른가?》, 주류성, 2019, pp. 154~164의 내용을 참조하여 정리, 인용 문구는 p. 164.

래서 순자는 제사 같은 종교 의례에 대해 "군자는 형식을 갖추기 위해 그 일을 하고, 백성들은 그것을 신령스러운 일이라고 여기고 그 일을 한다"고 했다는 것이다.[10] 이는 앞서 말한 '전통사회 윤리의 파괴'가 일어난 사회에서 일어날 법한 현상이었다.

특히 중국은 다른 '축의 시대' 문화권과도 다르게 '신에게 버림받은 느낌'을 강하게 받은 지역이었던 것으로 나는 분석한다. 신석기혁명 이후 거의 모든 문화권에서 '신'이 '윤리'를 담당했다. 그래서 '축의 시대'로의 도약이 요구될 정도로 전통사회 윤리의 파괴가 일어난 지역에선 '신·윤리와 인간의 불일치'를 체험하게 되었을 것이다. 그런데 이스라엘에선 그 '불일치'가 '야훼가 우리를 버렸다'고 느끼는 방식으로 이루어진 게 아니라 '우리가 야훼를 (유일신임을 신앙하지 못하고) 버려서 그 진노로 우리가 망했다'라고 느끼는 방식으로 나타났다. 이스라엘은 거듭 중근동 지방의 제국들에게 점령당했을 뿐 본인들의 전통문화자체가 파괴되진 않았기 때문이다. 고대 그리스도 페르시아에 승리했으며, 고대 인도도 아리아인을 정점으로 한 브라만의 종교 체계는 건재했기 때문에, '신·윤리와 인간의 불일치'에 대한 체험이 '신에게 버림받은 느낌'으로 나타나지는 않았던 듯하다.

그러나 춘추전국시대의 혼란 속에서 고대 중국의 지식인들은 '신에게 버림받은 느낌'을 강하게 느낀 것으로 보인다. 이 맥락에서 노자가 쓴《도덕경道德經》의 한 구절인 '천지불인 만물위추구天地不仁 萬物爲芻狗'[하늘과 땅은 인자하지 않아서 만물을 (제사에 쓰고 버리는) 짚강아지처럼 여긴다]를 본다면, 냉정한 분석의 저편에 놓인 좌절감이 느껴진다. '신'은 우리에게 관심이 없다는, 일종의 '버림받은 자식' 선언인 셈

---

10 앞의 책, pp. 50~62의 내용을 참조하여 정리. 인용 문구는 p. 58.

이다. '괴력난신'을 논하지 말 것을 지시한 공자의 전략은 그보단 다소 건조한데,. 그러한 것들(=괴력난신)이 어딘가 있을 수도 있지만 우리가 사는 세계와는 별 상관이 없고 도움도 되지 않으니 멀찍이 두고 인사나 잘 하면서 관리하며 살자는 태도에 해당한다. 주자 역시 천天을 객관적이고 이성적인 것으로 생각했다. 한편 앞서 살펴봤듯이, 조선의 유학자들은 그토록 유학 경전을 열심히 공부하면서도 한 번도 저러한 태도에 동의한 적이 없다. 퇴계는 오히려 주자의 하늘관에서 벗어나 '상제를 받들어야 한다'고 생각했으며, 이기론理氣論의 리理를 상제와 동일시하기까지 했다. 심지어 중국 유학에서 기피하고 논의하지 않는 신령이나 귀신에 대해서도 자주 언급했으며, 상세하게 논의했다.

한국 문화는 '신'에게 버림받는 경험을 한 적이 없다

정리하자면, 한국인은 중국인과 달리 '신에게 버림받은 느낌'을 받은 적이 없는 사람들이다. 아마도 이 부분은 중국을 제외한 다른 동아시아 사람들도 그러하리라고 생각한다. 그렇다면 계속해서 한국 문화의 특수성을 규명하기 위해 한국인을 한 번도 버린 적이 없는 그 '한국 문화의 신'이란 어떤 존재였으며, 한국인들과 어떤 관계를 맺어왔는가를 묻지 않을 수 없다.

이 지점에서 고대 신화와 설화의 분석이 중요해지는데, 최준식의 분석 중 내가 보기에 주목해야 할 부분은 신과 인간이 교감할 때 춤추고 노래하는 문화이다. 《삼국유사》에 수록된 가락국의 시조 김수로 설화를 보면 어떠한 신비로운 소리가 사람들에게 노래로 대왕의 출현을 빌고 춤을 추면서 그 탄생을 맞이하라고 명령한다. 이는 인간이 신에게 기원하거나 신을 영접할 때 노래와 춤으로 맞이했다는 사실을 보여준다. 다른 주목할 점 하나는 신도 인간의 즐거운 감정을 매우 중요한 것으로 여긴다고 생각했다는 사실이다. 《삼국유사》에 나오는 신라의 한 설화에선 산신이 직접 임금 앞에 나타나서 춤을 추기까지 한다. 이는 인간의 즐거움을 신도 즐거움으로 삼는다고 상상했다는 얘기도 된다.

여기서 우리는 중세의 상황을 매개로 하여 고대의 상황을 추론했는데, 방금 분석한 문화는 흔히 중국 고대문화의 핵심이라고 말하는 유불선儒佛仙(유교와 불교와 도교)과도 상관이 없기 때문에 한국의 전통 종교, 샤머니즘으로 분석되어야 한다.[11] 최준식은 한국의 샤머니즘은 비록 경전은 없지만 무당이 신령과 교제하는 수단으로 불렀던 노래, 즉 무가巫歌가 남아 있어 그 이상과 가치를 충분히 분석할 수 있다고 말한다. 제석신 청배가에서 사람들이 제석신에게 기원하는 것은 연명장수延命長壽, 즉 죽음 이후의 세계에 대한 동경이 아니라 현생의 연장이다. 한국의 굿 중에는 죽은 자의 영혼을 저승으로 보내는 사령제死靈祭가 있지만 죽은 사람의 명복을 빌기보다는 후손의 편안한 삶을 위하는 성격이 더 강하다. 대감신 청배가에선 노골적으로 대감신을 '보물대감', '재물대감'으로 부르며 재복을 청한다. 최준식이 인용한 유동식의 논의에 따르면, 한국 샤머니즘의 이상은 "이 세상적이요, 육체적이요, 현재적인 가치 체계"이고 "현세적 공리적 가치 체계"라고 한다. 또한 그 이

---

11   최준식은 한국 고대의 토착적인 종교를 '샤머니즘'이란 보편 용어로 부르기보다 한국어인 '무교巫教'라고 불러야 한국의 샤머니즘이 가지고 있는 특성을 변별할 수 있다고 했고, 이는 상당히 타당한 말이지만, 편의상 이 지면에선 더 널리 쓰이는 '샤머니즘'이란 용어를 사용하겠다. 마 씨아오루·최준식, 《한국미 자연성 연구》, p. 168.

상과 가치관에는 신령과 본인의 수직적인 관계만 있으며, 사회 속에 있는 나와 타인들 사이의 횡적인 관계에는 관심이 없다고 한다. 자기 자신을 "객관화할 공동사회 개념"이 없으므로 "공동사회를 전제로 한 윤리 관념"이 결여되어 있다고 한다.

한국 샤머니즘에 대한 이러한 분석과 비판은 우리에게 익숙하고, '그런가 보다' 하면서 수긍할 수 있다. 샤머니즘의 '신' 혹은 '신령'은 윤리와 무관한 존재이며, 그 신에게 기원하는 인간들은 사회의 타자에게 관심을 가지지 않기 때문에 사회 윤리로 기능할 수 없다는 것 역시 익숙한 비판이다. 혹자는 이를 '한국 문화의 미개함 또는 낙후함'의 근본적인 원인으로 취급할 것이며, 잠시 후에 살펴볼 이영훈의 견해 또한 그러하다.

한국 문화는 구석기시대 윤리의 원초성을 많이 간직하고 있다

나는 그보다는 좀 더 정밀하게 분석한 나 자신의 견해를 덧붙이고 싶다. '신'이 윤리의 기능을 담당하지 않는 문화는 인류사·종교사적으로 볼 때 구석기시대 문화에 해당한다. 구석기시대에 윤리는 부족민의 상호 시선과 간섭만으로 충분히 작동했기 때문에 '신'이 윤리를 관장할 이유가 없었다. '신'은 자연현상이나 천재지변을 설명하기 위한 수단이었고, 인간이 잘 빌어서 해코지를 입지 않기를 바라야 하는 대상이었다. 인간에게 해코지를 입힐 수 있는 '신'의 속성 탓에 신석기 혁명 이후 부족민의 상호 시선과 간섭만으로는 윤리가 작동할 수 없게 되자 '신'이 윤리를 관장하는 담지자가 되었으며 '비윤리적인 사람을 징벌하는 신'의 관념이 등장했다고 볼 수 있다.[12] 즉, 한국 문화의 기저에 이러한 샤머니즘적 특성이 깔려 있다는 것은, 구석기시대 문화의 심성이 다른 사회보다 더 강하게 살아 있다는 사실을 의미한다.

그렇다면 한국인의 샤머니즘을 분석하면서 그들이 비윤리적이고 사회에 관심이 없었다고 볼 일은 아니다. 오히려 한국의 향토 사회에선 구석기시대처럼 마을 사람들의 상호 시선과 간섭만으로 얼추 윤리가 작동하고 사회가 돌아갔다는 얘기가 될 수도 있다. 신석기시대 이후 '신'이 윤리를 담지한 신정神政·왕정王政 사회에서 구석기시대의 정서와 윤리는 억눌리고 탄압됐던 것으로 추정된다. 나는 인류가 '일상적으로 노래하고 춤추는' 심성이 탄압받은 시기도 그때쯤이라고 생각한다. 이렇게 추론한다면, 한국 문화의 특수성은 중국 문화에 비교할 때는 '전통사회 윤리가 파괴되지 않은 것'이지만, 일본이나 베트남이나 류큐 등 여타 동아시아 문화와 비교할 때는 '그 전통사회 윤리에 구석기시대 윤리의 요소가 제법 남아 있는 것'이 될 수 있다. 전근대에 '일상적으로 노래하고 춤추는' 조선인들의 모습이 류큐인들로 하여금 '저 사람들은 일본인이 아니라 고려인이구나'라고 판단하게 한 문화적 맥락도 거기에 있는 것일 수 있다.

20여 년의 세월을 지나, 나는 민족주의 성향을 가진 한국학 원로들의 손을 살짝 들어주게 된 셈이다. 그러나 여전히 이러한 분석은 조심스러워야 한다고 생각하고, 고대와 현대를 연결 짓기 전에 언제나 연결고리를 말해야 한다고 생각한다. 또한 한국의 경제성장이나 산업화에 대해서 말할 때는 전근대 한국의 역량과 별도로 현대 한국이 펼

---

12   로버트 라이트, 《신의 진화》, 허수진 옮김, 동녘사이언스, 2010, pp. 21~129(1부 〈신의 탄생과 성장〉).

친 수많은 전략과 노력을 밝혀야 하는 것처럼, '한류'의 원인을 고대사에서 찾는 비평은 여전히 게으른 것이라 생각한다. 나는 다만 한국인이 '일상적으로 노래하고 춤추는 심성'은 예로부터 지금까지 끊이지 않고 명맥을 이어온 것이 아닌가 추정할 뿐이다. 이와 반대로 '명맥이 끊겼다가 다시 생겨났다'고 말할 수 있는 것은 한국의 '고기 요리' 전통이다. 한국 문화의 전통에 대해서 무엇이든 고대사에서부터 출발하려는 이들은 코리아 바비큐의 기원을 '고구려 맥적'에서부터 찾으려고 하지만, 고기 요리의 전통이 불교가 융성한 고려시대엔 끊어졌다가 조선에서 부활했으므로 고기 요리 문화의 대다수는 조선시대 기원일 것이다. 다만 조선시대 고기 요리의 근본은 소고기였는데, 소고기 조리법은 사슴 조리법에서 배워온 것이 많으므로, 기초적인 소고기 조리법은 고구려에서 고려까지 전해진 사슴 조리법의 영향을 받았을 가능성은 있다. 그렇지만 역시 소고기 부위를 수십 가지로 분류하는 문화의 기원은 조선시대라고 봐야 한다.[13]

다시 논의의 줄기로 돌아와서, 나는 이 지점에서 여러 문화권을 변별하기 위해 활용할 수 있는 '윤리의 네 가지 겹'이란 도식을 제안하고자 한다. '축의 시대'로 변별할 수 있는 거대 문화권은 네 개 정도이지만, 각 문화권 내부의 차이를 규명하려면 '축의 시대'로의 도약이 이루어지기 전후의 긴 역사적 맥락에서 각 사회의 윤리관이 어떠했는지를 살펴볼 수밖에 없다. 윤리의 첫 번째 겹은 '구석기시대의 윤리'다. 현생인류인 호모 사피엔스 사피엔스의 원초적인 윤리이며, 길고양이가 야생으로 돌아가면 금세 본성대로 사는 것처럼 인간에게 자연스러운 어

---

13   조선시대 소고기 요리 문화의 양상에 대해서는 김동진, 《조선, 소고기 맛에 빠지다: 소와 소고기로 본 조선의 역사와 문화》, 위즈덤하우스, 2018을 참조할 것.

떠한 것이었다고 볼 수 있다. 나는 진화심리학이 탐색하는 인간 심리가 이 영역에 해당한다고 생각한다. 그렇게 이해하면 진화심리학이 어떤 지점에서 쓸모가 있는지, 그리고 그럼에도 불구하고 문명 이후 인간의 윤리 축적을 도외시하는 부분이 있다는 점을 알 수 있다. 윤리의 두 번째 겹은 신석기시대 이후 청동기시대를 지나며 전개된 '신정·왕정 사회의 윤리'다. 이 시기는 잉여가 탄생하고, 불평등이 탄생하고, 신분 또는 계급이 탄생하고, 여성 억압이 탄생하며, 도시국가와 왕, 제국과 왕중왕(페르시아의 경우 '샤한샤')이 탄생했던 시기다. 사회 체제를 정당화하기 위해 '신'이 전면적으로 윤리의 담지자 및 보증자로 등장하여 왕의 통치를 추인했다. 평민이나 하층민에겐 가장 억압적인 윤리체계였을 것이라고 추정된다. 성장하는 전쟁 국가, 약탈적 상업 등이 평범한 사람들을 괴롭혔으며, 그리하여 지성이 있는 사람들은 '정의란 강자의 이익'에 불과하다는 냉소주의에 도달하게 된다. 호모 사피엔스 사피엔스의 원초적 윤리는 아니고, 최초로 형성한 문화적인 전통사회 윤리이기 때문에 이를 두고 1차 전통사회 윤리라고도 칭할 수 있다.

'윤리의 네 가지 겹'으로 살펴본 한일 문화의 상호 정신승리의 원인

윤리의 세 번째 겹은 '축의 시대로의 도약, 상호 호혜의 윤리'다. '축의 시대'의 통찰의 중심은 예수의 가르침을 요약한 '황금률golden rule, 黃金律'이다. '무엇이든 남에게 대접을 받고자 하는 대로 너희도 남을 대접하라'가 핵심이다. 이 말을 들으면 현대 한국인들은 역지사지易地思之부터 떠올리겠지만, 공자의 《논어論語》에서는 '능근취비能近取譬'가 거의 동일한 취지의 말에 해당한다. 공자는 예수의 황금률과 거의 비슷한 가르침을 줬지만, 예수만큼 전복적인 보편적 사랑의 실천을 추구하는 평등주의자는 아니었으며 혈통주의와 계층 사회가 전제되어 있었다. 고대 그리스와 인도에서도 이 정도로 정확하게 '황금률'에 해당하는 가르침이 발견되지는 않았지만, 상이한 방식으로 '상호 호혜'의 길로 나아가는 비슷한 가르침에 도달했다고 볼 수 있다. 한편 미국의 저널리스트이자 작가인 로버트 라이트는 《신의 진화》란 저술에서 세계 종교들이 추구한 '상호 호혜' 정신의 확장은 인류가 '제로섬게임'이 아니라 '논제로섬게임'에 적응한 과정이라 지적했다. 이것은 우리에게 매우 익숙한 '보편적인 윤리'이며, 따라서 2차 전통사회 윤리라고 칭할 수 있다. 간단히 말하면, 우리가 '착하게 살아야 한다'고 생각할 때 흔히 떠올리는 그 '착함'이 바로 이 '축의 시대'에 도달한 상호 호혜의 정신인 것이다.

윤리의 마지막 네 번째 겹은 '자본주의 사회의 윤리'다. 이것은 비록 사회 모든 영역을 규율하는 보편적인 윤리는 아니지만, 소유나 부가 죄악시됐던 전통사회 윤리의 일부를 수정하여 노동으로 일군 부를 긍정하는 과정에서 인간성의 많은 부분을 바꾸었다. '노동 윤리'와 '정당한 부의 윤리'를 발달시킨 것이다. 또한 '축의 시대'가 우리가 아는 보편적인 윤리에 도달하긴 했지만, 여성 억압 문제만큼은 해결하지 못했고 오히려 신석기시대 윤리(1차 전통사회 윤리)에서 시작된 여성 억압의 흐름을 더 심화시켰기 때문에, 이 네 번째 겹의 영역에선 페미니즘의 흐름이 동반되는 것이 자연스럽다고 할 수 있다.

이를 두고 '윤리의 네 단계'가 아니라 '윤리의 네 가지 겹'이라 표현한 이유는 시대적으로 변화하고 발전된 윤리가 이전의 것을 온전히 대체하는 게 아니라, 퇴적되고 중첩되어서 나타난다고 보기 때문이다. 소규모 인간관계에서 우리는 여전히 구석기시대처럼 품평과 험담으로 타인을 도와주거나 징벌할 수 있다. 한국인들처럼 초자연적 존재가 나를 도와줄 거라는 기복 신앙을 가질 수도 있다. 한편 샤머니즘의 신령에게서 윤리를 기대하지 않는 한국인들도 비도덕적인 일에 분통이 터지면 "하늘이 무섭지도 않느냐!"라면서 윤리의 두 번째 겹을 소환할 것이다. 사회 체제와 질서에 일단 승복해야 한다는 식의 의식도 두 번째 겹의 소산이다. '황금률'을 위시한 '축의 시대' 윤리는 우리에게 가장 익숙한 윤리로, 우리는 여전히 이 시대의 인식을 '윤리적'이라고 여기면서 살아간다. 그러면서도 일을 열심히 해서 정당하게 일군 부를 존중하는 자본주의적 윤리관을 함께 가지고 살아간다. 그래서 '윤리의 네 가지 겹'이다.

그런데 이 경우 문화권마다 네 가지 겹의 영향력 크기가 다르다고 해석할 수 있다. 한국 문화는 앞서 구석기시대 윤리의 요소가 제법 남아 있다고 평가했듯 첫 번째 겹의 영향력이 이례적으로 강하게 살아 있는 문화다. 반면 일본 문화는 두 번째 겹으로 첫 번째 겹을 상당히 억압한 문화라고 판단된다. 일본 문화의 그러한 특성은 '자식이 사회적으로 물의를 일으킨 범죄를 저질렀을 경우 부모가 사과하는 문화'에서 나타난다. 가라타니 고진은《윤리 21》에서 이러한 일본 문화의 특수성을 다루면서 한국 문화와의 차이를 언급하기도 했다. 적군파가 아사마 산장의 참극으로 소멸한 사건에서는, 심지어 적군파의 부모 중 한 명이 자살하는 일까지 발생했다는 것이다. 반면 미국에서는 부모가 자식의 죄를 부인하는 게 보통이라고 했다. 그런데 가라타니 고진은 원래는 이것이 동아시아와 미국의 차이인 줄 알았는데, 한국인들과 교류하면서 '한국에는 결코 그런 일이 없다'는 단언을 듣고 놀랐다고 한다.[14]

사실 한국 문화에선 아무리 반사회적 범죄라고 해도 가족은 가

---

14   가라타니 고진,《윤리21》, 윤인로·조영일 옮김, 도서출판b, 2018, pp. 19~27.

족을 편들어야 한다는 인식이 강하다. 영화 〈자산어보〉에서 천주교를 믿는다는 죄목으로 체포된 정약전·정약종·정약용 형제가 소신을 밝히면서도 서로를 은근히 감싸자, 국문하는 고위 관료가 "이곳이 너희 형제들의 우애를 과시하는 자리냐!"라고 호통을 치는 장면이 나온다. 그런데 실제 역사에서 조선 관료들은 천주교를 박해할 때도 형제자매가 천주교 신도라고 이실직고하는 이들을 경멸했으며, 다산 정약용처럼 천주교의 다른 정보에 대해선 쉬이 고변하면서도 두 형의 얘기가 나오면 아무런 말도 하지 못하고 눈물만 뚝뚝 흘리는 모습을 보며 오히려 '인간답다'면서 동정했다.[15] 인간의 문명이 어느 정도 수준에 이르렀을 때, 첫 번째 겹의 윤리와 두 번째 겹의 윤리가 빚는 갈등은 보편적인 현상이었을 것이다. 이미 눈치챈 이들도 있겠지만 나는 '축의 시대'에 나온 고대 그리스의 비극 《안티고네》 역시 '윤리의 첫 번째 겹'과 '윤리의 두 번째 겹'의 갈등을 다룬 고전이라고 해석한다. 즉, 《안티고네》는 '윤리의 두 번째 겹'인 국가 공동체에 대한 충성의 논리가 '윤리의 첫 번째 겹'인 가족을 사랑하는 소박한 마음을 탄압할 때, 그간 윤리인 줄도 몰랐던 그 소박한 마음이 다시 굳건한 윤리로 등장하여 목숨을 내걸고 저항하는 이야기인 것이다.

이어서 '축의 시대'로의 도약에 있어서, 한국이 일본보다는 좀 더 철저하게 중국 유학을 수용했다는 점은 부인할 이들은 거의 없으리라고 생각된다. 작가 임명묵은 이에 대해 일본은 에도시대까지는 '축의 시대' 이전의 사회였으며, 메이지유신은 유교 수용으로 인한 '축의 시대'로의 전환과 서구적 근대화를 동시에 실행한 사건이라고까지 말한

---

15   정민, 《파란 2: 정민의 다산독본》, 천년의상상, 2019, pp. 332~333.

다.[16] 상당히 흥미로운 분석이지만, 여기까지 동의하지는 않더라도 일본이 한국보다 '윤리의 세 번째 겹'이 훨씬 약한 사회란 점은 분명해 보인다.

나는 한국과 일본이 예로부터 '가깝고도 먼 나라'인 이유, 한국과 일본의 정신문화 체제가 그토록 상이하며 서로를 '미개하다'고 여기면서 상호 정신승리하게 되는 이유가 바로 여기에 있다고 본다. 앞서 말했듯 한국은 윤리의 첫 번째 겹과 세 번째 겹이 더욱 발달했고, 일본은 두 번째 겹이 매우 두텁다. 그래서 양국의 정신문화 체제를 상당히 연구한 이들도 극소수를 제외하면 상대편을 '이상하다'고 생각하게 되고, 얼핏 접한 이들의 대다수는 서로를 '미개하다'고 여기게 된다. 아마 평균적인 한국인이 바라보기에 일본의 정신세계는 기괴하고 매정할 것이다. 윤리의 첫 번째 겹을 억압해서 자연스러운 인간 감정을 지나치게 통제하는 것 같고, 세 번째 겹이 미약하니 그다지 보편주의적으로 보이지도 않을 것이다. 반면 평균적인 일본인이 보기에 한국의 정신세계는 투박하고 허술할 것이다. 자기감정을 날것 그대로 드러낸다는 점에서 매우 불편한 데다가, 체계가 없고 뒤죽박죽 엉터리인 것처럼 보일 것이다.[17]

서로 정신세계를 보자면 그러한데, 정신세계가 이토록 심각하게 다르다 보니 만들어내는 산출물의 특성이 극적으로 달라진다. 그래

---

16   임명묵, 〈일본인들이 '태양 너머'를 상상하게 되었을 때〉, 〈슬로우뉴스〉, 2020년 4월 2일.

17   심지어는 미국의 일본학자들도 은근히 한국의 정신문화를 우습게 여기는 경향성을 보이고, 미국의 한국학자들도 은근히 일본의 정신문화를 우습게 여기는 경향성을 보이는 듯하다. 그래서 나는 양국의 정신문화는 실제로 그 계열이 현저하게 다르고 상극인 것이지, 다만 한일 양국의 민족의식 때문에 서로를 배격하는 것이 아니라고 감히 생각한다.

서 양국 사람 중 30% 정도는 서로의 산출물, 그러니까 미학, 음식, 물건을 보면 홀딱 반하는 경향성도 있다(50% 정도는 상대방의 이 영역도 무시한다). 이것이 전근대에도 현대에도 설령 양국에서 상대방 문화가 유행해도, 딱히 서로의 정신세계에 이해가 깊어지지는 않는 현상의 원인이라고 나는 생각한다. 1980년대생인 내 또래는 일본 대중문화에 푹 빠져 지냈으면서도 정치적으로는 반일적이었다. 현재는 일본 젊은이들 쪽에서 한국 문화를 더 즐기고 있지만, 그렇더라도 그 문화 향유 자체가 양국 정신문화의 이해를 깊게 만들어 주리라고 기대하지는 않는다. 그보다는 지금 말한 상호 정신승리의 구조를 밝혀내고 그 점을 서로 어느 정도 인정해야 한다. '네가 보기엔 내가 되게 우습겠구나. 나도 그러하니 이해한다'는 식의 양국 정신문화에서의 '황금률'을 수립해야만 한다.

한국 문화는 어떻게 '상식'의 사회를 장려하는가

다시 돌아와 이러한 한국 문화의 특성이 어떻게 '상식'의 사회를 장려하는지를 마저 해명해보자. 우리는 앞선 장에서 조선 성리학은 중국 성리학에 비해서도 단순함을 추구했으며, 이는 《소학》 중시로 나타났다고 밝힌 바 있다. 애초 성리학, 그리고 성리학 이전에 그것이 탄생한 중국 문화 자체가 다른 '축의 시대' 문화권에 비해서는 실천성과 단순성을 추구했다고 볼 수 있다. 그러나 중국 문화의 단순성은 '신'의 영역과의 단절을 바탕으로 한 단순성이었다. 그렇기에 '신'의 영역 없이도 우리가 윤리를 실천하려면 어떤 태도를 배양하는지에 대해 말하는 것만큼은 복잡성을 추구했다고 볼 수 있다.

한편 한국 문화의 단순성은 앞서 샤머니즘 문화에 대한 탐구에서 드러났듯이 '신령' 영역과의 단절이 이루어진 적이 없는 단순성이었다고 말할 수 있다. 내가 보기에는 중국 문화와 한국 문화의 결정적인 분기가 여기에서 나타난다. 인격신으로서의 '상제'와 '조상신령'을 여전히 믿었던 한국 문화는 윤리가 무엇이며 거기에 어떻게 도달해야 하는지 중국 문화에서만큼의 복잡한 논증을 할 필요가 없었다. 그런 건 상제나 신령과 '상식 수준에서' 춤추고 노래하고 대화하면서 해결하면 될 일이었다.

　　'신령'의 영역과도 단절되지 않은 단순성이란 의미는, '진리'나 '윤리'가 무엇인지는 뻔하다는 의미이기도 하다. 그래서 한국인들은 보통 논의를 시작하기도 전에 결론은 이미 내려져 있다는 식으로 생각한다. 이런 사고방식에서 '복잡한 논의'는 사치품만큼이나 경멸의 대상이 되기 십상이다. 나는 한국 사회에서 십수 년간 전업 글쟁이로 살아오면서 "글 좀 쉽게 쓰라"는 말을 정말 지긋지긋하게 많이 들었다. 올바른 게 뭔지 뻔하고, 도덕이 뭔지 뻔하다고 믿는 한국 문화에서 '복잡한 논의'는 그릇된 이들, 사악한 이들이 본인을 정당화하기 위해 만들어내는 것이라고 이해된다. "혓바닥이 뭐가 그렇게 길어?"란 말이 의미하는 바가 그것이다.

　　반면 유럽 철학의 경우는 고대 철학, 중세 철학, 근대 철학을 막론하고 동아시아 사상에 비해 훨씬 논의가 복잡하다. 아리스토텔레스-아퀴나스 전통은 그중에서도 가장 난해한 것에 해당한다. 아리스토텔레스 형이상학에서의 '신'은 '제1원인'이면서 '부동의 동자'인데, '능동적 이성'이라는 점에선 '인격신'이라 볼 수 있는 여지가 없는 것은 아니나 아무리 봐도 '우주의 작동 원리 내지는 함수'를 연상시킨다. '신'을 '우주의 작동 원리 내지는 함수'라고 본다면 그것이 무엇인지에 대한 탐구는 끝 간 데 없이 길어질 수밖에 없다.[18] 동아시아 사상에서는 북송의 유학자 주돈이가 쓴 《태극도설太極圖說》에 나오는 "무극이태극無極而太極"이란 구절의 해석 논쟁이 그나마 아리스토텔레스적 '신'과 유사하게 '우주의 작동 원리 내지는 함수'에 대한 것이라 볼 수 있다. 유럽의 사상적 전통에서 동아시아 사상을 탐구할 때 이기론은 흔히 철학으로, 조상 숭배 등의 영역은 종교로 분류하는 식으로 분리해버리는 것은 이기론이 그나마 그들의 철학적 전통과 유사하고 나머지는 차라리 종교에 해당하기 때문이다. 유학은 그렇게 분리되기 이전의 총체성으로 우리 문화권의 틀 안에서 이해해야 하며, 중국 유학을 받아들인 한국 유학은 중국 유학자들처럼 《태극도설》을 논했고 오늘날 국기로 '태극기'를 쓰고 있으면서도 중국 유학자들과는 또 다르게 '태극'이나 '이'에서 인격신인 '상제'를 느꼈던 문화의 바탕 위에서 이해해야 한다.

그런 점에서 한국은 유학의 나라일 때도 일종의 '상식 수준에서의 단순한 유학'을 추구했다고 볼 수 있고, 유학의 세계를 떠나 근대 문명으로 넘어오면서도 그러한 길을 갈 수밖에 없었다고 볼 수 있다.

토지기맥론이 변형한 유교적 제사, 그리고 친족 관념의 확장으로서의 민족

지금까지의 내 논의는 역사학자 이영훈 등이 쓴 《반일 종족주의》에서도 흡사하게, 그러나 한국 문화에 본격적인 경멸의 시선을 드

---

18   왜냐하면 '신'이 입을 열어 진리를 말할 일이 없으므로 '우주의 작동 원리 내지는 함수'(='신')가 대체 무엇인지에 대해선 인간이 직접 탐구해야 하기에 그렇다.

러내면서 전개된다. 나는 그 경멸의 시선에 동의하지는 않으므로, 이영훈의 논의와 비교하면서 우리 논의를 되짚어보도록 하겠다.《반일 종족주의》2부 '종족주의의 상징과 환상'의 한 꼭지인 〈20. 반일 종족주의의 신학〉[19]은 대단히 인상적인 글이면서 이영훈이 더는 탈근대·탈민족주의자가 아님을 보여주는 장엄한 자백이자 요란한 자폭이다. 하지만 한국 문화의 특수성에 대한 그의 설명만큼은 매우 설득력이 있었고 나를 강렬하게 사로잡았다.

　　이 논고에서 이영훈은 유교의 혼백 이론과 제사 이론이 조선에 와서 어떻게 변형됐는지를 설명한다. 유교에서 사람이 죽으면 그 영혼은 혼魂과 백魄으로 분리되어 혼은 공중으로 흩어지고 백은 땅으로 스민다. 그래서 한반도에서 불교의 시대였던 고려시대엔 장례가 대체로 화장이고 조상에게 드리는 제사도 절에 가서 망자의 극락왕생을 비는 불공의 형식이었던 것과 달리, 유교 이론을 적극적으로 받아들인 조선시대에 와서는 시체를 땅에 묻는 장례 풍속이 확산됐다. 그런데 혼백 이론에서 원래 혼백은 후손이 제사를 통해 부를 때 다시 결합하여 찾아와 제사를 흠향하고 복을 내린 후 공중과 땅으로 돌아가지만, 세월이 오래 지나면 생기를 잃고 완전히 사라진다. 혼과 백이 생기를 유지하는 기간은 신분과 관련이 있어, 천자는 5대, 제후는 4대, 대부는 3대, 그 이하는 2대라 이 시기가 지나면 제사는 멈추고 신주마저 땅에 묻게 된다는 것이다. 이것이《주례周禮》에서 정립된 유교의 사생관과 제사의 의미라 한다.

　　그런데 이영훈은 조선에 원래 있던 토지기맥론과 샤머니즘 등의 전통문화가 유교의 논리를 변형하고 왜곡했다고 지적한다. 토지기

19　　이영훈 외,《반일 종족주의: 대한민국 위기의 근원》, 미래사, 2019, pp. 237~252.

맥론은 토지에는 길지와 흉지가 있으며, 우리의 전 국토가 하나의 신체와도 같다는 감각이다. 삼국시대에서도 발견되지만 불교가 발흥했던 고려시대엔 잠복해 있다가 조선시대에 시체를 땅에 매장하게 되면서 점점 더 강해져 조선 후기로 갈수록 전국의 지도는 산맥을 중심으로 마치 뼈대처럼 그리는 것으로 변화한다고 한다. 그리하여 풍수지리 역시 18세기 이후 기승을 부린다고 한다. 이영훈은 이를 유교의 유입이 원래 있던 토지기맥론을 강화한 사례로 본다. 한편 유교의 혼백 이론도 전통문화에 의해서 변형된다고 한다. 조선인들은 묘에 있는 조상의 혼령이 불멸이라 믿었고, 그래서 4대 조상인 고조가 동일한 혈연집단만 친족으로 인정했던 중국에 비해서도 무한히 확산되는 친족집단을 형성하며 이를 족보에 반영했다는 것이다.

조선인들은 20세기 초 '민족'이란 관념을 받아들이기 시작할 때도 이를 친족의 확장 형태로 수용했다고 한다. 우리에게 매우 익숙한 관념, '우리는 모두 단군의 자손'과 같은 얘기들이 그 흔적이다. 이영훈은 앙드레 슈미드의 《제국 그 사이의 한국 1895~1919》를 활용하며 그와 같은 사실을 전달한 후, 추가로 조선에서는 친족 간 횡적 결합도 중요하게 여겼으니 이 역시 민족 관념의 형성에 영향을 미쳤을 거라고 추정한다. 1931년 편찬된 《만성대동보》와 같은 족보를 보면 조선시대 일급 양반 신분이었던 330개의 유명 친족 집단의 족보를 혼인 관계를 추적하면서 통합했다는 것이다. 이 횡적 결합에 '우리는 모두 단군의 자손'이란 민족의식이 영향을 미쳤음은 물론이다.[20] '과연 조선인들에게 조상의 혼령이 불멸이란 관념이 분명했는가'라는 데엔 다소 의구심이 들지만 전반적으로 공감이 가는 분석이다. 조선시대 족보의 특징은 이

---

20   이상 세 문단의 논의는 이영훈 외, 《반일 종족주의》, pp. 240~246을 요약한 것이다.

영훈의 설명대로 중국과도 다르게 모든 자손을 기록하다 보니 특히 조선 중기까지는 딸과 사위까지 빼곡히 자리했다는 것이다. 그래서 현존하는 가장 오래된 족보인《안동권씨성화보安東權氏成化譜》(1476)에는 무려 약 9,000명의 인물이 등장하는데, 그중에서 안동 권씨에 속하는 인물은 380명밖에 되지 않았다. 그리고 이러한 현상은 17세기까지도 유지됐다고 한다.[21] 조선 후기 성리학적 질서가 강화되면서 사위들은 족보에서 밀려나게 되지만, 이전에 이런 문화가 있었기 때문에 종적으로 무한하게 이어지는 족보와 더불어 혼인 관계를 통해 횡적으로 결합하는 족보도 쉬이 상상하게 됐고 '친족의 확장으로서의 민족'이 확고하게 성립하게 됐을 것이다.

샤머니즘과 연결된 한국의 세속주의

이영훈이 추가로 분석한 것은 한국의 샤머니즘이다. 이영훈은 신채호의 자전적인 소설에 나온 꿈을 분석하면서 한국 샤머니즘의 특징을 분석하는데, 이는 신채호가 꿈에서 들었다는 음성의 내용인 "이승의 양반은 저승에서도 양반이고, 이승의 종놈은 저승에서도 종놈이니라"로 집약된다. 신채호는 꿈속에서 을지문덕으로부터 이 음성을 듣고, 이승에서의 패배자는 저승에서도 패배자가 될 수밖에 없음을 깨닫고 민족주의자로 변신하여 항일독립운동을 하게 됐다는 것이다. 이영훈은 이 장면이 철저히 전통적이며 한국인의 정신세계를 오랫동안 지

---

21   미야지마 히로시,《미야지마 히로시, 나의 한국사 공부: 새로운 한국사의 이해를 찾아서》, 너머북스, 2013, p. 257.

배한 샤머니즘의 모습을 드러낸다고 설명하는데, 우리가 앞서 살펴본 것과 온전히 포개진다. 불교든 기독교든 이원론적 세계관을 믿는 종교라면, 죽음으로 인간은 평등해지고 살아생전의 선행과 죄를 평가받고 심판받는다. 이승의 신분이 저승에서도 통용되지는 않는다.[22]

또한 일원론적 세계관의 내부에서도 한국 문화와 중국 문화의 차이, '샤머니즘'과 '역사주의' 양상의 차이가 발생한다. 물론 한국인도 중국인 못지않게 역사주의적이며, 그 역사주의가《조선왕조실록》의 강박적인 기록의 토대이기는 하다. 그러나 지금까지 논의한 바 현세적인 샤머니즘의 문화가 강했던 한국이라면, 역사주의만 있는 사회보다 훨씬 더 강한 출세 지향적 세속주의가 필연적으로 발생한다. 앞서 나는 '일원론적 세계관'을 일상 어법으로 바꾸면 '현세 중시 관점'이 될 것이라고 썼다. 이제 이 일상 어법의 말로서 '샤머니즘'과 '역사주의'의 차이를 다시 구별해보자면, 전자는 '현세 출세 중시 관점'이 될 것이고 후자는 '현세 평판 중시 관점'이 될 것이다.

어려서부터 나는 왜 한국 사회에서는 평생 청렴하거나 올곧게 살아왔다는 평판을 지녔던 사람도 늘그막에는 높은 관직의 유혹을 뿌리치지 못하는 것인지 궁금했다. 역사주의만 생각한다면, 즉 역사에 이름이 어떻게 남을지를 생각한다면 젊어서부터 부와 권력을 탐했다면 모를까 이왕 평생을 권세 없이 청렴하게 살아왔다면 그 방향으로 삶을 마감하여 평판을 지키는 편이 더 합리적인 선택일 것이다. 그런데도 한국에선 유달리 인생 말년에 주어지는 관직 또는 공직의 유혹에 취약한 사람이 많아 보인다. 바로 이 부분은 '역사주의적 유교 윤리'가 아니라 '샤머니즘이 결합된 유교 문화'를 통해 설명된다. 신채호가 꿈속에서

---

22   이영훈 외,《반일 종족주의》, pp. 246~249.

들은 음성의 논리 체계를 따른다면, 이승을 떠나기 전에 관직을 얻지 못하면 '학생부군신위學生府君神位'의 한미함을 벗어던질 수 없기 때문이다. 마치 현대 한국 청년들이 20대 초반 획득한 대학 학벌로 평생을 등급에 따라 차별할 수 있다고 믿는 것처럼, 한국의 기성세대는 이승을 졸업하기 전에 되도록 높은 관직을 얻어야 한다고 생각했던 듯하다(이 비유에서라면 '학생부군신위'는 '고졸'에 해당할 것이다).

나는 위와 같은 특성을, 많은 단점을 내재한 한국 문화의 특성으로 담담하게 받아들인다. 그런데 이영훈은 이를 '반일 종족주의'로 요약한 후 무지막지한 비난을 퍼붓는다.《반일 종족주의》는 〈거짓말의 나라〉라는 프롤로그에서 시작해, 〈반일 종족주의의 업보〉라는 에필로그의 마지막 절 제목을 '망국 예감'으로 끝맺는다. 이영훈은 오랫동안 민족주의는 근대의 산물일 뿐 한국의 전근대사와 관계가 없다고 주장했다. 그러나《반일 종족주의》에서 그는 "20세기에 들어 한국인들이 발견한 민족"은 귀족적인 신분성을 가지며, "그 점에서 한국의 민족은 근세의 서유럽인들이 그들의 종교, 신화, 민속에서 발견한 자유인의 공동체로서 민족과 상이"하다고 한다. "한국의 민족주의는 종족주의의 신학이 만들어낸 전체주의의 권위이자 폭력"이며, "본질적으로 반일 종족주의"이며, "독재주의"나 "전체주의"이며, 그것을 순수 형태로 완성한 것이 "오늘날 북한 세습왕조체제"라는 악담을 퍼붓는다. 2장에서 내가 정리한 논의를 활용하면, 그는 과거 '단절사관'("우리의 한미한 성공은 일본이 이식해준 근대 문명에 의해 가능했을 뿐 한국 전근대사와는 큰 상관이 없음")의 신봉자였으나 이제는 가장 과격한 '청산사관' 및 '부채상속사관'("오늘날 내가 싫어하는 정치세력이 득세하는 것은 한국인의 심성에 내재한 조선왕조적 요소 때문임")의 신봉자가 됐다. 그의 생각에, 우리가 망국을 피하기 위해선 "반일 종족주의 청산을 위한 일대 문화혁명을 추진"하는 것이 필요할 따

름이다.[23]

　그는 한국의 민족주의는 반일 종족주의라고 했고, 그 기원을 무려 7세기로 소급했으니, 더는 '민족은 근대에 형성된 환상'이라고 생각하는 베네딕트 앤더슨이나 임지현과 같은 탈민족주의 학자라고 볼 수도 없어졌다. 이제 그가 주장하는 것은 '근대에 형성된 민족주의의 상대화'가 아니라 '전근대부터 존재했던 한국 민족주의의 저열함'이기 때문이다. 결과적으로 볼 때 이영훈은 민족주의는 허상이라고 보면서, 한국의 민족성은 저열한 형태로 분명하게 존재한다고 믿는 모순을 범하게 됐다.

　샤머니즘으로 돌아오면, 구한말 선교사 중 하나로 당대에 조선을 가장 사랑하고 잘 아는 이로 평가받았던 제임스 S. 게일은 조선의 종교에 대해 외국인 관찰자들이 흔히 범하는 오류를 두 가지로 파악했다. 첫째는 조선에는 종교 자체가 없다고 생각하는 오류다. 둘째는 고등 종교로서의 조상 숭배와 가장 낮은 수준의 미신 숭배가 공존한다고 생각하는 오류다. 게일은 조선에 종교 생활이 없다는 착각은 일상생활과 분리된 종교 영역이 없기 때문에 나오는 것인데, 실은 왕부터 천민까지 모든 사람의 일상생활이 사실상 조상 숭배와 결합되어 있으며 제사나 삼년상 등을 치를 때는 가장 철저한 가톨릭교도는 물론이거니와 이슬람교도나 힌두교도의 경전에서도 찾을 수 없는 극진함을 보인다고 지적했다. 또한 그는 조선인의 조상 숭배와 도처에 산재한 미신 숭배는 조선인들에게 전혀 구별되지 않는 일이라 지적했다.[24] 실제로 19세기

23　이영훈 외, 《반일 종족주의》, pp. 249~252.

24　제임스 S. 게일, 《조선, 그 마지막 10년의 기록 1888~1897》, 최재형 옮김, 책비, 2018, pp. 282~287.

후반 조선을 방문한 선교사들 중 상당수는 '조선에는 종교가 없다'고 주장했는데, 이는 동아시아의 종교 생활이 방금 게일이 설명한 대로 생활에 범상하게 밀착해 있었기 때문이다. 그러나 덧붙여 조선은 동시기 중국과 일본에 비해서도 '종교가 없다'는 평을 더 많이 들었는데, 이는 꾸준히 진행된 성상 파괴 운동(불교의 신상을 파괴했을 뿐 아니라 유학의 신상마저 처분했다는 점에서 프로테스탄트의 종교개혁 운동에 비교될 만하다)으로 인해 조선인의 종교 생활에는 '우상 숭배'의 특성이 드러나지 않았기 때문이라 한다.[25] 여하간 조선의 종교 생활이 갖는 핵심에 조상 숭배와 미신이 혼재되었다는 것이 당대의 가장 예리한 논평가의 지적이다. 이는 우리가 앞서 최준식의 논의를 통해 정리한 것과도 거의 일치한다. 지금까지의 논의와 결합해본다면 조선에선 조상 숭배로 묶인 친족 관념과 샤머니즘이 뒤엉켜서 존재했다고 볼 수 있다.

전근대적 동질성에서 근대 민족주의로

따라서 논의의 줄기로 돌아가면 '샤머니즘적 세속주의'와 '친족 개념의 확장으로서의 민족'을 한국 문화와 중국 문화의 좀 더 구체적인 차이점으로 제시할 수 있을 것이다. 여기서 '상식'이란 개념의 형성과 관련하여 우리가 더 주목해야 할 것은 후자다. 근대 민족주의를 전근대의 민족적 정체성과 구별하는 핵심 요소는 신분제다. 신분으로 나뉜 전근대 사람들이 하나의 공동체 정서로 엮일 수는 없으므로, 전근대 민

---

25   한승훈,《무당과 유생의 대결: 조선의 성상파괴와 종교개혁》, 사우, 2021, pp. 21~27.

족은 성립하지 못한다는 것이 주된 주장이다. 당연히 타당한 구석이 있다. "(한국에서) 민족은 20세기 이전에 없었다"는 이영훈의 단언도 여기에 근거한다.

　　이어서 이영훈은 한국의 민족주의는 최고위층 양반들의 족보를 결합하는 방식으로 형성됐으며, 양반이 아니었던 사람들도 양반을 흉내 내는 방식으로 확장되고 완성되었으므로 유럽의 것과 다르며 '전근대 민족주의'이자 '전체주의'라고 주장한다. 한국의 근현대사에서도 나름의 방식으로 신분제가 해체됐는데, 그 과정에서 모두가 양반의 후손이란 허위의식을 가지게 됐다는 이유만으로 근대성을 기각당하고 있는 것이다. 저 주장이 일말이라도 타당하려면 차라리 한국은 아직도 신분제가 완전히 해체되지 않았으며, 그렇기에 근대화되지 않은 나라라고 우겨야 한다. 신분제 타파를 근대 민족주의를 구성하는 결정적 요소로 짚었다면, 타파된 이후에 성립된 민족주의는 당연히 근대 민족주의여야 하기 때문이다. 이제 독자들은 내 방식을 눈치챘겠지만 내가 제시하는 대안적 설명은 '한국은 자신들이 전근대 문화에서 습득한 방식으로 근대화를, 근대 민족주의의 형성을 이룩했다'는 것이다.

　　한국은 전근대의 수준에서도 상대적으로 문화적 동질성이 강하고 치안이 좋은 사회였을 거라 추정된다. 일제강점기 때 조선을 통치하기 시작한 일본인 관료들은 처음에 '함경도에서 부산 사람들까지 모두 다 얼추 말이 통한다'(제주도는 제외)는 사실에 무척 신기해했다고 한다. 일본만 해도 지역별 언어 격차가 그보다는 컸으며, 중국의 경우는 더 말할 나위도 없었다.

　　그러나 그렇더라도 전근대 사회에선 신분이 다른 이들 간에는 그 동질성이 제한적이었을 것이란 점도 분명하다. 양반은 상민을 부를 때 별도의 호칭을 사용하지 않았고 그저 "이리 오너라"라고 말할 뿐이

었다. 하지만 근대가 개막되면서 한국은 통성명과 나이 묻기만 하면 친족 호칭을 사용할 수 있는 사회로 변해갔다. 한국 문화에는 영어의 이인칭이나 일본의 'XX(인명, 직명) 상 さん'처럼 모르는 사람끼리 평등하게 소통할 수 있는 호칭이 별도로 없다. 영어권 화자들이 한국어를 처음에 배울 때 가장 난감한 것이 이 부분이라고 한다. 이인칭대명사 'you' 없이 상대방과 대화해야 한다는 사실에 당혹스러움을 느끼기 때문이다. 그렇기에 영어권에서 한국어를 교습할 때는 우선 'you' 대신 '당신'이라는 말을 쓰도록 한 다음에, 교습자가 어느 정도 수준에 오르면 "사실 '당신'이라는 말은 'you'와 같지 않다. '당신'이란 말은 특수한 문맥에서만 사용될 수 있다"라고 가르친다고 한다. 또한 미국에 거주하는 한국 교포들은 다른 말은 한국어로 하더라도 'you'는 대체할 수도 없고 그렇다고 안 쓸 수도 없어서 "you 교회 다녀왔어?"라는 식으로 말하는 경우가 있다고 한다.[26]

친족 호칭의 사회적 확장

그 대신 한국의 근대화 과정에서는 친족 호칭을 사회 전체로 확장하는 것이 사실상의 신분제 해체 프로젝트였다. 이것이 일제강점기 예배당을 중심으로 활발하게 이루어졌다는 연구도 있다.[27] 오늘날 한국의 진보주의자들은 특히 남성들 사이에 존재하는 친족 호칭(형, 형님,

---

26   마크 피터슨, 유튜브 채널 '우물 밖의 개구리', 〈한국말은 이상하데요〉, 2022년 5월 11일.

27   이경훈, 〈예배당, 오누이, 죄: 한국 근대문학과 기독교〉, 《일제 식민지 시기 새로 읽기》, 혜안, 2007, pp. 143~164.

동생 등)을 평등한 인간관계를 방해하는 뿌리 깊은 서열 구조의 발현으로 생각하고 비판하는 경향이 있다. 물론 그런 비판도 일정 부분 타당하다. 그러나 애초에 한국의 근대화 과정에선 '평등을 추구하기 위해' 친족 호칭이 사회 전체로 확장되었다는 사실을 이해하는 것이 중요하다. 사실 조선 사회의 성리학적 신분 질서는 비록 촘촘하더라도 2자 관계의 무수한 집적물이었기에, 공동체적 관점에서 보자면 대단히 성긴 질서였다. 그것은 정치학자 전인권의 서술을 따르자면 다음과 같은 양상으로 기능했다.

> 조선시대의 공동체란 무수한 2자적 관계의 집적물이다. 예를 들어 조선시대 사람들은 가문을 매우 중시했지만, 그 가문이란 내가 포함된 가문일 경우 중요했다. 다른 사람들의 가문은 소 닭 보듯 하며 중요하게 생각하지 않고, 나의 가문과 다른 사람의 가문을 동등하게 사고하는 의식도 결여되어 있었다.
>
> 또 가문 내부로 들어가면 가문 자체를 유지하는 것도 중요했지만, 그보다 부자 관계, 모자 관계, 모녀 관계와 같이 가문 내부의 2자적 관계가 훨씬 중요한 힘을 발휘했다. 다시 말해 가문을 유지한다고 했을 때에도 아버지나 조상에 대한 개인적 효孝의 형식으로 가문을 유지했던 것이지 추상적으로 가문 그 자체를 보존한다는 식의 공동체적 발상은 약했다. 충忠 또한 마찬가지다. 그것은 임금에 대한 개인적 충의 형태가 나라에 대한 충으로 현실화되었다는 점에서 공동체에 대한 충성이 아니라, 인격적 형태를 띤 충성이었다. 따라서 이런 사회에서는 공동체 그 자체의 안정성과 영속성을 유지하기 어렵다.
>
> 이런 유형의 신분적 관념과 행동 방식은 지금도 한국 사회를 짓

누르고 있다.[28]

따라서 신분제 사회에선 다른 신분끼리는 '서열'을 따지는 것조차 무의미했다고 볼 수 있다. 그러니 한국에선 모든 사람이 평등해지면서, 역설적으로 모든 사람이 '서열' 안에 속하게 됐다고 볼 수 있다. 이러한 방식의 '신분제 해체'에는 분명히 폐단이 있으며, 한국 사회는 언젠가는 이 문화와 결별하게 될지도 모른다. 그러나 적어도 현재까지는 '친족 개념의 확장으로서의 민족'이 '한국 사회가 근대화된 방식'이란 점을 이해하는 것이 중요하다. 즉, 친구의 부모님에게 가서 스스럼없이 '아버님'이나 '어머님'이라 부르는 사람은 '조선적'인 사람이 아니라 '한국적'인 사람인 셈이다. 혹은 '조선적인 것이 한국화된 방식'이라고 볼 수 있겠다. 여하간 이런 연유로 오늘날에는 해외 케이팝 팬들도 한국 팬들처럼 아이돌 그룹의 '막내'를 '보컬', '댄서', '래퍼'와 비슷한 위상의 포지션 가운데 하나라고 생각하게 됐다.

가족주의를 넘어선 가족확장성

한국 사회에서 '친족 호칭의 확장'이 일종의 '평등 추구'였다는 맥락에 독자들은 다소 어안이 벙벙할지도 모른다. 그러나 내가 보기엔 친족 호칭의 평등주의적 성격은 현대 한국 사회에도 일부 남아 있다. 이른바 혈연, 지연, 학연을 따져서 하나라도 같은 점이 있으면 외지

---

28   전인권·정선태·이승원, 《1898, 문명의 전환: 대한민국 기원의 시공간》, 이학사, 2011, pp. 39~40.

에서 만난 초면의 관계에서라도 준거집단을 가질 수 있는 것이 그 예시이다. 물론 이런 종류의 접근은 모든 이에게 평등한 권리는 아니고 '이런 일을 뻔뻔하게 잘하는 이들'에게만 열려 있는 것이기는 하다. 그렇게 접근하는 과정에서 관계에 의한 부패를 양산하기도 했던지라 불과 수십 년 전까지만 해도 '망국적인 현상'으로 진단되기도 했다. 그러나 여기서 우리가 알 수 있는 바는 한국 사회는 사실상 문화자본의 장벽이 없는 사회라는 것이다. 혈연, 지연, 학연 중 하나라도 겹치면 그를 나와 거의 동급의 구성원으로 취급하면서 '선후배' 또는 '형님·언니, 동생'(오늘날 '형님'은 거의 남성들 사이에서만 쓰이지만, 적어도 1950년대생들까지는 여성도 연상의 여성을 향해 이 호칭을 사용했다) 관계가 되는데, 적어도 1980년 대생까지는 이렇게 묶이는 데에 계층적 장벽마저도 없다시피 했다. 그렇기에 관공서 사람이 아니라면 확인하기도 어려운 혈연, 지연, 학연을 속이는 이들이 전국적으로 끊이지 않았다. 한국인이 사랑하는 영화 〈타짜〉(2006)의 말미에 나오는 고니와 고광렬의 문답, "너 왜 이렇게 나한테 잘해주냐?" / "고향이 남원이라며…" / "(사실) 나 부산이야…"가 보여주는 바가 그러하다. 이렇게까지는 아니더라도, 이런 종류의 사회적 접근을 행하는 이들은 서로 만나면 '짐작되는 공통 지인의 이름'을 끊임없이 꺼내면서 관계를 맞춰보려고 한다. 더 잡다하게는 출신 군부대, 학생운동권 정파, 잠깐 스쳐 지나간 거주지, 다녔던 학원, 알바했던 프랜차이즈 업체까지 거론되곤 한다.

　　이것은 가족주의와는 또 다른, 가족확장성이란 별도의 성향으로 봐야 한다. 사회심리학자 허태균은 가족주의가 강한 것으로 세계적으로 유명한 라틴아메리카와 한국을 비교한다. 라틴아메리카의 가족 중시는 한국인보다도 높은 수준이다(물론 한국도 그에 버금가기는 한다). 그러나 라틴아메리카 사람들은 한국인처럼 친족 호칭을 사회적 관계에서 쓰는 등 가족확장적으로 사고하지는 않는다고 한다. 그들에게 물어보면 "'이모'나 '삼촌'까지는 이해할 수 있다. 그런데 '엄마'는 한 사람이지 어떻게 다른 사람을 '엄마'(한국인들은 '어머님'이라고 하겠지만)라고 부를 수 있나? 그러면 엄마가 섭섭해하지 않을까?"라는 식으로 말한다는 것이다. 허태균은 한국과 라틴아메리카의 차이를 군사부일체君師父一體라는 말로 대표되는 유교 문화에서 찾았다.[29] 일리는 있지만, 우리가 지금까지 살핀 바를 토대로 좀 더 섬세하게 부연하면 이렇게 된다. '원래' 유교 문화는 2자 관계만 규율할 뿐 그 바깥의 영역은 책임지지 않는다. 군왕과 사부와 아버지를 일체시킨다고 해도 한 사회에서 다른 사람의 스승, 다른 사람의 아버지를 챙겨야 할 이유는 없다. 하지만 현대 한국인은 그 유교 문화, 유교 윤리를 2자 관계에 국한하지 않고 사회적으로 확장하면서 공동체를 형성해왔다.[30]

이렇게 사실상 사회 구성원 전체를 친족 취급하는 성격을 지닌 한국 사회에서 '상식'이란 것은 일종의 '가족 규범', '가족 규율'의 형식을 지닌다. '상식'은 매우 특별한 경우가 아니라면 스스로 '진리'라고 주장하지는 않는다. 즉 모든 사람에게 보편타당한 것은 아닌데, '한국인'이라면 그렇게 생각해야 하는 것이 '상식'이다. 허태균은 한국인의 특성을 '가족확장성', '심정중심주의', '관계성', '주체성', '복합유연성', '불확실성 회피' 등으로 요약한다. 그런데 여기서 '주체성'이란 말을 한국인의 심리적 특질로 사용하는 것은 유럽·미국 담론에 익숙한 이들에겐

---

29   허태균, 유튜브 채널 '디글 :Diggle', 〈[#어쩌다어른] (1시간) 개발자도 모르는 기능 150% 활용하는 한국인 심리 특징 정리해드림! | #편집자는〉, 2022년 11월 12일.

30   이와 관련해서는 현대 베트남에서도 친족 호칭이 사회적으로 확장되어 사용된다고 알고 있는데, 이것이 근대화 과정에서 나타났는지 아니면 전근대 어떤 시점에 한국과 다른 양상으로 나타났는지는 몹시 궁금한 부분이다.

오해의 여지가 있을 듯하다. 따라서 비록 앞선 단어들 모두 심리학에서 모종의 연구를 통해 확립한 것들이기는 하지만, 나 자신은 '주체성'보다는 '주관이 뚜렷하다'는 어법이 있는 '주관성'이란 말을 더 선호한다. 이 말을 '관계성', '심정중심주의', '가족확장성'과 결합해보면, 확장된 가족에 해당하는 관계에서 그 구성원들의 심정을 중심으로 하여 구성된 주관성이 한국을 지배한다고 볼 수 있을 것이다. 이를 '상호주관성'이라 표현하면 또 유럽 철학의 용어와 포개지니(그리고 저 말은 나름의 객관을 지향한다는 점에서 지금 우리가 짚어내는 현상과 다소 초점도 다르다), '우리끼리-주관성'이라고 표현한다면 그야말로 한국의 '상식'을 표현하는 또 하나의 단어로 적합할 것이다. 다시 허태균의 정의를 활용한다면, 한국인은 그 '우리끼리-주관성'에 해당하는 '상식'을 따라야 '복합유연성'을 발휘하며 '불확실성 회피'가 가능하다고 보는 사람들일 것이다. 여기서 직관적으로 내용을 파악하기 어려운 '복합유연성'과 '불확실성 회피'를 각각 한 번 더 풀어쓰자면 '일관성에 대한 강박이 없는 문화', '물질화되지 않는 가치에 크게 연연하지 않는 속성'에 해당한다.

우리는 그 표본 중 하나로 10여 년 전에 유행했던, "제발 한국인이면 맨유 좀 응원합시다"라는 말을 제시할 수 있다. 이 말은 2012년 영국 프리미어 리그EPL에서 박지성이 맨체스터 유나이티드 소속이었기 때문에 나온 댓글로서 유명해졌다. 당시 이미 맹목적으로 한국인인 박지성의 소속 팀을 응원해야 한다는 '무지성' 논리를 비웃는 '밈'으로 전파됐다. 그러나 그때는 박지성의 EPL에서의 활동이 8년 차가 된 시점으로, EPL 각 팀의 팬덤이 어느 정도 형성되어 있었기 때문에 놀림의 대상이 되었다. 만약에 2005년 즈음이었다면 저 말은 누가 굳이 입 밖에 꺼낼 필요도 없는 '상식'으로 작동했을 것이다.

오늘날 EPL 토트넘에서 뛰고 있는 손흥민의 인기는 당시 박지성 못지않지만, 그리고 한국 사회가 그때보다 딱히 덜 국가주의적으로 변한 것도 아니지만, "제발 한국인이면 토트넘 좀 응원합시다"라는 말은 나오지 않는다. 세월이 좀 더 쌓여서 각 해외 축구 구단의 팬덤 숫자가 만만치 않기 때문이다. 이처럼 90% 이상의 사람들이 맨체스터 유나이티드만 알던 시점에는(2005년 즈음?) '그냥 한국인이면 맨유 응원해'라고 뭉갤 수 있던 권리가, 상당수가 각 구단 팬덤을 구축한 시점이 오면 '한국인이라고 다 한국인 뛰는 구단만 응원해야 되냐. 다들 자기 좋아하는 팀이 있는데'라며 신속하게 변동하는 것 또한 '한국적 상식'의 특징이기도 하다. 말하자면 일관성 있는 기준으로 움직이지 않으며, 그때그때 상황을 본다는 것이다. '극소수'는 존중받지 못하는데, '적당한 숫자'를 형성하면 갑자기 존중받는다. 그 '적당한 숫자의 그룹'이 '상식'의 시선 안에 포획되었기 때문이다. 그리고 그렇게 변동되더라도 언제나 예외적 상황이 있다. 만약에 토트넘 구단이 손흥민이 선수로 뛰는 동안 트로피를 들어올릴 수 있는 시합까지 올라서게 된다면, 트로피 결정전이 벌어지는 그날만큼은 "제발 한국인이면 토트넘 좀 응원합시다"라는 말이 다시 울려퍼져도 전혀 놀랍지 않을 것이다.

'이기론'에서 '상식론'으로

오구라 기조의 《한국은 하나의 철학이다》를 읽은 사람이라면 이번 장의 제목이 그의 탁월한 논의에 바치는 경의임을 짐작할 수 있을 것이다. 오구라 기조는 스스로 근대화에 성공한 나라에서 태어났으므로, 나처럼 단절사관, 청산사관, 부채상속사관과 같은 도깨비들에게 포섭되었다가 그 부당함을 깨닫고 투쟁하는 데 시간과 지면을 허비할 이유가 없었다. 그는 에두르지 않고 직선으로 양국의 차이란 "한국은 수백 년 동안 주자학의 나라였지만, 일본은 메이지시대가 되어서야 유교적 국가의 완성을 지향했을 뿐이라는 역사적 차이에 기인한다"[31]라고 선언한다. 또한 그는 "나는 한국의 '시민' 연원은 유교적인 '사대부'에 있다고 생각한다. … 이와 달리 일본의 '시민' 연원은 에도 시대 농촌의 '자치'에 있다고 생각한다"[32]라고 분석했다.

오구라가 파악한 한국 사회의 특징을 가장 간명하고 단출하게 요약하면 '도덕 지향성'이다. 한국이 도덕적이라는 의미가 아니라, 모든 것을 도덕으로 환원하여 평가한다는 의미다. 그는 일본 드라마에서 연인들이 헤어질 때는 '서로 어울리지 않음'을 선언하지만 한국 드라마에선 상대의 잘못을 도덕적으로 지탄하곤 한다는 재미있는 예시를 든다. 오구라는 한국 사회의 이러한 특징이 조선시대 성리학(위에서 봤듯이, 오구라 기조는 일관되게 주자학이라고 표기)이 중시했던 이기론의 구조에서 기인한다고 분석한다. 한국에선 리理의 담지자가 되어야 권력과 부를 누릴 수 있었기에, 서로 더 많은 정당성과 도덕을 소유했다고 주장하는 쟁탈전이 늘 치열하게 벌어진다는 것이다.

오구라 기조의 논의와 내 논의 사이에는 사소한 차이 하나와 중대한 차이 하나가 있다. 나는 이 책에서 '철학'이란 말을 꽤 좁은 의미로 쓰고 있기에, 그가 '철학'이라 표현한 것을 '철학'이라 보지는 않을 것이다. 그러나 이는 용어 사용에서 차이가 있는 것이지 내용적 차이가 아니기에 사소한 것이다.

---

31   오구라 기조, 《한국은 하나의 철학이다: 리理와 기氣로 해석한 한국 사회》, 조성환 옮김, 모시는사람들, 2017, p. 15.

32   오구라 기조, 《한국의 행동원리》, 이재우 옮김, 마르코폴로, 2022, p. 33.

내 관점에서 볼 때, 한국 문화는 '철학적'이라고 주장하기엔 일관성에 대한 강박이 없고 사변의 내용이 치밀하지 못하다. 가령 유럽 근대 철학의 라이프니츠와 스피노자처럼, 마치 수학의 공리를 입증하듯 철학 혹은 윤리학의 명제들을 도출하는 방식은 한국 문화에 매우 낯선 것이다. 심지어 한국 사상사에서 가장 철학적 논쟁에 가까운 퇴계 이황과 고봉 기대승의 사단칠정 논쟁의 결말 역시 그러했다. 퇴계 이황의 이기론은 성리학의 앞선 논의에 비추어봤을 때 일관성이 결여되었으며, 고봉 기대승은 이 지점을 날카롭게 지적했다. 그러나 퇴계 이황은 유럽 철학의 임마누엘 칸트가 데이비드 흄의 합리론에 대한 논파를 읽고 '독단의 선잠'에서 깨어났다고 밝힌 것처럼 본인의 철학 체계를 전면적으로 폐기하거나 재검토하지는 않았다. 그는 검증형이 아니라 보강형으로 사고했으며, 기대승의 지적을 수용하여 그의 철학 체계를 좀 더 '아름답게' 가다듬은 지극히 인간적인 모습을 보였을 뿐이다. 물론 공정함을 기하기 위해 말하자면, 칸트가 '독단의 선잠'에서 깨어날 수 있었던 이유는, 그때는 기존 합리론 철학자들의 논의를 따르고 있었기 때문이다. 반면 퇴계 이황은 그 자신의 명예만이 문제가 아니라 사실상 조선 성리학 전체를 대표하는 위치에 있었기 때문에 물러날 구석이 없었다.

　그보다 중대한 차이 하나는, 나는 오구라 기조가 한국 사회에서 벌어지는 일을 분석한 내용에 거의 다 동의하면서도 한국을 여전한 '성리학 국가'로 보지는 않는다는 것이다. 한국인이 여전히 성리학적 세계관에서 살고 있다고 볼 수는 없다. 그 세계관의 핵심 내용은 개화기 이후 들어온 다른 것들로 거의 대체됐다고 볼 수 있다. 그러나 나는 세계관의 핵심 내용이 대체되었더라도 기존 세계관의 무늬pattern는 쉬이 사라지지 않고 오래도록 남는다고 생각한다. 그 무늬는 우리 삶의 양식과 직결된 것이기도 하기 때문이다. 오구라 역시 '주자학'과 '이기론'으로 한국 사회 거의 전체를 설명했으면서도, 책의 어딘가에선 한국 사회는 '주자학'을 받아들이기 전에도 이런 모습이었으리라 추정하기도 했다. 또한 본인이 분석한 한국은 주로 1980년대까지의 한국이기에, 그 이후의 모습에는 변화가 있을 것이라고 부연했다. 나는 오구라 기조가 묘사한 '도덕 지향성에 의거한 치열한 명분 쟁탈전'이 한국 사회에 여전히 존재하지만, 이제는 그 기준이 이기론이 아니라 상식론이 됐다고 주장할 참이다. 오구라는 1988년부터 1996년까지 8년간 서울대학교 철학과에서 한국철학을 연구했다. 이제 내가 그의 논의와 내 논의를 묶기 위해 물어야 할 질문은 다음과 같다. 오구라 기조가 한국을 떠난 뒤에 무슨 일이 있었는가? 그것은 1983년생인 내가 10대 후반부터 20대 초반 사이에 경험한 일이다. 그러나 그 의미를 제대로 해설할 만큼 갈무리하는 데엔 20년에 가까운 세월이 필요했다.

'상식'이 정치적 언어가 되고 당파적 언어가 됐을 때

예전에도 한국 사람들은 '상식'이나 '순리'와 같은 말들을 자주 사용했다. 서론에서 언급한 1990년대 후반에 있었던 윤여준 전 환경부 장관과 이회창 당시 한나라당 총재 사이의 대화가 그 예시로, 한 번 더 갖고 온다. "법이란 무엇입니까?" / "상식과 순리다." / "법이 상식과 순리에서 어긋날 때는 어떻게 해야 합니까?" / "법을 고쳐야 한다." 여기에서도 '상식'은 이미 실정법보다 높은 위치에 있다. 유럽의 법철학에서라면 자연법과 같은 말로 표현했을 것에 상식이란 말을 사용한 셈이다.

그러나 이 대화에서는 '상식'이란 말이 아직 정치화되지는 않았다. 이 말이 무엇인지를 설명하기 위해서, 나는 몇 개의 문장을 제시할 것이다. 아래는 한국 사회의 상당수 사람이 '상식'이라고 받아들이는 문장들이다.

가> 사람이 돈을 빌렸으면 갚아야 하는 게 상식이다.

나> 그런 불우한 처지의 사람에게 빚 독촉을 심하게 하는 것은 상식적이지 않다.

다> 친일파 후손이 사회 기득권으로 떵떵거리고, 독립운동가 후손이 굶는 사회는 상식적으로 잘못되었다.

라> 김일성이 전쟁을 일으켜 100만 명 이상 사망한 나라(남한만을 기준으로 할 때. 북한의 피해까지 합치면 300만 명 이상)에서 북한을 추종하겠다는 것은 상식적으로 말이 안 된다.

앞서 언급했던 것처럼, '상식'은 일관성을 추구하지 않는다. 위 문장에서 가>와 나>는 일관성을 추구하려고 할 때 서로 충돌한다. 그러나 '상식'을 떠받드는 사람들의 세상에서, 만약 가>의 견해에서 일관성을 추구하여 나>를 부정한다면 야박하다는 소리를 들을 것이다. 한편 나>의 견해에서 일관성을 추구하여 빚을 갚지 않겠다고 주장한다면 무책임하다거나 심지어는 사악하다는 평가를 받을 것이다. 다시 허태균의 표현을 빌리자면 복합유연성이다. 그런데 이 문장들은 어차피 생활 영역에 있는 것이기 때문에 서로 충돌한대도 별반 문제가 없다. 설령 문제가 생긴다고 한들 법에 의거하여 고소하고, 변호사와 판사와 검사에게 판단과 해결을 의탁하면 되는 문제다.

다>와 라>까지 넘어오면 조금 달라진다. 이쯤에서 정치의 문제가 되는데, 슬슬 서로 간에 타협이 어려워지기 시작한다. 그러나 아직 괜찮다. 사실 한국 사회에는 다>에도 흔쾌히 동의하고 라>에도 흔쾌히 동의하는 사람이 여전히 많다. 문제는 한발 더 나아갔을 때다.

마> 친일파 후손이 사회 기득권으로 떵떵거리고, 독립운동가 후손이 굶는 사회는 상식적으로 잘못되었으므로, 우리는 국민의힘을 지지해서는 안 된다. 국민의힘의 정치적 지향점이 바로 그런 사회를 만들어왔기 때문이다.

바> 김일성이 전쟁을 일으켜 100만 명 이상 사망한 나라에서 북한을 추종하겠다는 것은 상식적으로 말이 안 되므로, 우리는 민주당을 지지해서는 안 된다. 민주당 구성원들의 내심이 분명하게 북한 추종에 기울어 있기 때문이다.

이제 우리는 굉장히 골치 아픈 영역, 당파적 상식의 영역에 들어선 셈이다. 이 골치 아픈 일들이 오구라 기조가 한국 사회를 떠나간 이후 발생했다. 마>와 바>가 '상식'의 이름으로 경합하게 된 순간, 한국에서 '상식'은 '비일관적이고 소박한 진술의 다발'에서 벗어나 '독재자의 지위에 올라서기 위해 상대편 상식을 몰상식으로 몰아붙이고 절멸하기를 욕망하는 정치적 언어'가 됐다. '도덕 지향성에 의거한 치열한 명분 쟁탈전'이 일부 엘리트 집단이나 몇몇 단체 안에서 발생하는 것이 아니라 전체 유권자, 전체 시민, 전국 단위 선거와 매 순간의 정치 행위를 통해 벌어지게 됐다. 1990년대 후반부터 일어났던 이 변화가 사반세기가량 누적되어 맞이하게 된 풍경이 지금 우리가 사는 대한민국, 양대 당파 유권자들 사이에 '정치적 내전'이 벌어지는 시공간이 됐다.

이 일은 어떤 순서와 단계를 거쳐서 전개됐을까. 경험을 돌이켜 역추적해보면 이런 식이었다.

1단계: 민주정부 1기인 김대중 정부 시기, 일군의 자유주의적·진보적 지식인들이 '상식'이란 단어를 정치적 판단의 영역에 적용하기 시작했다(1999~2002).

2단계: 정치인 노무현이 부상하면서 '상식'이란 말이 차용됐다. 노무현의 민주당 대선 후보 경선 운동, 대선 운동(2002), 그리고 민주정부 2기인 참여정부 기간 그 밀의 용례가 급속도로 확산됐다(2001~2007).

3단계: 노무현 대통령, 참여정부 통치기에 그 지지층의 대중운동(특히 2004년 탄핵 반대 촛불집회)에 자극받은 반대편 우익 세력이 사상운동적·대중운동적 결집을 시도했다. 뉴라이트의 탄생도 그 일부였다. 꼭 그 이유 때문은 아니었지만 민주정부는 교체되고 이명박, 박근혜 정부의 10년 집권기가 펼쳐진다(2004~2016).

4단계: 문재인 정부가 민주정부 3기로 돌아왔으나(2017), 통치 기간 중반부 이후부터 '상식'이란 말이 민주화운동 엘리트 그룹, 86세대를 비난하는 말로도 활용되기 시작한다. 민주당 지지층에서 훨씬 더 널리 쓰이던 '상식'이란 말이 드디어 국민의힘 지지층에게도 상대 당파의 몰상식을 규탄하는 동등한 용례로 사용된다(2019~2022).

3단계에서 4단계에 이르면 상황의 규모가 너무나 커졌기에 한국 사회를 살아가는 많은 이들의 기억에 어렵지 않게 새겨졌다. 더구나 그렇게 가시화됐을 때의 '상식'이란 말의 정치적이고 당파적인 용례는 이미 확고했으며, 더 많은 사람들에게 전파되는 과정이었다 볼 수 있다. 그러니 1단계와 2단계의 시기에 어떻게 '상식'이 생활 규범의 영역에서 정치적 영역으로 넘어왔는지를 소략하게 살펴보도록 하겠다.

고 홍세화라는 발원지

단절사관을 사회학자 김동춘의 저술을 통해, 그리고 청산사관은 역사학자 한홍구의 저술을 통해 설명했듯이, 나는 '상식'이란 말의 정치적 적용, 즉 '상식론'이 무엇인지에 관해 언론인이자 사회운동가인 홍세화의 초기 저술을 통해 설명할 것이다. 이러한 서술 방식은 단절사관의 창시자가 김동춘이고, 청산사관의 창시자가 한홍구라고 말하는 바는 전혀 아니다. 그들은 본인이 처한 상황과 그 당시 분석했던 한국 사회의 흐름에서 일군의 진보적인 지식인들이 공유했던 어떤 느낌을 마침 적절하게 표현했을 뿐이다. 그리고 나는 그렇게 잘 표현된 당시의 글줄을 가지고 여전히 한국 사회에 대한 논평 저변에 깔린 전제 또는 편견의 실체를 가장 간편한 방식으로 독자들에게 소개하고 있을 뿐이다.

홍세화가 처음으로 한국의 출판 시장에 영향을 미치기 시작한 것은 1995년, 《나는 빠리의 택시운전사》라는 저술을 통해서였다. 그는 박정희 통치 시기였던 유신 말기에 반국가단체인 남민전 활동을 한 것이 무역회사의 파리 지사에서 일하던 시절(1979년)에 발각되어 프랑스에 정치적 망명을 신청(1982년), 훗날 귀국(2002년)할 때까지 도합 23년 동안 한국에 오지 못하고 프랑스에 머물게 됐다. 망명 생활 초기에 2년 반가량 택시운전사 생활을 했던 것이 책의 제목과 내용 일부에 큰 영향을 미쳤다. 그가 책을 내고 화제가 된 시점은 '서태지와 아이들'과 '솔리드'가 등장한 시점(1992~1993년)보다는 약간 뒤, 그리고 오구라 기조가 한국을 떠나기 직전이었다.

1990년대 초중반, 그러니까 1997년 IMF 구제금융 사태가 터지기 전의 한국 사회는 복기해야 할 필요가 있는 시공간이었다. 한국 사회는 워낙 빠르게 돌아가고, 많은 일을 허겁지겁 대처하거나 그저 지나쳐버리기 때문에 특정 시기의 함의가 충분히 숙고되지 못한다. 오늘날 저 시기는 신세대 문화와 케이팝의 발원지로 기억될 뿐이다. 채 분석되기도 전에 IMF 구제금융 사태가 터져 한국 사회의 작동 구조와 발전 방식에 근원적인 회의가 닥쳐왔기 때문에 더더욱 그랬다.

그러나 큰 틀에서 봤을 때 당시 한국 사회의 시민들은 1980년대 후반에 (지금 생각하면 약소하지만 그때 기준으로는 꽤 대단했던) 경제성장의 성과와 최소한의 민주주의적 틀을 만들어내면서 일종의 '자아 정체성 탐구'에 빠졌다고 볼 수 있다. 1993년에는 정조의 개혁이 쉼 없이 추구되었다면 조선왕조의 말로가 달랐을 거라는 소망을 품고 있는 이인화의 소설《영원한 제국》, 그리고 한국의 문화유산에도 답사할 가치가 있다는 사실을 대중적으로는 거의 처음 알린 유홍준의《나의 문화유산 답사기》가 베스트셀러가 됐다. 대중문화에서는 앞서 말했듯 '서태지와 아이들'과 '솔리드'가 등장하고, 한국 프로야구에서는 양준혁을 비롯한 몇몇 선수가 배트를 호쾌하게 던져버리는 '스웨그'를 부리기 시작한 때와 온전히 포개진다. 이런 상황은 '프랑스 망명객'의 눈으로 본 사회 비평에 한국인들이 좀 더 관대하게 반응하고, 애상을 품을 수 있게 했다.[33]

'한국의 근대에는 영혼이 없다'

그리고 1997년 IMF 구제금융 사태가 터진다. 이는 앞서 언급한 한국 사회의 '자아 정체성 탐구'의 방향을 바꾸었다. 여전히 탐구하기는 하는데, 자긍심이 아니라 자성으로 방향을 틀 수밖에 없었다. 우리의 논의에 맞춰 간명하게 표현하자면, 당시의 진보 지식인들은 '한국의 근대에는 영혼이 없다. 그래서 이 모든 문제가 발생했다'고 느꼈다. 이

---

[33] 그의 첫 번째 책에서 소개한 '똘레랑스'(관용)란 개념은 그 후 한국에 무분별하게 유행했는데, 한국에서 남용되고 오용되면서 '상식' 비슷한 말처럼 활용되기도 했지만 (왜냐하면 적어도 홍세화에겐 '몰상식한 세력'과 '앵똘레랑스를 보여야 할 세력'의 실체가 같았으므로) 개념 자체로는 우리가 지금 논하는 상식과는 거리가 멀었다.

것은 한국인의 심성과 한국 사회의 작동 방식에는 여전히 주자학(=성리학)이 살아 숨 쉰다고 갈파한 1990년대 후반의 오구라 기조와 현대 한국인의 심성은 근대 민족주의를 전혀 따라오지 못했고 '반일 종족주의'에 머물러 있다는 2019년 이영훈의 진단과 묘하게 포개진다. 그래서 홍세화를 포함한 몇몇 지식인은 한국 사회의 과제는 여전히 '근대'라고 말하게 됐는데, 이는 1990년대에 한국에서도 유행한 포스트모더니즘 조류를 비판하는 차원도 포괄하고 있었다. 이에 대해서는 당시 홍세화와 비슷한 흐름을 타고 있었던 미학자 진중권이 1999년 발표한 신랄한 논평이 참조가 될 것이다.

> 얼마 전까지 '포스트모던'이란 게 한국의 지성계를 휩쓸었다. 나는 이 흐름에 대해 상당히 유보적인 태도를 보이고 있었는데, 그건 우리 사회가 아직 '근대'조차도 완수되지 않은 상태라 판단했기 때문이다. 그리고 아니나 다를까, 어디엔가 이렇게 쓰고 난 이후 IMF라는 사태가 터졌다. 이로써 한국이라는 어린이의 키는 갑자기 30센티미터(30%) 줄어들었고, 이와 함께 '근대'에 대한 깊은 천착 없이 랄랄라 곧바로 '탈근대'로 비상했던 한국 지성계의 비눗방울도 허무하게 터졌다.
> … 내가 관심 있는 건 포스트모던의 정치적 함의다. 한국의 정치적 콘텍스트 속에서 포스트모던은 두 가지 대립되는 양상으로 나타났다. 하나는 극좌로, 하나는 극우로. 이렇게 정치적 지향은 좌, 우 정반대로 다르지만, 이 두 흐름 사이에는 한 가지 공통점이 있다. 그것은 한국 사회에서 근대의 기획은 완료되었다는 판단이다. 그러니 이제 탈근대하자.
> 이번 IMF 사태로 여실히 드러났듯이, 우리 사회에는 국민 경제

를 '이성적'으로 관리할 능력이 결여되어 있었다. 그동안 군대식으로 진행된 근대화 과정에서 경제 주체들은 '합리적' 경영 능력을 쌓을 기회가 없었다. 국민들은 기나긴 파시스트 독재하에서 '자율적'인 근대적 주체로 성장할 기회를 봉쇄당한 상태였다. 한마디로, 한국 사회는 이성, 합리성, 주체의 과잉이 아니라, 거꾸로 그것의 결여로 고통받고 있었던 거다. 그러므로 우리의 문제는 겸허하게 다시 근대다.[34]

그리고 평범한 독자들에게는 제법 어려운 '근대'라는 말로는 설득이 어려웠던 그들이 채택한 중요한 단어의 목록 중에 바로 '상식'이 있었다. 2002년 홍세화는 본인의 세 번째 책인 《악역을 맡은 자의 슬픔》에서 다음과 같이 말한다.

> 내가 바라는 한국 사회는 '상식이 통하는' 사회이다. '정의가 강물처럼 흐르는 사회'라면 더 바랄 게 없겠지만 우선 상식만이라도 통했으면 참으로 다행이겠다.[35]

위 구절에서 이미 우리가 익히 알고 있는 '상식'이란 말의 정치적 용례가 완벽하게 정립되어 있음을 알 수 있다. 따라서 이 정치적 용례는 홍세화가 혼자 만들어낸 것은 아니었다. 2002년 즈음에는 이미

34   진중권, 〈Back to the Future〉, 지식인 레포트 3 《한국의 지식 게릴라》, 민음사, 1999, pp. 100~101.

35   홍세화, 《악역을 맡은 자의 슬픔》, 한겨레신문사, 2002, p. 101.

저 작업이 완료되어 있었다.[36] 그러나 홍세화는 뒤늦게 이 용례를 받아들인 사람이 아니라 강준만이나 진중권과 같은 지식인, 그리고 일군의 시민들과 함께 이 흐름을 만들어간 이들 중 하나였으며 내가 아는 한 이 용례를 위와 같이 표준적으로 정립한 최초의 사람이었다. '한국 사회가 이전과는 다르게 관용하게 된 망명객의 에세이'를 통해 대중적 명성을 알린 그는 여러 진보적 잡지에 기고하면서, 특히 '프랑스의 나치 청산'과 '한국의 불충분했던 친일파 청산'을 비교하는 글을 썼고 이 논의는 대중에게 큰 영향을 미쳤다. 그가 '근대'를 논할 때, 본인이 직간접적으로 경험한 '프랑스의 근대'를 호출하는 것은 자연스러운 일이었다. 비록 그 자신은 그것을 경계하며 프랑스 사회로부터 비판적 거리를 취하려 노력했지만 말이다. '근대'='정상'='상식'='부역자 청산'의 논리가 만들어지는 게 자연스러웠다.

    이때부터는 홍세화나 진중권 같은 지식인들이 만들어내는 흐름도 아니게 됐다. 사실 그들은 '근대'='정상'='상식'='부역자 청산'과 같은 단순 논리를 발화한 적도 없었다. 앞서 내가 서술한 1단계의 흐름을 지나, 자연스럽게 2단계의 대중운동이 성립하면서 일견 타당해 보이지만 세부적으로 따져보면 문제도 속출하는 저러한 단순 도식이 성립하게 됐다. '상식'이 득세하는 사회의 특징은, '개론서에 의한 인식'이 '심화 학습에 의한 인식'을 압도하며 심지어는 탄압까지 한다는 것이다. 2002년 초 민주당의 비주류 대선 후보 노무현이 지식인들의 지지를 받

---

36 만약 이 책에서의 내 서술이 부족하다고 생각하는 이는, 좀 더 본격적으로 1990년대 후반에서 2000년대 초반의 인터넷 담론 형성에 대해 방대하고 재미없는 서술을 한 졸저, 《미디어 시민의 탄생》(시대정신연구소, 2017)을 참조하면 된다(특히 2부에서 3부). 그러나 이 책은 '안티조선 운동'이라는 미시적인 대상을 프리즘으로 삼아 그 서술을 전개했다는 한계가 있다.

게 됐을 때 출간된 책의 제목은《노무현, 상식 혹은 희망》(행복한책읽기)
이었다. 여기엔 한국 사회에서 기득권 교체가 필요하다는, 그리고 그것
이 '상식'이며 '희망'이라는 소박한 전망이 담겨 있었다. 나는 청산사관
을 근본적인 차원에서 비판하고 있지만, 1990년대 후반의 한국인들이
그러한 욕망에 눈뜨게 된 것은 자연스러운 일이었다고 생각한다. '한
국의 근대에는 영혼이 없다'는 착상은, '기본'과 '상식'을 갖춰서 '영혼'
을 형성해야 한다는 정치적 지향으로 나타나게 된다. 그리고 그 정치적
지향이 20년간 누적된 결과에 이영훈이 붙인 딱지가 '반일 종족주의'
였다. 민주당 지지층, 진보주의자들의 입장에선 '영혼'을 형성해나가는
과정이, 그 정치적 반대파에겐 '조선왕조의 그릇된 귀신'을 소환하는
강신술로 보이게 된 셈이다.

　　《노무현, 상식 혹은 희망》의 저자들은 대부분 훗날에도 노무현
지지자로 남았다. 그러나 좀 더 이른 2001년에《노무현과 국민사기극》
(인물과사상)을 출판했던 언론학자 강준만의 경우는 일군의 '상식적인
인식'을 가진 정치인 노무현의 팬덤이 강화되자 참여정부 초창기부터
그들과 삐걱대다가 지지층에서 이탈하게 된다. 이런 일들이 저 시기에
많이 일어났다.

민족주의의 변형, 다시 '일본인과 북한인의 민주주의'

　　오구라 기조는《한국은 하나의 철학이다》에서도 이기론의 세
계관에서 보면 북한이 남한보다 우월한 체제로 보이게 될 것이라고 암

시했다.[37] 또한 최근작인《한국의 행동원리》에서는 북한의 주체사상이 한국인이 보기에도 더 도덕적으로 우월하고 매력적이기에 한국은 북한에 끌려다니는 것이며, 실상 이제 한국인의 사고 속엔 북한에 대항할 심리적 힘이 거의 없다고 생각한다고 분석했다.[38] 그가 한국 민주당 지지층의 속내를 한국의 진보 언론과 진보 지식인들의 글을 통해 분석했다면, 1998년에 했던 그 생각을 2021년까지 고수하는 것도 이해를 못할 바는 아니다.

그러나 사반세기의 세월 동안 '상식이 정치화되고 당파화'되는 것만큼이나, 혹은 그 이상으로 큰 변화가 하나 생겼다. 그것은 1990년대 후반에서 2000년대 초반까지만 해도 흔들림 없이 고정되어 있던 '민족'의 개념에 혼선이 생겼다는 것이다. 2000년대 초반 '근대'='정상'='상식'='부역자 청산'의 논리가 대중적으로 유포됐을 때 민주당 지지층은 이 논리가 본인들을 공격하는 날이 오리라고는 상상도 못 했을 것이다. 군사독재 시절에 '빨갱이', '좌파' 탄압은 언제나 있었으므로, 민주당 지지층은 더는 문제를 좌우의 문제로 만들지 않고 '민족 대 반민족', '상식 대 몰상식'의 문제로 이행시키기 위해 친일 청산의 문제를 제시해야 한다고 생각했다. 그러나 그들은 국민의힘 지지층이 이 논쟁의 구도를 다시 좌우의 문제로 보내지 않고도, 본인들의 논리를 그대로 활용하여 '친일 부역자'가 아니라 '친북 부역자'를 규탄하는 흐름을 만들어낼 수 있으리라는 사실은 미처 알지 못했다.

말하자면 한국의 민족주의가 세월의 흐름에 따라 삶의 형식에 맞춰 변형된 것이다. 19세기 후반에서 20세기 초반까지 형성된 '근대

---

37   오구라 기조,《한국은 하나의 철학이다》, p. 126.

38   오구라 기조,《한국의 행동원리》, pp. 89~92.

민족주의'의 범위가 명확하게 '한반도 거주민'이었다면, 분단 이후 반세기가 지나간 시점에서 새로 형성되거나 변형되는 민족주의에선 그 범위가 '휴전선 남쪽의 거주민'으로 자연스럽게 바뀌어가는 추세가 나타났다. '남한'이란 말이 점점 덜 사용되고, '대한민국'이란 말이 자긍심의 어휘로 사용되는 경향성은 이를 반영한 것이었다. 이 흐름은 설령 민주당 지지층이라 하더라도 1970년대생부터는 영향을 받게 되었고, 북한에 어떤 형식으로든 도덕적 열패감을 느끼는 한국인들의 숫자는 오늘날 극소수에 지나지 않는다. 설령 어떤 진보주의자가 북한에게 유화적인 정책을 펼쳐야 한다고 주장하는 경우라도, 어디까지나 그 이면에는 대한민국의 절대적 우위를 전제에 깔고 있다. 그리고 그렇게 '기존 민족주의'와 '변형된 민족주의'가 공존하게 되니 '가해자'의 이름이 누구인지가 바뀌게 됐다. 기존의 민족주의에서 가해자의 이름이 '일본'이었다면 새로운 민족주의에선 '북한'이 될 수 있는 것이다. 그리하여 위에서 정리한 내전이 개막되었다. 오늘날 한국 사회를 오가는 정치적 내전의 언어를 종합한다면, 대한민국에는 단 한 명의 한국인도 없으며, 이 나라는 '일본인'(국민의힘 지지층)과 '북한인'(민주당 지지층)이 서로를 비난하며 선거를 통해 상대방을 꺾기 위해 노력하는 '일본인과 북한인의 민주주의' 체제가 되는 것이다. 실제 한국인들이 '일본인'과 '북한인'으로 양분된 것은 아닌데도, 서로 상대 당파의 지지층은 '일본인'('토착왜구')이나 '북한인'('종북주의자', '북한 간첩')이라고 상상하는 종류의 내전 말이다. 그게 위에서 정리한 마)와 바)의 대립이며, 이것은 양쪽 모두 '상식'임을 주장하지만 양립할 수 없기에 '독재'를 추구하게 됐다.

그러나 '일본인과 북한인의 민주주의'라는 수사는 양대 정치적 당파의 환상을 종합한 것일 뿐이다. 실제 민주당 지지층의 성향이 북한인과 유사할 리도 없다. 전반적으로 한국인들은 예전에 비해 북한을 훨씬 덜 신경 쓰게 됐으며, 최근에는 안보 문제에서도 북한에 대한 공포보다는 중국에 대한 공포가 더 큰 문제가 됐다. 한편 일부 민주당 지지층은, 국민의힘 골수 지지층이 위치한 대구·경북 지역의 정치적 풍토가 일본 사회의 그것과 비슷하다고 비난하는데 이 역시 무리가 있다. 나는 한국 사회 일각의 사람들처럼 '일본인'이란 표현을 욕으로 사용하지는 않지만, 그와 별개로 대구·경북 지역의 특성을 '일본적'인 것으로 볼 수는 없다. 과거 대구·경북 지역의 양반 문화는 한국인이 일본인을 향해 생각하는 편견처럼 체제순응적이지 않았으며, 오히려 반골적인 특성과 애국주의적인 특성을 오가면서 일제강점기엔 사회주의자를 양산하기도 하고 해방 이후엔 개발독재의 지지자가 되는 등의 부침을 겪었기 때문이다. 게다가 대구·경북 지역을 포함한 영남지역의 반일 정서도 상당하다.

양대 정치적 당파의 환상이 사태를 어떻게 왜곡하느냐와는 상관없이, 한국 사회에서 이러한 '정치적 내전'이 시작됐다는 점은 크나큰 문제가 된다. 앞서 말했듯 올바른 게 뭔지 뻔하고, 도덕이 뭔지 뻔하다고 믿었던 게 한국 사회다. 유럽이나 미국처럼 치열한 토론으로 문제를 해결해본 전통이 없다. 논증이 듬성듬성하고 부실하니 양쪽 모두 서로의 지지층만 설득하게 된다. 유럽, 미국, 일본처럼 내전의 위기가 닥쳤을 때, 혹은 내전 상황에서 '힘의 균형에 의한 타협'을 추구하는 데 능한 이들도 아니다. 양쪽 모두 올바름을 이야기하면서 결코 상대방에게 굴복할 수 없다고 말한다. 물리적 내전으로 갈 필요도 없는 민주주의 국가의 정치적 내전 상황이니 더더욱 타협의 유인이 없어진다. 나는 불과 몇 년 전 희망에 가득 찬 저술인 《추월의 시대》를 썼던 사람이다. 그런 나조차도 요즘은 대한민국의 시계가 조선왕조로 치면 예송논쟁과 환국 정치를 지나 망국적 세도정치의 단계로 가고 있는 게 아닌지 우려할 지경이 됐다. 이제 나는 불혹의 나이에 한국 문화의 특수성을 해명할 자신이 겨우 생겼는데, 그러자마자 나라가 언제 망할는지를 진지하게 걱정할 지경이 됐다.

나는 이번 장에서 한국 문화의 특수성을 해명하면서 '상식'의 역할을 규명했고, 한국 사회에서 '상식'이 정치적 언어가 된 이후 두 개로 분화해서 반목하게 되는 상황을 다뤘다. 그리고 한국 문화에서 이 '상식'이 어떻게 자리 잡았는지 살펴보면서 친족 문화의 확장으로서의 민족주의와 떼려야 뗄 수 없는 관계를 지니고 있음을 확인했다. 그러므로 당파적으로 분화한 '상식'의 문제에 대처하기 위해선 한국 민족주의, 그리고 그것이 형성하는 피해자 서사의 문제에 좀 더 깊이 파고들 필요가 있다. 왜냐하면 한국의 정치 담론에서는 민족주의가 아닌 피해자 서사조차도 민족주의의 피해자 서사 형식과 유사하게 구성되어 있기 때문이다. 그 피해자 서사 속에서 어떤 방식으로 주인공을 위치하게 하는지가 우리가 논의하는 '상식', 특히 '분화된 상식'의 문제와 관련이 있다. 따라서 다음 장에서는 '민족주의와 피해자 서사'의 문제를 다룰 것이다.

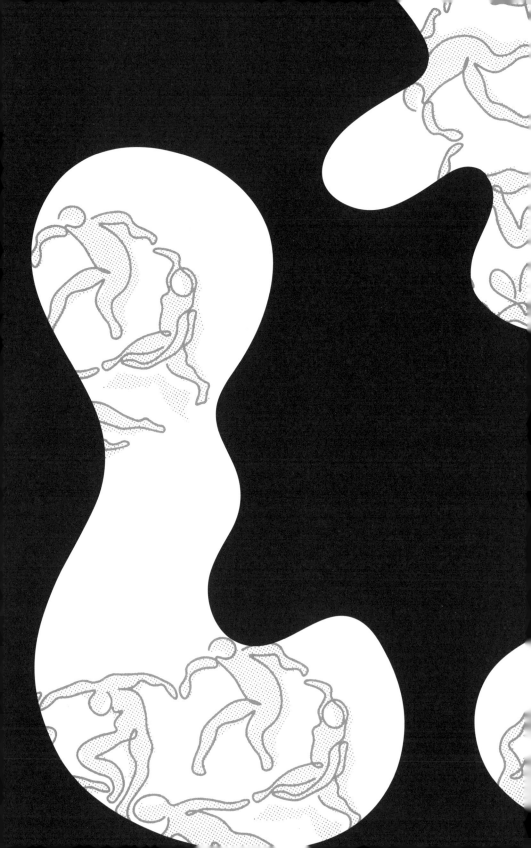

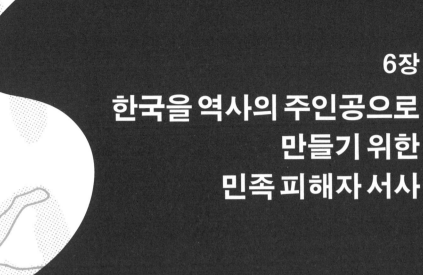

6장

한국을 역사의 주인공으로
만들기 위한
민족 피해자 서사

한일 관계에서 전근대사와 근현대사는
어떻게 만나게 되는가

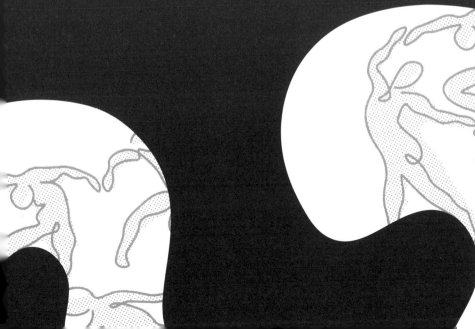

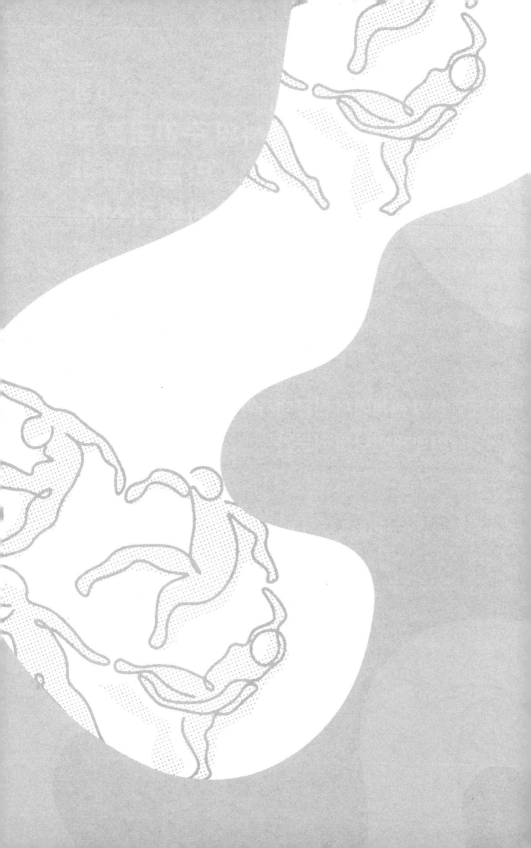

이 세상 위엔 내가 있고
나를 사랑해주는
나의 사람들과
나의 길을 가고 싶어
많이 힘들고 외로웠지
그건 연습일 뿐야
넘어지지 않을 거야
나는 문제없어.
〈나는 문제없어〉(1993, 김성호 작곡·황규영 작사) 앞부분

가수 황규영의 이 노래를 웹툰 〈삼국지톡〉(스토리 무적핑크, 작화 이리, 2018~)의 한 부분에선 조조가 부른다. 그 장면을 보는 순간, 나는 이 가사가 군왕의 노래로 제법 잘 어울린다는 사실을 알게 됐다. '나의 사람들과 나의 길'을 걷는 것이 바로 군왕 아닌가?

〈나는 문제없어〉는 1990년대에 수많은 한국인이 위로를 받은 노래다. 2016년 JTBC 예능 〈투유 프로젝트 슈가맨〉(이하 〈슈가맨〉)에서

가수 황규영이 다시 등장해 노래 부르는 영상에 달린 한 다수 추천 댓글은 "수많은 목숨을 살린 노래"라고 표현한다. 실제로 우리는 과할 정도로 본인이 삶의 주인공임을 선언하는 저 노래에서 위로를 많이 받았다. 그만큼 우리는 우리의 삶의 주인공이고 싶어 한다.

한국인, 인생에서 주인공이 되지 못해 불행한 민족?

기성세대로부터 적어도 내 또래에 이르기까지, 한국적 삶의 목표는 무엇인가? 나는 4장에서 '표준압'이라는 개념을 제시하고, 기성세대들이 흔히 사용했던 '사람 구실'이란 표현을 쓴 바 있다. 이어서 적어 본다면, 한국적 삶의 목표는 '사람 구실은 한다는 전제 아래, 될 수 있는 한 주인공처럼 사는 것'일 테다. 그리고 이 목표 자체가 사회에서 표준 이상이 되어야 한다는 압력인 '표준압' 속에 사실상 이미 포함되어 있다고 볼 수 있다. 계층을 나누고 '주인공이 될 만한 이'와 '그렇지 않은 이'를 미리 분리수거하는 문화는 아니라는 점에서 일정 부분 감동적인 면이 없지 않지만, 그렇기에 '주인공'이 되기 힘든 이들에게 무한한 스트레스를 주는 압력이라고 볼 수 있다. 그러므로 나더러 한국인을 정의하라면, '인생에서 주인공이 되지 못해 불행한 민족'이라고 말할 것이다.

그 '불행'을 어떻게 떨쳐낼 것인가? 인생의 거의 모든 순간을 주인공으로 살 수 있는 이는 그야말로 군왕과 같은 이밖에 없을 것이다. 그러나 많은 사람이 주인공이 되고 싶어 하는 문화라면, 서로서로 협력하여 돌아가면서 짧은 시간 정도는 서로를 주인공 취급하는 문화가 발달했을 법하다. 나는 한국 문화의 많은 부분이 바로 이 '서로 주인공 취급해주기'란 배려로 설명될 수 있다고 본다. 타자가 적시타나 홈런을 때린 순간은, 그가 슈퍼스타나 주전 선수가 아니라 신인 또는 후보 선수라 하더라도 투수 눈치를 보지 않고 배트를 던질 권리를 가진다. 평소 미움받는 자식이라도 생일 잔칫날에는 부모로부터 극진한 축하를 받을 수 있다(이 정도도 안 해준다면 정말 좋지 않은 사이라고 서로 확실히 인지하게 된다). 1990년대 초반 일본의 가라오케를 적당히 본뜬 한국의 노래방 문화가 확산됐을 때, 기성세대의 경우 '공평하게 한 곡씩' 부르려다가 열차 시간을 놓치는 사례도 발생했다. 요즘 노래방에선 그렇게까지 하진 않지만, 여하간 마이크를 잡은 순간은 주인공이다. 남들 신경 쓰지 않고 혼자 주인공 놀이를 하고 싶다면 코인노래방에 가면 된다. 좋은 일이 있거나, 돈이 생겼거나, 아니면 기분으로 "내가 오늘 쏜다"고 친구들 사이에서 선언하면, 친구들은 그날 그를 극진하게 주인공으로 대해준다. 한국 문화는 아마 외국인들이 보기엔 친한 친구들끼리 모이면 거의 아첨에 가까울 정도로 서로 칭찬하는 문화로 보일 것이다. 허태균에 따르면, 한중일 사람들을 비교했을 때 자기 존중감은 큰 차이가 나지 않는 대신(일본인이 다소 낮긴 하다), '비현실적 낙관주의'는 한국인이 최대치를 찍는다고 한다(일본인은 없다시피 하고 중국인은 한일의 중간 정도). 한국인은 객관적 현실보다 본인이 잘될 거라고 막연하게 기대한다는 것이다.[1] 우리의 삶을 돌이켜보자면 납득이 가는 해석이다. 그리고 나는 한국 사회의 '친한 친구 문화'는 서로의 '비현실적 낙관주의'까지 공유하는 것이라고 생각한다. 서로가 서로를 '사실은 꽤 잘났는데 불운하거나 우리 사회가 후져서 제대로 인정받지 못하는 사람'으로 취급한다. 조금

---

1   허태균, 유튜브 채널 '디글 :Diggle', 〈[#어쩌다어른] (1시간) 개발자도 모르는 기능 150% 활용하는 한국인 심리 특징 정리해드림! | #편집자는〉, 2022년 11월 12일.

더 확장해보면, 한국인들이 '한국' 그 자체에 대해 하는 생각도 이와 거의 흡사하다. 대부분의 한국인들은 '분명히 훌륭한 역량이 있지만 강력하고 사악한 중국과 일본의 등쌀에 이리저리 치여서 국제 사회에서 제대로 된 평가를 받지 못하는 대한민국'을 상상하고 그 대한민국을 사랑한다.

앞서 말한 예능 〈슈가맨〉에서 황규영의 노래가 시작될 때, 한 여성 패널(2NE1 출신의 산다라박)은 두 팔을 활짝 벌리고 하늘을 올려다보는 제스처를 취한다. "이 세상 위엔 내가 있고!"란 가사가 울려퍼질 때 느끼는 고양된 기분을 표현한 것일 테다. 영화 〈타이타닉〉(1998)에서 레오나르도 디카프리오가 연기한 잭이 타이타닉에 올라탔을 때 비슷한 포즈를 취하며 "내가 세상의 왕이다!"라고 외치는 장면을 연상시킨다. 한국인들의 저 강렬한 '주인공 지향성'은 세계인들이 흔히 아시아 사람들에게 갖는 전형성典型性에서 꽤나 벗어나 있다. 외국인들 중에선 이 문화를 즐기거나 신기해하는 경우도 있지만, '피곤하다'고 느끼는 경우도 있다. 특히 일부 일본인은 '기분 나쁘다'고까지 생각하기도 한다. 한국에도 '튀지 말라'는 식의 사회적 압력이 있지만, 일본 문화에선 그게 훨씬 더 심하기 때문에 도무지 왜 저러는지 이해할 수가 없는 탓이다.

한국인들은 개인적으로 인생에서만 주인공이 되고 싶어 하는 것이 아니다. 민족 정체성, 혹은 공동체 집단으로서의 '내 나라' 한국이 역사 속에서 주인공이 되기를 바란다. 근대 민족주의 형성 이후, 한국인들이 역사 속에서 한국에 대해 만들어낸 이야기는 전형적인 '비련의 여주인공', '피해자 서사'의 형식을 지니고 있다. 물론 이러한 표현은 '반페미니즘적'이고 '오리엔탈리즘적'이겠지만, 나는 이 서술이 '한국인에 대한 부당한 편견을 묘사'한 것이 아니라 '한국인이 실제로 가진 편견을 적절히 묘사'한 것이라고 보기 때문에 위험을 무릅쓰고 고수할 것이다. 한국인들이 '피해자 서사'만을 좋아해서 생긴 일이라고 보지는 않는다. 한국의 근현대사 내용을 검토해보건대, 주인공이 될 수 있는 이야기의 형식은 그러한 '피해자 서사'밖에 없었기 때문에 '울며 겨자 먹기'로 선택한 일이라 생각한다. 만약 근현대사 내용이 좀 더 밝고 명랑한 주인공이 되는 것도 허락했다면 한국인들은 기꺼이 그러한 이야기를 택했을 것이다.

다만 5장에서 지적했다시피 오늘날 그 '피해자 서사'는 큰 틀에서 둘로 갈렸다. 먼저 좀 더 고전적인 민주당 지지층의 피해자 서사는 대다수가 '일본'을 가해자로 지목하고, 그중 소수는 '미국'을 가해자의 일원으로 함께 지적한다. 일본은 식민 통치를 통해 한국의 근대를 왜곡한 원흉이었으며, 미국 역시 일본의 조선 식민지화의 방관자(가쓰라-태프트 조약을 통한)인 데다 전후 일본에서 식민지화와 전쟁을 추진한 정치인들을 숙청하지 않은 책임이 있다는 것이다. 그러나 현대 한국 사회에선 이제 '일본'을 가해자로 지목하는 성향의 이들조차도 '미국'에 대해선 지극히 우호적인 사람들이 늘어나고 있다.

사실 이런 상황도 한국인의 특성과 관련이 있다. 전근대 시절부터 '보편제국의 우등생'이고자 했던 한국은 새로운 문명 세계에서 미국이 '자본주의'와 '민주주의'라는 문명을 체현한 빛이라는 점을 알게 되자 그 미국을 지극히 흠모하게 된 것이다. 물론 전후 일본도 한동안 미국에 대한 흠모가 대단했지만, 상대적으로 '우리를 패배시킨 강자에 대한 복종'의 성격이 더 강했다고 볼 수 있다. 반면 해방 이후 한국의 흠모는 단편적인 수준에서나마 문명적이었기 때문에, 반미 정서가 폭발하는 순간은 1980년 군부독재 세력이 광주 시민을 학살한 사건에서 미국이 방관했다는 인식이 확산되는 것을 기점으로 이루어졌다. 즉, 미국이 '민주주의'를 방해했다고 믿었을 때, 한국인은 그 미국조차 '가해자'

로 지목했던 것이다. 이러한 인식은 그 후 20~30년 동안 당대 젊은이들에게 영향을 미치면서 현재 중년세대 일각에 여전히 남아 있지만, 한국이 성공적으로 민주주의 국가로 진입한 이후에는 시간이 지날수록 힘을 잃게 됐다. 게다가 1987년에 일어난 시민혁명 과정에서 미국 외교관들이 전두환 정부가 시위대를 향해 군부를 동원하지 못하도록 모종의 노력을 기울인 정황이 명백했기에, 이후 한국인들은 1950년 한국전쟁에서부터 1987년 민주화 혁명에 이르기까지 '한국을 보우하신' 미국을 더욱 문명주의의 화신으로 여기게 됐다.[2]

그러자 피해자 서사는 미국과 일본을 구별하는 방향으로 진행되면서 미국이 전해줄 수 있었던 '빛'을 일본이 방해했다는 논리가 탄생한다. 역사 연구의 진행에 따라 조선왕조가 스스로 근대를 열어젖힐 가능성은 아예 없다시피 했다는 것이 중론이 됐기 때문에, 일본에 의해 개항된 짧은 개화기의 순간에 조선이 미국 등 선진국으로부터 '좀더 제대로 된 근대'를 배우고 있었던 것을 일본이 훼방 놓고 식민지화했다는 식의 새로운 정당화 논리가 생겨난 것이다. 나는 조선이 스스로 근대화를 열어젖힐 가능성이 있었다고 주장하는 '자본주의 맹아론'보다는 이쪽이 더 설득력이 있다고 생각한다. 다만 이러한 정당화 논리는 아직 담론적으로 정교하게 정돈되지는 못했으며, 오히려 대중의 무의식 차원에서 드러나고 있는 것으로 보인다.

드라마 〈미스터 션샤인〉(2018)은 바로 그와 같은 대중의 무의식을 다소 환상적이지만 탁월하게 표현한 작품이라고 볼 수 있다. 주인

---

2   심지어 1987년에 미국이 만류한 그 세력이 바로 1980년 광주에서 시민을 학살한 세력이기도 했기에, 미국으로서는 1980년의 상황에서 순간적으로 잘못 판단한 과오가 있었다 하더라도 나중에 되갚았다고 볼 수 있다. 미국이 굳이 그렇게 생각하지 않더라도, 많은 한국인들은 이런 식으로 생각하는 것을 좋아하는 편이다.

공 유진 초이처럼 조선인으로서 미국에 갔다가 미군의 일원이 되어 대한제국의 정세에 개입한 인물은 당대에 존재할 수 없었지만, 그를 거둔 이가 선교사였다는 점에서 암시되듯 유진 초이는 개화기 때 근대 조선인의 최초의 스승이 됐던 선교사들의 은유였다고 볼 수 있다. 비록 일본이 19세기 말 조선보다 자본주의적 시장경제와 제국주의의 군사력 강화에 훨씬 더 잘 적응했던 것은 사실이지만, 민주주의와 자유 이념은 오히려 조선인들이 훨씬 더 잘 흡수했다고도 볼 수 있다. 그리고 조선인에게 근대 문명을 최초로 가르친 이들, 그러니까 '빛'(선샤인)을 보여준 이들은 주로 선교사들이었다. 조선은 18세기의 천주교 수용에서도,[3] 19세기의 개신교 수용에서도 다른 동아시아 국가보다 진일보한 구석이 있었으며,[4] 근대 이후 신분제 해체에 있어서도 사회운동을 통해 일본보다 더 철저하게 실천했다. 예를 들어 식민지 조선의 형평운동衡平運動은 주로 백정 출신에 대한 차별을 타파하려는 것이었으며, 1922년 일본에서 일어난 특수부락민의 차별 타파를 위한 수평운동水平運動에 자극받아 1923년 시작됐다. 오늘날 한국에서 '백정 차별'을 포함한 신분제 차별은 흔적도 없이 사라졌지만, 현대 일본에선 여전히 특수부락민

---

3   "서학이 당시 조선 사회에 끼친 영향은 그간 너무 과소평가되어온 느낌이다. 지축을 흔든 지진이 지나고 오랜 세월이 흐른 뒤 남은 흔적만으로 상황을 본 것은 아닐까? 땅이 갈라지고 건물이 무너질 때의 충격은 잔해를 치우고 그 위에 새집이 들어서면 지진 자체가 없었던 일처럼 까마득한 일이 되고 만다. 서학은 조선 사회에 깊은 흔적을 남겼다. 그런데 그것이 의도적으로 은폐되고 지워져서 이제 와서는 별일 없었던 것처럼 보이는 것이 아닐까?" 정민,《서학, 조선을 관통하다》, 김영사, 2022, pp. 5~6.

4   "조선은 지난 12년(*편주: 1888~1897년을 말함)이라는 짧은 기간 동안, 자신이 가진 최대의 용기와 최선을 다하도록 만들었다. 같은 기간 일본에서는 기독교인 10명을 만드는 데 그쳤고, 중국에서는 그 10명을 만드는 데 거의 40년이 걸렸지만, 지금 조선에는 1,000명이 넘는 기독교인이 있다. 이렇듯 용기 있는 사람들이 목숨을 바친 것이 결코 헛되지 않았음을 조선도 응답하여 보여준 것이다." 제임스 S. 게일, 《조선, 그 마지막 10년의 기록 1888~1897》, 최재형 옮김, 책비, 2018, p. 338.

문제가 남아 있다.[5]

많은 이들은 현대 한국의 신분제가 일본보다도 철저하게 해체된 것은 한국전쟁의 영향이라 생각한다. 그러나 몇 가지 맥락을 두고 보건대, 설령 한국전쟁이 없었다 하더라도 현대 한국은 아직 특수부락민 차별이 일정 부분 남아 있는 현대 일본보다 훨씬 철저하게 신분제를 해체한 사회가 됐을 것이다. 이 점에서 우리는 자본주의 관점에서의 식민지 근대화는 어느 정도 인정할 수 있되, 민주주의 관점에서의 식민지 근대화는 오류에 가깝다고 비평할 수 있다. 왜냐하면 조선인에게 근대 문명을 가르쳐준다고 자부했던 일본인들은 조선인들처럼 민주주의와 자유의 이념을 빠르고 철저하게 흡수하지 못했기 때문이다. 이에 대해 역사학자 김정인은 일본의 식민 통치가 다른 제국주의 국가보다 더 가혹했기 때문에 조선인이 거세게 저항한 것이 아니라, 조선인들이 급속하게 민주주의의 이념을 흡수했기 때문에 제국주의에 더 맹렬히 저항했다고 분석했다.[6] 나는 이러한 분석이 합당하다고 생각한다. 또한 김정인의 분석까지 가지 않더라도, 조선인의 거센 저항은 '민족주의 형성 이후 식민지가 됐다'는 조선 식민지화의 특수성과 관련이 있다.[7]

---

5   김정인,《독립을 꿈꾸는 민주주의: 민주주의 개념으로 독립운동사를 새로 쓰다》, 책과함께, 2017, pp. 149~159.

6   "민족주의적 해석처럼 일본의 지배가 혹독했기에 독립운동이 치열했던 것만은 아니었다. 사실 제국주의 국가들의 식민지 지배를 돌아보면 일본이 더 잔혹한 제국주의였는지 경중을 가리기는 어렵다. 지배와 차별에 저항하며 자유와 평등의 기치를 내세운 건 민주주의적 의식과 문화가 있었기에 가능한 일이었다. 오늘의 시각으로 보면 식민 지배와 민족 차별에 대한 저항이 당연시되지만, 그건 당위가 아니라 민주주의 역사의 산물이었던 것이다." 김정인,《독립을 꿈꾸는 민주주의》, p. 7.

7   "둘째, 조선은 세계 주요 국가 중 가장 늦게 식민지가 된 경우다. 세계가 이미 제국 해체의 시대로 접어들 무렵(청나라, 합스부르크, 오스만튀르크, 러시아제국의 해체), 일본은 거꾸로 제국주의를 강행했다. 베트남, 인도네시아 등 아시아의 식민지화는 거의 1880년대 이전에 이뤄졌다. 그런데 1880년대 이후 세계 각지에서는 민족주의가 발생하기 시작했다. 조선에서도 1880년대 이후 병합까지 약 30년 동안

'선교 근대화론'과 '식민지 근대화론', 그리고 '미스터 션샤인'

　　도식화를 해본다면 기존의 '식민지 근대화론'이 잡아채지 못하는 조선인들의 선행적이고 자생적인 근대 수용 양상을 '선교 근대화론'이라고 칭해도 될 법하다. 일본에 의한 식민지화 이후에 조선의 모든 근대화 양상이 탄생했다고 볼 필요는 없다는 것이다. 일본은 에도 시기 천주교를 조선보다 훨씬 효율적으로 탄압했고, 메이지유신 이후에도 개신교 수용에 있어 개화기 및 식민지 조선에 비해 훨씬 미진했기 때문에, 한국 근현대사에서 개신교의 교세 확장에 주목하면 '식민지 근대화론'의 함정에서 빠져나올 수 있다. 더 정확히 말하면, '식민지 근대화론' 자체는 반대하거나 반박할 필요가 없지만 저 담론을 통해 조선인의 근대 수용이 일본에 의해 주입된 지극히 수동적인 것으로 이해할 필요는 없다는 것이겠다. 선교사에 의한 것이든, 식민화에 의한 것이든 근대화의 과정은 비록 그것이 이식된 것이라 해도 상호작용의 산물이었다. 일본에서도 없었던 것이 조선에서 생겨났거나, 일본에서 먼저 일어났지만 정작 거기에서는 제대로 작동하지 않았던 일이 이후 따라 한 조선에서 훨씬 잘 수행되는 현상은 '상호작용'을 빼고는 설명할 수 없다. 이는 애초 동아시아 국가들이 중국 문명을 수용할 때도 다만 그 내용을 주입한 것이 아니라 본인들의 맥락에 맞춰 수용했다는 너무나도 당연한 사

민족주의가 형성, 강화되었다. 임오군란, 갑신정변, 갑오농민전쟁, 대한제국 수립, 독립협회, 만민공동회, 애국계몽운동 등이 모두 이 시기에 일어난 일들이다. 다른 식민지와 달리 조선은 식민지로 되기 이전에 이미 강력한 민족주의의 세례를 받은 사회였던 것이다(대만은 비교적 늦은 1895년에 식민지로 되었으나, 이곳은 국가가 아니라 중국의 일개 지방이었다는 점에서 조선의 경우와 다르다). 조선은 이미 남의 통치를 받기에는 너무 커버렸다." 박훈, 《위험한 일본책》, 어크로스, 2023, pp. 125~126.

실과도 포개지는 것이다.

　나는 최근에 '남베트남은 북베트남에 의해 망했는데, 왜 대한민국은 한국전쟁 때 버틸 수 있었을까?'란 질문을 다시 한번 던지게 됐다. 예전에는 이런 질문이 던져졌을 때 북베트남과 북한 사이의 격차가 먼저 눈에 들어왔다. 만약 김일성이 아니라 박헌영 또래의 지도자가 조선 식민지화를 위해 재침공해온 일본군을 쫓아내는 결정적인 전투에서 승리했다면, 그 상징성은 대단했을 것이다. 즉, 이러한 답변은 '호치민'과 '김일성'의 차이를 지적하는 것이다. 그러나 이는 왜 대한민국군이 남베트남군과 다르게 목숨 걸고 국가를 지키기 위해 싸웠는지 설명해주지는 못한다. 뉴라이트는 이 지점에서 간단하게, 이승만이란 대한민국 건국의 지도자와 남베트남 정치인 사이의 격차를 볼 것이다. 그러나 한국전쟁(1950년)은 대한민국 정부 수립 후 너무 금방 발생한 일이기 때문에 이승만 집권기 전체의 업적을 남베트남 정치인들과 비교하면서 이 문제에 관해 논평하는 것은 무의미하다. 한국전쟁 초기에 이승만 등 대한민국 정치인이 보여준 추태가 남베트남 정치인들보다 훨씬 덜한 것도 아니다.

　우리는 그보다는 '대한민국이 남베트남에 비해 목숨을 걸 만한 가치가 있는 국가로 여겨졌던 이유'를 살펴봐야 한다. 긍정적인 측면에서 본다면 대한민국이 유엔 감시하 총선을 통해 구성된, 그러니까 인민의 투표로 성립한 국가라는 지점이 있을 것이다. 한반도에선 북한이 그러한 총선을 거부했다. 반면 베트남에서는 '총선을 하면 베트민(북베트남 공산당)의 승리가 당연할 것'이라고 예상했던 남베트남 우익 세력이 총선을 거부했다. 정부 수립의 정당성 여부에서부터 차이가 날 수밖에 없었다. 토지개혁이 이미 약속되고 진행되고 있었다는 점도 당연히 긍정적인 요인에 넣을 수 있고, 이 지점에선 이승만의 공로라고 할 만한 것이 존재한다. 그런데 내 생각에 더 결정적인 요인은 부정적 요인에 있다. 대한민국에선 특히 이북에서 내려온 이들과 개신교인들을 중심으로 '반공 친미' 그룹이 굳건하게 성립해 있었다는 것이다. 이 지점에선 북베트남과 북한의 '차이'를 말하는 것이 큰 의미가 없다. 북베트남 역시 북한과 마찬가지로 인민재판에 의거한 토지개혁을 했고, 상대적으로 선량한 많은 지주들이 억울하게 살해당하기도 했기 때문이다. 오히려 여기에서 드러나는 남베트남과 대한민국의 차이는 다음과 같다. 한국의 개신교 수용은 일본에 의해 이루어진 것이 아니었기 때문에, 개신교인을 중심으로 한 반공 친미 그룹은 '탈식민지 민족주의' 그룹일 수 있었고 항일 독립운동 세력과 일부 포개질 수도 있었다. 그렇기에 사유재산을 없애고 신을 부정하며 모든 토지를 집단농장으로 만들 공산주의자를 반대하는 데 집중할 수 있었고, 상당한 사람들의 지지를 이끌어냈다. 남베트남에서도 전반기 응오딘지엠 정권(1955~1963)은 천주교인을 중심으로 통치하려고 했는데, 한국의 개신교 수용에 비하면 남베트남에선 천주교 수용이 매우 미약했을뿐더러, 이 자체가 베트남을 식민지화했던 프랑스에 의해 주로 이루어져 '친식민지 반민족주의' 그룹으로 치부됐다. 그러므로 베트남에선 '북베트남이냐, 남베트남이냐'라는 질문이 '베트남이냐, 프랑스냐'라는 질문으로 이해될 수밖에 없었다. 만약 한국에서도 그와 같은 여론 지형이 펼쳐졌다면 대한민국 정부가 버티기는 어려웠을 것이다.

즉, 대한민국 정부의 수립과 존속은 이영훈과 같은 이의 생각처럼 '거의 전적으로 일본에 의해 이루어진 근대 문물의 수용'이란 문맥에선 불가능했다. 실제 역사가 이영훈의 분석에 합치했다면, 대한민국 정부도 무너지고 말았을 것이다. 그러므로 이영훈은 명백하게 틀렸다. 대한민국 정부가 수립되고 존속되어 시장경제에 익숙한 이들이 전후

자본주의를 유지하고 발전시킬 수 있었던 이유는 '그와는 다른 근대 문물의 수용'이 있었기 때문이다. 그 핵심에는 '식민지 근대화'가 오기 전에 시작됐던 '선교 근대화'가 있으며, 선교에 의해서든 식민지화에 의해서든 조선인 스스로가 근대화를 열심히 수용했기 때문에 대한민국이 존속할 수 있었다고 나는 생각한다.

지금까지 이와 같은 해석이 제기되기 어려웠던 이유는 보수주의자인 '반공 친미' 그룹은 대한민국의 존속을 생각할 때 미국의 은혜에 집중했던 반면, 진보주의자들은 대한민국의 존속에 별다른 감흥이 없었고 한국 현대사가 베트남 현대사보다 못하다고 보았기 때문이다. 진보주의자 일각은 김일성을 찬양하고 싶은 마음을 숨기는 대신 호치민을 찬양했으며, 그 외 대다수는 김일성을 긍정적으로 보지는 못했더라도 한국 현대사에 호치민이 없었다는 사실이 애석해서 그를 찬양했다고 말할 수 있다. 진보주의자들은 '반공 친미' 그룹에 대해서도 대한민국 사회를 극우 반공 사회로 이끌었다는 부정적인 측면을 흔히 조명하게 된다. 진보주의자들은 이 친미주의자들의 존재를 불만스러워하며, 베트남인들은 자주적이라 그런 그룹이 존재하지 않았으나 한국인들은 사대주의적이라 그런 이들이 존재했다고 생각하고 싶어 할 것이다. 그러나 진보주의자들이 상상하는 '배알 없는 친미주의자'들이라면 대한민국을 지키기 위해 목숨 걸고 싸우는 것이 아니라 적당히 싸우다가 나라가 붕괴할 때 미군과 함께 미국으로 도주하는 길을 택했을 것이다. 대한민국이 남베트남과 달리 살아남은 이유는 진보주의자들의 편협한 상상만으로는 설명하기 어렵다.

나는 이 '반공 친미' 그룹이 이후 한국 현대사에 끼친 부정적인 역할도 부인하는 것은 아니다. 진보주의자들의 분석이 전적으로 그릇된 것은 아니었다는 말이다. 그러나 그들이 그렇게 극단화된 데는 공산주의 세력의 인민재판에 책임이 있었다는 사실도 고려해야 한다. 무엇보다 그와 같은 집단이 있었기에 대한민국이 존속했다는 사실의 의미는 여러 방면에서 고찰되어야 한다. 또 '대한민국의 존속은 그저 미국의 은혜일 뿐'이라고 믿는 보수주의자의 해석에 대해서도 남베트남이나 아프가니스탄, 그리고 우크라이나 등 상이한 사례를 검토하면서 '목숨 걸고 나라를 지키려는 군인과 국민이 없는 나라는 미국이 아무리 원조를 퍼부어도 지킬 수 없다'는 점을 분명한 반론으로 제시해야 한다고 생각한다.

앞서 제시한 반페미니즘적이고 오리엔탈리즘적인 비유를 다시 활용한다면, '비련의 여주인공'은 미국을 향한 짝사랑으로 성장해 온 것이다. 모든 짝사랑이 그렇지만, 이 짝사랑은 심하게 비대칭적이었다. 1882년 조미수호조약 당시 미국 측 교섭 대표였던 로버트 W. 슈펠트는 1868년에 남긴 글에서 "태평양은 미국의 신부"이며, "중국, 일본, 한국은 신부의 들러리들"이라고 표현했다. 이 시점에서 한국은 짝사랑 상대의 '들러리 3' 정도였던 것이다. 그 오래된 짝사랑은 (미국을 싫어하는 한국인들이 주목하는) 가쓰라-테프트 조약에 의해 거절당하고 조선은 일본의 식민지가 됐으나, 한국전쟁 이후 (미국을 사랑하는 한국인들이 주목하는) 한미상호방위조약을 통해 어느 정도 충족되었다. 다행히도(?) 국제사회의 외교관계는 일부일처제는 아니었던 탓이다. 대한민국은 오늘날에도 미국의 '신부 들러리 2' 정도에 해당하는 듯하지만, 그 사실에 분개하기보다는 '신부 들러리 1'로 여겨지는 일본과의 서열 다툼에 골몰하고자 한다. 전근대 조선이 명明제국에게서 빛을 보았듯이, 현대 한국은 미국 문명에서 '빛'을 보고 있다는 것이 바로 〈미스터 선샤인〉이 낚아챈 현대 한국인의 무의식이라고 볼 수 있다. 그렇기에 〈미스터 선샤인〉은 현대의 주한미군 사령부가 주한미군들에게 추천하는 드라마가

되었다.[8]

　다시 돌아가서, 앞서 말했던 대로 21세기 이후에는 그 반대편의 피해자 서사도 존재한다. 5장 말미에서 봤던 것처럼 분단 이후 반세기가 넘는 시간이 흐르면서 자연스럽게 전체 한반도가 아니라 휴전선 이남의 주민만을 '민족'이란 이름의 주인공으로 보는 새로운 이야기가 생성된 것이다. 이 피해자 서사에 따르면, 가해자는 '북한'이 된다. 이 이야기는 주로 국민의힘 지지층이 받아들이는 것이다. 요즘엔 그 가해자에 '중국'을 추가하는 이들도 빠르게 늘어나고 있다. 한국전쟁을 일으킨 북한이 현대 한국을 훼손한 가해자이며, 전쟁 당시 대한민국의 북진 통일을 막아선 중국 역시 가해자의 일원이라는 것이다. 이러한 인식은 대한민국 체제가 북한보다 압도적으로 우월하고 정당하다는 21세기에 와서 심화된 새로운 자긍심에서 기인한다. 따라서 이 역시 현대 한국인이 가질 수 있는 자연스러운 인식이라고 생각된다. 다만 앞선 서사가 맹렬한 '반일' 정서를 불러일으키는 것과 마찬가지로, 후자의 서사는 맹렬한 '반중' 정서를 불러일으킬 수밖에 없다는 것이 문제다. 이처럼 두 개의 피해자 서사는 정반대 방향을 향하지만, 한국에 절대적인 '피해자'의 위치를 부여하고 가해자를 비판하고 단죄할 권리를 준다는 점에서 공통점을 지닌다.

　그리고 바로 이 맥락에서도 이 책의 논의 주제, '상식'은 작동한다. 한국인의 '상식' 중 큰 부분은, '한국이 역사 속에서 어떠한 주인

8　2020년 2월 12일, 주한 미8군사령부 작전부사령관인 패트릭 도나호 소장은 트위터에서 "당신이 한국에 온다면 도착 전 〈미스터 션샤인〉을 의무적으로 봐야 한다 legally required"고 말했다. 이에 대해 로버트 에이브럼스 주한미군사령관은 해당 트윗을 리트윗하며 "의무적으로 요구되지는 않는다Not quite legally required. 강력히 권장하는 것에 가깝다. 보게 되면 기쁠 것"이라고 했다. 〈주한미군 '미스터 션샤인' 열풍… 美 장성 "한국 도착 전 꼭 봐야"〉, 〈연합뉴스〉, 2020년 2월 19일.

공이냐'에 대한 합의를 전제로 한다. 만약 근현대사가 명랑했고, 한국을 여러 종류의 다른 주인공으로 내세우는 복수의 이야기가 가능했다면, 한국의 '상식'은 좀 더 관용적이었을지도 모른다. 그러나 실제 근현대사에서 한국에게 주어진 주인공 역할은 '비련의 여주인공'밖에 없었기 때문에, 한국이 '비련의 여주인공'이라는 사실을 부정하는 역사관은 '상식'에서 벗어난 것으로 배척당한다. 근현대사에서 한국의 피해자성을 부정하는 소수의 사람들('당할 만한 못난 놈이라 당한 것이니 억울할 것도 없다!'는 식으로 말하는 이들)은 사실상 '한국인도 아니라는' 평가를 받게 된다.

한국은 거짓의 나라인가?

한국 민족주의에 비판적인 연구자와 논평가들은 이러한 '피해자 서사'를 일종의 날조라고 비난하기까지 한다. 특히 일본 우익은 한국과 역사 논쟁을 벌이는 관계로 '한국인들은 곧잘 거짓을 말하는 사람들'이란 전형성을 부여하고 싶어 한다. 한국 사회의 일각에서도 강고한 '한국 민족주의'에 질려버린 이들은 그 길을 따라가곤 한다. 그들은 각국 사법제도의 차이를 무시하고 범죄 통계를 비교하며 '한국인의 거짓말하는 습성'을 애써 논증하려 애쓴다.

일본의 뉴스 사이트 〈비즈니스 저널〉에 실린 2016년 6월 14일 기사에선 "한국인은 숨 쉬듯이 거짓말을 한다", "한국에서 위증죄로 기소된 사람 수는 일본의 66배, 인구 대비로는 165배", "한국은 세계 제일의 사기 대국이다" 등의 내용이 담겼는데 당시 이는 일본의 여러 매체에 인용 보도되었고 온라인과 SNS에서 화제가 된 뒤 한국에까지 넘어왔다. 그래서 이틀 후인 6월 16일 JTBC 〈팩트체크〉에서 반박 및 검증 보도를 한다. 이때 한국 쪽 전문가들의 논평은 이러했다. 경찰대 교수 이동희는 "한국은 사기라는 게 고소 사건이 많습니다. 돈 빌려주고 사기다, 이러고 고소하는 게 많거든요. 그런데 실제로 죄가 되는지 수사해보면, 검찰에서 기소까지 가는 비율은 20%가 채 안 됩니다. (일본은) 법적으로는 우리와 마찬가지로 고소 제도가 있지만, 실무에서 일본은 (고소장을) 잘 받아주지 않습니다. 증거가 충분히 기소될 정도로 입증이 되어서 들고 오지 않으면 조사를 더 진행하지 않고…"라고 설명했다. 경찰대 교수 노성훈은 "나라마다 범죄 통계 내는 방식이 매우 다릅니다. UN의 국제 범죄통계에서도 살인을 제외한 나머지 범죄 수치를 국가 간 비교하는 건 사실상 무의미합니다"라고 지적했다.

　　한국과 일본의 법체계는 상당히 흡사하다. 일제강점기의 경험을 거쳤던 한국은 해방 이후 헌법에 임시정부 헌법과 바이마르 헌법을 반영하려고 노력했지만 세부적인 부분에선 일본법의 영향을 벗어나기 어려웠다. 그럼에도 양국의 법 문화는 상당한 차이가 난다. 이에 대해서는 2023년 1월 14일에 한일 전문가 교류 모임인 '21세기연구회'에서 주최한 김앤장법률사무소 변호사 박인동의 '한일법조비교韓日法曹比較'라는 강연회 내용을 참조해볼 수 있다. 박인동은 한국과 일본에서 변호사 활동을 한 이력이 있는 법조계 최고의 한일 전문가이다. 우리의 논의 맥락에서 필요한 부분만 따오자면, 일본 형사사건의 자백률은 90%가 넘지만, 한국은 일단 부인하는 경우가 90% 가까이 된다(정확하게는 일본 형사사건의 자백률 90.7% vs. 한국 형사사건의 부인율 87.5%). 일본 드라마를 보면 범인이 자백하면서 모든 것을 다 밝히기에 왜 저렇게까지 본인에게 불리한 것을 다 불어버리는지 이해가 되지 않을 때도 있다. 심지어 범인의 가족을 인터뷰하여 보도하는 경우도 볼 수 있는데, 개인이나 가족보다는 '와和'라는 공동체 의식이 강해서 그러하다고 한다. 형사사건을 종류별로 보면 일본은 70% 이상이 절도이며 그 대부분은 자전거 절도이다. 반면에 한국은 사기가 30%로 가장 많고 절도 18%, 폭행 15.5%순이다. 그래서 한국에 사기가 많은 듯이 보이지만 그 이면을 자세히 살펴볼 필요가 있다. 일본 경찰은 사기나 횡령 등 재산 침해 범죄를 민사로 해결하라고 안내하며 형사 고소장을 수리하지 않는 것이 일반적이기 때문이다. 이에 비해 한국은 형사 고소를 하면 100% 수리하고 조사하는 것이 원칙이기 때문에 위와 같은 차이가 나타난다고 한다.

한편 행정사건은, 일본에서는 거의 없는 반면에 한국은 그보다 무려 다섯 배 이상 많은데 이는 제도적·사회적 인식에 차이가 있기 때문이다. 먼저 제도적인 면에서 보면, 한국은 행정부가 '행정처분'(공권력의 행사나 거부)을 하는 데 비해 일본은 주로 '행정지도'(안내 및 조언)를 하는 것이 근본적인 차이점이다. 따라서 일본의 행정사건은 소송의 대상이 안 되는 경우가 많으며, 설령 소송이 성립되어도 승률은 10% 수준으로 매우 낮아 무려 승률 50%가 넘는 한국과 크게 대비된다. 이해를 돕기 위해 대표적인 행정사건인 '토지수용사건'을 예로 들면, 한국은 행정사건 전담재판소도 별도로 있고 소송이 시작되면 국세청에 요청하여 관련 자료도 받을 수 있는 반면에 일본은 전담재판소도 없고 국세청에 요청해도 자료를 받을 수 없는 등의 차이가 있기에 행정사건이 매우 적은 것이다. 이러한 현상의 배경에도 사회적 인식의 차이가 있는데, 일본은 행정이 국민에 비해 우월하다는 사회적 합의가 이뤄져 있는 반면, 한국은 국민의 권리의식이 강하고 그 권리를 보호해야 한다는 법조인의 의식이 큰 영향을 미친다고 볼 수 있다.

이렇듯 한일 양국의 법조 문화 차이는 5장에서 살펴본 정신문화 체제의 상이함과 온전히 포개진다. 한국은 '윤리의 첫 번째 겹', 구석기시대 윤리가 강하게 살아 있는 문화이며, 일본은 '윤리의 두 번째 겹', 신석기시대 윤리이자 1차 전통사회 윤리가 그 첫 번째 겹을 강하게 억압하는 문화다. 영화 〈박열〉(2017)을 보면 거의 마지막 장면에서 박열은 정치적 동지이자 아내인 가네다 후미코가 죽었다는 사실을 감옥에서 듣고 "후미코를 조선 땅(구체적으로는 박열 가문의 선산인 경북 문경)에 묻어주시오!"라고 외친다. 박열은 가난한 농민의 아들로 태어났지만 한국에선 그런 사람이라 하더라도 친족이 사는 '돌아갈 고향'이 있고 거기 가면 묻힐 곳(주로 가족 묘지를 산에 조성하므로 '선산'이라고 부름)도 있다. 멀리 일본으로 떠나왔고, 대역 죄인이 되었으며, 친족이 모르는 결혼을 했다고 하더라도 아무런 문제가 없다. 가네다 후미코는 박열의 아내로서, 집안의 며느리로서 묻힐 곳을 찾을 수 있다. 한국인에겐 그런 상황이 '상식'이다. 가네다 후미코처럼 아버지가 호적에 올리지 않았다는 이유로 친족 집단에게 외면받고 지워진 존재처럼 살게 되지는 않는다. 설령 그 비슷한 일을 경험하더라도 결혼하여 친족을 구성하면서 금세 그러한 상태에서 빠져나올 수 있다. 3장에서 논했던 것처럼, 조선의 신분제가 에도 일본의 그것보다 훨씬 유동적이고 유연했기 때문이다. 현대에서도 한국적 삶은 마을이 자신을 배척하면 다른 마을로 떠나는 것이고, 가족이 너무 싫으면 뛰쳐나와 본인의 새로운 가족을 구성하는 것이다. 일본처럼 가족이나 마을에서 배척당하면 속수무책인 상황과는 차이가 크다.

한일 역사 논쟁과 비교해서 더 중요한 점은, 관공서를 대하는 양국 국민의 태도 차이다. 한국인은 내가 우선이고, 관공서는 내 삶을 뒷받침하는 도구여야 한다. 그러니까 한국인은 관공서를 대할 때 본인이 유리한 방향으로 말하는 데 거리낌이 없다. 이는 일본인의 관점에선 '숨 쉬듯이 거짓말을 하는 부정직'으로 보일 것이다. 한편 한국인은 관공서가 나를 착취하기 위해 거짓을 말할 것이라고 전제하고 의심한다. 이에 비해 일본인은 상대적으로 관공서를 상급자처럼 대우하기 때문에 정직만을 말한다고 전제하며, 관의 조사에 본인에게 유리한 내용만 말하는 것이 아니라 사실 그대로 말하는 편이다. 관공서와 다툼을 벌여서 이득을 볼 수 있다고 생각하지 못하는 편이라 말할 수도 있다. 이 경우 한국인이 보기엔 분명히 관공서가 거짓말을 하고 있으므로, 그럴 리가 없다고 주장하는 일본인에 대해 '나를 착취한 부조리가 명백하게 존재하는데, 관민이 합심하여 집단적으로 부인하며 거짓말하는 부정직'이라고 생각하게 된다. 내가 보기에 양 국민이 서로를 '거짓말쟁이'로 보는 이유는 여기에 있다. 과거사 논쟁에 대한 한일의 평행선도 이와 같은 양상에서 더 심화된다.[9]

쿨하게 인정하자면, 한국 문화가 '정직'을 최선의 가치로 취급하지 않는 것은 사실이라 생각한다. 더 정확히 말하면 한국 문화는 '정직'과 '선량함'을 100% 포개지 않는다. 거짓말을 해주는 것이 더 선량한 일일 때도 있다고 생각한다. 대다수 한국인에게 자기 자신이 어떤 사람인지 얘기해보라고 하면, 아마도 '적당히 부정직하지만 적당히 선량한 사람'이라고 믿고 싶어 할 것이다. '정직'을 지나치게 최선의 가치로 취급하는 문화에선 칸트 같은 철학자가 나타나 '설령 당신이 오늘 거짓말을 해서 한 사람의 목숨을 살릴 수 있다는 정당한 기대를 하고 있을지

---

9   물론 일본인은 우리도 공무원을 의심한다고 말하고 싶겠지만, 공무원에 대한 신뢰 문제에서 그 정도 상대적인 차이도 보지 않으려고 할 거라면 한국인이 (상대적으로) 거짓말을 많이 한다고 주장하는 것 역시 마찬가지로 무의미한 이야기다. 존재할 수 있는 건 그나마 상대적인 차이일 뿐, 일본 우익의 환상 속에 있는 한국과 중국의 문화처럼 거짓말쟁이를 우대하는 문화 같은 건 인류 역사상 어디에도 없으니 말이다.

라도, 당신의 거짓말은 부당하다'는 사실을 애써 논증하려고 든다.[10] 한국인들이 보기에 칸트는 선량한 사람이 아니라 '정직 성애자', 즉 변태 같은 사람일 것이다. 그리고 한국인들에게 이해하기 어려운 사태는 '내가 종종 거짓말을 한다'는 당연한 사실이 아니라, 칸트처럼 변태 같은 철학자를 탄생시키지도 않은 같은 문화권의 일본 사람들이 '한국인의 거짓말'을 규탄하면서 본인들은 대단히 '정직한 사람'이라고 믿고 있는 그 끔찍한 사태일 것이다. 그리고 말이야 바른 말이지, 동아시아 문화보다 훨씬 더 '정직'의 가치를 중시하는 유럽 역사에서도 평민이 귀족이 되면 자기 조상이 귀족이 된 경위를 날조하는 등의 행위는 다 했다. 우리는 문화권마다 다른 '정직'의 가치를 인정하면서도, '인간 세상은 다 거기서 거기다'라는 통찰 역시 내려놓아서는 안 된다.

한국인은 빈말을 많이 하지만, 계약 관계는 신용할 수 있고 지극히 선량하다

한국 문화의 이러한 속성은 소위 말하는 '구한말', 조선왕조 말기 혹은 대한제국 시기에도 외국인들에게 비슷하게 알려졌다. 앞서도 소개한, 한국 문화와 한국인을 가장 애정하고 이해한다고 알려졌던 선

---

10 "즉 나의 친구 중 하나가 자신을 죽이려고 위협하는 사람을 피하여 나의 집에 와서 숨었다고 할지라도 그 위협자에게 거짓말을 해서는 안 된다는 것이다." 로버트 L. 에링턴, 《서양 윤리학사》, 김성호 옮김, 서광사, 2003, p. 447. 위 책의 저자인 로버트 L. 에링턴도 칸트의 이러한 주장에 대해 "이미 악명 높은", "거의 모든 사람들이 동의하지 않을 것"이란 식으로 서술한다. 물론 본인의 전체 도덕철학의 체계로 볼 때 칸트는 '정직' 자체를 준수하기 위해 그렇게 했다기보다는 '보편 법칙의 원리'를 지키기 위해, 예외 상황을 허용하지 않기 위해 그렇게 주장한 것이다.

교사 제임스 S. 게일은 '조선인은 말에 큰 가치를 두지 않는다'고 투덜대기도 했다. 조선 사람들은 언제나 "내일 또 오리다"라고 말하고 떠나지만 보통 오지 않는다는 것이다.[11] 현대 한국인은 "내일 또 오리다"라고는 말하지 않지만, "언제(혹은 '다음에') 밥 한번 먹자"는 말을 일상적으로 한다. 현대 한국인을 경험한 외국인도 "언제(혹은 '다음에') 밥 한번 먹자"고 말한 사람들이 구체적인 날짜를 잡지 않는 것에 당황해하면서 '한국인은 거짓말을 많이 한다'고 툴툴대기도 한다. 한국 문화에서는 사교적인 덕담에 불과하지만, 역시 '한국인은 말에 큰 가치를 두지 않는다'고 평가받아도 억울할 일은 없다. 그 대신 한국인들이 하는 '거짓말'이란 대부분 상대방을 위하는 종류의 거짓말이란 점은 지적할 수 있겠다. 물론 한국인들이 가장 많이 하는 거짓말이라는 (약속에 늦는 중인 사람이 하는) "응, 나 거의 다 왔어"처럼 자기변명의 성격인 것들도 있기는 하지만 말이다. 한국인들은 어쩌면 두 가지 성격의 거짓말을 구별하지 않고 슬쩍 포개는 것을 즐기는지도 모른다.

100년 전의 사람인 제임스 S. 게일이 봤을 때 조선인들이 가치를 두는 것은 '관계'였다. 이는 오늘날 사회심리학자 허태균이 하는 말과 완전히 같다. 그러므로 두 사람은 같은 사태를 보고 있었다고 할 수 있다. 게일은 조선인들과 맺은 금전 계약은 오히려 미국에서보다 신용할 만하며, 설령 계약서를 분실하더라도 상관이 없다고 했다. 계약을 지켜본 조선인들이 나서서 그 계약 내용을 보증해줄 거라고 했다. 게일은 본인이 경험한 상당히 감동적인 에피소드를 하나 전한다. 그가 동해안을 여행하던 중에 돈이 급하게 필요해서 특송으로 100달러를 보내

---

11   제임스 S. 게일, 《조선, 그 마지막 10년의 기록 1888~1897》, 최재형 옮김, 책비, 2018, pp. 233~234.

달라고 서울에 전보를 쳤는데, 사흘 만에 300킬로미터를 달려서 한 평민이 도착했다고 했다. 100달러면 그가 몇 년은 먹고살 수 있는 돈이었는데, 훔쳐서 달아날 생각을 하지 않고 1달러도 안 되는 삯에 만족했다고 했다. 게일은 그 사건에 대해 "그가 신의를 알고 덕을 행하는, 그야말로 진정한 남자였기 때문이다"라고 적었다.[12]

게일의 책 구석구석에는, 그가 '적당히 부정직하지만, 적당히 선량한 조선인들'에게 깊은 애정을 가지게 됐다는 사실을 여실히 알 수 있는 구절들이 가득 차 있다. 몇 개를 추려보자면 이렇다.

> 외국인이 조선 땅에 들어온 지 이제는 10년도 더 되었는데, 그 10년 동안의 극심한 혼란 와중에도 모든 외국인이 극진한 예로써 대접받았을 뿐, 유럽인이든 미국인이든 그 누구도 해를 입거나 협박당한 경우가 없었다. 선교 활동도 아무런 박해 없이 진행되었으며, 이미 1,000명이 넘는 기독교인과 정기 예배를 위한 예배당이 마련되어 있다.[13]

> 여기, 세상과 격리되어 아무것도 모르는 채 미신으로 가득 찬 삶을 사는 사람들이, 하지만 이웃에 대한 자비와 사랑이라는 인류의 가장 숭고한 미덕을 간직한 사람들이 있었다.[14]

> 조선 사람들에게 삶이란 다른 인간과의 관계 속에서만 존재할

---

12   제임스 S. 게일, 《조선, 그 마지막 10년의 기록 1888~1897》, p. 321.

13   위의 책, p. 17.

14   위의 책, p. 52.

수 있는 것이었다. 개인의 독립성이라는 것은 불신이며 의심이고 인간의 기본 도리도 모른다는 것을 의미했다. '어디 가세요?'는 길거리에서 늘 듣는 질문이었는데, 여기엔 보통 '무슨 일 있어요?'가 따라왔다. 글을 읽느라고 모든 사람이 모여 있을 땐 또 이렇게 묻는다. '글공부는 어느 분한테 배우셨나요?' 길에서 마주치는 모든 사람이 던지는 이러한 질문에 대답하지 않는다는 것은 아주 무례한 일이었다. 마치 아이들이 꼭 모여서 노는 것처럼, 이들은 혼자 있으면 두 배로 편할 수 있는 상황에서도 불편한 것을 감내해가며 반드시 함께 어우러졌다.[15]

물론 내가 앞서 '조선 사람의 사고방식' 장에서 언급한 대로 어떤 측면에서는 진실성이 좀 부족해 뵈기도 한다. 하지만 다음 시대가 밝아오면 이 땅의 사람들이 품고 있는, 눈길을 뗄 수 없이 아름다운 덕의 모범을 다른 사람들도 확실히 알아볼 것이다. 비록 이들은 우상 숭배를 하는 이교도이지만 나는 조선 사람들의 조용하고 소박한 삶을 보며, 특히 이들의 마을 공동체에서 감동을 느꼈다. 손님에 대한 환대는 이들의 가장 두드러지는 특징이며, 외국인 거주지를 제외하고는 거지도 없다. 배고픈 여행자는 그냥 양반댁 사랑채로 들어가기만 하면 되는데, 그러면 아무 대가 없이 먹여주고 보살펴준다. 혐의를 받고 있는 도망자가 아닌 한, 여행자는 돈 한 푼 없이도 반도 이쪽 끝에서 저쪽 끝까지 지나치게 될 모든 고개마다 자신을 맞아줄 곳이 있다는 확신 속에 여행을 할 수 있었다. 이렇게 간명하고 가부장적인 삶의 방식은

---

15   앞의 책, p. 229.

서양의 복잡한 체계보다 정직하고 고결한 방향으로 나아가기가 훨씬 쉽다.[16]

'좁은 국토'라는 조건에서 형성된 독특한 윤리성

나는 한국 문화의 이러한 특성은 국토가 매우 '좁다'는 사실과 관련이 있다고 생각한다. 한국은 인구 규모의 관점에서 볼 때 작은 나라는 아니다. 한국 인구만으로 세계 29위이며, 남북한을 합치면 20위 언저리가 된다. 중국, 일본, 러시아 등 주변국이 너무나 거대해 작게 느껴질 뿐이다. 그러나 국토 규모의 관점에서 보면 작은 나라라는 점도 분명하다. 한국의 국토 면적은 세계 108위이며, 한반도 전체를 따져봐도 80위 바깥이다. 스웨덴, 노르웨이, 핀란드 같은 북유럽 국가는 인구가 적기 때문에 한국인들에게 작은 나라로 지각되지만(세 나라 인구를 합쳐도 2,000만 정도로 한국의 절반 이하이며 대만 수준), 세 나라의 면적을 합치면 한반도의 여섯 배가 넘으며 각각 대한민국 면적의 몇 배는 된다. 더구나 한국인들은 지역별 이동도 빈번했고 정치체제도 농민들의 이주를 엄하게 규제하지 않았기 때문에 누가 본인에게 사기를 쳐서 도망갔다고 한다면 그가 중국이나 일본으로 이주하지 않는 한 끝까지 추격할 수 있었다. 그러한 사회에서 사람들은 대놓고 도둑이 되겠다고 결심하지 않은 다음에야 남의 물건을 잘 건드리지 않게 되었을 것이다. 커피숍에서 테이블 위에 노트북을 두고 화장실을 다녀와도 훔쳐가는 사람이 없다는 현대 한국 사회의 풍경도 그러한 문화 때문이지 단지 CCTV가 많

---

16   제임스 S. 게일, 《조선, 그 마지막 10년의 기록 1888~1897》, pp. 318~319.

기 때문만은 아니다. 한국 문화의 이러한 특성 역시 구석기시대 사람들의 윤리성과 흡사하다. 미국의 저널리스트이자 작가인 로버트 라이트는《신의 진화》에서 이렇게 분석한 바 있다.

"수렵채집민 종교의 일반적 특징인 도덕적 구속력의 부재도 별로 곤혹스러운 문제가 아니다. 수렵채집민은 1만 2,000년 전에 살았던 모든 사람들이 그랬듯이 긴밀하고 대체로 투명한 집단생활을 했다. 한 부락에는 30~50명의 부족민이 거주했으며 따라서 대부분의 잘못은 은폐하기 어렵다. 만약 어떤 남자의 뒤지개를 훔쳤다면 그것을 어디에 숨길 수 있을까? 그리고 그것을 사용할 수 없다면 무슨 의미가 있겠는가? 그리고 붙잡히면 그 뒤지개의 주인, 그리고 그의 가족과 친한 친구의 분노를 사고 다른 모든 이들에게 끊임없이 의심을 받을 텐데, 과연 그것은 그런 위험을 감수할 만한 가치가 있는 일인가? 남은 인생을 다른 사람들과 살아야 한다는 사실 그 자체가 그 사람들을 온당하게 대우해야 한다는 강력한 동기로 작용한다. 만약 도움이 필요할 때 다른 사람들이 자신을 돕기 바란다면 그들이 도움을 요청할 때에 기꺼이 응해야 한다. 수렵채집민은 정직과 성실의 귀감은 되지 못하지만, 그런 이상적 가치에 반하는 일탈 행위는 만연한 사회 문제로 번질 정도로 자주 일어나지 않는다. 사회질서는 종교의 힘을 빌리지 않고도 유지될 수 있다."[17]

물론 그렇다고 한국 사회를 구석기시대에 온전히 포갤 수는 없

17   앞의 책, pp. 40~41.

다. 구석기시대 수렵채집민은 부족을 떠나 살 수 없었지만, 앞서 말했듯 한국인들은 일본인들이 '무라村'를 이탈하는 것보다 훨씬 쉽게 마을을 이탈할 수 있었다. 그러나 그렇게 이탈한다 하더라도 누군가 추격해 온다면 결국엔 잡힐 수밖에 없었다는 점에서 구석기시대의 윤리가 비슷한 방식으로 작동하게 된 것이다. 나는 이런 구조가 지금까지 몇 번 강조한 것처럼 한국 사회의 문화가 '윤리의 첫 번째 겹', 즉 구석기시대 윤리가 상대적으로 강하게 살아 있는 문화가 된 것과 무관하지 않다고 믿는다. 한국은 '죄를 지으면 도망갈 곳이 없다'는 격언이 설득력을 얻는 문화다. 현대엔 외국으로 도망간다는 대안이 생겨서, 마을 사람 수십 명의 돈을 빌리고 도망가는 사례가 생기지만, 그 자녀가 훗날 가령 연예인 생활을 하게 되면 그를 알아본 피해자들이 인터넷에 글을 올리고 문제가 되어 결국엔 그 부모가 징역형을 선고받고 추방되는 결말을 맞이하기도 한다.

그래도 해결이 안 되는 억울함이 있을 때, 한국인들은 쉬이 관공서를 향한다. 현대라면 고소하는 것이고, 전근대라면 마을 수령이나 심지어는 왕에게 하소연을 한다. 일본이라면 '무라' 등 중간 단체에서 실질적인 자치를 하고 그 중간 단체의 자치 규약을 통해 문제를 해결해야 한다. 거기서 손해를 봤다는 이유로 다른 기구에 하소연하는 것이 허용되지는 않는다. 한국에는 그러한 종류의 자치 전통은 없다. 지배 계층인 양반도 농촌 사회에서 농민과 함께 살았기 때문에, 지역의 양반이 마을에서 영향력을 미치면서 유학의 규율을 실천했지 농민끼리 자치하는 전통은 없었다. 이를 두고 오구라 기조는 일본의 평민에게는 "정치권력 없는 직업적 거버넌스"가 존재했던 반면, 조선왕조의 농민은 "정치적이지만 거버넌스가 없었다"라고 요약했는데 매우 적절하다고 생각한다.[18] 조선의 농민은 억울함을 느끼면 곧장 맞을 각오를 하고 왕의 행렬에 꽹과리를 들고 돌진했다. 이것이 2장에서 말한 '격쟁'이다. 그렇게 조선의 왕은 농민들의 민원을 해결해줘야 하는 존재였다. 그때는 형식적으로나마 곤장을 때렸는데도 돌진했으니, 현대 한국인들이 걸핏하면 고소를 남발하는 것도 전혀 이상하지 않다. 그러니 자치 규약을 중시했던 역사적 전통을 가진 현대 일본인들은 한국을 보고 '왜 협정을 준수하지 않을까?'라는 의문을 품고, 본인이 손해를 봤다 생각하면 끝 간 데까지 민원을 제기했던 역사적 전통을 가진 현대 한국인들은 일본을 보고 '왜 협정을 맺었다고 모든 일이 끝났다고 생각할까?'라는 의문을 품는 것도 자연스럽다.

'정직'이 최선의 가치인 문화는 아니었던 동아시아

내가 생각하기엔, 한국과 일본이 속한 동아시아 문화권 자체가 '정직'이 최선의 가치인 문화는 아니다. 동아시아 유교 문화의 궁극적 목표는 무엇일까? 유교는 궁극적 목표가 매우 소박한 신념 체계이다. '우리 모두 좋은 삶을 사는 것, 그런 세상을 만드는 것' 정도가 목표가 된다. 천天과 천명天命의 개념이 있기는 하지만 애초 인격신도 아니고 나와 대화를 하지도 않는다. 공자는 꿈에서 신과 대화를 한 것이 아니라, 본인이 생각한 성인인 주나라의 주공 단과 대화를 했다. 그나마 말년엔 주공께서 꿈에 찾아오지 않는다고 한탄했다.

그러므로 그 궁극적 목표를 위해 거짓말하는 건 그렇게까지 나

---

18   오구라 기조, 《한국의 행동원리》, 이재우 옮김, 마르코폴로, 2022, p. 65.

뻔 일은 아니다. 목적에 의해 정당화가 된다. 게다가 '우리 모두 좋은 삶을 사는 것, 그런 세상을 만드는 것'이라는 유학의 목표는 심하게 듬성듬성하다. 이를테면 그 중간에 '내가 출세해야 그런 세상을 만들 수 있음'이라고 전술적 목표를 끼워넣어도 그럴싸해 보일 정도로 듬성듬성하다. 그러므로 동아시아 유교 문화에선 출세하기 위해 거짓말을 하는 게 너무나도 자연스럽다. 물론 일본에서는 유학이 번성한 시기는 있어도 '유교적 출세'가 가능한 세상이 존재한 적이 한 번도 없었고 메이지 유신을 통해 곧바로 '서구 문명'의 세상으로 넘어가버렸기에 출세 때문에 거짓말을 하는 문화는 당연히 한국이 일본보다 훨씬 강하게 나타난다. 학벌이나 학력을 위조하는 행태는 이를 대표하는 행위라고 볼 수 있다.

　일본인, 혹은 일본 우익들은 '한국인은 거짓말쟁이'라고 말하고 싶어 한다. 그러나 그들이 한국인의 시선보다 훨씬 신경 쓰는 '서구 문명'의 시선으로 봤을 때는 일본도 거짓말을 하는 문화였다. 저 유명한 루스 베네딕트의 《국화와 칼》은 '서구 문명'을 '죄의식의 문화'로, 일본 문화는 '수치심의 문화'로 대비했다. 여기서 굳이 따지자면 '죄의식의 문화'를 살아가는 사람들이 더 '정직'의 가치를 높이 사는 사람들이다. 나는 이 속성은 기독교 문화와 분리할 수 없다고 생각한다. 기독교 문화는 그것이 고도화될수록 모든 개인이 '신 앞에 선 단독자'(키르케고르)로서 신을 향해 양심의 대화를 해야 한다. 기도라는 행위는 본질적으로 신과 나의 사적인 대화다.

　이런 문화적 전통의 시작을 어디로 잡아야 할까? 나는 예전에는 예수가 제자들에게 주기도문을 가르친 그 순간으로 생각했다. 주기도문을 통해 사람들은 유대교 전통의 예법을 떠나서 신과 대화하게 됐고, 그것이 천주교에선 관료제 체제의 신부가 중간에 낀 '고해성사'란 형식으로 드러났으되 역시 일종의 '대화'였으며, 그것이 종교개혁 이후 개신교인의 기도, '신과 나와의 지극히 사적인 대화'로까지 발전했다고 본 것이다. 유럽 문화에서 나오는 '양심'이란 개념은 신과 내가 대화하면서 발생한 일종의 메타적 자아다. 유럽인과 아메리카 사람들은 이를 두고 당연하다고 생각하겠지만, 다른 문화권에선 이것 자체가 존재하지 않는 경우도 흔하다. 루스 베네딕트가 일본 문화를 묘사한 '수치심의 문화'에도 그게 없는 것은 마찬가지다. 즉, 일본인에게 중요한 것은 실체적인 진실이 아니라 일본 사회가 본인에게 요구하는 기준이며, 그에 미달할 때 수치심을 느끼게 된다. 그래서 루스 베네딕트는 수치심의 문화에서 최고의 가치는 명예이지만, 죄의식의 문화에서 최고의 가치는 의로움이라고 대비할 수 있었다.

　　죄의식의 문화를 형성한 기제가 예수가 가르친 주기도문이란 가설은 여전히 매우 매력적이므로, 나는 포기하지 않을 것이다. 내가 약간 수정 혹은 첨가하게 된 부분은 '문화적 전통'에서 '시작점'을 찾는 게 생산적인 일이 아니라는 깨달음이었다. 유대교 랍비 조너선 색스의 분석에 따르면, '죄의식의 문화'의 기원은 창세기의 에덴동산 설화로까지 소급할 수 있다. 아담과 하와는 선악과를 먹은 순간 수치심을 느끼면서 허둥지둥 옷을 입으려고 든다. 수치심의 문화는 대체로 시각적인 특성을 가진다. 내가 사회적 시선 앞에 발가벗겨졌다는 느낌을 받으면 수치심이 든다. 반면 죄의식의 문화는 그렇게 허둥지둥 옷을 입은 아담과 하와에게 들리는 하느님의 목소리다. 신과의 인격적 대화를 통해 메타적 자아가 형성되면 그 목소리가 나의 가슴에 비수로 날아와 박힌다. 따라서 죄의식의 문화는 시각보다는 청각적인 문화라고 분석된다. '양심의 목소리'는 내가 어두운 곳에 숨더라도, 아무리 두꺼운 옷으로 가

렸더라도 나를 따라다닐 것이기 때문이다.[19] 그러므로 예수의 '혁신'이란 것, '축의 시대'로의 도약이란 것도 전통문화의 배경 속에서 진전된 것이었다. 이것은 오늘날 우리가 맹자의 '역성혁명론'을 대단히 급진적인 돌출이요 혁신으로 이해하지만 서주시대의 천명론에 그 뿌리가 있다는 것과, 아리스토텔레스의 물리학이 너무나도 충격적이라 하늘에서 뚝 떨어진 과학의 시초처럼 여겨지지만 실은 그리스의 자연철학 전통에서 배태된 것으로 볼 수 있다는 점과 완전히 동일하다. 그렇기에 '거인의 어깨' 위에 있었기에 멀리 볼 수 있었다는 아이작 뉴턴의 말은 영원히 옳다. 더 재미있는 것은 그 '거인의 어깨'라는 비유조차 뉴턴이 새로 만들어낸 게 아니라 앞선 문필가들에게서 차용한 것이고, 그들도 앞의 누군가로부터 차용했으며 결국 그 비유의 기원은 그리스 신화로까지 올라가게 된다는 사실이다.

다시 '죄의식의 문화'의 '양심'으로 돌아오자면, 내 또래들이 본인의 부모세대를 회고해보면 쉬이 알 수 있는 사실이겠지만 한국 문화의 기성세대 중에서는 이런 종류의 '양심'이 없는 사람도 흔하다. 단, 그렇다고 해서 그 사람이 악하다는 것은 아니다. 로버트 라이트와 조너선 색스를 통해 알게 된 것처럼, '수치심의 문화'를 통해서도 윤리는 그럭저럭 작동하기 때문이다. 사실은 기성세대만 그런 것도 아니다. 우리는 유럽 문화의 '양심'의 개념을 그대로 수입하여 헌법에 '양심의 자유'를 적어놓았지만, 그 개념이 무엇인지 이해하는 데 어려움을 겪곤 한다. 그래서 누군가 자신을 '양심적 병역 거부자'라고 말하면, 평범한 한국인은 젊은이들조차도 '그럼 나는 양심이 없다는 거냐?'라고 대꾸한다.

---

19   랍비 조너선 색스, 《매주 오경 읽기 영성 강론: 하나님보다 앞서 걸어라》, 김준우 옮김, 한국기독교연구소, 2022, pp. 31~37.

한국인에게 좋은 마음, 양심이란 일개인이 사적으로 간직하고 있는 것이 아니라 '우리 모두 공통으로 가지고 있다고 간주하는 사회적이고 관계적인 것'이기 때문이다. 이 대비 구도에서 한국과 일본은 함께 '수치심의 문화'의 편이지, '죄의식의 문화' 쪽은 아니다. 그러니 한국인에게 매우 황당한 대목은, 앞서도 말했지만 '한국인은 거짓말을 자주 한다'는 하나 마나 한 소리가 아니라, 그 말을 일본인이 한다는 지점이다. 왜냐하면 한국인들은 그 말에서 생략된 주장(일본식으로 말하면 '혼네本音')을 복원하면 '우리 일본인은 정직한데, 한국인은 거짓말을 자주 한다'라는 주장임을 익히 알기 때문이다. 물론 한국인은 저 복원된 주장을 결코 인정하지 못한다.

내부 고발자와 한恨의 문화

　　그렇다면 일본인이 스스로 매우 정직하다고 생각하는 이유는 무엇일까? 거기에도 아마 이유는 있으리라고 생각한다. 일본은 한국에 비해 훨씬 엄정한 봉건제였으며, 충성을 바칠 대상이 단 한 사람의 군주였던 적이 거의 없었다. 따라서 주군主君에게 거짓말을 하면 안 된다는 윤리가 있었을 법하다. 그렇게 엄격한 윤리가 있었고, 대체로 지키며 살아왔기 때문에 일본은 정직의 문화를 추구한다고 생각할 수 있었을 것이다. 한국의 《춘향전》에 대비되는 일본의 《주신구라忠臣蔵》의 내용을 생각해보면 된다. 《춘향전》의 등장인물들이 서로를 적당히 속이면서 결국 출세를 해 문제를 해결한다면, 《주신구라》의 사무라이들은 본인의 정직성을 입증하기 위해 기꺼이 배를 가른다. 한편 앞서 몇 번 언급했듯이 일본의 중간 단체에선 사실상의 자치가 이루어졌다. 그러므로 자치 규약이 만들어질 경우, 본인이 동의한 그 자치 규약에 충실해야 한다는 관념도 강했을 것이다. 이 두 가지 기준으로 볼 때, 일본인으로서는 한국인에게서 그러한 관념이 너무 희박해 보이니 '부정직하다'고 생각하게 됐을 것이다. 반면 일본의 이런 문화도 '죄의식의 문화', 양심의 문화는 아니므로 '주군과 가신이 함께 하는 거짓말', '단체 전체가 함께 하는 거짓말'을 고발하는 데엔 매우 취약하다. 한국인이 보기에 분명히 과거사 논쟁에 관한 한 일본은 '집단적인 거짓말'을 하는 상태이므로, 한국인의 관점에서 '거짓의 나라'는 일본이 된다.

만약 일본이 방금 위에서 내가 정리한 것 이상의 정직을 추구하는 사회라면, 집단의 부조리를 지적하는 내부 고발자가 많아야 한다. 그런데 아무리 생각해봐도 직관적으로 볼 때 내부 고발자의 빈도는 기독교 문화가 가장 높을 것이고, 한국이 그다음일 것이며, 일본은 꼴찌를 다툴 것이다. 내가 이렇게 지적할 때 '일본인의 정직함'을 신앙하는 어떤 일본인들은 '우리 일본은 너무 정직해서 내부 고발할 비리가 없어요'라고 반론할 것이다. 나는 이런 주장에는 차마 반론도 하고 싶지 않다.

오히려 흥미로운 질문은 '왜 한국인들은 정직을 별로 중시하지도 않는 주제에 가끔 내부 고발을 할까?'라는 것일 것이다. 내 생각에, 한국인들은 상사가 비리를 주문할 경우 유럽인처럼 메타적 자아가 응시하는 죄책감까지는 시달리지 않고 곧잘 조력할 수 있을 것이다. 그런데 그 비리를 지시하고 죄를 공유하던 상사가 '선'을 넘어 본인을 막대해서 '빈정'이 상하면 갑자기 없던 정의감으로 심장이 뛰게 된다. 나를 업신여긴 상사, 그 상사에게 지시를 내린 악의 무리가 응당 당해야할 타격을 내가 준비해야 한다는 사명감을 지니게 된다. '최순실 게이트'와 같은 정치적 사건의 내부 고발자가 지닌 사연이 보통 다 그런 식이다.

한국인들은 한恨을 대단히 복잡하고 독특한 감정으로 설명하려는 경향이 있다. 그런데 내가 보기엔 독특할지는 몰라도 복잡한 감정은 아니다. 한국 문화의 한이란 위에서 설명한 현대 한국 사회 내부 고발자의 심정과 깊은 관련이 있다. 나는 한을 다음과 같이 간단하게 정의 내릴 수 있다. 위에서 언급한 '빈정 상함 모드'가 발동했는데도 너무 강력한 권력을 가진 가해자를 만나 그를 징벌하지 못한 채로 오랜 세월이 누적되었을 때 느끼는 짜증이 화석화되어 말라비틀어진 감정을 의미한다고 말이다.

즉, 한은 한국의 전근대사가 피해자의 역사였기에 생겨난 것이 아니다. 오히려 전근대사에선 권선징악이 당연했고 사람들이 부당한 대우를 당했다면 풀어줘야 한다고 믿었던 사회이기 때문에, 정의가 실현되지 못한 상태를 참지 못해서 쌓이는 것이 '한'이었다고 해석할 수 있다. 오늘날 일각의 한국학자들은 한국사를 '피해자의 역사'로 볼 수 없기 때문에 한은 중요한 감정이 아니며 '흥'에 주목해야 한다고 말하는 경우가 있다. 그러나 내 생각에 한은 실제로 한국인에게 중요한 감정이 맞다. 다만 그 감정이 '피해자의 역사'가 아니라 '권선징악을 당연시했던 역사'에 기반을 두었을 뿐이다. 가령 피해가 시정될 가능성이 없다고 여겨진 사회에선 그것에 억울함을 느끼는 감정 자체를 없애야 했을 것이다. 물론 한국 문화에서도 권력자를 징벌하는 게 용이할 리는 없었겠지만, 그런 경우 귀신을 호출하거나 무속의 힘을 빌려서라도 권선징악을 실현하고 한을 해소하려 했다.

이에 대해 누군가는 반론을 제기할 수 있다. "뚜렷한 가해자가 없는 한도 많지 않나요?" 이를테면 영화 〈서편제〉나 그 기반이 된 이청준의 소설 등에 나오는 것들 말이다. 그러나 우리는 한국 문화가 의인화에 능통하다는 것을 잊으면 안 된다. 그저 '권력을 가진 가해자'의 이름에 '운명'을 추가하면 납득이 가는 문제다. 한국인은 인생이 잘 안 풀릴 때 운명을 의인화해서라도 짜증을 내곤 하니까 말이다. 이 지점에서 다소 그리스인과 비슷한 구석이 있다.

　　유니 홍은 본인의 저서 《코리안 쿨》에서 한의 정서를 나와 어슷비슷하게 설명한 후 바로 다음 부분에서 '한국인이 일본인을 얼마나 싫어하는지'를 설명하는데, 타당한 서술 흐름이다.[20] 한국인이 근현대사에서 일본인에게 가진 감정이 바로 전형적인 한이기 때문이다. 유니 홍은 한의 정서를 나와 완전히 같은 방식으로 기술하지는 않았지만, 그 뒤에 뭐가 나와야 하는지는 정확하게 알았다. 한국인의 근현대사 인식에서 일본은 한국에게 식민 지배라는 '죄'를 짓고도 그 대가를 치른 적이 없는 이들이다. 이에 대해 일본인들은 의아할 수 있다. 식민 지배가 '죄'인지 아닌지를 논의하기 이전에, 일본인들도 태평양전쟁 때문에 수많은 고통을 치르지 않았던가? 그런데 한국인들로서는 '태평양전쟁의 고통'이란 건 우리들도 같이 치른 고통이다. 한국이 전쟁을 일으키지 않았는데도 말이다. 반면 한국은 웬일인지 일본이 추축국이었던 대가를 대신 치러서 분단을 경험했고, 전쟁까지 겪었다. 그리고 일본은 바로 그 한국전쟁의 특수로 금세 경제부흥을 했기 때문에, 한국인들의 관점에서 일본은 '죄를 저지르고도 벌을 받기는커녕, 벌은 내가 받게 하고 자기들은 이득만 본 파렴치범'에 해당한다. 여기에 대해서 역사를 좀 안다는 일본인이나 한국의 뉴라이트 세력은 "네? 만약 분단이 안 된 경우를 가정하려면 중국이나 소련에게 온전히 잡아먹혀서 한반

20　　유니 홍, 《코리안 쿨: 세계를 사로잡은 대중문화 강국 '코리아' 탄생기》, 정미현 옮김, 원더박스, 2015, pp. 73~82.

도 전체가 북한처럼 사는 공산권 국가를 상상할 수밖에 없는데 그게 지금보다 더 좋아요?"라고 반론하는 경향이 있다. 이 반론에도 맹점이 많지만, 따지려면 다소 복잡하기에 이번 장 말미에서 논의의 흐름이 역사 얘기를 향할 때 다시 검토하도록 하겠다.

거짓말하는 일본사

"거짓 서술은 일본 역사서가 한국 역사서보다 더 심해요"라고 내가 말하면, 일본인들은 당황해할까? 반응을 예측할 수는 없지만, 한국의 못난 점도 편하게 편하게 얘기한 것처럼 될 수 있는 한 일본에 대해서도 편하게 편하게 얘기하겠다. 역사 서술에 거짓말이 더 많이 섞인 것은 명백히 일본이다.

나는 '일본이 한국보다 부도덕하다'고 주장할 생각은 전혀 없다. 일본 역사서가 한국 역사서보다 거짓이 많을 것으로 추정되는 이유는 도덕성 때문이 아니라 환경 탓이다. 한국의 고대사 서술에서도 가령 고구려, 백제, 신라는 자기 나라에 유리한 대로 윤색을 했으리라고 생각한다. 하지만 한국의 역사 서술은 아무리 윤색하더라도 중국 왕조의 역사서와 교차 검증이 가능하다. 즉, 할 수 있는 '거짓말'에 한계가 있다. 또한 삼국시대처럼 복수의 국가가 존재한 고대사에서는 서로의 서술도 검증이 된다. 마지막으로 한국에선 통일 왕조가 들어선 이후에도 왕조교체가 있었으며, 다음 왕조가 이전 왕조의 역사서를 썼다. 이는 중국과 마찬가지 방식이었으며, 역사 서술에 최소한의 객관성을 부여하는 바탕이 됐다. 조선왕조 선비들이 고려를 위해 굳이 새빨간 거짓말을 해야 할 이유는 없었기 때문이다. 반면 일본은 다른 나라의 역사 서술과 교차 검증을 한다는 개념 자체가 없었으며, 막부 교체는 있었으되 덴노의 계보는 일정하게 이어졌다. 즉, 덴노 가계의 역사가 뻥튀기됐을 때 그것을 교정할 수 있는 세력이 집권한 바는 없었다. 이런 나라에서 역사 서술이 객관적으로 이루어진다면 그게 더 이상하다. 그래서 지금에 와서《일본서기》를《삼국사기》와 교차 검증을 해보자면, 4세기 무렵 백제의 사건을 함께 기록한《일본서기》의 연도는 일본의 역사를 보통 2갑자(120년)는 당겨놓았다는 사실을 쉽게 알 수 있다.[21]

일본은 이 사실을 별로 부끄러워해야 할 이유도 없다. 왜냐하면 인간이 그러는 게 자연스럽기 때문이다. 가령, 전 지구적으로 유명한 고대 이집트의 군주인 람세스 2세는 히타이트와 맞선 카데시 전투에서 본인이 엄청난 전공을 거두어왔다고 기록하는 부조 작품을 만들어 수천 년간이나 사람들을 속여왔다. 카데시 전투는 예전에도 람세스 2세가 본인의 전공을 부풀렸으며, 참패만 간신히 면한 전투라고 추정되기는 했다. 하지만 승리를 낙관한 히타이트가 람세스 개인의 무예, 혹은 전술적 기동에 막혀서 약간의 손실을 보았다는 점 정도는 사실로 간주됐다. 이집트 측에 히타이트 지휘관의 전사자 명단이 있었는데 이것까지 거짓말이라 보기는 어려웠기 때문이다. 그러나 1980년대에 고고학자들이 히타이트의 문서를 해독하게 됐을 때, 이집트 기록에서 전사했다고 주장하는 히타이트의 무와탈리 2세의 동생들이 히타이트 쪽 기록에 따르면 전쟁에 참여한 적이 없다는 사실이 밝혀졌다. 히타이트의 다른 유적에서 발견된 쐐기문자 기록엔 람세스 2세가 전쟁에 패한 후 간

---

21 이재석,《고대 한일관계와 〈일본서기〉: 〈일본서기〉의 허상과 실상》, 동북아역사재단, 2019, pp. 86~87. 다만 예전에는 모든 사건이 2갑자 당겨져 있다고 봤는데, 최근에는 여러 연구가 진전되면서 꼭 그렇지는 않다고 판단하고 있다.

신히 목숨을 건져 도망갔다고 쓰여 있었다. 비록 히타이트 쪽 기록도 완전히 믿을 수는 없지만 그전까지 유일한 사료로 간주됐던 이집트 쪽 기록의 신빙성에 상처가 난 것은 사실이었다.[22] 이집트는 당대 최고의 문명이었으며 강대국이었다. 그러나 나일강으로 여타 중근동 지역과 분리됐던 이집트는 섬나라 일본과 마찬가지로 교차 검증할 의무가 없었다. 그렇기에 이집트인은 '이집트인 모두를 속일 수 있으면, 전 세계를 속일 수 있다'고 믿을 수 있었다. 전근대 일본의 지리적 조건은 그러한 이집트와 흡사했다. 반면 바로 옆에 중국이라는 초강대국이 있는 한국은 '한국인 모두를 속여봤자, 전 세계를 속일 방도는 없다'의 세상을 살아야만 했다. 물론 해방 이후 한국과 일본이 서로의 근현대사를 교차 검증하지 않은 탓에, 지금 양국 사이에는 교차 검증으로 바로잡아야 할 역사가 많다. 이를테면 한국의 독립운동사는 성과나 피해가 부풀려져 있고, 일본은 조선 식민지화 과정에서 있었던 여러 학살극의 내용을 생략하고 있다(당연히 나는 전자보다 후자가 훨씬 더 심각한 일이라 생각한다).[23] 그래도 이 오류를 수정하는 데 우리가 수천 년간이나 허비할 필요는 없을 것이며, 수십 년 안에 정리할 수 있을 것이다. 한국은 물론이거니와 일본조차 '섬나라'라는 이유만으로 외부와의 교류를 기피할 수 있는 세상이 아니기 때문이다.

현대 한국에서도 '국뽕'이란 말은 일정 부분 조롱의 의미로 쓰인

---

22   강인욱, 《유라시아 역사 기행: 한반도에서 시베리아까지, 5천 년 초원 문명을 걷다》, 민음사, 2015, pp. 45~47.

23   와타나베 노부유키, 《한국과 일본, 역사 인식의 간극》, 이규수 옮김, 삼인, 2023에 따르면, 일본의 저널리스트로 오래 살았던 저자조차도 동학농민혁명, 의병전쟁(남한대토벌), 관동대지진, 3.1운동 당시의 일본군이나 자경단의 학살에 대한 인지가 거의 없었다고 한다. 그리고 이렇게 된 배경에는 해당 사실을 유추할 수 있는 자료에 대한 국가 차원의 의도적인 파기 및 왜곡, 검열 등이 있었다고 한다.

다. 지식인이라면 '국뽕'을 하기보다는 나라에 대해 비판적으로 접근하는 것이 당연하다고 생각된다. 반면 중국 전근대사의 중화주의나 일본 전근대사의 국학파는 지식인이라면 자국 역사를 유리하게 윤색하는 게 당연하다고 생각하는, 한국인들이 보기에 다소 이해하기 어려운 사상이었다. 중국인이나 일본인들은 한국인이 그들 나라에 비해서도 뒤지지 않을 만큼 강렬한 민족주의를 가졌기 때문에, 이렇게나 쉽게 자기 비하를 할 수 있다고는 상상하지 못할 것이다. 실제 한국인은 쉴 새 없이 자기 나라를 욕하는 사람들이다. 그러나 한국 욕을 중국인이나 일본인이 한국의 저력을 부정하는 방식으로 하면 화를 내기 때문에, 중국인이나 일본인들은 한국인이 자기 나라 욕을 용인하지 못하는 이들이라 착각하게 된다.

1990년대, 10대의 내가 한일 관계에 관심을 가지고 책을 읽기 시작했을 때, 소설가 최인호의 《잃어버린 왕국》(우석출판사, 1986)이나 자이니치 후손인 수학자 김용운의 《한국인과 일본인》(한길사, 1994)과 같은 책을 펼치면서 한일 간의 역사적 악연은 얼마나 깊길래 무슨 설명을 하려고 하면 백제가 멸망한 시점인 1,500여 년을 거슬러 올라가야 하는 것인지 답답했었다. 돌고 돌아서, 나는 이제 선배들이 왜 그래야 했는지를 이해한다. 근현대사의 악연을 근현대사 분석으로만 끝낼 수 없을 정도로 한일 간 역사적 문제는 뿌리 깊다. 그러나 수십 년을 고민했기에, 나는 최대한 단출하게 말하기 위해 노력하겠다.

'민족 피해자 서사'가 옳고 그르냐, 혹은 진실이냐 거짓이냐의 논의를 넘어서 결과적으로 실제 역사적 문제도 언급할 수밖에 없다. 한국인으로서 역사적으로 이 부분을 반박하지 않으면, 혹은 이 점에 동의할 수 없다고 밝혀두지 않으면 일본의 인식 전환을 이끌어낼 수 없으리라고 생각되는 역사의 몇 가지 결절점이 있다. 한국인이 역사 얘기를 하면, 일본인은 싫어한다. 현대 일본인은 일본 역사에조차 별로 관심이 없으므로 한국인이 역사 얘기를 하면 싫어하는 공부를 억지로 시키려는 진상을 만난 것 같은 느낌을 받을 법도 하다. 그런데 역사에 아예 관심이 없다 하더라도, 근현대사 논의는 결국 역사 논박이 될 수밖에 없어 피해갈 수도 없다. 대부분의 한국인은 한국의 역사 인식에 매몰되고 일본인들이 무슨 생각을 하는지는 잘 모르기 때문에, 이 결절점을 나와 같은 방식으로 정리한 사람은 아직까지 없다. 여하간 그 정리를 늘어놓는다면 다음과 같다.

한국인이 한일 전근대사와 근현대사에서 반박해야 하는 부분들

첫째, 한국인은 일본인이 '전쟁의 죄악을 반성'한다고 말할 때도, 거기에서 '조선 식민지화'는 쏙 빠져 있다는 사실을 알지 못한다. 이 사실을 알고는 깜짝 놀라는데(그래서 한국인은 일본이 조선 식민지화를 반성하지 않으면, 그것은 곧바로 군국주의로의 복귀를 꿈꾸는 거라고 생각한다), 그럼 역사를 좀 안다는 일본인들은 외려 놀라서 "네? 조선 식민지화가 전쟁과 무슨 상관이에요? 한국이랑은 전쟁을 한 적이 없는데?"라고 말하곤 한다. 나도 최근에 일본의 저널리스트 와타나베 노부유키의 책을 읽으면서 깜짝 놀란 사실이지만, 일본인들은 조선 식민지화 과정에서 일본군이 조선 의병이나 조선 농민 다수를 학살했다는 사실조차 거의 모른다고 한다. 그렇다면 한국인과 일본인은 초보적인 점에서부터 합의가 안되었다는 사실을 모르는 채 오랫동안 대화 아닌 대화를 하면서 서로 화를 내고 있었던 셈이다.

통상적으로 일본은 조선 식민지화가 '러시아의 팽창을 두려워해서' 일어난 일이라고 자기 정당화를 한다. 하지만 이는 사실이 아니다. 조선 식민지화는 '러시아의 팽창을 두려워해서' 수세적으로 일어난 일이 아니라, 일본이 제국주의 시대의 마지막 열강이 되기 위해 공세적으로 일으킨 일이다. 이렇게 말할 수 있는 명확한 근거는 일본에게 다른 선택의 길이 있었기 때문이다. 러시아나 중국이 조선을 점령하거나 식민지화하는 것을 방지하는 것만이 일본의 목표였다면, 조선(혹은 대한제국)의 개화와 군사력 강화를 도우면서 최악의 경우라도 조선군과 일본군이 함께 러시아나 청나라 군대에 맞서 조선을 사수하는 것이 훨씬 더 나은 선택이었다. 이럴 경우 영국도 러시아의 남하를 저지하기 위해 조일 동맹에 협조했을 것이므로, 조·영·일 동맹이 러시아를 저지하면서 조선이 독립국을 유지하는 그림이 나올 수 있었다. 당시엔 이런 그림을 일본이 상상하지 못해서 그렇지(하지만 사실 조선인들은 줄곧 일본을 향해 비슷한 제안을 했다고 볼 수 있다. 심지어 식민지가 된 이후에도!), 지금 시점에서 경제적인 계산을 해본다면 이쪽이 일본에게도 더 이득이었다. 그러나 당시 일본은 제국주의 시대를 일본 전국시대와 비슷한 것으로 이해하고 다른 나라를 점령해야 살아남을 수 있다고 생각했기 때문에, 비록 강화도조약으로 인한 조선 개항 때부터 조선 식민지화를 결심한 것은 아니었지만(물론 그런 사람들도 있었다) 개항 이후 시간이 지날수록 '확신을 갖고' 조선 식민지화를 추구하게 됐다. 개항 이후 조선의 성장을 도와주기는커녕 조선의 군사력과 산업을 억제했으며, 그렇게 팔다리를 일단 부러뜨려 무력하게 만들어놓고 너희들이 무력하단 이유로 식민지화를 한 이후 새로이 근대화를 추구하면서 '은혜'를 베풀었다고 주장하게 됐다.

그리고 이것은 20세기의 한국인들뿐만 아니라 일본인들도 불행하게 만든 선택이었다. 역사학자 와다 하루키에 의하면 일본은 제2차 세계대전 직후엔 일본이 벌인 모든 전쟁에 비판적이었지만, 전후 10년 정도가 지나자 '만주사변부터는 문제였지만, 러일전쟁까지는 괜찮았던 게 아닌가?'라는 인식 변화가 나타나기 시작했다고 한다.[24] 그러나 청일전쟁과 러일전쟁의 결과로 '조선인이 원치 않았던' '조선 식민지화'가 진행되면서 일본은 '조선인의 저항'이란 비용을 치르게 되었고, 그 비용에 비해 '식민지 조선'에서 나오는 수익률은 변변찮았기 때문에 제국주의의 길로 폭주하게 되었다는 흐름을 파악하는 것은 그리 어려운 일이 아니다. 나는 일본 사회가 이 점만 명확히 인정하더라도 한일 관계는 크게 진전할 수 있다고 생각한다. 그리고 일본의 조선 식민지화 자체가 오류라는 점을 인정하면 "네? 만약 분단이 안 된 경우를 가정하려면 중국이나 소련에게 온전히 잡아먹혀서 한반도 전체가 북한처럼 사는 공산권 국가를 상상할 수밖에 없는데 그게 지금보다 더 좋아요?"와 같은 반문도 하지 않게 될 것이다. 왜냐하면 일본이 조선 식민지화를 하지 않았다면 애초 아시아에선 전쟁이 일어날 이유가 없었으며, 러시아 혁명이 성공하지 못했을 확률도 존재하고, 중국공산당은 높은 확률로 국민당에게 패배했을 것이기 때문이다. 저 반문에 깔린 역사적 맥락들이 전부 다 바뀌었을 테니 어리석은 소리다.

둘째, 메이지유신은 대단한 사건이지만, 한국인으로선 메이지유신의 시대가 시작되고 나서 곧바로 정한론征韓論이 튀어나오기 때문에 복잡미묘한 감정을 가질 수밖에 없다. 그리고 정한론의 논거는 제각각 히데요시의 조선 침공 당시의 정세, 여몽연합군의 일본 원정 당시의 상황, 백제 멸망 이전 고대 한반도 남부에서의 일본의 군사 활동과 관련되어 있다. 그리하여 결국 1,500년을 거슬러 올라가서 이런저런 설

---

24   와다 하루키, 《러일전쟁과 대한제국》, 이경희 옮김, 제이앤씨, 2011, p. 18.

명을 해야 하는 것이다. 한국인이 역사적 설명에 집착하는 이유는 일본이 역사적 사건을 근거로 삼아 한국을 정벌하는 게 정당하다고 말해온 선례가 있기 때문이다. 그런데도 한국인이 일본인처럼 역사에 무관심할 수 있을까?

셋째, 일본은 태평양전쟁이 됐든 히데요시의 조선 침공이 됐든 일어난 전쟁에서 '최대 판도'를 자랑하며 성과를 부풀리는 버릇이 있다. 태평양전쟁은 당시 일본의 산업적·군사적 역량을 감안할 때도 심각한 졸전이었다. 그런데 이것이 졸전임을 부인하고, '일본은 미국에게 패배한 것이지 아시아에게 패배한 적이 없다'[25]고 정신승리를 하게 되면 다음에도 힘이 생기면 '진출'해야겠다는 욕망에 쉬이 빠지게 된다. 마찬가지로 히데요시의 조선 침공 이후에도 일본은 '일본은 명나라에게 패배한 것이지 조선에게 패배한 적이 없다'고 생각했던 듯하다. 하지만 이 역시 사실관계를 상당히 왜곡하고 윤색한 것이다. 히데요시의 조선 침공 때 일본은 22만 5,000여 명의 군사를 동원했고 그중 8만 7,000명 정도만 돌아갈 수 있었는데, 15만여 명의 손실 중 명나라와의 전투에서 발생한 것은 극히 일부라고 볼 수밖에 없기 때문이다.[26] 그리고 히데요시의 조선 침공 이후에도 일본이 조선을 너무 우습게 여겼기 때문에, 메이지유신 시기가 왔을 때 조선은 러시아와 청나라로부터 나

---

25 "다시 말해서 대미 관계에서의 패배는 뼛속까지 새기면서도 같은 동전의 뒷면인 아시아에서의 패배는 부인하는 것입니다. 그렇게 전후 일본 체제의 진짜 골격이 지금 드러나고 있습니다. 결국, 전후 일본은 제2차 세계대전에서 패배했다는 사실을 모호하게 만들었는데, 더 정확하게 말하자면 '패전'이라는 정치적 귀결을 되도록 받아들이지 않았고 바로 이것이 지배 체제의 핵심적인 본질입니다." 시라이 사토시, 〈한국 독자들에게〉, 《영속패전론: 전후 일본의 핵심》, 정선태 외 옮김, 이숲, 2017, p. 9.

26 이는 박희봉이 1926년 일본군 합동참모본부가 펴낸 〈일본전사 조선역〉의 기록을 바탕으로 추정한 것이다. 박희봉, 《교과서가 말하지 않은 임진왜란 이야기》, 논형, 2014, pp. 10~14.

라를 지킬 수 없으니 일본이 합병하는 게 정당하다는 논리가 나타났다. 그러니 이러한 논리를 깨뜨리려면 한국인은 다시 씩씩대면서 역사책을 집어들 수밖에 없다. 만약 히데요시의 조선 침공 당시의 전황들을 일본이 좀 더 객관적으로 기록했다면, 19세기 말에서 20세기 초의 그 중요한 순간에 일본인들이 한반도 거주민을 그렇게까지 나약하게 보지 않았을 수 있었고, 일본이 약간만 도움을 준다면 조선은 충분히 자국을 방어할 수 있다고 다르게 판단했을 여지가 있었을 것이다.

넷째,《일본서기》에 묘사된 임나일본부任那日本府는 고대 야마토가 한반도 남부에서 군사 행동을 했던 기억을 반영했을 것이다. 그러나 일본이 한반도 남부를 200년간 통치했다는 주장은 사리에 맞지 않다. 설령 당시 200년간 통치했다 하더라도 현대에 와서 일본이 한국을 병합해도 무방하다는 논리는 성립할 수 없지만, 정한론이 이 기억에서부터 출발하는 것인 만큼 한국인들은 일본인들이 이에 대해서도 '사실이 아니다'라고 명확하게 확인해줘야 안심할 수 있다.

다섯째, 다시 현대로 돌아와 식민 지배와 사죄의 문제에서 '독일은 열심히 사과했는데 일본은 사과하지 않았다'는 한국인의 주장과 '식민지를 거느렸던 제국주의 국가 중 사과한 것은 일본이 유일하다'는 일본인의 주장은 각각 절반만 옳다. 독일도 식민지에 사과하지는 않았으며, 유럽 주변국에게 사과했기 때문이다. 다만 일본인의 주장에도 문제는 있는 것이, 한일 관계는 유럽과 다른 대륙(아시아 및 아프리카)의 식민지 관계에 비교하기보다는 독일과 (가령) 폴란드의 관계에 비교하는 것이 더 적절한 것이 사실이다. 그래서 처음엔 한국인의 주장이 익숙하다가 일본인의 반론을 들으면 상당히 그럴싸하게 들리는데, 계속해서 숙고하다 보면 결국 한국인의 주장에도 상당한 설득력이 있음을 알게 된다. 양쪽 모두 복잡한 논의를 자기 필요에 맞춰 생략하고 있다. 그리고 한국인이 일본의 사과를 받아들이기 어려운 이유는 간단하다. 앞서 말한 첫째 조건, '조선 식민지화는 일본의 잘못이며 어리석은 선택이었다'는 판단이 일본 사회의 합의가 아니라는 사실을 한국인들이 알기 때문이다(대신 앞서 말했듯 한국인들은 그러한 일본의 판단이 곧바로 제2차 세계대전 전체를 긍정하는 것이라 이해한다). 일본이 사과를 정확하게 하지 않고 뭉개는 이유는 실제로 그 점을 인정할 의향이 없기 때문이다. '미안함을 느낀다'고 했을 때, 그 '미안함'은 '태평양전쟁에서 같이 고생하게 한 미안함'(지금의 일본 우익보단 다소 양심적인 일본 우익이 예전에 한국에게 미안함을 느낀다고 했을 때는 대략 이 정도로 생각했던 듯하다)이며 사과한 본인이 자기 회고록에 조선 식민지화와 태평양전쟁은 잘못된 선택이 아니었다고 적는다면, 그리고 그런 일이 수십 년간 반복되었다면 당연히 한국은 사과받지 못했다고 느낄 수밖에 없다.[27] 더 정확히 말하면 애초 양국 간에는 사실 '무엇을 사과해야 하는지'에 대한 합의가 존재하지 않았다. 일본은 사과할 일이 아니라고 생각하는 것에 한국은 사과를 요구하고 있었던 것인데, 외교 관계는 체결해야 했으며 그렇기에 서로 애매한 문구를 합의해놓고 양국 국민을 적당히 속였다고 볼 수 있다. 따라서 현대

---

27   1965년 한국을 방문한 당시 일본 시이나 외상은 도착 성명에서 "양국 간의 긴 역사 중에 불행한 기간이 있었던 것은 참으로 유감이며 깊이 반성하는 바이다"라고 밝히면서 당시 한국 국민들의 감정을 누그러뜨리는 데 일정한 역할을 했다. 그러나 해당 발언은 반성의 주체가 누구인지와 내용이 무엇인지를 뭉개서 표현한 외교적 수사였다. 시이나 외상 본인은 1963년 출판된 저서에서 "일청전쟁은 결코 제국주의 전쟁이 아니었으며, 일러전쟁은 러시아 제국주의에 대한 통쾌한 반격이었다. … 그것이 일본 제국주의라면 그것은 영광의 제국주의다"라고 서술했다. 방한 도착 성명 이후 일본 참의원 예산위원회에서 한일 합방에 대한 질문을 받았을 때도 시이나 외상은 "나는 양국 간에 서로 이것이 살아나가는 길이라는 합의하에 그러한 조약이 이루어진 것이라고 생각한다"고 답변했다. 즉, 시이나 외상을 포함한 일본 관료들은 그간 한국에 사과할 때에 '조선 식민지화' 자체에 사과하지 않고 무엇에 대한 사과인지를 뭉뚱그렸는데, 그렇기에 그 후 '조선 식민지화'가 올바른 선택임을 강변하는 데에도 거리낌이 없었다. 이원덕,《한일회담》, 동북아역사재단, 2022, pp. 147~150.

일본이 한국에게 한 사과는 도쿠가와 막부가 히데요시의 조선 침공을 '불의不義한 전쟁이었다'고 명확하게 표현한 것에도 못 미친다고 볼 수 있다. 물론 도쿠가와 막부는 히데요시와 권력 교체를 했는데, 전후 일본은 권력 교체가 되지 못했기 때문이라는 당연한 맥락이 있다. 어쨌든 도쿠가와 막부의 그러한 사과 이후에도 수백 년 지나 바로 정한론이 등장했으니, 한국이 일본을 경계하는 것은 역사적 문맥의 학습 효과 때문이라 말할 수 있다(그리고 한국 입장에선 일본이 한국을 침공할지 말지가 가장 큰 문제일 뿐, 그 후 일본이 세계대전으로까지 치달을지의 여부는 부차적인 문제다).

이전엔 '비련의 여주인공'이 아니었다

사실 한국인의 근현대사 인식을 '거짓'이라 규탄하는 건 황당한 일이다. 세부적 논거의 진실성에 대해서는 공방을 펼칠 수 있으나, 남의 세계관을 거짓이라 말할 수 있을까. 논리적으로 말한다면, 같은 식으로라면 탈민족주의자들의 논리를 활용해서 '민족이란 건 기껏해야 근대의 산물이니, 일본인이 스스로 일본인이라 느끼는 것은 가당찮은 거짓이다'라고도 말할 수 있다. 그리고 이런 말은 무의미하다. 민족이 근대 이후에 생겼든 그 전에 생겼든 현대 일본인이 스스로 일본인이라 느낀다는 것은 거짓이 아니라 사실에 해당하기 때문이다.

다만 현대 한국의 근현대사 인식을 '민족주의 서사' 또는 '민족 피해자 서사'라고 규정한다면 이에 대해서는 적절하다고 생각한다. '서사'라는 말은 '이야기'이며, 이야기는 그 구성을 위해 일부 거짓을 포함할 수 있다. 한국에서는 순우리말로 '재밌는 이야기'를 '구라'라고 칭하는데, 이 말은 '거짓말'이란 말과 포개진다. 한국인은 재미있는 이야기는 본질적으로 거짓말에 해당한다는 것을 알고 있다. 요즘엔 그리 잘 쓰이지 않지만, 그래서 재담가들의 성 뒤에 '구라'를 붙이면 그건 그 사람을 욕하는 것이 아니라 그가 뛰어난 이야기꾼임을 칭송하는 호칭이 된다. 원로 소설가 황석영의 별명은 한때 '황구라'였고, 요즘은 연예인 '김구라'를 가리키는 고유명사처럼 되었으나, '김구라'라는 예명 역시 이런 식으로 지어진 것이다.

현대 한국인이 한국사를 대하는 인식은 근현대사의 150여 년 고초를 전체 민족사에 확장하여 '고난과 수난의 역사'를 강조하는 경향이 있다. 당연히 이러한 서사는 근대의 산물이다. 존 B. 던컨이나 마크 피터슨과 같은 미국의 한국학자들은, 전체 한국사를 이렇듯 '고난과 수난의 역사'로 치환해서 이해하기는 어렵다고 지적한다. 아마도 고려 귀족이나 조선 초기 사대부에게 '동국東國'의 역사를 기술하라고 했으면, 지금 기준으로서는 '강대국의 자랑스러운 역사'에 가까운 인식을 보여 줬을 것이다. 조선 전기 1402년에 제작된 '혼일강리역대국도지도混一疆理歷代國都之圖'를 보면 한반도는 실제 크기에 비해 훨씬 크게 그려져 있어서 조선은 거의 세계 2위 국가의 위상으로 보인다. 그리고 일본 열도는 한반도 4분의 1 정도 크기밖에 안 되는 것으로 그려져 있다. 물론 이는 사실에서 어긋난 기술이지만, 이 지도는 '일본 열도의 크기'보다는 아프리카 지역의 지명을 포함한 세계 최초의 세계지도로 평가받는다(당연히 이는 이전 시대 예케 몽골 울루스가 파악한 세계 정보에 근거한 것이다). 그리고 이 지도에선 아프리카 대륙의 크기가 한반도보다 작은 수준이다. 이 대목도 우습게 볼 것만은 아닌 것이, 히데요시는 조선 침공 이전에 조선이 쓰시마에 조공을 바치는 쓰시마의 속국이라고 이해하고 있었다. 조선 사대부들은 히데요시의 조선 침공과 홍타이지의 조선 침공 이후 조선을 강대국이라 상상하기 어려웠을 것이며, '문명국'이라 생각하는 정신승리를 보여줬으리라 추정된다. 그리고 사실 이때도 조선의 군사력에 대한 주변국의 평판은 그리 나쁘지 않았다. 어린 시절 나는, '도대체 왜 명나라는 조선군의 허약함을 봤으면서도 계속 조선에게 군대를 보내줄 것을 요구하는가?'라는 의문을 품은 적이 있다. 명나라는 히데요시의 조선 침공 때 원군을 보내온 이후, 청나라와 대립할 때 조선에게 원군을 요청한다. 청나라 역시 홍타이지의 조선 침공으로 조선을 굴복시켰지만, 이후 러시아와 대립할 때 조선에게 원군을 요청한다. 지금 생각하면 그 답은 상식적으로 너무나 간단하다. 명나라와 청나라는 조선군이 제법 잘 싸우는 모습을 목격했던 것이다. 그들이 쓸모를 느낀 조선군이 히데요시의 조선 침공 이후 전래된 조총으로 무장한 조총병이란 것 역시 역사의 아이러니다.

2000년대 초반, 한국의 지성계 일각에선 임지현의《민족주의는 반역이다》(1999)와 이성시의《만들어진 고대》(2001)를 필두로 근대 민족주의에 의한 역사 인식의 한계를 조망하고 그 해체를 모색하는 탈민족주의 담론이 유행했다. 역사 해석의 기본이 민족주의였던 시대상에 비추어볼 때, 민족주의에 대한 비판적 성찰은 그 자체로 의미가 있었다. 10대 시절 민족주의자로 살면서 최인호와 김용운의 책을 뒤적이던 나는 그 조류를 보자 갑자기 개안한 심경이 되어 1,500년의 갑갑한 역사를 내다 버리고 20대를 탈민족주의자로 살았다. 그런데 그들의 논의에 완전히 납득한 것은 아니었다. 가령 이성시의 논의는 여전히 고대사에 관심이 많았던 내게 광개토대왕릉비를 이해하는 더 나은 통찰을 제공했다. 한편 임지현의 논의는 그 당시에도 어느 정도 반박할 수 있다고 생각했다.

왜냐하면 임지현은 본인이 유학했던 폴란드의 사례를 인용했는데, 그 사례가 우리 역사와는 잘 들어맞지 않는 것처럼 보였기 때문이다. 임지현은 폴란드의 낭만주의적 귀족들이 폴란드의 독립을 추구할 때, 농민들은 그저 무심했으며 오히려 농노들을 해방시켜준 러시아 차르나 합스부르크의 황제에게 친근감을 느꼈다는 에피소드를 제시한다. 폴란드 농민들은 소규모 지역공동체에 귀속감을 느꼈지 '폴란드 민족'에 감정 이입하지는 못했다는 것이다.[28] 그런데 조선의 역사에선 오히려 조선 중기 사대부들이 본인을 명나라의 신하로 생각했을 가능성이 있는 반면, 농민들은 조선 왕을 임금님으로 여겼을 뿐이었다. 더구나 앞서 살펴보았듯이 조선 농민들은 소규모 지역공동체에 별로 귀속감을 느끼지 못했다. 물론 임지현은 그저 동유럽의 사례를 논의한 글을 본인의 책에 두루 수록한 것에 불과했지만, 만약 그 사례들이 본인의 탈민족주의론의 근거가 된다고 생각했다면 '전근대 유럽에서 이랬으니, 전근대 동아시아에서도 마땅히 이랬을 것이다'라는 식의 서술이 과연 정당한 것인지 회의가 들 수밖에 없었다.

존 B. 던컨은 2014년에 미국 USI 한국학연구소에서 이루어진 한국 전근대사 강의에서 본인이 한국사를 오래 공부하면서 벗어나게 된 기존 학계의 편견을 언급한다. 첫 번째 편견은 '민족은 근대 이후의 산물이다'라는 관점이다. 존 던컨은 단출하게, 그것이 유럽에서는 명확했지만 아시아에선 그렇게 보기 어렵다고 지적한다. 두 번째 편견은 '동아시아의 모든 문화는 중국에서부터 발현되어 다른 나라로 흘러들어 가기만 했다'는 관점이다. 던컨은 젊었을 땐 이런 관점이 그럴싸하게 여겨졌지만 실제로 공부를 해보니 한국뿐 아니라 다른 동아시아 국가 모두에서 단지 문화를 수용하기만 하는 나라는 없으며, 문화는 상호

---

28   임지현,《민족주의는 반역이다: 신화와 허무의 민족주의 담론을 넘어서》, 소나무, 1999, pp. 224~226.

작용을 통해 이루어나가는 것이라고 지적했다.[29] 21세기 초, 한국의 탈민족주의자들은 '전근대사 민족'을 너무나 굳건하게 상상하는 '한국 민족주의의 완강함과 고루함'을 유럽의 표준적 논의로 허물어야 한다고 생각했다. 그러나 그로부터 얼마 지나지 않은 시점 미국의 한국학자들은 바로 그 유럽의 표준적 논의에서 벗어나서 사고해야 한다고 가르치고 있었다. 한국 민족주의자들의 고루함이야 나도 지겹게 겪은 바지만, 그 반대편 편향으로도 설명하기 어려운 무엇인가가 있다는 점이 오히려 외국의 한국학으로부터 먼저 제시되고 있었다.

전근대에 어떠한 정체성이 있다고 해서 그것을 현대의 국민국가와 동일시할 수는 없다. 기존 한국의 민족주의 학자들이 논한 '전근대 민족'은 지나치게 단순화된 것임은 분명하다. 그러나 최근에는 양쪽 극단을 넘어서는 섬세한 논의들이 나오고 있다. 미국에서 한국학자로 활동한 김자현의 유고작인 《임진전쟁과 민족의 탄생》에서 편집을 맡은 남편 윌리엄 하부시는 김자현의 논의를 한국이 17세기에 '네이션 nation'의 바로 앞까지 도달했다는 주장이라고 요약했다.[30] 현재 우크라이나에서 벌어지고 있는 일에서도 알 수 있듯이, 전쟁을 통해 정체성이 형성된다는 가정은 그리 놀랍거나 특출난 것은 아니다. 그렇기에 김자현이 여러 문헌을 통해 보여주는 논의들은 제법 설득력이 있다. 한국의 국사학자들은 당연히 이 연도를 끌어올리고 싶어 할 것이다. 그들이 보기엔 고려의 대몽골 전쟁, 아니 고려의 대거란 전쟁에서 김자현의 논의와 거의 동일한 일이 일어났다고 봐도 아무런 문제가 없을 것이기 때문

---

29   존 B. 던컨, 유튜브 채널 'USI KSI', 〈Myth and Truths about Premodern Korea〉, 2014년 3월 29일.

30   김자현, 《임진전쟁과 민족의 탄생》, 윌리엄 하부시·김지수 편집, 주채영 옮김, 너머북스, 2019, p. 15.

이다.[31] 나도 심증적으로 이쪽 견해에 이끌리기는 한다. 그러나 김자현이 분석한 여러 문헌은 훈민정음 창제 이후에야 가능한 문서였다는 점을 납득해야 한다. 훈민정음 창제 이전의 우리 문헌은 매우 제한적이고 지배 계층 위주일 수밖에 없어서 '고려 귀족의 정체성'을 논할 수 있을 뿐 '고려 전체의 정체성'을 논하기엔 대단히 취약하다. 한편 한중 관계 600년사에 관한 하버드대 라이샤워 강연 내용을 묶어서 낸 오드 아르네 베스타의 《제국과 의로운 민족》은 김자현의 논의를 받아들여 논의를 전개하는데, 한반도와 중원 제국의 미묘한 관계를 설명하기 위해 '복합 주권complex sovereignty'과 '복합 특수성compound singularity'과 같은 개념을 제안한다. 그리고 한반도인의 '복합 특수성'을 설명하는 개념으로서 전근대 한반도에 민족주의가 있었다는 서술은 가능할 것이라고 설명한다.[32] 오늘날의 우리는 무망하게도 중화제국의 제후국이었던 조선이 '속국'이었는지 혹은 '독립국'이었는지와 같은 논쟁을 벌이기도 한다. 베스타의 '복합 주권'이란 말은 그 말을 간단하게 넘어선다. 그리고 후대인이 보기엔 주한미군이 주둔하고 있는(그게 나쁘다는 것은 전혀 아니다) 대한민국도 '속국'인지 '독립국'인지 헷갈리는 '복합 주권'의 나라로 보

---

31   홍대선의 저서 《한국인의 탄생》 역시 고려의 대거란 전쟁에서 민족이 형성됐다고 주장한다. "공동의 적에 맞서 살아남은 이들은 공동체가 된다. 고구려계, 백제계, 신라계, 발해계 사람들이 한 무리를 이루어 그들 서로보다 훨씬 이질적인 적에 맞선 이야기는 생명력을 가진다. 한반도 주민들은 함께 고통받았고 승리의 기억 역시 함께했다. 귀주에 모여든 20만 명은 각자의 고향으로 돌아가 이제는 하나가 된 승리와 극복의 서사를 이야기했으리라. 양규의 영웅적 죽음과 하공진의 절개는 전설이 되었으리라. 같은 이야기를 듣고 고개를 끄덕이며 같은 집단이 되었으리라. 현종이 겪은 끔찍한 굴욕과 공포는 모든 고려인들이 겪은 고난과 함께하는 것이었다. 말을 탄 귀족들이 평민 보병을 구원하기 위해 돌진한 결과 세계가 구원받았을 때, **그 세계는 '우리'가 된다**. 이제 과거로 돌아가는 일은 도무지 불가능해졌다. 한민족이 탄생했다." 홍대선, 《한국인의 탄생》, 메디치미디어, 2023, p. 202.

32   오드 아르네 베스타, 《제국과 의로운 민족: 한중관계 600년사_하버드대 라이샤워 강연》, 옥창준 옮김, 너머북스, 2022, pp. 198~200.

360

일는지도 모른다.

애국주의를 보수의 것으로 가두지 마라

　　민족주의, 혹은 애국주의의 현대적 역할을 생각해보는 것도 흥미로운 일이다. 제2차 세계대전의 참극 이후 애국주의가 죄악시되거나 촌스러운 것이 된 유럽에서는, '민족'과 '애국'을 극우파만이 점유하는 사태가 벌어졌다. 전후 수십 년 동안은 그 '세련된' 정치적 질서가 더 우월해 보이는 듯했지만 최근에는 그렇기에 극우파가 더욱 성장하는 역설적인 사태가 벌어졌다. 일본 역시 진보주의자들은 '민족'이나 '애국'을 거의 논하지 않는 사회라고 볼 수 있는데, 전반적으로는 유럽과 비슷한 길로 가고 있다.

　　반면 한국의 경우 '좌파 민족주의자'나 '진보적 애국주의자'의 범주도 남아 있었던 사회라고 볼 수 있다. 그리고 유럽을 흠모하는 진보주의자들은 이 한국 진보·좌파의 '시대착오적인 촌스러움'을 규탄하는 경우도 흔했다. 나도 한때는 그런 감정을 공유하는 사람이었다. 하지만 이젠 돌고 돌아 애국주의를 보수의 것으로만 가두지 않는 것이 더 나은 사회를 만드는 데 도움이 되겠다고 생각하게 됐다. 미국도 '진보적 애국주의자'의 범주가 명확하게 남아 있는 사회다. 버니 샌더스는 사회주의자를 자칭하지만, 그의 메시지 전략의 큰 줄기 중 하나는 '자랑스러운 미국'이 '왜 사회적 약자에게 이 정도 대접밖에 못 하는가'라는 방향성을 지니고 있다. 한국에는 '좌파 민족주의자'나 '진보적 애국주의자'가 실질적으로는 있었던 반면, 그들의 담론적 입장을 정당화하는 시도는 지극히 부족했다고 볼 수 있다. 버니 샌더스의 사례를 긍정적인 사례로 참조 삼아, 그리고 유럽과 일본의 극우화 사례를 타산지석으로 삼아 나는 그들의 담론적 입장을 정당화하는 시도도 해볼 수 있다고 생각한다.

　　좌우익을 망라한 탈민족주의자들이 민족국가를 비판할 때, 그들은 근대 이후 형성된 민족국가들이 사라져가는 21세기를 예측했을 것이다. 국민국가라는 영역의 의미가 사라지고 세계시민주의가 실현되는 정치체제가 오리라고 기대했을 것이다. 지금 시대의 전망은 그러한 장밋빛 미래를 향하지 않고 있고, 국민국가는 너덜너덜해졌지만 대안을 찾지 못하고 있다. 그리고 상당수의 사람은 여전히 국가적 정체성으로 사고한다. 그 국가적 정체성이 타문화나 인종에 대한 배척으로 빠지지 않게 하려면, 역설적으로 '진보적이면서 우리의 삶을 긍정하는 애국주의'가 필요한 것인지도 모른다. 내가 보기에 한국의 대중문화 콘텐츠와 인터넷 커뮤니티의 담론에선 이미 '자긍심 애국주의'의 경향성이 나타나고 있다. '민족'이나 '국가'와 같은 개념을 넘어서, 한국관광공사의 홍보 영상이 묘사하는 한국 사회의 곳곳을 보면서 환호하는 사람들의 모습을 보면 그러하다.[33] 의료보험 덕분에 의료비 청구서를 받아들 때마다 전에 없던 애국심이 솟아오른다고 농담처럼 말하는 사람들도 있다. 내 생각에는 이러한 '자긍심 애국주의'의 경향성이 강화되어야 오히려 사회적 소수자에게 더 관대한 사회 문화를 만들 수 있다. 버니 샌더스의 화법을 모방한다면, '대한민국은 이만큼 대단한 나라인데 사회적 소수자에게 이 정도 대접조차 하지 못한다니 이게 말이 되느냐'라고 말할 수 있는 것이다.

33　　특히 유튜브 채널 'Imagine Your Korea'(https://www.youtube.com/imagineyourkorea)의 'Feel the Rhythm of Korea' 시리즈들에 대한 반응 참조.

마지막으로 한 가지 더 짚어야 할 것이 있다. 한국인이 한국의 근현대사를 '비련의 여주인공'의 모습으로 상상하는 것은 아마도 자연스러운 일일 것이다. 그러나 그 '이야기'를 엄격한 틀 안에 가두고, 그에 대해 이견을 내는 이들을 탄압하는 문화는 우려스럽다. 2000년대 초반의 역사학자 이영훈, 2010년대의 일문학자 박유하가 겪은 고난이 대표적이다. 이영훈의 경우 처음 대중에게 지탄받은 2004년 MBC 〈100분 토론〉 시점에서는 위안부 문제에 대한 견해가 별로 우려스럽지 않았다. 당시 그는 위안부를 명확하게 '성노예'라고 칭했고, 위안부가 군경에게 끌려갔다는 사실이 명백하지 않다는 점을 말했을 뿐이다. 이는 한국의 '상식'에 비추어봤을 때 위안부를 '자발적 성매매'로 이해한다는 오해를 받았지만, 어디까지나 시정할 수 있는 오해였다. 2007년에 출간된 《대한민국 이야기》에서도 위안부에 관한 상세한 논의에서 별로 어긋난 부분은 없다. 당시까지만 해도 이영훈은 일본의 진보적인 위안부 연구자 요시미 요시아키의 논의를 거의 그대로 수용했다.[34] 그러나 이후 이영훈은 대중의 오해를 시정하는 데 실패했고, 실패가 누적되자 그 오해 자체를 실행하게 됐다. 그의 실제 견해가 대중의 오해에 걸맞은 방향으로 이동했던 것이다. 위안부에 대한 이영훈의 견해는, 조선 노예제에 관한 그의 견해처럼 최근에 드라마틱하게 변한 경우에 해당한다. 그런데 내가 아는 한 이영훈과 박유하를 비판하는 진보주의 사학자들 가운데 이영훈이 변했다는 사실을 언급하는 사람은 있어도, 변하기 이전의 그가 그토록 규탄받은 것은 잘못되었다는 섬을 지석하는 사람은 없었다. 박유하의 논의 역시 (변하기 이전의) 이영훈의 그것에 포

---

[34]   이영훈, 《대한민국 이야기: 해방전후사의 재인식 강의》, 기파랑, 2007, pp. 111~166을 참조할 것.

개지는데, 큰 틀에서 볼 때 '가해자 집단 내의 피해자'와 '피해자 집단 내의 가해자'까지 고찰하면서 가해와 피해의 단순 구도를 넘어선 문제의 복합적인 면을 주목하고자 한다.[35] 나는 현대 한국 사회가 '상식의 독재' 사회임을 인정해야 그 '상식'에게 관대함을 요구할 수 있다고 보는 사람이다. 그렇더라도 방금 지적한 현상이 '상식의 독재' 사회의 대표적인 폐혜란 점도 분명해 보인다. '대중의 상식'에 의한 지탄까지는 어쩔 도리가 없다 처도, 학술 공동체와 언론 및 공론의 영역에서라도 그러한 논의가 설 공간을 보증해야만 할 것이다.

'상식'이 '독재자'의 위치를 벗어나기 위해
수용해야 할 첫 번째 제언

이참에 한국 문화가 '상식'에서 어긋나는 발언이나 행위를 한 이들을 집단적으로 가혹하게 징벌하는 문제에 대해서도 한마디 해야겠다. 나는 이 책에서 몇 번에 걸쳐 한국은 '윤리의 첫 번째 겹', 구석기시대 윤리가 강하게 드러나는 문화라고 말했다. 그렇기에 우리 사회는 다른 사회보다 '품평'과 '험담'을 통해 공동체의 윤리를 실현하려는 경향이 강하다고 볼 수 있다. 물론 한국인들이 '품평'과 '험담'을 통해 정의를 실현하려고 할 때도 '상식'이라는 가치는 강하게 작동한다. 누차 설

---

35 "위안부 문제가 '문제'로서 주목받았던 이후 30년은 일본인 위안부와 (편주: 조선인) 업자의 존재가 줄곧 배제된 세월이었다. 가해국의 피해자도 피해국의 가해자도 아직껏 '당사자'권을 얻지 못한 채 있다. … 위안부 문제는 당사자가 목소리를 내어 밝혀진 것이면서도, 그동안 공개적으로 개인의 생각이 알려진 건 대변자와 함께한 당사자들뿐이었다." 박유하, 《역사와 마주하기: 한일 갈등, 대립에서 대화로》, 뿌리와이파리, 2022, p. 159.

명해왔듯이 한국의 '상식'은 다른 나라와는 달리 '윤리'의 측면까지 포함하기 때문이다.

이것이 오늘날 온라인 시대에서는 온라인 영역에서의 집단적 '조리돌림'이란 최악의 단점으로 드러나고 있다. 이 폐해는 더 설명할 필요가 없을 정도로 우리가 익히 아는 것이다. 문제는 우리가 이러한 단점을 비판할 때, 여러 논평가가 '한국 문화는 개인주의가 부족해서 그렇다', '자유주의가 부족해서 그렇다', '인권 개념이 없어서 그렇다'는 말을 남발해왔는데, 수십 년간 지켜본 결과 그런 비평이 전혀 의미가 없다고 여겨졌다는 점이다. 나는 한국인에게 개인주의, 자유주의, 인권 개념이 부족해서 '조리돌림'이 만연하다고 지탄하던 그 사람들이 본인의 '상식'에서 어긋나는 일이 벌어졌을 때, 남들을 '조리돌림'하러 기꺼이 뛰어드는 광경을 헤아릴 수도 없이 자주 봤다.

그렇다면 뭐가 문제일까? 우리는 한국 문화의 특성과 그 특성 속에서 작동하는 상식의 역할 자체는 인정해줘야 한다. 그 부분에서 '한국 문화의 미개함'을 비난해봤자 큰 의미가 없다. 지난 수십 년간 그런 비평으로 문제가 시정된 적도 없을뿐더러, SNS 시대가 심화되면서 오히려 외국에서도 한국 사회와 비슷한 문제가 나타나고 있기 때문이다(물론 그래도 한국 사회가 제일 심하기는 하다). 그렇다면 이 문제는 미개함의 문제가 아니라, 인류에게 익숙한 행동 양식이 새로운 문물을 만나서 실현됐을 때 나타나는 파괴적이고 부조리한 결과의 문제다.

구석기시대 부족의 영역에서는 품평과 험담으로 윤리를 실현하는 것에 큰 문제가 생길 일이 없었다. 왜냐하면 부족민들 사이에는 서로 숨길 수 있는 것이 없었고, 서로의 사정을 속속들이 다 알았기 때문이다. 도시화가 진행된 이후, 우리는 상대의 내밀한 사정을 더는 알기 어렵게 됐고 그러한 '익명성의 삶'이 어느 정도 오래 지속된 곳에서 앞서 한국 문화에 부족하다고 여겨졌던 개인주의, 자유주의, 인권의 가치가 자연스레 자라났을 것이다. 하지만 온라인 시대에 우리는 다시 다른 이들의 삶을 속속들이 들여다볼 수 있다고 믿게 됐고, 그리하여 개인주의, 자유주의, 인권의 가치가 한국보다 자리 잡았다고 믿어졌던 나라들에서도 한국과 비슷한 온라인 폭력 문제가 발생하고 있다. 그런 관점에서 바라본다면, 현대적 도시를 만들어낸 지 수십 년도 지나지 않은 시점에서 온라인 문화를 맞닥트린 우리가 이 문제에서 더 헤매고 있는 것도 지극히 자연스럽다.

문제는 품평과 험담을 금지하자는 하나 마나 한 말을 하는 것이 아니라, 우리가 온라인에서 들여다보고 있다고 믿는 타인의 삶이 정확하지 않을 수 있다는 당연한 사실을 되도록 많은 사람이 숙지하는 일일 것이다. 그간 '상식의 독재' 사회를 살아왔으며, 적어도 한동안은 더 살아갈 한국인들이 갑자기 '품평'과 '험담'으로 공동체의 윤리를 실현하려는 욕망을 포기할 수는 없을 것이다. 그 욕망이 그릇되었다며 비난하는 것은 무의미하다. 다만 그들에게 주어진 정보가 대체로 지극히 빈약한 이야기에 불과하다는 점을 주지시키고 섣부른 행동의 자제를 촉구할 수는 있다. 온라인의 게시물·기사 내용·음성 파일이나 영상이라 할지라도 지극히 단편적으로 공개된 일부 증거는 우리 머릿속에서 '이야기'로 재구성되어 마치 구석기시대 부족민처럼 타인의 삶의 진면목을 들여다봤다는 인지적 착각을 불러일으킨다. 그러나 그것은 명백히 사실이 아니다. 어디까지나 단편적인 내용의 다발에서 '이야기'를 만들어내는 우리의 인지 활동에 의해 만들어진 이야기일 뿐이다. 심지어 분쟁하는 이들이 대중 앞에서 공방을 펼칠 때 대부분의 당사자들은 쌍방 모두 적극적으로 본인들이 원하는 '이야기'를 대중이 받아들이도록 선택적으로 정보를 공개하기까지 한다.

품평과 험담을 일삼는 나라, 개인주의도 자유주의도 인권도 없는 나라, 공동체 윤리의식이 없는 샤머니즘이 정신문화인 나라라며 자국에 사는 사람들을 비난하는 것으로 문제가 해결되지는 않는다. 그보다는 우리가 어떠한 인지적 착각에 빠져 있는지를 사회적·교육적으로 적극 설명해야 한다. 그리하여 어떤 경우엔 윤리적 판단을 유보해야 할 수도 있고, 사안이 확실치 않으면 회색지대(누가 누구에게 잘못했는지 타인은 제대로 밝혀낼 수 없는 상태)를 인정해야 할 수도 있으며, '대중의 여론 재판'에서 오심이 발생했을 경우 일종의 '재심'이 필요할 수 있다는 점을 납득시켜야 한다. 그런 일이 어떻게 가능하냐고 힐난할 사람이 있겠지만, 한국 사회에 없는 '철학'에 한탄하는 것보다는 공동체 시민들에게 함께 지켜야 할 최소한의 가이드라인을 제시하는 것이 당연히 훨씬 더 구체적이고 실천적인 일이다. 한국 사회는 '상식'의 나라인 만큼, 이러한 가이드라인이 또한 '상식'에 포함된다면 문제는 놀랍도록 빠른 속도로 개선될지도 모른다. 그렇게 되면 한국 사회의 '상식'은, 비록 여전히 한국 사회에서 크나큰 역할을 하게 되겠지만 적어도 '독재자'라는 혐의는 벗어날 수 있게 될 것이다.

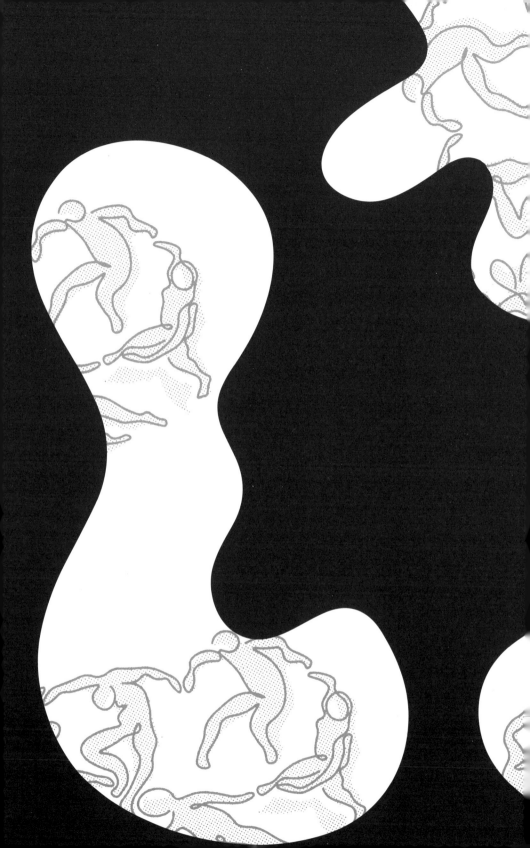

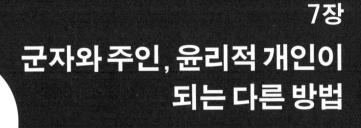

7장

군자와 주인, 윤리적 개인이
되는 다른 방법

동아시아와 유럽의 갈림길을 탐색하다

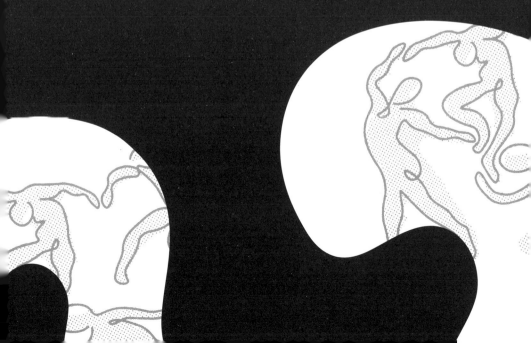

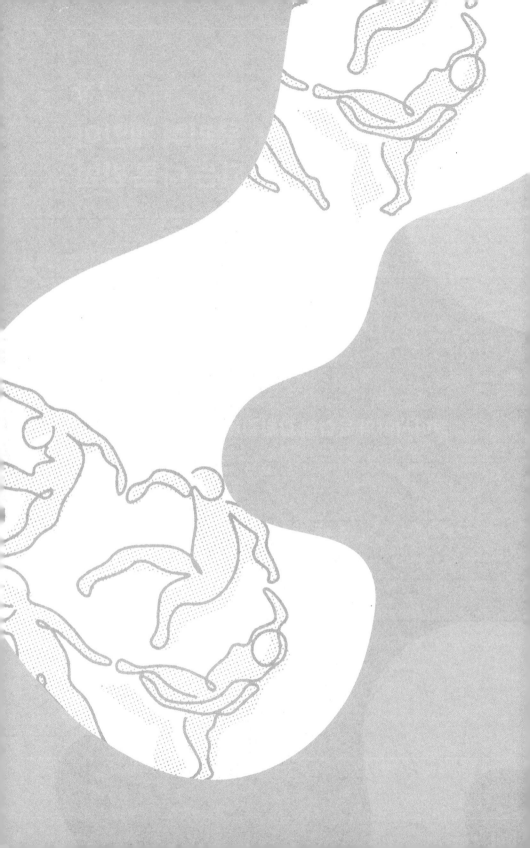

영화 〈반지의 제왕〉(2001~2003)의 원작인 존 로날드 로웰 톨킨의 소설 《반지의 제왕》은 한국에서도 몇 차례에 걸쳐 번역된 고전이다. 1990년대 후반 《반지전쟁》이란 이름으로 처음 번역됐으며, 이후 할리우드 영화가 〈반지의 제왕〉으로 개봉하자 같은 이름으로 거듭 번역되었다. 그런데 사실 '반지의 제왕'이란 제목은 'The Lord of the Ring'이란 원제의 중의성을 전혀 담아내지 못한다. 호빗인 빌보나 프로도는 어떤 기준으로 봐도 '제왕'으로 보이지는 않는데 오랫동안 반지를 소유했으며 '반지의 주인'이라고 부를 수는 있어 보이니 말이다. 소설에는 동료 호빗인 피핀이 프로도를 'The Lord of the Ring'이라 칭했다가 간달프에게 그건 사우론의 호칭이라며 절대 그런 말을 입에 담지 말라고 꾸지람을 듣는 부분이 나온다.[1] 번역본에선 "반지의 제왕 프로도 만세!"라고 외쳤다고 표현할 수밖에 없어 어색하지만, 원어를 생각하면 재미있는 부분이 있다. 1990년대 후반에 출판된 이영도의 판타지 소설 《드래곤 라자》의 해설에선 일관되게 《반지의 군주》란 번역 제목을 사용하

---

[1]   존 로날드 로웰 톨킨, 《반지의 제왕 1: 반지원정대》, 김번·김보원·이미애 옮김, 씨앗을뿌리는사람, 2002, p. 358.

고 있는데, 그나마 이쪽이 제일 괜찮은 타협안이었는지도 모른다.

한편 넷플릭스 드라마 〈킹덤〉을 보면 한국 사극에 나오는 '대감'이라는 호칭은 'Lord' 혹은 'My lord'로 번역된다. 어쩔 수 없는 타협이고, 적절한 번역이다. 그러나 한국의 '대감'이 '상감'보단 아래에 있고 '영감'보다는 위에 있는 명확한 서열이라면, 'Lord'는 봉건제 체제에서 소규모 영지를 가진 기사는 물론 소영주와 대영주, 그리고 국왕까지 두루 칭할 수 있는 호칭이라는 차이가 있다. 또한《삼국지연의》, 드라마 〈풍림화산〉, 드라마 〈정도전〉을 막론하고 전근대 한중일 세 나라의 책사들은 모시는 이를 주군主君이라고 불렀는데, 이조차 굳이 번역하려면 'My lord' 이외의 대안이 없다.

유럽의 'Lord'에 대응하는 동아시아의 개념을 찾아보라면 '군자君子'가 될 것이다. 왜냐하면 두 단어는 애초 군주의 이름으로 출발해서 나중에는 윤리적 개인을 지칭하는 이름이 됐다는 특수성이 있기 때문이다. 그리고 유럽과 동아시아의 중세사는, 투박하게 말하면 '주인'과 '군자'가 왕국의 군주 일개인에서 특권층, 지배계급, 그리고 지배계급을 모방하길 원하는 수많은 사람에게로 확장되는 과정이었다. 유럽 문명과 동아시아 문명의 역사는 윤리적 개인에 도달하는 비슷하면서도 상이한 전략인 '주인'과 '군자'의 확장의 역사였으며, 그 확장의 결과 근대가 가능했다고 나는 생각한다(두 전략이 어째서 상이한지에 대해선 조금 뒤에서 다시 논하고자 한다).

우리는 흔히 유럽 문화를 '개인주의'로, 동아시아 문화를 '집단주의'로 구별하곤 한다. 이렇게 구별하는 데에는 타당한 이유가 있다. 그런데 구별의 의미를 지나치게 절대화하다 보면, 마치 유럽의 역사나 근대엔 '개인'이 존재했는데, 동아시아에선 그렇지 않았기에 문제라는 식으로 생각하기 쉽다. 나는 그러한 접근은 타당하지도 않고, 문제 해결에 도움이 되지도 않는다고 생각한다. '개인'이란 말이 많이 쓰이고 그 가치가 지극히 높이 취급되는 것이 유럽 문화임은 분명하지만, 그렇다고 다른 문화권에 '개인' 자체가 존재하지 않았던 것처럼 여기는 것은 곤란하다. 오히려 각 문화권에서 '윤리적 개인'이 어떻게 상이한 방식으로 존재했는지를 살펴보는 것이 문제 해결에 도움이 될 것이다.

　　여기에서 '윤리적 개인'을 논해야 하는 이유는 이렇다. 물론 발생의 순서로는 '개인'이 먼저 나타나고, 이후 '윤리적 개인'이 등장한다. 그런데 인류는 '개인'이 탄생하자마자 그 의미를 바로 이해할 수 없었고, 따라서 '개인'에 관한 담론도 존재할 수 없었다. 그런데 '개인'의 탄생은 그가 '비윤리적 개인'으로 일탈할 수도 있다는 의미였으며, 그렇기에 사회적으로 '윤리적 개인'을 강조할 필요성이 나타났다. 이때는 아직 '개인'의 개념이 없었기 때문에 '윤리적 개인'을 가리키는 개념이 (개인'을 매개하지 않고) 별도로 나타났고, 앞서 서술했다시피 나는 '주인'과 '군자'가 이에 해당한다고 분석했다. 그런데 각 문화권에서 '주인'과 '군자'가 될 것을 요구하게 됐다면, 이는 '윤리적 개인'의 필요성이 나타난 것이므로 당연히 '개인'이 탄생했다는 사실을 필요조건으로 함의하게 된다. 따라서 '주인'과 '군자'라는 단어의 확산은 '윤리적 개인'의 확산을 보여주며, 이는 곧 '개인'의 확장사를 보여주게 되는 것이다.

　　또한 나는 대한민국의 기원이 된 3.1운동은 바로 그 '군자'이자 '주인'이고자 했던 시민들의 선언으로 가능했던 일이라고 생각한다. 4장의 말미에서 한국인들은 철학의 민족이 아니었으므로, 민주주의로의 도약을 이끈 것은 철학의 전환이 아니라 실천의 방책이었다고 서술한 바 있다. 교육받은 이가 정치에 참여할 수 있다는 발상은 과거의 사대부적 정치 문화에서 파생되었는데, 이를 통해 한국인들은 민주주의 사회의 시민이 되었으며 그 전환의 징조가 3.1운동에서부터 나타났다고 분석했다. 그런데 3.1운동에선 국민주권이라는 '주인 됨'의 선언이 굉장히 소박한 형태로 나타났고, 선언에 참여한 이들이 교육과 정치 참여를 원했다는 점에서는 여전히 '군자 됨'을 꿈꾸고 있었다. 동아시아의 전근대 문화에 유럽의 근대가 닥쳐왔을 때, 동아시아의 전근대와 유럽의 전근대가 서로 착종되는 것은 불가피했다. 이는 어쩔 수 없는 일이었고 부끄러운 일도 아니었다. 여기서 우리가 '동아시아의 군자'를 지우고 '유럽식 개인'만을 남겨야 한다고 역설한다고 해서 그것이 가능하지도 않다. 이 책에서 여러 번 강조한 것처럼, 우리는 상이한 문화의 내용을 살피고 그것이 어떻게 현재의 우리를 구성했는지를 따져 물으면서 현실적인 방책을 강구해야만 한다. 그 길로 나아가기 전에, 이번 장에선 먼저 '군자'와 '주인'의 확장의 역사가 세계사적으로 어떻게 전개되었는지를 설명해보려고 한다.

'주인'의 개념의 확장으로 본 유럽 사상사

유럽 철학 및 사상사에서 '주인Lord, Master'이란 개념은 상당히 중요한 역할을 한다. 원래 이 말의 기본적인 용례는 위에서 살펴봤다시피 영지와 가노를 소유한 봉건영주를 지칭하는 말이었다. 그런데 그리스에서 자유민들끼리의 나라, 폴리스가 생겼을 때 이 개념은 자유민을 가리키는 말로도 활용됐다. 자유민은 어떻게 주인이 됐을까. 영지와 가노가 없을지라도, 자유민은 '나 자신의 주인'임을 자처할 수 있었다. '나 자신의 주인'이 되지 못하는 이들은 노예였다. '주인과 노예'라는 이항 대립은 처음에는 봉건영주와 그가 소유한 노예를 가리키는 말이었으나, 이 맥락에선 '자유민'과 '노예'를 가리키는 말로 바뀌었다.

그런데 왕정王政 국가에선 신분적으로 '노예'가 아니라 평민이거나 심지어는 귀족이라도 왕 앞에선 일종의 노예일 수밖에 없다(물론 '노예제 사회'라고 말할 때의 그 엄밀한 의미의 '노예'는 아니고 일종의 '광의의 노예'라고 할 수 있다). 고구려 광개토대왕 시절의 모두루는 북부여의 수사까지 맡은 귀족이었는데, 본인의 묘지명에서 스스로 '태왕의 노비'라고 칭했다. 심지어 백제의 아신왕도 광개토대왕과의 전쟁에서 크게 패해 인생의 위기에 몰렸을 때 '영원한 대왕의 노객奴客'이 되겠다고 선언한다.[2] 따라서 민주주의 국가의 자유민은 본인이 왕정 국가의 귀족에 대해서도 우월한 존재라고 상상할 수 있었다. 본인은 '주인'인 반면, 그들은 '노예'라고 볼 수 있었기 때문이다.

　페르시아 전쟁에서 아테네를 비롯한 그리스 폴리스들이 승리를 거두었을 때, 그들은 바로 그러한 거대한 '정신승리'를 시작했다. 보통 '정신승리'란 물리적·물질적으로 패배한 이들이 자위적으로 승리할 때 쓰는 말이니, 이 표현이 적절해 보이지 않을 수도 있겠다. 사실 그리스 폴리스 연합의 페르시아에 대한 승리는 방어전의 승리였으며, 아마도 그 요인은 군사기술과 전략의 상성에 있었을 것이다. 그러나 그들은 그렇게 해석하지 않았고, '스스로 주인인 자유민의 군대는 목숨을 걸고 항전했기에, 노예들이 결코 당해낼 수 없다'라는 식의 정치적인 우월감을 부여했다. '자유민의 군대는 목숨을 걸고 항전했기에'라는 요소가 그리스 폴리스 연합이 페르시아 전쟁에서 승리한 큰 요인이란 점은 분

2　이에 대해 이영훈은 한국 고대사에서 '노奴'가 중국처럼 '노비'의 의미로 쓰인 게 아니라 사실상 '신臣'의 의미로, 다양한 하급자의 의미로 쓰였다고 서술한다. 한국 고대사에선 아직 중국처럼 노비가 존재하는 비천 신분제가 성립되지 않았기 때문에 '노'를 다른 의미로 썼다는 것이다. 하지만 '주인'과 '노예'를 이분법적으로 대비시키는 우리의 논의에선 위와 같이 서술해도 별 무리가 없을 것이다. 이영훈,《한국경제사 I: 한국인의 역사적 전개》, 일조각, 2016, pp. 107~112를 참조할 것.

명하다. 이를테면 우크라이나군이 러시아군에 대항해 예상보다 훨씬 잘 버티고 잘 싸운 이유도 그런 식으로 해석할 수 있다. 그러나 다른 요소가 받쳐주지 않는다면, 결국 패배하는 경우들이 왕왕 생긴다. 우크라이나군의 분전은 병사들이 목숨을 걸었기 때문이기도 하지만, 미국에서 지원하는 무기가 없다면 버틸 수 없었으리라는 것이 당연한 듯 말이다. 그래서 나는 그러한 해석에 '정신승리'라는 표현을 사용한 것이다. 그러나 그들의 정신승리는 인류에게 위대한 한걸음이 됐다. 그들의 상황 인식은 아마도 '사실'은 아니었을 테지만, 인류의 사상사에서 '자유'의 힘을 증대시키는 계기가 됐다.

'나 자신의 주인'이란 개념은 이후 신분의 개념은 물론이거니와 정치적인 개념조차 떠나서 철학적으로 변환된다. 그리스 사람들이 '나 자신의 주인'이 되려면 무엇을 어떻게 해야 하는지를 묻게 된 것이다. 플라톤의 《국가》는 '나 자신의 주인'이 된다는 것이 무엇인지, 그리되기 위해선 어찌해야 하는지 기본적인 개념과 전략을 거의 처음 제시한 책일 것이다. 《국가》는 원래 정치체제나 이상 국가를 다루려고 한 것이 아니라 '정의란 무엇인가'를 묻는 책이었다. 정의正義, justice란 '영혼에 도움이 되는 것'이라 정의定義, definition되었고, '작은 것'(인간 영혼)보단 '큰 것'(국가)을 살펴보는 것이 간편했기에 이상 국가를 상정하고 탐구하게 된 것이다. 우리가 익히 알고 있는 수호자, 군인, 생산자라는 이상 국가의 세 계층은 각각 인간 영혼의 이성, 기개, 정욕을 표상하는 것이었다. 그리고 플라톤에게 '나 자신의 주인'이 되는 방법은, 영혼을 통치해야 할 권리가 있는 '이성'으로 하여금 '기개'와 '정욕'을 통제하게 하는 것이었다.

따라서 《국가》는 형이상학이면서, 윤리학이면서, 또한 정치학이었다. 그러므로 플라톤의 단계에선 유럽 철학도 동아시아 유학의 수신제가치국평천하의 논리와 크게 다르지 않았다. 그러나 유럽 철학에선 거의 직후에 플라톤의 제자인 아리스토텔레스에 의해 모든 분과 학문이 분리되게 된다. 물론 아리스토텔레스도 통합적으로 사고했으며, 형이상학적 근거에서 윤리학이 도출되고 윤리학에서 정치학이 도출된다는 식으로 생각한 것이 거의 확실하다. 그럼에도 그는 그 영역들을 분리해서 논의했기 때문에, 각각의 분과 학문에는 각각의 대상에 걸맞은 별도의 방법론이 필요하다고 생각하게 되었고, 스스로의 의도와 상관없이 부지불식간에 '과학의 창시자'가 된 것이다. 또한 최근 아리스토텔레스의 폭넓은 생물학적 탐구야말로 형이상학을 포함한 전체 다른 학문을 통찰하는 큰 기반임이 밝혀지기도 했다.[3] 나는 인간의 관념이 공유되고 확산됐을 때 그것이 물리적 세계에 미치는 영향력을 믿는 사람인지라, 여기에서 아리스토텔레스가 내딛은 결정적인 한 발이 천수백 년 후에 유럽이 과학혁명에 도달한 유일한 지역이 된 사실과 무관할 수 없다고 믿는다. 다만 맹자의 역성혁명론이란 도약이 서주시대 천명론의 기반 위에서 가능했고, 예수의 주기도문이란 도약이 유대교의 전통에서 가능했다는 점이 분명한 것처럼, 아리스토텔레스의 도약 역시 소크라테스 이전 시기 그리스의 자연철학에서 기인한다는 분석은 타당할 것이다.

다시 플라톤의 개념과 전략으로 돌아와서 그 함의를 살펴보자. 오늘날의 우리는 '자유'라는 말을 들으면 쉬이 '내 욕망을 실현할 자유'

---

[3] 아리스토텔레스가 생애 중반기 레스보스에서 체류하며 동물을 살펴볼 때 《동물지》를 먼저 기술하고, 그 이후에 뤼케이온에서 철학적 저술을 했다는 사실이 문헌학적으로 거의 확실하게 입증됐다고 한다. 그 전에는 뤼케이온에 머물렀을 때 철학적 저술을 먼저 한 후, 생물학 저술을 했을 것이라는 다른 가설이 있었다. 조대호, 《아리스토텔레스: 에게해에서 만난 인류의 스승》, 아르테, 2019, pp. 134~135.

를 떠올린다. 우리는 자본주의 사회에 살고 있으니, 내 돈으로 물건을 사서 나의 욕망을 실현하고('내돈내산'), 내가 이문을 얻기 위해 남의 욕망을 노려 물건을 판매할 자유가 사회를 구성하는 기본 원리 중 하나이기 때문이다. 하지만 고중세 유럽 철학의 논의에서 '먹고 싶은 핫도그를 마음껏 사 먹는 상태'는 '자유'와 거리가 먼 것일 수 있다. 왜냐하면 그것은 '핫도그를 먹고 싶은 욕망'에 내 이성이 굴복한 상태, 즉 내가 '나 자신의 주인'이 되지 못한 상태일 수 있기 때문이다. 가령 앞서 논한 페르시아 제국을 격퇴한 그리스 폴리스 시민군들의 전술 대형인 팔랑크스에서는, 아무리 힘들더라도 전체를 위해 이탈하지 않고 버티는 미덕이 요구됐다. '나 자신의 주인'들이 모여서 이루어진 군대는, 역설적으로 '나 자신의 주인 됨'을 지키고자 그를 보증하는 공동체를 위한 규율에 복종하는 미덕이 필수적으로 요구됐던 것이다. 따라서 '주인'은 자신이 선택한 규율이라면 '노예'보다 더 성실히 '복종'할 수 있는 존재였으며, 그것이 '주인'이 스스로 '노예'보다 우월하다고 자부하는 이유이기도 했던 것이다.[4] '주인'과 '노예'를 이렇게 철학적으로 구분하는 논의는 유럽 철학에서 지속적으로 나타났다. 헤겔이 말한 '주인과 노예

---

[4] 여기서 '주인'은 '노예'보다 복종을 잘한다는 역설이 발생한다. 철학적으로 더 심오하게 파고들 것은 아니나 이 역설은 유럽 문화의 다른 전통, 즉 이스라엘에서 유래한 일신교(유대교, 기독교, 이슬람교이며 유럽은 주로 기독교)의 전통에서 신자가 유일신을 '주님'으로 섬기며 그 앞에선 '종복'이 되는 사태와 포개진다. '나 자신의 주인'은 '이성'에 복종하는 사람인데, 고대철학에서 이 '이성'은 일개인의 영역에 갇혀 있는 것이 아니라 '우주적으로 단일한 원리의 이성'이기도 하다. 따라서 만일 이 '우주적으로 단일한 원리의 이성'이 인격이 있는 유일신이라면, '나 자신의 주인'이라 해도 그 유일신 앞에선 '종복'이 될 수밖에 없는 것이다. 그렇더라도 이 '종복'은 '신'과 '기도'라는 이름의 사적 대화를 하기 때문에 여전히 '개인'으로 남는다. 이를 동아시아의 군자와 비교해보면, 성리학의 군자 역시 인간 내면의 이기론과 우주의 이기론이 동일하다는 전제 아래 '이'에 복종하는 존재다. 다만 성리학의 체계에선 인격신을 상정하지 않으므로, 군자는 동아시아 특유의 세속주의와 역사주의에 따라 (인격신 대신) '공동체의 안위와 역사의 평가'에 복종해야 하는 존재라고 볼 수 있다.

의 변증법', 그리고 니체가 말한 '주인의 도덕'과 '노예의 도덕' 역시 세부적인 내용과 접근은 다를지라도 큰 틀에서는 이 자장 안에 있다.

플라톤이 인간 영혼을 이성, 기개, 정욕의 세 부분으로 나눈 것 역시 유럽의 철학 및 사상사에 큰 영향을 미쳤다. 플라톤은 이성의 미덕은 '지혜'이며, 기개의 미덕은 '용기'이고, 정욕의 미덕은 '절제'라고 봤으니, 영혼의 세 부분이 각각의 미덕을 함양하는 상태가 '정의'라고 생각했다. 이 구분에 정확히 들어맞는 것은 아니지만, 정신분석학의 창시자 지그문트 프로이트도 인간 심리의 내면을 자아, 초자아, 이드로 구분했다. 여기서 초자아는 이성에 가깝고, 이드는 정욕에 가까우며, 자아는 그들을 통제한다고 믿는 영역인 동시에 다른 두 영역의 힘이 투쟁하면서 혼란을 겪는 공간이라 볼 수 있다.

인간 영혼의 세 부분이 협력하거나 다투면서 앞으로 나아간다는 발상은《반지의 제왕》에서 호빗 종족에 해당하는 프로도, 샘, 그리고 골룸(호빗 시절의 이름은 스미골) 셋이서 절대반지를 파괴하기 위해 모르도르의 어두운 공간을 헤매는 풍경을 연상하게 한다. 톨킨은 당연히 이 사상사적인 맥락을 염두에 두었을 것이다. 요정어를 할 줄 알며 요정들에게 선물을 받는 프로도는 이성을, 가장 샤이어의 호빗다운 순박한 호빗인 샘은 기개를, 그리고 절대반지에 의해 상당히 타락한 욕망을 지니게 된 골룸은 정욕을 상징하는 것이다. 그러나 셋의 여정은 플라톤의 이상과는 다소 다르다. 플라톤의 이상에서는 이성에 해당하는 프로도가 조타수의 키를 잡고 여정을 안내해야 하는데,《반지의 제왕》에서 운명의 산 오로드루인으로 향하는 길을 알고 있는 것은 골룸이다. 인간 영혼의 여정을 정욕이 안내하는 식이 된 것이다. 이는 20세기에 유행했던 정신분석학의 착상에 가깝다. 물론 독실한 천주교 신자였던 톨킨 본인이 프로이트의 정신분석학 담론에 호의를 느꼈을 가능성은 거의 없다. 정신분석학을 지극히 천박한 것으로 봤을 게 거의 확실하기 때문이다. 그러나 톨킨은 C. S. 루이스(톨킨의 절친한 친구이면서 독실한 개신교 신자로《나니아 연대기》라는 다른 유명한 판타지 소설의 작가)가 했던 것처럼, 본인의 소설 일부분을 플라톤 철학의 단순한 모사로 그려내기엔 인간 심리에 대한 이해가 지나치게 탁월한 작가였다.[5] 톨킨은 20세기 사람이었기에, 정신분석학에 대한 동의 여부와 상관없이 인간 내면에서 정념이 차지하는 역할이 플라톤의 생각보다는 훨씬 크다는 것을 알 수밖에 없었다. 그리하여 그는 플라톤의 착상인 영혼의 세 부분의 협력 및 다툼의 여정을 좀 더 현대적으로 그려냈고, 마지막 순간에 프로도와 골룸이 서로 반지를 차지하기 위해 싸우다가 절대반지의 문제를 해결하는 명장면을 만들어낼 수 있었다.

'개인'은 언제 탄생하였으며, 어떻게 확장됐는가?

인간의 내면에선 상시적으로 프로도와 골룸의 다툼만큼이나 치열하게 서로 다른 욕망 간의 다툼이 벌어진다. 윤리와 욕망 간 다툼으로 보이는 것조차도, 실은 좀 더 세밀하게 뜯어보면 '윤리적으로 살거나 보이려는 욕망'과 다른 원초적인 욕망 간의 다툼이다. 프로도와 골룸이 운명의 산에서 벌인 마지막 싸움 같은 것들이 우리의 내면에선 상시적으로 일어나고 있는 셈이다. 그런데 인간이 태초부터 이렇게 내면

---

5   반면《나니아 연대기》의 한 부분에서 '사자 아슬란'은 이데아에 비유되고, 우리가 일상생활에서 보는 고양이는 그 이데아의 현실 세계에의 불안정한 반영으로 비유된다.

의 갈등을 안고 살지는 않았던 것으로 보인다. 구석기시대의 원초적 인류, 호모 사피엔스 사피엔스는 거의 모든 생활을 공유했던 부족의 구성원으로 살았기에 갈등을 겪을 요인 자체가 거의 없었다. 그들은 '개인'으로 분화되지 않았고, '윤리'를 실현하기 위해 '신'조차 동원할 이유가 없었다. '윤리'는 부족 내 다른 구성원들의 간섭이나 참견, 비난의 가능성만으로 적당히 잘 굴러갔다. 거기에서 철저하게 벗어나려는 이는 아마도 추방당했을 것이며, 추방은 곧 죽음을 의미했기에 다르게 살 방도도 없었다.

    그렇다면 인류 역사에서 '개인'은 언제 탄생했을까? 아마도 신석기 혁명 이후 청동기사회로 진입하면서, 잉여와 불평등이 발생하며 추장사회와 도시국가가 발생할 즈음에 생겼을 것이다. 최초의 개인은 '추장'이거나 '왕'이었을 것이다. 추장사회는 구석기시대 부족사회의 요소를 완전히 떨쳐내지 못했을 것이므로, 편의상 나는 '최초의 개인은 왕'이었다고 표현하겠다. 왕이 개인이 됐다는 말의 의미는 그가 유혹에 시달리게 됐으며, 윤리와 욕망의 투쟁이라는 내면의 갈등을 경험하게 됐다는 것을 의미한다. 플라톤의 《국가》에는 '기게스의 반지'란 비유적인 설화가 등장하는데, 목동 기게스가 본인을 투명 인간으로 만드는 반지를 발견하게 되자 모든 윤리를 무시한 채 끝내 왕을 죽이고 왕비를 취한 뒤 왕 행세를 하게 됐다는 것이 주요한 내용이다. 이 일화는 '남들이 결코 나를 징벌할 수 없다면, 비윤리적인 것이 훨씬 이득이 아닌가?'라는 착상을 보여주는 것으로, '정의란 영혼에 도움이 되는 것'임을 입증하고 싶어 하는 플라톤이 논박해야 하는 종류의 냉소주의에 해당한다. 그 '기게스의 반지'의 기능이 《반지의 제왕》에 나오는 '절대반지'의 기능과 흡사한 것도 우연이 아닐 것이다. 물론 현실의 인간 사회에는 '남들이 결코 나를 징벌할 수 없다면'이란 가정을 완벽하게 충족시키는

'기게스의 반지'는 없다. 그러나 초기 왕정 국가의 왕들은 '기게스의 반지'에 준하는 것을 처음으로 끼게 된 개인들이라 생각할 수 있다. 지나치게 폭정을 한다면, 반대파의 반정이나 민중혁명이 일어날 가능성이 있다. 그렇더라도 내 욕망대로 한다고 해서 내가 당장 피해를 입는 것은 아니다. 가령 춘추시대의 군주 초평왕은 간신의 말을 좇아 세자의 정혼녀를 취하고 세자를 죽이는 등 '막장' 행보를 펼쳐 그 덕에 나라가 멸망할 뻔했지만 본인은 살아서 그 꼴을 보지 않았다. 오자서가 부친의 복수로 이미 죽은 초평왕의 묘를 파내서 시신에 매질을 했는데, 역사적 명성이야 땅에 떨어졌다지만 사후세계를 신봉하지 않는다면 사실상 초평왕은 징벌받지 않은 셈이다. 이는 왕들의 시대에 '당장 내가 징벌받지 않는다면, 비윤리적인 것이 훨씬 이득이 아닌가?'라는 질문이 던져지기 시작했다는 맥락을 설명해주는 훌륭한 사례다. 왕의 내면은 갈등의 전장이 됐고, 그 과정에서 왕은 개인이 됐다.

앞서 나는 아테네의 자유민은 본인을 '주인'으로, 페르시아 제국 사람들은 '샤한샤'(왕중왕) 본인이 아닌 한 설령 페르시아의 대귀족일지라도 '노예'라고 상상할 수 있었다고 논했다. 그러나 사실은 '왕'이 개인이 되면; 왕 주변의 신하들도 개인이 될 가능성이 생긴다. 왕정국가의 모든 사람은 본질적으로는 왕 앞에서 노예에 불과한데 어떻게 개인이 될 수 있었을까? 그 이유는 간단하다. 왕에게 조언하면서 이제는 신하들 역시 윤리적인 갈등을 겪게 되었기 때문이다. 왕과 나라에 도움이 되는 바른 조언을 할 것인가? 아니면 왕의 기분을 맞추고 내게 부귀영화를 안겨줄 수 있는 종류의 조언을 할 것인가? 이러한 선택지가 생기면 이제 왕 주변인들의 내면도 갈등의 전장이 된다.

왕정 국가의 신하라도 스스로를 '나 자신의 주인'이라 칭할 만큼 윤리적인 개인이 될 수 있는 순간이 있다. 그것은 바로 '죽음을 무릅쓰고 간언하는 순간'이다. 유럽의 왕정 국가에서도 물론 비슷한 일이 있었겠으나, 지금껏 '주인'에 대해 충분히 설명했으므로 이제 여기서는 군자에 대해 논하도록 하겠다. 앞서 말했듯, 동아시아의 군君은 유럽의 로드Lord와 굉장히 유사한 단어다. 처음에는 군주를 가리키는 말로 출발했는데, 나중에는 신분적인 개념을 벗어나서 정치적인 개념이 되고, 끝내는 철학적인 개념이 됐다. '나 자신의 통치자'가 된다는 식의 유럽적인 길로 나아가진 않았지만, 공동체의 선을 위해 헌신한다는 다른 이상의 도정에서 윤리적 개인의 이름이 됐다. 군자는 군주에게 목숨을 걸고 간언할 수 있는 존재라는 점에서 윤리성을 획득한다. 이는 유럽 근대철학의 칸트가《실천이성비판》에서 죽음을 무릅쓰고 증언하는 사람의 예시에서 인간에게 '자유'가 존재함을 논증한 것과 거의 동일한 방향이다.[6] 또한 이는 천주교회에서 순교자를 성인聖人으로 추대하는 것과 거의 동일한 방향이기도 하다. 천주교회에서 성인이 되려면 이적異蹟이 존재해야 한다. 그런데 현실 사회에서 이적은 거의 일어나지 않는

---

6   "이성은 도덕법칙이 어떠한 감성적 조건에 의해서도 압도되지 않는, 도대체가 그런 것에 대해서는 전적으로 독립적인 규정 근거임을 보여줌으로써, 바로 자유의 개념에 이른다. … 누군가가 그의 성적 쾌락의 경향성에 대해, 사랑스러운 대상과 그를 취할 기회가 그에게 온다면, 그로서는 그의 경향성에 도저히 저항할 수가 없다고 그럴듯하게 둘러댄다고 가정해 보자. 그러나 그가 이런 기회를 만난 그의 집 앞에, 그가 그러한 향락을 누린 직후에, 그를 달아매기 위한 교수대가 설치되어 있다면, 그래도 과연 그가 그의 경향성을 이겨내지 못할까? 그가 어떤 대답을 할지는 오래 궁리할 필요도 없다. 그러나 그에게, 그의 군주가 그를 지체 없이 사형에 처하겠다고 위협하면서, 그 군주가 기꺼이 그럴듯한 거짓 구실을 대 파멸시키고 싶어 하는, 한 성실한 사람에 대하여 위승할 것을 부당하게 요구할 때, 그의 목숨에 대한 사랑이 제아무리 크다 하더라도, 그때 과연 그가 그런 사랑을 능히 극복할 수 있다고 생각하는지 어떤지를 물어보라. 그가 그런 일을 할지 못할지를 어쩌면 그는 감히 확정하지는 않을 것이다. 그러나 그런 일이 그에게 가능하다는 것을 그는 주저 없이 인정할 것임에 틀림없다. 그래서 그는, 무엇을 해야 한다고 의식하기 때문에 자기는 무엇을 할 수 있다고 판단하며, 도덕법칙이 아니었더라면 그에게 알려지지 않은 채로 있었을 자유를 자신 안에서 인식한다." 임마누엘 칸트,《실천이성비판》, 백종현 옮김, 아카넷, 2002, pp. 84~86.

다. 하지만 '사람이 자기 목숨을 버리는 것'은 도저히 있을 수 없는 일에 해당하기에, 이적으로 대우받고, 그래서 순교자는 이적을 일으킨 이이므로 성인 대접을 받게 되는 것이다. 즉, 군자가 군주 앞에서 목숨을 걸고 간언한다는 것은, 칸트 철학의 논리에서는 '자유'의 존재를 입증하는 것이며 천주교회의 논리에서는 이적에 해당하는 일이다. 그렇게 군자도 로드와 다소 다른 방향에서 비슷한 경지를 등정하여 윤리적 개인이 된다. 여기에서 '자유'에 대해 조금 더 부연하면, 그리스적 '자유'가 아니라 근대 철학의 끄트머리에 있는 칸트 철학에서도 '자유'란 말은 오늘날 흔히 쓰이는 '핫도그를 사 먹고, 붕어빵을 팔아먹는 자유'와는 사뭇 달랐던, 모든 욕망과 죽음의 공포까지 이겨내면서 '나 자신의 주인이 되는 상태'를 가리키는 말이었다는 점을 알 수 있다.

'충신'의 전통과 '능신'의 전통

칸트를 떠나 다시 군자의 문제로 돌아오자. 이렇게 '목숨을 건 간언의 가능성'이 개인의 자유와 내면을 확보하게 되면, 역설적으로 '목숨을 건 간언'까지는 안 하는 신하들에게도 개인의 자유와 내면의 영역이 열리게 된다. '목숨을 건 간언'이 윤리적인 선택지가 된 순간, 그 길을 가지 않는 것도 개인의 선택이 되기 때문이다. 슬로베니아의 철학자인 슬라보예 지젝이 《이데올로기의 숭고한 대상》에서 헤겔의 《정신현상학》을 해설하면서 이와 비슷한 설명을 한 바 있다. 복잡하고 사변적인 철학적 논의를 단순하게 요약해서 설명한다면, '순수하게 아첨만 하는 신하'도 적극적으로 자기 자신을 비워내고 그러한 행위를 한다는 점에서 '윤리적인 주체'가 된다는 것이다.[7] 좀 더 실천적이고 소박한 동아시아의 담론 체계로 돌아와 도식적으로 구별하면 동아시아에는 충신忠臣의 전통과 능신能臣의 전통이 있었다고 볼 수 있다. 둘은 대립되거나 모순되는 것이었다기보다는, 보완적이면서 서로 다른 전략이었다고 볼 수 있다. 즉 '충신'과 '능신'의 전략을 둘 다 적당히 섞어서 취하는 것이 가능했다는 것이다. 사실 충신에게는 문제가 하나 있는데, 현실 세계에선 그렇게 매번 간언을 하다가는 어지간한 성군을 만나지 않는 한 실제로 쉬이 죽는다는 것이다. 그리고 충신을 쉬이 죽이지 않는 성군이라면, 애초에 통치를 잘할 만한 군주일 것이다. 평범한 군주나 혼군, 혹은 암군을 만났을 때 충신은 몇 년 전 유행한 '개복치 게임'의 개복치처럼 쉽게 죽는 존재다. 그렇게 죽어버리면 세상은 어찌 바꾸겠는가?

우리는 앞선 6장에서 동아시아 문화권에서 '정직'의 가치가 크게 중시되지 않는 이유는 유학의 궁극적 목표가 심하게 듬성듬성하기 때문이라고 이미 논한 바 있다. '우리 모두 좋은 삶을 사는 것, 그런 세상을 만드는 것'이라는 목표의 중간에는, '내가 출세해야 그런 세상을 만들 수 있음'이라는 전술적 목표를 끼워넣어도 그럴싸해 보인다. 남들에게는 딱히 그렇게 보이지 않을지라도 적어도 본인에게는 상당히 그럴싸해 보인다. 능신이란, '다 죽어버리면 소는 누가 키우나? 어떻게든 군주를 구슬리고 조금이라도 올바른 방향으로 움직여서 세상을 잘 돌아가게 하는 것이 좋은 일이 아닌가?'란 식으로 생각하는 사람이다. 그렇다면 그는 군주에게 다소 아첨하는 것도 필요한 일이라고 생각하게 될 것이다. 평소 군주의 기분을 즐거이 해줘야 필요할 때 그가 본인의

---

7   슬라보예 지젝, 《이데올로기의 숭고한 대상》, 이수련 옮김, 새물결, 2013, pp. 327~331.

조언을 들도록 할 수 있을 것이기 때문이다.

이러한 '능신'의 자기 정당화 논리는 상당히 자의적이기 때문에, 그 논리로만 보면 '간신'과 구별이 쉽지 않다. 그러나 논리적으로 그렇다는 것일 뿐, 현실 세계에서 '능신'은 '무능력한 신하'와는 간단히 구별된다. 그 대신 '능력은 있고 맡은 업무는 열심히 곧잘 하지만, 군주를 올바른 방향으로 이끌려는 노력은 전혀 하지 않는', '간신에 가까운 능신'이 있을 것이고, 군주에게 아첨은 하지만 평소 해둔 아첨으로 점수를 따 올바른 방향으로 움직이게 하려는 '충신에 가까운 능신'이 있을 것이다. 왕정 국가에서 올바른 정치를 만들겠다면서 후자의 영역을 완전히 무시하기는 어렵다.

맹자는 제나라 선왕이 의례를 위해 도살되려 끌려가던 소가 우는 게 불쌍해서 그 소를 양으로 바꾼 상황에 대해, '소의 슬픔은 봤고 양의 슬픔은 보지 못했다'는 논리적인 지적을 하면서도 어진 마음이 있으니 왕도 정치가 가능할 것이라고 칭찬했다. 맹자가 평소 군주를 잘 어르고 달래는 사람은 결코 아니었지만, 그래도 상대방이 패도 정치에만 관심을 보이고 본인이 왕도 정치를 할 수 있다는 사실을 믿지 못하니 그 점에 착안해서 어르고 달랜 셈이다. 그 사람의 변화를 이끌어내려면 어찌 됐든 뭐라도 해야 하지 않을까? 마키아벨리는 '로드'들이 득시글거리는 문화권에서 태어났기 때문에 《군주론》을 저술했다. 그런 성향의 사람이 아마도 동아시아 문화권에 태어났다면 《능신론能臣論》을 썼을 것이다. 그리고 아마도 그 저술은 '군주에게 엄격한 수신을 강요하기보다는, 비용이 많이 들지 않는 소소한 쾌락을 즐기게 하는 편이 낫다'와 같은 실천적인 제언을 포함하여, '군주를 마치 어린애처럼 어르고 달래야 할 대상으로 취급했다'는 비판을 유학자들로부터 받았을 것이다.

여기서 우리는 '군자'와 '주인'이 윤리적 개인을 탄생시킨다는 본질적으로 비슷한 목표를 향해 출발했지만, 거기에 도달하는 전략 자체가 상당히 상이하다는 사실을 알게 된다. 우리가 흔히 생각하는 '전통사회의 윤리'는 '축의 시대'의 산물이다. 앞서 5장에서 나 자신이 독창적으로 구성해본 '윤리의 네 가지 겹'이란 견해에 따르면, 여기서 '축의 시대'의 윤리는 '윤리의 세 번째 겹'이면서 '2차 전통사회 윤리'에 해당한다. '축의 시대'란 독일의 철학자 카를 야스퍼스가 20세기 중반에 고안한 개념인데, 흔히 '4대 성인'이라 일컫는 이들이 나타난 그 수백 년간의 시대가 우리의 사상에 본질적인 통찰을 제공했다는 착상을 담고 있다. 이 '축의 시대'의 의미를 최근에 깊이 궁구한 이는 영국의 비교종교학자인 카렌 암스트롱이다. 그녀는《축의 시대》를 통해 "실제로 우리는 축의 시대의 통찰을 넘어선 적이 없다"[8]라고 선언한다. 이 시점에서 우리가 5장에서 정리한 '윤리의 네 가지 겹'을 단순화해 복습하면 다음 쪽의 표와 같다.

    '윤리의 네 가지 겹'을 논했으니, 우리는 그 각각의 겹에서 형성된 마음에 접근하고 분석할 수 있을 것이다. 그렇다면 '마음'에도 '네 가지 겹'이 있는 것일까? 그렇지는 않다. 윤리에 네 가지 겹이 있다고 말할 수 있었던 이유는, 윤리를 우리 마음의 바깥에 따로 존재하는 퇴적된 담론으로 이해했기 때문이다. 이 지점에서 각 문화권의 윤리란 트로이 성벽의 유적과도 같다. 성벽을 포함한 모든 건축물은 일관성 있게 지어졌다고 여겨진다. 얼핏 보기에는 그렇다. 그러나 고고학자들이 트로이 성벽의 유적을 조금씩 더 파내려간다면, 세월에 걸쳐서 쌓았다가 허물어지고 그 위에 쌓아둔, 그렇게 덧씌워 쌓아가면서 '일관성'을 부

---

8   카렌 암스트롱,《축의 시대: 종교의 탄생과 철학의 시작》, 정영목 옮김, 교양인, 2010, p. 7.

윤리의 네 가지 겹	구석기시대 윤리	신석기시대 윤리 (1차 전통사회 윤리)	축의 시대 윤리 (2차 전통사회 윤리)	자본주의 시대 윤리
목표(선)	부족의 생존·기능	국가의 생존·번영	소속 공동체 혹은 인류의 생존·번영	경제 주체의 노동에 대 한 정당한 몫을 보장
선의 담지자	부족의 전승	도덕을 주관하는 신	공인된 도덕원리	시장경제
동력	부족원의 참견·감시	법적·종교적 징벌	도덕적·종교적 규율	시장경제의 분업 체계와 인센티브
작동기구	부족	·잉여의 탄생으로 인한 불평등 ·관료제 ·국가 ·신분 ·남성 지배	도덕적·종교적 규율	시장경제의 분업 체계와 인센티브
누가 개인인가?	존재하지 않음	'왕'만이 개인이며, 나머지는 사실상 노예	상호 호혜가 선의 작동 방식임을 깨달은 이들 까지로 확장 (동아시아의 군자, 유럽의 로드)	계약 당사자
접근 및 탐구 방법	진화심리학 등 구석기시대 원초적 호모 사피엔스에 대한 탐구	쌀농사·밀농사 문화권 심리 분석 등 신석기시 대 진입 시점의 상이한 문화권에 대한 비교 분석	죄의식의 문화·수치심 의 문화 비교 분석 등 '축의 시대' 진입 시점 의 상이한 문화권에 대 한 비교 분석	경제학, 게임이론 등을 통한 '이기적 개인'의 전략 분석

여하려고 한 수십 겹의 유적 퇴적물을 발견하게 될 것이다. 그렇기에 매 시기 '일관성'을 부여하려고 한 그 성벽물을 전체적으로 파악하면 부분적으로 일관성이 없는 부분도 눈에 보이게 될 것이다. '윤리의 네 가지 겹'을 논하는 것은, 아마도 그 수십 겹의 퇴적물인 윤리라는 담론을 인간성에 큰 변동이 있었던 서너 국면으로 큰 틀에서 나누어 판단하는 것과 같다.

윤리엔 겹이 있지만, 마음은 한꺼번에 기입된다

반면 마음은 우리 개개인의 것이며, 그 역사성은 개인의 수명을 뛰어넘지 않는다. 우리 개개인의 마음에 각 문화권의 윤리를 기입하는 과정은, 비유하자면 위키피디아의 문서 하나를 손으로 베껴 쓰는 것과 같다. 위키피디아의 문서 각 부분은 10년 전에 쓰인 것, 몇 년 전에 쓰인 것, 얼마 전에 쓰인 것 등으로 제각각의 시간선을 가지고 있을 것이다. 각각의 부분이 언제 쓰였는지는 수정 내역을 자세히 들여다봐야 파악할 수 있다. 그러나 만약 우리가 수정 내역을 보는 바 없이 위키피디아의 문서 내용을 손으로 베껴 쓴다고 한다면, 문서 형성의 역사성은 생략되고 그 내용을 통째로 한꺼번에 주입하게 될 것이다. 윤리라는 담론은 겹을 가지고 퇴적할지라도, 각 문화권의 윤리가 유년 시절의 우리에게 주입되는 방법은 이런 식이다. 인류 공통의 것이든, 아니면 각 민족의 것이든 흔히 집단 무의식(카를 구스타프 융의 개념)이나 민족성(소박한 민족주의자의 개념)이라 부르는 특정한 무언가를 따로 저장하는 공간이 선천적으로 있는 것이 아니다. 마음은 각 개인의 인생 속에서, 특히 주로 유년기의 사회화 과정에서 집중적으로 한꺼번에 형성된다. 그렇기에 인종이나 혈통이 아니라 자라난 문화권에 따라 마음이 형성되고, 유년기에 다른 문화권으로 옮겨다닌 경우엔 그 마음의 구성물이 남들에 비해 이질적이고 복잡해진다.

　　내가 윤리와 마음을 나누어 논한 이유는, 시간성과 퇴적성을 가진 윤리 담론을 파악하는 방식과, 그렇지 않고 한꺼번에 기입된 우리 마음을 파악하는 방식이 다를 수밖에 없다는 점을 설명하기 위해서다. 나는 5장에서도 진화심리학이 탐색하는 인간의 마음은 '윤리의 첫 번째 겹'을 통해 형성된 것이라고 지적했다. 그래서 진화심리학은 일정한 효용성을 지니는 반면, 그것만으로 사람의 마음을 다 설명할 수는 없다. 한편 자본주의 시대의 윤리인 '윤리의 네 번째 겹'을 통해 형성된 마음에 접근하는 방식은 경제학이나 게임이론 등 '이기적 개인'의 전략을 분석하는 일일 것이다.

문제는 이 사이에 존재하는 막심한 시간적 격차다. 현생 인류인 호모 사피엔스 사피엔스는 빙하기 이후인 3만~4만 년 전쯤에 출현한 것으로 알려져 있다. 신석기혁명은 기원전 7,000년쯤 메소포타미아에서 시작한 것으로 도식화할 수 있으니 대략 9,000년 전의 일이다. 인류가 농경을 처음 발견한 1만 2,000년 전쯤부터 시작되어 수천 년간 누적되어 진행됐으며, 그 후 수천 년간 세계 각지로 확산되는 (지금의 기준에서 볼 때는 상대적으로) 완만한 과정이었다. 야스퍼스는 '축의 시대'를 기원전 600여 년부터 기원전 400여 년까지의 짧은 시대라 생각했으나, 현대의 고고학이 조로아스터가 그보다 훨씬 이전 시대에 살았으며 노자는 공자보다 후대의 인물이란 것을 밝혀내는 등의 수고를 한 관계로 카렌 암스트롱은 기원전 900여 년부터 기원전 200여 년까지의 시대라고 설정한다(배경이 되는 문명까지 설명해야 하는 관계로 카렌 암스트롱의 《축의 시대》에서의 논의는 기원전 1600여 년부터 시작된다). 마지막으로 산업혁명은 유럽에서는 1760년에서 1840년까지 일어난 것으로 정리할 수 있으며, 그 후 150여 년에 거쳐 다른 대륙과 세계 각 지역으로 전파됐다.

'축의 시대'가 기원전 200여 년에 종료된다고 생각하면, 여기에서부터 영국에서 산업혁명이 시작되는 1760년까지 인류는 아무런 진전 없이 '놀고' 있었다고 생각할 수 있다. 경제사를 중심으로 인류사를 바라보는 쪽에서는 '축의 시대'와 같은 관념의 혁명은 무시하고 농업혁명이 이루어진 9,000년 전부터 8,800년가량의 인류사가 정체의 시기였다고 생각한다. 이러한 관점에서 본다면 스스로 산업혁명의 물결에 탑승하지 못하고 식민지로 전락한 한국의 경우 전근대사에서 아무것도 건질 게 없으며, 주목할 것도 없다는 결론으로 나아갈 수 있다. 실제로 그와 같이 말하는 이도 적지 않다.

나는 한국사를 옹호하기 위해서가 아니라, 내가 이해한 인류의 발전 단계를 제시하기 위해 그 일각의 통념에 반박하고자 한다. 이러한 경제사적 접근은 특히 한국에서는 마르크스주의의 유물론적 역사관, 하부구조(생산관계의 총체, 사회의 현실적 토대)가 바뀌어야 상부구조(법제·정치·사회적 의식·문화)가 바뀔 수 있다는 굳은 믿음에 근거한다. 따라서 한국에서 역사학자 이영훈을 포함해 마르크스주의 경제사의 틀로 한국사를 바라보려던 이들이 다수 뉴라이트가 된 것은 진영의 차원에서는 '변절'이나 '전향'이라고 말할 수 있겠으나, 담론의 차원에서는 논리적 타당성 및 근친성을 가지는 변화이다. 오늘날 이영훈은 한국 경제사에 대한 방대한 지식을 섭렵하고 정돈했기 때문에, 마르크스주의 역사학의 발전 단계가 한국 경제사에 전혀 들어맞지 않는다는 점은 명확하게 알고 있다. 그럼에도 그는 하부구조가 바뀌어야 상부구조가 바뀐다는 도식은 철저히 긍정하면서, 이것은 마르크스주의가 인류의 지성사에 남긴 공헌이라 말한다. 그렇기에 그가 상부구조에 해당하는 '민족' 따위를 단위로 역사를 서술하려는 민족주의 역사학에 깊은 회의와 혐오를 품는 것도 당연한 일이다.[9] 그러나 그는 '민족주의 역사학'을 따르는 이들이 우리나라를 망국으로 이끌 수 있다는 최근 자신의 믿음은 '상부구조가 하부구조를 망칠 수 있다는 점을 인정했다는 점에서' 마르크스주의 역사학의 인과론까지 스스로 배반한 것이란 점까지는 미처 알지 못하는 듯하다.

---

9 "마르크스주의 역사학은 처음부터 한국사에 맞지 않는 잣대였다." 이영훈,《한국경제사 I》, p. 27. "비록 실패했지만 마르크스주의가 인류의 지성사에 남긴 공헌이 있다면 역사에 있어서 경제의 근본적 중요성을 지적했다는 점이다. 경제는 사회구성의 물질적 토대로서 하부구조이며, 정치와 문화는 그 위에 건설된 상부구조이다. 그 하부구조의 역사에 대해 민족주의 역사학은 아무런 이야기도 할 수 없었다." 이영훈,《한국경제사 I》, pp. 24~25.

유발 하라리는 전 지구적 출세작인 《사피엔스》에서 괴베클리 테페 유적을 가지고 흥미로운 얘기를 한다. 기존에는 괴베클리 테페와 같은 대규모 유적은 농경이 탄생한 후에 생긴다고 설명했는데, 여기서는 통념과는 달리 유적이 먼저 생겼고 그 주변에서 작물화된 밀의 변종이 발견됐다는 것이다. 즉, 먼저 어떠한 종교적 이유로 유적을 만들려고 인부를 동원하다 보니, 그 인부에게 알맞은 급여를 주기 위해 농업이 탄생한 것 같은 정황이 고대 유적에서 보인다는 것이다. 그러면서 그는 우리가 '유물론적 가정'(유발 하라리는 경제적·인구학적 요인으로 역사를 설명하는 물질주의 학파라고 표현)을 현대사에 대해서는 잘 취하지 않는다고 지적한다. 말하자면 우리는 기록이 남지 않은 역사에 대해선 유물론적 가정을 취하지만, 기록이 많이 남은 역사일수록 각 행위자의 신념이나 오판이 역사에 미친 영향을 알 수 있기 때문에 유물론적 서술을 벗어나게 된다는 것이다. 그렇기에 유발 하라리는 '유물론적 가정'에 회의를 표하게 된다.[10]

유발 하라리는 반례를 제시하고 회의를 표시한 이후에 대안적인 설명을 하지는 않았다. 나는 나 자신의 가설을 말하고 싶다. 나는 통상적으로 사회경제적인 변화가 선행하고 그에 따라 의식의 변화가 일어난다는 원리까지는 부정하고 싶지 않다. 문제는 그다음인데, 인간 의식의 변화가 일어나게 되면 그 변화한 인간들의 행위가 바뀌기 때문에, 그 행위는 물리적인 효력을 미치게 된다. 즉, '상부구조'의 변동은 인간들의 행위를 변화시켜 '하부구조'에 영향을 미칠 수밖에 없는 것이다. 이것을 한 국면만 떼어놓고 분석해서 인간의 순수한 관념이나 의식이

10   유발 하라리, 《사피엔스: 유인원에서 사이보그까지, 인간 역사의 대담하고 위대한 질문》, 조현욱 옮김, 김영사, 2015, pp. 137~140.

역사에 영향을 미칠 수도 있다고 말하는 것은 유물론과는 다른 의미에서 적절하지 않다고 생각한다. 괴베클리 테페 유적에 적용해본다면 신석기혁명의 과정 또한 장구한 것이었기에, 나는 그 유적을 만들어낸 종교의식의 선행 과정에 어떠한 경제적인 변동이 있지 않았을까 추정할 만하다고 생각한다.

유물론과 경제사적 접근을 비판하면서 복원해낼 수 있는 중세 역사의 가치

즉, 마르크스주의 역사학(주로 경제사학)의 인과론이 '하부구조'를 화분으로 이해하고 '상부구조'를 나무로 이해하는 일방향적 인과론이라면, 나는 역사의 인과란 빙글빙글 돌면서 움직이는 것이라고 생각한다. 여러분은 1988년 서울 올림픽의 상징이었던 굴렁쇠를 떠올리면 될 것이다. 굴렁쇠가 반 바퀴 구르면, 아래(하부)에 있던 것이 위(상부)로 오는 반전이 일어난다. 굴렁쇠가 한 방향으로 굴러갈 때는 경제가 의식을 바꾸고, 바뀐 의식이 경제를 바꾸고, 바뀐 경제가 의식을 다시 바꾸는 선순환이 발생한다. 그런 동력이 사라지면 굴렁쇠는 멈춰서 정체되거나, 아니면 반대 방향으로 굴러가기도 한다. 따라서 인간은 경제에 의해 의식이 영향을 받는 존재이지만, 집단의 의식이 변했을 경우 마치 관념이 역사를 바꾸는 것과 같은 현상도 흔히 목격될 수 있는 것이다.

이 점을 염두에 두고, 다시 "우리는 축의 시대의 통찰을 넘어선 적이 없다"라는 카렌 암스트롱의 선언을 음미해보자. 이는 당연하게도 인류의 역사나 윤리가 기원전 200년부터 2,000년 이상 멈춰 있음을 의미하지는 않는다. 예수, 붓다, 공자, 소크라테스 등의 사상은 당대에는 실현될 만한 사회구조를 찾기 어려울 만큼 급진적이었다. 그 '관념'은 이를 받아줄 '사회체제'를 만나지 못했다. 따라서 그들의 사후, 그 '관념'은 단순화되고 왜곡되어 '현존하는 사회체제'를 정당화하는 논거로 쓰이게 된다. 그렇지만 거기에서 끝이 아니었다. '1차 전통사회 윤리'에서 하지 못했던 새로운 정당화를 '축의 시대'의 '2차 전통사회 윤리'가 행하게 되기 때문에, 이후 사람들은 '축의 시대'의 윤리를 좀 더 보편화시키기 위해 노력하게 되며 그 노력이 사회체제를 바꾸었다. 가령 유럽과 동아시아에서 '주인'과 '군자'가 지배계급에서 특권계층으로, 이어서 사회 대부분의 사람들로 확장되는 경향성은 '윤리적 개인'이 확장되고 인간 사회의 기본 구성원이 되는 과정이었다. 문화권마다 다소 차이는 있지만 2,000여 년간 이어진 '중세'는 바로 이 확장의 역사였다.

동아시아에 한정하기 위해서 말한다면 중국에서는 바뀐 사회경제체제에 입각해서 성리학이 성립했는데, 그 성리학이 동아시아에 전파되자 각 동아시아 국가는 성리학적 통치 이념이 지배하는 게 자연스러운 방식으로 그 사회체제를 바꾸어 나갔다. 이를 중국화中國化 또는 유교화儒敎化라고 표현할 수 있다. 한국 전근대사에서는 조선왕조 시기에 이 과정이 급진적이고 과격하게 이루어졌으며, 그 과정에서 노비가 인구의 3할로 불어났다가 다시 1할 이하로 줄어드는 경제사적 혼란이 있었다.

그것은 '황금률'을 믿고 따르는 인간 집단의 확장이었다. '상호 호혜의 관계'가 윤리적 개인의 관계에서 기본이 되었는데, 이는 인류가 본인이 속한 집단에서의 경제행위를 '논제로섬게임'으로 이해했다는 사실을 의미한다. 그리고 '상호 호혜에 입각한 논제로섬게임'이 인류 사회의 기본이 된 다음에야, '각 개인의 이기심이 우리 모두에게 이득을 준다'는 애덤 스미스의 《국부론》의 주장이 성립할 수 있었다. 가령 셰익스피어의《베니스의 상인》에 나오는 안토니오와 샤일록처럼 서로를 모욕하거나 목숨을 뺏을 생각이나 하고 있다면, '이기적 개인'이 타인에게 도움이 된다는 발상을 하는 게 불가능하다. 따라서 나는 경제학자나 산업혁명 예찬론자들이 흔히 하는 '이기심이야말로 인류 발전의 기본인데 전통사회 사람들은 무식해서 수천 년간이나 그 사실을 알지 못했어!'라는 인식이 감히 오류라고 생각한다. 그 수천 년 동안 전통사회 사람들이 '축의 시대'의 정신을 따르는 인류 집단을 다수로 만든다음에야 그다음으로의 도약, '이기적 개인의 영리 활동이 사회에 도움이 되는 세상'이 가능하게 된 것이다. 유럽에서는 그 도약이 직접 일어났으며, 동아시아는 직접 그 도약을 이뤄내진 못했으되 가장 수월하게 산업혁명의 경제성장을 따라갈 수 있었다. 조선왕조는 '맬서스의 덫'에 너무 세게 걸려서 왕조 말기엔 '논제로섬게임'이 아니라 '제로섬게임'을 살아가고 있었기 때문에 다른 나라 사람들에게는 대단히 퇴행적인 체제로 보였다. 하지만 '논제로섬게임'의 원리를 익힌 이들은 한동안 '제로섬게임'을 살게 되더라도 환경이 바뀌면 신속하게 '상호 호혜에 입각한 논제로섬게임'으로 복귀할 수 있었다. 그게 조선인들이 두만강을 건너 연해주로 진입하자마자 곧바로 다시 부지런해질 수 있었던 이유다. 이 맥락에서 제국주의 시대란, 먼저 산업혁명에 돌입한 구미 국가들이 일종의 '기게스의 반지'를 끼게 되어서 수천 년간 습득한 윤리에서 벗어나 일탈한 시대라고 이해할 수 있다. 그리고 부도덕이 극치에 달하면 본인들끼리도 분란이 생기는 것은 인류 역사의 모든 영역과 국면에서 일어났던 일이므로, 그 시대가 제국 열강들 간의 세계대전으로 종결되는 것도 거의 필연적인 일이었다고 볼 수 있다.

하지만 '주인'과 '군자'가 두 문화권에서 비슷한 기능을 했다고 하더라도 양상은 사뭇 달랐다. 그 '차이'가 어떠한 것인지는 우리 모두가 대략은 알고 있다고 봐야겠는데, 구체적으로 와닿는 사례를 위해 2022년 5월 9일에 있었던 한동훈 법무부장관 후보자 인사청문회 당시의 문답을 소개하고자 한다.

> 김종민 더불어민주당 의원(현 새로운미래 의원·공동대표): 정치에 대해서 통합이 더 본질적이라 봅니까, 정의의 실현이 더 본질적이라 봅니까? 정치의 본질적인 목적이, 굳이 둘 중에 하나 따지자면 어느 쪽입니까?
> 한동훈 법무부장관 후보자(이후 국민의힘 비상대책위원장): 같은 말씀으로 보이지만 저는 아주 아마추어로서 보기에 **정치는 공공선의 추구고 그 과정에서 이해관계의 조정이라고 생각합니다.**

이 문답은 정치적으로는 김종민 의원이 약간의 함정을 판 질의에 한동훈이 원론으로 비껴간 것에 해당한다. 김종민은 윤석열 정부가 본인들이 생각하는 정의의 실현보다는 민주당 지지층까지 포괄하는 국민 통합에 힘써줄 것을 주문했다고 볼 수 있고, 한동훈은 이에 대해 국민 통합인지 정의인지를 양자택일하지는 않고 정치에 대한 원론적 정의로 답변해버린 셈이다.

그런데 문제는 정치에 대한 원론적 정의는 '이해관계의 조정'일 뿐이라는 것이다. 한동훈은 이 원론적 정의를 답습하면서 무심결에 '공공선의 추구'를 앞에 집어넣은 셈이다. 아마도 동아시아에서 공부한 사람에게 정치의 원론적 정의를 이해시키고 다시 말해보라고 한다면 한동훈처럼 "정치는 공공선의 추구고 그 과정에서 이해관계의 조정이라고 생각합니다"라고 답변하기 십상일 거라고 나는 생각한다. 더 정확하게는 동아시아 사람들은 '정치란 이해관계의 조정'이라고 그 정의를 완벽하게 암송할 때조차도 실제로는 한동훈과 비슷하게 이해한다.

'이해관계의 조정'이란 '주인'들 사이에서 일어나는 일이다. 그런데 '군자'는 본질적으로 본인의 이해관계를 밝히기보다 곧바로 '공공선'의 영역으로 넘어가버리는 사람이다. 그래서 사고방식에서 큰 차이가 발생한다. 소크라테스가 사형당한 아테네 법정에서 원고는 '쫓아가는 사람'이었으며 피고는 '도망가는 사람'이었다. 서로의 이해관계가 충돌하면 법정에서 변론을 통해 일종의 시합을 붙여보고 피고가 잡히면 원고의 승, 피고가 잡히지 않으면 피고의 승이 되는 식이었다. 잡고 잡히지 않고를 판정하는 방법은 아테네 법정에선 배심원 투표로 결정했고, 중세 유럽의 법정에선 결투로 결정하기도 했다. 신이 올바른 이에게 승리를 내린다는 관념이 있었기 때문이다. 이때 대신 싸워주는 대전사를 사용할 수 있었으며, 도망가야 할 처지인 피고를 대신해서 싸워주면 '흑기사', 쫓아가야 할 처지인 원고를 대신해서 싸워주면 '백기사'라 불렀다.

현대 한국에서 흑기사는 기껏해야 술자리 게임의 벌주를 대신 마셔주는 이로 이해된다. 이것은 국가를 상대로 한 형사재판이라도 크게 다르지 않아서 그 대리인들을 윤리적으로 비평하지는 않는다. 피고가 됐든 원고가 됐든 대리인을 사용하는 것은 개인의 권리이기 때문이다. 가령 한국의 형사재판에서 백기사는 검사, 흑기사는 피고 측 변호사라고 볼 수 있다. 그런데 한국에선 흉악범죄자나 사회적으로 지탄받을 만한 사람들을 변호한 이가 비난받기도 하며, 검사들은 본인을 그저 '쫓아가야만 하는 의무를 지닌 대리인' 정도가 아니라 '공공선 그 자체의 담지자'인 양 자의식을 가진다(물론 이 점은 판사도 마찬가지다).

'주지주의의 다양성'과 '유교적 근대'

　　이러한 문화적 차이 역시 '주인'과 '군자'의 존재 양상의 차이 때문에 발생한다. 그렇기 때문에 앞서 플라톤의 단계에선 유럽 철학도 수신제가치국평천하에 머물렀다고 말했지만, 수신修身의 내용 자체는 달랐다. 플라톤 철학의 수신이 '내 이성을 내 행위의 주인으로 온전히 세우는 것'이었다면, 동아시아 사상의 수신은 심신 수양을 하더라도 '내 내면에서 공적인 것을 향하는 마음을 찾아내는 것'이었다. 결과적으로 나오는 행위가 비슷했을지라도 과정에선 큰 차이가 있었다.

　　나는 배경의 문화권이 다른 이유로 '유럽의 민주주의'와 '한국을 포함한 동아시아의 민주주의'가 어떻게 다른지 1장에서부터 조금씩 설명을 해왔다고 생각한다. 그렇기에 여기에서 그 차이가 무엇인지는 설명하지 않겠다. 우리가 직관적으로 어느 정도 알고 있는 그 차이보다 중요한 것은, 이것이 '다양성'의 문제이지 '옳고 그름'의 문제는 아니라는 것이다. 대부분의 논의에서는 '유럽의 민주주의'를 모범으로 삼기 때문에 그와 다른 특성을 가진 '한국을 포함한 동아시아의 민주주의'는 모범에서의 이탈이나 파행의 산물이며, 시정이 필요한 것이라고 이해되어 왔다. 2장에서 언급한 '민주주의의 다양성'이란 개념은 이제 우리가 그러한 시대에서 벗어나, 다양한 민주주의를 있는 그대로 탐구해보자는 취지에서 제안한 것이다. 또한 나는 '민주주의의 다양성'의 기반엔 '주지주의의 다양성'이 있을 거라고 믿게 되었는데, 5장에서 제시한 '윤리적 네 가지 겹'은 그 다양한 주지주의가 무엇이며 어떻게 형성되었는지 설명하기 위해 노력하다가 발견하게 된 것이라고 해도 과언이 아니다.

　　이와 관련해서 살펴볼 만한 기존의 논의는 '유교적 근대'론이다.

한국사학자 미야지마 히로시와 철학자 장은주가 각기 다른 용례로 사용했다. 이 책에서도 여러 번 인용한 미야지마 히로시의 경우 현대의 삶에 이어지는 것이 바로 근대modern란 점에 착안, 현대 동아시아인의 삶에 직결되어 있는 전통사회를 형성한 '유교적 근대'를 논했다.[11] 그러나 보통 우리가 '근대'를 논할 때 산업혁명을 자연스럽게 떠올린다는 점에서, 이러한 개념은 내재적으로는 타당하다 하더라도 많은 오해를 불러일으킨다고 볼 수 있다(실제로 여러 사람이 한국을 포함한 동아시아 전근대사를 불필요하게 미화하는 종류의 개념으로 오해하고 있다). 따라서 나는 후기 조선 사회가 '유교적 근대'를 달성했다는 식의 서술은 피해왔다.

　　미야지마 히로시의 '유교적 근대'론의 또 다른 문제는 동아시아의 근대가 가지고 있는 혼종성과 착종성을 건너뛰어버렸다는 것이다. 즉, 구미인들은 그들의 문화적 배경 위에 근대라는 건축물을 올렸을 뿐이지만, 뒤늦게 따라간 동아시아인들은 구미인들의 문화적 배경을 옮겨오고 자신들의 문화적 배경을 완전히 허물지는 못한 상태, 그러니까 두 문화적 배경이 뒤섞인 상태에서 근대화를 개시했다. 동아시아인은 유럽의 철학과 사상을 공부하면서 근대를 이해하려고 노력했지만, 그 이해에는 동아시아 사상의 찌꺼기가 남아 있었던 것이다. 나는 동아시

11　"이 글에서 필자가 주장하는 바는 다음의 다섯 가지이다. ① 근대라는 개념은 본래 현재와 직결되는 시대라는 의미이며, 시대 구분에서 가장 핵심적인 의미를 가지는 것은 근대 이전과 근대의 구분이라는 점 ② 이제까지의 패러다임에 의거하여 중국의 역사와 현재를 파악하는 것은 불가능하며, 유교적 근대라는 새로운 패러다임에 의해서 다시 파악해야 한다는 점 ③ 유교적 근대의 핵심에 있는 중국적 근대를 전형적으로 보여주는 것으로 주희의 사상이 지닌 근대성을 이해해야 한다는 점 ④ 중국적 근대는 명대에 확립되었지만, 그 기본 구조는 19세기 이후 현재에 이르기까지 유지되고 있다는 점 ⑤ 중국적 근대의 영향을 깊이 받은 동아시아 지역들의 역사도 유교적 근대라는 개념에 기초해서 근본적으로 재검토해야 한다는 점 등이다." 미야지마 히로시, 《미야지마 히로시, 나의 한국사 공부: 새로운 한국사의 이해를 찾아서》, 너머북스, 2013, pp. 322~323.

아 사상의 찌꺼기를 버려야 한다고 주장하지 않을 것이지만, 반대로 근대를 따라잡기 위해 동아시아인이 배워온 유럽 철학과 사상을 버려서도 안 된다고 생각한다. 장은주의 '유교적 근대성'론은 이처럼 유럽의 근대를 공부하고도 한국의 근대가 다소 뒤틀린 이유를 설명하는 역할을 하는 것으로 보인다.[12] 하지만 이러한 혼종성과 착종성에서 한국 사회의 한계나 단점만이 아니라 장점 또는 도약의 지점을 찾을 수도 있으리라고 생각한다.

'군자'와 '주인'의 길이 포개진 1919년의 혁명

나는 대한민국의 기원이 된 3.1운동이야말로 우리가 전근대사에서 익힌 '군자'의 길과 불과 수십 년 만에 익힌 '주인'의 길을 포갠 혼종성과 착종성으로 승리한 위대한 혁명이라고 생각한다. 3.1운동은 '모두가 만세를 부르면 주권을 되찾을 수 있다'라는 일종의 주인 됨의 선언이었다. 일본이 유럽의 산업혁명 이후 세상에 제국주의와 군국주의로 적응했다면, 그에 적응하지 못해 식민지로 굴러떨어진 조선의 인민들은 '주인 됨'이 무엇인지를 배우면서 적응했다고 볼 수 있다. 비록 미국과 영국 정부는 조선의 사정에 냉담했지만, 조선에 거주하는 구미 선교사들은 '조선에서 벌어지는 만세운동과 학살'에 민감하게 반응했다. 제암리 학살의 경우는 아예 기독교인과 천도교인을 예배당에 불러놓

---

12   장은주, 〈유교적 근대성과 한국 민주주의의 미래〉, 철학연구회 2017년도 추계학술대회 발표 논문. 사실 이 논문의 논의는 여러 방면으로 곱씹어볼 때엔 내가 이 책에서 펼친 논의와 큰 차이가 없으며 상당 부분 겹친다고 느껴진다. 본문에 쓴 논의 요약은 다소 도식적인 수준에서 한 것이다.

고 일어난 학살이었다는 점에서 구미 선교사들의 감정이입을 불러일으킬 수밖에 없었다. 나는 추가로 이렇게 분석하고 싶다. 다만 종교 여부를 떠나, 조선인들이 '주인 됨'을 선언했다는 점과 그 '주인 됨'이 무엇인지를 열심히 설명해준 이들이 바로 구미 선교사였기 때문에 그들이 감정이입할 수밖에 없었노라고 말이다. 일제강점기 이후 도입된 근대적 교육기관, 보통학교 출신 청년들이 '주인 됨'의 논리를 실천하고 전파하는 것을 본 3.1운동 이후의 조선 사람들은 근대적 교육을 갈망하게 됐다. '모두가 주인이 되는 경험'과 '그 길을 교육받은 청년들이 일깨워준 경험' 이후엔 그 교육의 길에 동참하고 싶은 열망이 폭발적으로 솟아올랐다. 3.1운동 이후 조선의 인민들이 택한 길은 '주인이 되기 위한 군자의 길'이라는 혼종성과 착종성이었다. 이는 '식민지 근대화론'이 밝혀낼 수가 없는 민주공화국 대한민국의 반석 같은 기반이다. 일본 제국주의가 가르쳐주지 않은 것을 조선 인민들이 스스로 찾아 배우고 주인의 길을 찾아갔기 때문이다. 조선 인민은 그 길을 너무 순수하게 추구했기에 당대엔 실패했지만, 그리 멀지 않은 시기에 독립이란 선물을 받게 된다. 일본은 연합국을 향해 "조선은 식민지가 아니라 원래 우리 땅이에요"라고 말하고 싶었지만, 그 말이 씨알도 먹히지 않게 된다.

우리 사회에서 3.1운동은 대중적으로는 대한민국의 형성에 관여한 중요한 사건으로 취급되고 있지만, 여전히 그 함의가 담론적으로 정밀하게 다뤄지고 있지는 못하며 '민족주의적 해석'의 틀 안에 갇혀 있다. 윤석열 대통령이 집권 이후 3.1절이나 광복절에서 낭독한 연설문의 내용을 살피면, 대한민국의 독립을 가져온 것은 일련의 독립운동이 아니라 미국 등 연합군의 무력이라는 인식이 뚜렷하다. 과거 진보주의자들 역시 3.1운동은 관념적이고 이상적인 운동에 불과하다고 생각했고, 그 운동의 실패 이후 항일무장투쟁으로 나아간 이들이 올바른 선택을 했다고 봤다. 이들의 사상은 정반대 편에 서 있지만, '주인 됨의 선언'은 무력無力했으며, '무력武力'이 필요하다고 믿었다는 점에선 공통점이 있다. 한국의 20세기가 그 '무력'이 없어서 징하게 고생한 역사였다는 점을 생각하면, 지금까지 그런 편향에 빠졌던 것도 이해 못 할 일은 아니다. 그러나 이제는 우리가 어느 정도 경제력과 무력을 갖춘 세상에서 살고 있기 때문에, 저 '주인 됨의 선언'이 만들어낸 명분이 무엇이며 그 철학적 함의는 무엇인지도 상세하게 따져봐야 할 때가 됐다. 3.1운동을 정당하게 대우하려면 '민족주의'와 '현실주의'의 너머를 바라봐야 할 것이다.

3.1운동은 일제강점기 내내 '혁명'이라고 불리다가 해방 이후 대한민국이 극우화되면서 '혁명'이란 말이 금기시되는 바람에 '운동'이란 말로 지칭하게 됐다. 1876년의 강화도조약으로 인해 출발한 개화기에서 1910년의 망국을 거쳐 1919년 3.1운동까지는 불과 43년의 간극이 있었을 뿐이다. 그렇기에 이 43년의 시기에 배운 것이 있음을 인정하지 않고, 혹은 있었더라도 그 역시 일본의 전래에 의해 배운 것으로 간주하고 한국의 근대화는 일본의 조선 식민지화로부터 출발했다고 완고하게 해석하는 것이 뉴라이트적 입장이라고 볼 수 있다.

하지만 최근에는 이러한 단선적인 해석을 극복하는 다양한 학술적 시도들이 나오고 있다. 정치학자 전인권은 1898년의 만민공동회에 주목하였고, 관민공동회에서 만민공동회에 이르는 과정에서 조선의 인민들이 사회계약을 시도했으며 이는 "한국적 의회 민주주의의 맹아이며, 그런 의미에서 한국 근대 정치의 원형"이라고 분석했다.[13] 역사학자 김정인은 일제강점기 독립운동을 민주주의의 관점에서 재해

---

13   전인권·정선태·이승원,《1898, 문명의 전환》, 이학사, 2011, p. 149.

석했고, 개항 이전의 19세기 역사 역시 민주주의로 향하는 건널목으로 분석했다.[14] 국문학자 정민은 다산 정약용의 천주교 신앙 문제를 추적하다가 '서학'이란 이름으로 18세기 말에 수용된 천주교의 영향력이 종래의 우리 생각보다 훨씬 컸다고 주장했다.[15] 당연한 얘기겠지만 3.1운동은 이 모든 맥락 위에서 발생했다.

미국 대통령 우드로 윌슨이 제1차 세계대전 말 내세웠던 민족자결주의民族自決主義, National Self-determination에 식민지 조선의 지식인들이 고무된 것에 대해, 지금까지는 '패전국의 식민지를 해방시키려는 정치적 목적이 있는 구호였을 뿐인데 시대를 오판한 행동이었다'는 분석이 주류였다. 그러나 '민족자결주의'가 가리킨 것은 뚜렷하게 '주인'의 길을 향하라는 이념이었고, 자유와 인권을 충실히 배운 조선의 지식인들이 이에 고무된 것은 '잘 배워서' 생긴 일이지 '잘못 배워서' 생긴 일은 아니다.

또한 조선의 지식인과 운동가들은 3.1운동 당시 일본에게 크게 다음과 같은 정세 판단의 흐름으로 독립을 요구했다. 이는 하나의 문건이 아니라 복수의 문건에서 드러나는 뚜렷한 흐름의 논리이다.[16]

---

14   김정인, 《민주주의를 향한 역사: 시대의 건널목, 19세기 한국사의 재발견》, 책과함께, 2015를 참조할 것.

15   "서학이 당시 조선 사회에 끼친 영향은 그간 너무 과소평가되어온 느낌이다. 지축을 흔든 지진이 지나고 오랜 세월이 흐른 뒤 남은 흔적만으로 상황을 본 것은 아닐까? 땅이 갈라지고 건물이 무너질 때의 충격은 잔해를 치우고 그 위에 새집이 들어서면 지진 자체가 없었던 일처럼 까마득한 일이 되고 만다. 서학은 조선 사회에 깊은 흔적을 남겼다. 그런데 그것이 의도적으로 은폐되고 지워져서 이제 와서는 별일 없었던 것처럼 보이는 것이 아닐까?" 정민, 《서학, 조선을 관통하다》, 김영사, 2022, pp. 5~6.

16   미야지마 히로시, 《미야지마 히로시, 나의 한국사 공부》, pp. 246~262를 참조할 것. 여기서 미야지마 히로시는 3.1운동의 '문명주의'적 성격에 주목하며, 한국은 전근대로부터 문명주의의 성향이 있었고 근대 민족주의에도 그것이 반영됐다고 분석한다. 또한 일본은 문명주의를 경험한 역사가 없었기에 한국의 문명주의의 함의를

첫째, 이 전쟁(=제1차 세계대전)으로 제국주의 시대는 끝이 났다. 버틴다 하더라도 더 오래가지 못한다.

둘째, 일본이 조선을 식민지로 유지하는 한 중국은 일본이 중국을 침략할 거라는 불안감을 떨쳐내지 못할 것이다. 동아시아가 불안해질 것이다.

셋째, 만약 일본이 정말로 중국을 침략하게 된다면 결과적으로 여러 나라와의 전쟁 끝에 몰락할 것이다.

넷째, 오직 조선을 독립시켜준다면 이 모든 비극의 가능성은 사라지게 된다. 이미 양국 간에 원한이 많이 쌓였지만 일본이 이번에 조선을 독립시켜준다면 그 원한은 사라지고 양국은 상호 협력하게 될 것이다.

다시 현재적 관점에서 생각해보면, 당시 조선의 지식인과 운동가들의 정세 판단은 놀랍도록 정확했다고 볼 수 있다. 즉 정세 판단을 잘못한 것은 일본 정부와 추축국의 일원들이었지, 3.1 만세운동의 주역들이 아니었다고 볼 수 있다. 큰 틀에서 바라본다면, 1909년 이토 히로부미를 저격한 안중근 의사 역시 이와 거의 동일한 얘기를 했다고 볼 수 있다. 조선 식민지화가 비극으로 끝날 거라는 경고를 1909년에서 1919년 사이에 계속했지만 일본은 시대를 잘못 읽고 폭주한 것이다. 당시 일본의 관점에서 볼 때, 일본의 선택이 이해가 간다고 말할 수는 있다. 그렇지만 그러면서 당시 조선의 독립운동가들이 정세 판단을 잘못했다고 주장한다면 우스운 일이다.

전혀 읽어내지 못했고 그 지점에서도 오해와 비극이 누적되었다고 분석한다.

과연 친일파가 승리한 세상이었는가?

'모두가 만세를 부르면, 새 나라가 생기고 우리가 그 나라의 주인이 된다'고 믿은 사람들이 있었다. 그리고 그 믿음에 공명하여 당시 거의 민족 전체가 실제로 만세를 불렀다. 1898년의 사회계약 시도는 실패했지만, 1919년의 사회계약 선언은 선명하게 남았다. 그것이 대한민국의 근본이다. 역사상 이토록 뚜렷하게 온 민족의 사회계약 선언으로 공화국을 선포한 나라는 사실상 한국밖에 없을 것이다. 선발국은 대체로 사회계약의 개념이 된 역사적 사건에서 왕당파들과의 내전을 치러야 했기 때문이다. 한국은 '공화국이 뭔지를 배워서 공화국에 진입하는' 후발주자로서 하나의 모범을 제시했다. 이제는 그 사실을 자랑스러워할 때도 됐다. 3.1운동이 아니라 1919년의 혁명으로, 공화국 대한민국의 출발을 알린 연도로 1919년을 기억할 때도 됐다.

이러한 기억을 확립하면서 제시해야 할 한 가지 의문점은 '과연 대한민국은 친일파가 승리한 세상이었는가?'라는 질문이다. 대한민국사엔 굴곡이 많았고, 이 나라의 현재를 '독립운동가가 승리한 세상'이라고는 도저히 말할 수 없을지도 모른다. 그러나 대한민국이 친일파가 승리한 세상이라고 말하기엔, 친일파는 한 번도 긍정적인 존재로 공인받은 적이 없다. 간단히 말해 친일파가 정체를 숨기고 독립운동가로 신분 세탁하려는 경우만 있었지, 그 반대의 경우는 없었다는 것이다. 초대 대통령 이승만이 반민특위의 문명적인 처벌을 용인했다면 한국의 과거사 청산은 오히려 나치 부역자들을 폭력적으로 진압한 유럽의 그것보다 나은 것으로 기억됐을지도 모른다. 이승만의 과오 때문에 현대 한국인들은 현대사에 지나친 피해의식을 가지게 됐다. 그러나 현대 한국이 '친일파가 승리한 세상'이라고 주장하는 영화 〈더 킹〉(2017)의 한

강식 부장검사조차 본인의 역사 강의에서 "친일파니 뭐니 하는 놈들은 어때"라며 친일파를 '놈'이라 칭한다. 친일파는 존칭의 대상이 되지 못한다. 나는 한국 진보 진영의 역사 청산의 욕망도 과도하며 현실에 실현되기 어려운 부분이 많다고 생각하는 편인데, 그 욕망 역시 불필요한 패배주의를 수습하고 역사의 자랑스러운 부분을 직시할 때 완화될 수 있을 것이다.

　　뉴라이트를 포함한 한국의 보수주의자들은, 한국의 진보주의자들이 '대한민국은 태어나서는 안 되었던 부정한 나라'라고 생각한다고 공박한다. 과거 진보주의자들이 그런 식으로 생각했던 것은 사실일 것이고, 오늘날에도 일부는 그러할 것이다. 바로 그러한 사고의 기반이 '친일파가 승리한 세상'이란 판단일 것이다. 그런데 이 판단은, 이영훈이 주장하는 '대한민국은 일본으로부터 전파된 근대화를 올바르게 이식한 공로로 성장한 나라(단지 그것밖에 없으며, 그렇기에 올바른 일본의 길에서 이탈한다면 망국의 길로 빠져들 수밖에 없는 나라)'라는 말과 온전히 같은 말이다. 같은 정세 판단을 해놓고 한쪽은 '부정한 나라'라고 비하하고, 다른 쪽에선 '이게 부정하다고? 이것만이 우리의 현실임을 긍정해라!'라고 윽박지르고 있었던 셈이다.

　　그러나 내가 6장에서 제시한 '선교 근대화론'이란 착상, 그리고 '선교 근대화론'이든 '식민지 근대화론'이든 간에 문명을 전해준 선교사나 식민 당국뿐 아니라 그것을 열심히 수용했던 조선인들의 주체성을 고려해야 한다는 관점을 수용하고 발전시킨다면 어떻게 될까. '친일파가 승리한 부정한 대한민국'과 '오직 일제를 계승했기에 간신히 성공한 대한민국'이 공통으로 전제하는, 그 단단하다고 생각했던 기반이 실은 사상누각이었음을 깨닫게 되지 않을까. 나는 이것이 우리 담론계가 그간 놓쳐왔던 현실이라고 생각하며, 오히려 대중은 그 점을 본능적으로 안다고 생각한다. 그러니 〈미스터 션샤인〉과 같은 드라마의 제작이나 성공도 가능했을 것이다. 물론 이 직관적이고 본능적인 인식에도 과도한 미국 중심·미국 편향성 등의 문제는 있다. 그러나 이러한 단점들은 이 직관적이고 본능적인 인식을 담론이 좀 더 부지런히 대변하고 수용하면서 보완하고 개선할 수 있을 것이다. 비록 분단국가였다 해도 이틀에서 75년을 살아낸 이상, 우리는 대한민국이 무엇이었고 어떤 틀에서 기능했는지를 정확하게 묻고 파악해야 한다.

'상식'이 '독재자'의 위치를 벗어나기 위해
수용해야 할 두 번째 제언

그리고 '민주공화국 대한민국'의 '기원'과 '양상'이 그렇게 적절하게 파악될 때, 향후 대한민국이 불가피하게 수용해야 하는 이주민들과도 쉬이 공유할 수 있는 공동체의 역사관이 확립될 것이다. 3.1운동을 민족주의 관점에서 바라보고, '친일파가 승리한 세상'에 비분강개하는 관점에서는, 다시 전근대사 한국에서 우리 정체성의 기원을 찾지 않을 수 없게 된다. 이주민 출신에게는 공감하기 어려운 먼 역사일 것이다.

반면에 3.1운동이 '모두가 주인 됨의 선언'으로 민주공화국의 기원을 형성했고, 실제로 세워진 대한민국은 여러 가지 제약 조건과 문제 때문에 신음하면서도 복원력을 발휘하여 그 기원에 걸맞은 길로 점차 나아가게 되었다고 이해한다면 어떠할까. 한국 근현대사를 우리의 민주주의가 형성되고, 핍박받았지만, 끝내 복원된 역사로 이해한다면 어떠할까. 이런 방식의 공동체의 역사화는 오늘날 우리 공동체의 삶에서 누리는 권리와 의무를 환기하게 만들기에, 이주민은 물론이거니와 그 누구에게라도 '나와 상관없는 아주 먼 이야기'로 들리지 않게 될 것이다. 우리는 그 '주인 됨'의 이념에 기반을 두고 공동체에 나의 합당한 권리를 요구할 수도 있고, 의무 또한 받아들이게 될 것이다.

또한 한국 근현대사를 그렇게 기술할 때, 한국의 전근대사 역시 이주민들에게 더 와닿게 될 것이다. 비유하자면 기독교인들이 구약의 '출애굽'이란 사건을 이집트와 이스라엘의 대립이 아니라 피지배층 농민과 노동자들의 탈출로 파악하게 되는 것처럼, 한국이 전근대사에서 중국이나 북방 유목민족 왕조, 일본 등에 대항한 사건 또한 이 땅에 사는 사람들이 거주민의 '주인 됨'을 포기하지 않기 위해 벌인 일이라 이해하게 될 것이다. 말하자면 한국 전근대사의 위인들이 벌였던 노력이 일종의 '구약'이라면, 3.1운동은 일종의 '신약'을 확립한 사건으로 자리매김하게 될 것이다.

따라서 나는 '상식의 독재' 사회의 문화적 기반을 인정하면서도 그 폐해를 시정하려 노력하기 위해 다음과 같은 제언을 하고 싶다. 향후 '상식'이 우리 공동체에서 '독재자'의 지위는 벗어던지더라도 모종의 균형추 역할을 하려면, 그 공동체에 관한 이야기를 지금의 민족주의적 관점에서 민주주의적이고 문명주의적인 관점으로 바꿔야 한다는 것이다. 나는 5장의 중반부에서 '상식'이 '가족 규범' 내지 '가족 규율'의 속성을 가지고 있다고 분석한 바 있다. 그 기원 자체는 존중해야 하지만, '상식'이 민주공화국 공동체 내에서도 계속해서 역할을 하려면 좀 더 '보편적인 규범 혹은 규율'의 속성을 추구해야 한다. 같은 내용도 민족주의 관점이 아니라 민주주의와 문명주의 관점으로 서술하도록 하라는 주문은 바로 그러한 요구이다. 나는 한국 사회에서 이미 민주주의가 심화되어 있고 여전히 따라야 할 보편적 가치로 여기고 있기 때문에, 이 작업 자체는 그리 어렵지 않으리라고 생각한다. 다만 우리가 그러한 과업이 필요하다는 점을 빨리 깨닫고 실천하는 일이 과제로 남아 있을 뿐이다.

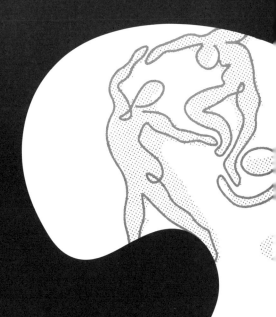

8장

불평등이
상식을 해체할까?

강시가 입은 청나라 관복의 비밀

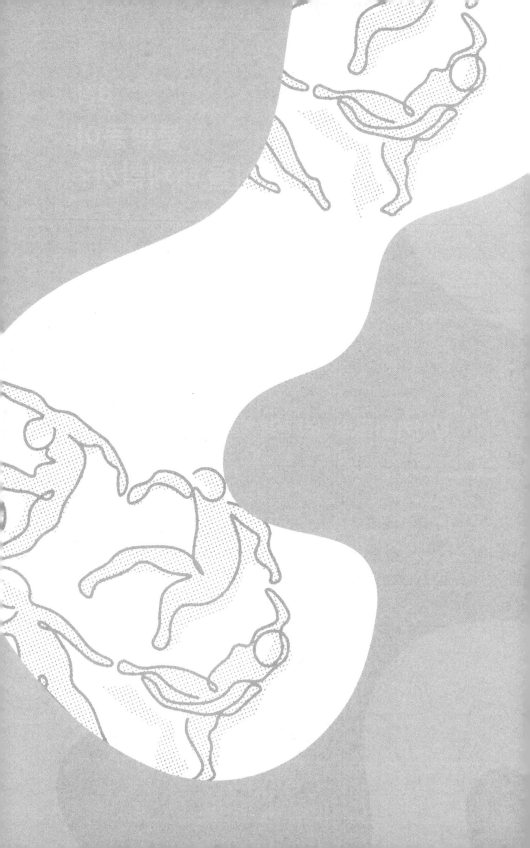

내가 어린 시절인 1990년대 초반 한국 사회에 잠깐 강시 영화가 유행했다. 나중에 찾아보니 홍콩, 대만, 일본 등 아시아 몇몇 국가에 함께 불어닥친 유행이었다. 몇 년이 지나자 강시 영화는 소리 소문 없이 더는 나오지 않게 됐는데, 그 유행의 소멸도 몇몇 국가에서 동시에 일어난 일이었다. 강시는 언제나 특정한 옷을 입고 뛰어다녔는데, 어린 내가 그걸 '강시 옷'이라고 부르면 옆에서 같이 영화를 보던 어른들은 '청나라 관복'이라고 교정해줬다. 아마도 내가 "시체에 청나라 관복을 왜 입혀요? 저 때가 청나라 때예요?"라고 물었을 때 어른들은 "아냐. 아마 중화민국 때일 거야…"라고 답했던 것 같다. 이 문답에서는 살아서는 관리가 아니던 사람들이 왜 죽어서 관복을 입는지에 대한 답은 나오지 않았다. 몇 년 후 보게 된 '만화 한국사'류의 책에서 조선을 괴롭히러 온 청나라 관리들은 과연 내가 어릴 적 본 '강시 옷'을 입고 있었다.

관리가 아닌 사람이 죽어서 관복을 입게 되는 문화의 함의가 무엇인지 이제 불혹이 된 나는 적절하게 답할 수 있다. 첫째로, '죽어서 관복을 입게 되는 나라의 문화'에서 '관리'는 '직능'이 아니라 '지위'라는 것이다. 다른 직업과 평등한 직능이 아니라 일종의 지위이므로, 죽었을 때는 평민인 사람도 지위를 올려 '관복'을 입히는 것이 죽은 이에 대

한 대접이 된다. 둘째로, 이런 나라에서 '관리'는 '지위'이긴 한데 '신분'
은 아니라는 것이다. '신분'이라면 평민은 살아서든 죽어서든 그 옷을
입을 수 없어야 한다. 하지만 '신분'은 아닌 '지위'이기 때문에 살아서는
입지 못했더라도 죽어서는 예우 차원에서 입힐 수 있다.

'이기론'의 서열 구조, 그리고 '양반'과 '사대부'의 차이

이 미묘한 상황은 오구라 기조가 한국 사회를 해부할 때 활용한
이기론을 활용하면 더 정확하게 설명할 수 있다. 성리학에서 이기론의
논리는 '이'를 더 담지한 이가 더 대우받는 식의 서열 구조를 형성한다.
그런데 이 서열 구조는 '이'를 더 담지한 이가 정당하므로 위에 올라가
야 한다는 철학적 정당화 논리를 가지고 있으므로 가변적인 것이 된다.
그래서 서로 공부를 해서든 도덕적 명분을 획득해서든 이기론적인 윗
자리를 차지하기 위한 경쟁과 싸움이 발생하게 된다.[1]

즉, 단순 도식으로 설명하자면 성리학적 질서가 보편화된 사회
에선 이기론에 의한 뚜렷한 서열화 경향이 존재했으되 신분적 구획은
없었다. 그리고 성리학은 관리라는 서열에 이르지 못하는 백성은 모두
학생으로 취급했다. 그렇기에 평범한 상민이라도 죽어서 '청나라 관복'
을 입을 수 있다는 건 현대 한국에서 징병제 사병이 병장으로서 순직하
면 보통 1계급 특진하여 하사로 추서되는 것과 비슷한 사태였다.

물론 그러한 성리학적 이상이 제대로 실현된 건 조선왕조가 아

---

1   오구라 기조, 《한국은 하나의 철학이다: 리理와 기氣로 해석한 한국 사회》, 조성환
     옮김, 모시는사람들, 2017, pp. 13~47을 참조할 것.

니라 당대의 중국 왕조, 즉 명나라와 청나라였다. 명나라와 청나라에선 노비라는 신분은 지극히 소수였으며 거의 죄인이었다. 즉, 범죄자만이 노비가 될 뿐 그렇지 않다면 신분이 질곡이 될 일이 없었다. 노비를 제외한 나머지 사람들은 전부 과거에 응시할 수 있었고, 과거에 합격하기만 하면 사대부가 될 수 있었다. 시장경제와 상업이 발달하니 사람들의 직업이 시장경제에 따라 규정되어 전근대적 신분 질서 자체가 허물어졌다. 시장경제가 그 정도로 발달하니 조선왕조의 '사농공상'과 같은 이념적인 직능에 대한 귀천 등급도 작동하지 않았으며, 사대부들 중 상당수도 상업에 종사할 정도였다.[2] 과거 시험으로 인한 선발 시스템은 유럽의 계몽주의자들에게 엄청난 찬사를 받았다. 그처럼 상업은 발달했고 신분제가 거의 해체되었으니 후대 중국과 일본 학자들은 이 시대에 '근대'라고는 못해도 거의 그에 준하는 시대였다는 이유로 '근세'라는 이름을 붙였다.

　　오늘날의 한국 사회 시민들은 '양반'이라는 말과 '사대부'라는 말을 거의 같은 의미로 쓴다. 한국의 전근대사를 살피면 중국 문명의 영향을 받아 그 호칭을 따라 쓰지만 존재 양태는 사뭇 다른 경우들이 흔히 있었다. 조선왕조의 양반들은 스스로 사족士族이라 칭했으며, 그 말은 사대부지족士大夫之族의 준말이었으니 스스로를 사대부라 칭한 것과 다를 바 없다. 그러나 명청의 사대부와 조선의 양반 사이에는 약간

2　"동아시아 삼국 가운데 사민관에 가장 충실했던 나라는 한국이었다. … 그리하여 지배 엘리트층인 사족층士族層은 상공업 종사가 허용되지 않았을 뿐만 아니라 상인과 수공업자의 관직 진출 또한 엄격하게 제약받았다. … 상인층에게 비교적 관대했던 중국에서는 지배 엘리트층인 신사층紳士層의 도시 거주를 용인했을 뿐만 아니라 이들의 상업 종사를 허용해주었다." 김성우, 《조선시대 경상도의 권력중심이동》, 태학사, 2012, p. 35. "중국의 사대부층에는 상인 출신이 많았지만, 조선에서는 상인 출신 양반이란 있을 수 없는 존재였다." 미야지마 히로시, 《미야지마 히로시의 양반》, 노영구 옮김, 너머북스, 2014, p. 133.

의 차이가 있었다. 위에서 본 것처럼 사대부가 철저하게 기능적이었다면 양반에는 혈통적인 측면, 다소 신분적인 측면이 있었다. '족族'이란 말이 의미하는 바가 그것이었다. 조선왕조의 신분제도도 원칙적으로는 양천제, 즉 일부 천민(노비)을 제외한 양민은 모두 평등하다는 것이었으나, 실질의 신분제도는 반상班常의 법도를 따졌다. 양반과 상민으로 신분이 나뉘었다는 것이다. 우리에게 익숙한 '상놈'이란 말은 천민이나 노비가 아니라 이 상민을 가리키는 말이었다. 이는 조선왕조가 유학화를 추구하면서도 중국의 사회경제적 조건을 그대로 복사할 수는 없었기에 생겨난 일이었다. 시장경제가 충분히 발달하지 못해서 시장경제의 분업 체계가 아니라 임의의 직역 구분으로 사회적 분업을 실현해야 했던 조선왕조는 '신분인 듯 신분이 아닌' 양반이라는 집단이 사대부를 담당해야만 했다. 그래서 일본 학자들의 경우 명청의 과거 시험 선발 시스템을 높이 평가하는 이들도 조선왕조의 과거 시험은 적당히 동시대 중국의 것을 흉내 낸 것일 뿐 양반이라는 신분을 대상으로 한 폐쇄적인 구조라고 평가하는 경우가 많다.

양반은 '신분'이기만 했을까?

한국사학자 미야지마 히로시는 동시대 중국의 과거 시험과 비교해서 조선의 관료 선발 시스템의 불안전성을 지적하는 일본 학자들의 논의에 약간의 반박을 하고 있다. 그에 따르면, 과거 시험 합격자 비율에서 '양반'의 비중이 절대적인 것은 조선왕조가 '양반'을 정의하는 방식이 지극히 느슨했기 때문인 탓이 크다. 양반을 반쯤 신분적인 것으로 정의하기 위해 조선왕조는 과거 급제자의 후손도 4대손까지는 '양반'으로 분류했는데, 동시대 명청에서는 그렇게 넓은 범위로 '사대부 출신'을 정의하지 않았다. 만약 명청도 '사대부 출신'을 조선처럼 넓게 정의했다면, 과거 합격자 중 '사대부 출신'의 비율이 조선왕조와 거의 같은 수준이 될 수도 있다는 얘기다. 또한 양반이 반쯤 폐쇄적인 신분이었다 한들 과거 시험으로 인한 선발의 경쟁 압력이 매우 대단했다는 점은 충분히 입증될 수 있다. 조선왕조의 문과 시험 급제자 수는 인구 대비 명청에 비해 많은 수준이었지만, 그럼에도 양반 자제 한 명이 일생 노려볼 만한 관직의 숫자는 총 900여 자리인 반면 관직을 얻기 위해 경쟁하는 사람들의 숫자는 양반 계층을 인구의 10%로만 잡아도 20만 명에서 40만 명에 해당했다.[3] 즉, 명문가 자제들이 대부분 합격했다 하더라도, 그들 가문의 족보를 잡고 분석한다면 동렬의 수많은 자제 중 일부가 합격해서 '명문가 자제들이 대부분인 급제자'를 구성하는 것이지, '명문가 자제들이라면 대부분 급제'하게 되는 것과는 거리가 멀었다.[4] 20세기 후반의 한국 사회에 비교하자면, '고시 합격자의 대부분은 명문대생이지만, 명문대생이라고 대부분 고시에 합격하게 되는 것은 결코 아닌 상황'에 비유할 수 있었다.

---

3   "그러나 조선의 문과가 가시밭길이 아니었다고 할 수도 없다. 매년 29.2명의 문과 급제자가 배출되어 평균적으로 30년 생존했다고 가정한다면 어느 시점에서든 876명(29.2×30)의 문과 급제자가, 그래서 대략 계산하면 약 900명 정도가 존재했다는 이야기가 된다. 따라서 이 900명의 자리를 둘러싸고 양반들이 경쟁했다는 것이 되는데, 그 경쟁률은 어느 정도였을까? 양반 전체의 수를 아는 건 불가능하지만, 전체 인구수를 1,000만 명, 인구의 5~10% 정도가 양반 가문에 속했다고 가정하면, 50만~100만 명이라는 숫자를 얻을 수 있다. 이 가운데 과거 수험 자격이 없는 여성과 실질적으로 수험이 불가능한 어린 남자(17세로 문과에 급제한 것이 최연소 기록이다)를 제외하면, 20~40만 명 정도가 문과 수험 유자격자였다고 상정할 수 있다. 이들이 900명 중의 일원이 되기 위해서 경쟁한 셈이다. 얼마나 격렬한 경쟁이 벌어졌을 것인지 짐작이 갈 것이다." 미야지마 히로시, 《미야지마 히로시, 나의 한국사 공부: 새로운 한국사의 이해를 찾아서》, 너머북스, 2013, p. 186.

4   위의 책, pp. 156~184 참조.

더구나 나는 조선의 '과거 시험 경쟁률'은 20만 명에서 40만 명이 900여 자리를 놓고 경쟁한다는 산술적 비율 이상으로 명청시대 '과거 시험 경쟁률'에 뒤처지지 않았을 거라는 추정을 덧붙이고 싶다. 그렇게 생각하는 이유는 두 가지다. 첫째는 명청시대엔 시장경제와 상업이 증진되었고 사대부 중 일부도 상업에 종사할 정도였기 때문에, '능력 있는 사람'이 과거 시험에 매달리지 않고 상업에 힘쓰는 일도 많았을 것이다. 그리고 상업이란 것은 하나의 산업으로 묶이지만 참으로 다양한 종류의 장사가 포함되기 때문에, 한 사회에서 '더 나은 삶'을 사는 방법이 '과거 시험'만 있는 게 아니라 '과거 시험과 상업'이 있다는 것은 출세 방법이 '한 가지'에서 '두 가지'로 늘어나는 것을 넘어서, '한 가지'에서 '수십 가지'로 늘어나는 효과를 지니게 된다. 돌려 말하자면 조선왕조에선 동시대 명청과는 다르게 출세할 방법이 오직 그것 하나밖에 없었기 때문에 과거 시험의 경쟁률이 굉장했을 것이라고 추론할 수 있다. 둘째는 그러한 이유로 조선의 과거 시험 응시자들이 훨씬 더 열심히 공부했을 거란 점이다. 21세기 한국에서 대학 입시 경쟁률이 높아지면서 체감하게 된 사실이지만, 응시자들이 너무 열심히 공부하지 않으면, 이를테면 20세기 말 한국 사회 수준의 경쟁만 되어도 '머리가 좋은 사람들'이 쉬이 시험에 합격해 선발된다. 하지만 경쟁력 있는 응시자들이 공교육과 사교육 모두를 동원하면서 치열하게 공부하게 되면 경쟁의 압박과 시험 합격의 양상은 전혀 달라진다. 조선 후기엔 명문가 자녀 중심으로 시험에 합격했다는 얘기 역시 과거 시험의 경쟁압이 낮아졌기 때문이 아니라 오히려 높아졌기 때문에 생긴 일일 거라고 나는 추론한다. 집성촌에서 '체계적으로 오랜 시간' 교육시키는 수준이 아니라면 합격하기가 힘들어져 그렇게 됐다는 것이다. 조선 후기가 될수록 청나라 사신들이 조선은 별로 변화하지 않은 동네 아이들도 글공부를

418

하고 있으니 놀랍다는 진술을 한 것도 이 맥락을 뒷받침한다. 조선왕조의 과거 시험 경쟁압이 더 높아졌기 때문에 후기로 갈수록 특정 가문 합격자로 편중됐으리라고 보는 것이 타당하다는 말이다. 만약 반대의 해석이 가능하다면, 현대 한국에 대해서도 최근에는 서울 강남 지역 합격자 비율이 높아졌기 때문에 명문대 입시가 '느슨해졌다'고 진술해야 할 것이다.

경쟁압과 별도로, 실제로 조선시대 과거 시험을 치르는 '경쟁력 있는 응시자'의 비율이 5% 이하였다 해도 그 삶을 선망하면서 글공부를 하는 이들의 비율은 후기가 될수록 더 늘어났던 것으로 보인다. 말하자면 조선왕조가 명청의 질서를 완전히 따라잡거나 모방할 수 있었던 것은 아니지만, 보편적으로 모두가 과거 시험을 지망할 수 있는 세상을 지향했던 것만은 사실로 생각된다. 이 경우 동아시아 사회, 그중에서도 특히 한국 사회의 '평등주의'는 '능력주의' 및 '시험선발주의'와 결합하게 된다. 오늘날 우리는 평등주의의 시선에서 능력주의를 비판하곤 한다. 그러나 전근대 조선왕조의 질서, 그리고 그 질서가 내재화된 우리의 시선에선 '평등주의=능력주의=시험선발주의'라고 이해되는 측면이 있다. 이를 비판할 수는 있을지라도, 한국 사회에 바로 이 문화적 저변이 깔려 있다는 사실을 인정하지 않으면 사회문제를 해석할 수 없다. 즉, 모두가 가족 호칭을 사용하는 것이 한국식 근대화였던 것처럼, 오구라 기조가 말한 바 '이기론에 의한 서열화' 경쟁에 모든 사람이 뛰어들 수 있는 것이 한국형 평등주의였다는 해석이 가능한 것이다. 한국의 젊은 층에서 '공정'이 '시험선발주의'와 쉬이 결합하는 것 역시 이러한 맥락에서 '자연스러운 일'이라 설명할 수 있을 것이다.

한국 문화의 저변에 깔린 '유토피아적 평등주의'

그러나 이런 서술에 반감을 표하는 이들도 있을 것이다. 그런 반응도 이해할 수 있다. 왜냐하면 한국 문화의 저변에 깔린 '평등주의'에는 좀 더 유토피아적인 평등주의도 분명 존재하기 때문이다. 이에 대해서 나는 유튜버이자 뮤지션인 과나가 2022년 10월 3일 개천절을 맞이하여 발표한 노래인 〈사람이 되기 싫은 곰〉의 가사를 뜯어보면 단군신화의 내용과 함께 분석할 수 있다고 생각한다.

깊은 산 숲속 동물 친구들 재미나게 살던 어느 날

갑자기 짱 센 사람 와서 말했지

너희들 중 하나 인간이 되어라

행복한 동물 친구들 아무도

인간의 삶 따위 바라지 않았지

바로 그때 호랑이가 번쩍 손을 들었고

다들 당황해서 굳었지

그도 그럴 것이

욕심 많은 호랑이가 인간이 되면

우리 멋진 숲을 인간에게 알려

자르고, 부수고, 파내고, 짓고 돈 벌겠지

호랑이의 야망을 막기 위해 곰도 인간이 되겠다고 했지

친구들 모두 말렸지만 어쩔 수 없어

난 미련한 곰이야

안녕 그냥 살 뿐인 멋진 하루

인간 되면 성실하고 올바르게나 살겠지

안녕 겨울잠과 나무 등 긁기
엄마, 아빠의 푹신한 털도 모두 다 안녕
나만이 아는 숲속 구석 어딘가 작은 냄새들도 안녕
나 꼭 이겨서 지킬게
-과나, 〈사람이 되기 싫은 곰〉 1절 가사

이 노래는 애초에 단군신화를 모티브로 하고 있기 때문에 한국
인이라면 모두가 알고 있는 단군신화에 대한 분석과 병행하여 비평하
는 게 옳다고 생각한다. 종교학과 한국사를 공부한 한국학자 최준식에
따르면, 단군신화에 드러나는 한국인의 이상적인 세계는 신격神格과 인
격人格, 그리고 동물격動物格이 조화를 이룬 세상이라고 한다.[5] 단군신화
의 내용으로 봤을 때 곧바로 납득이 되는 설명인데, 여기서 한국인들
이 상상하는 '동물의 세계'가 어떤 것인지는 충분하게 설명되지 않는
다. 그리고 과나의 〈사람이 되기 싫은 곰〉은 바로 그 지점을 부연해주
는 훌륭한 텍스트다. 짧게 말하자면, 한국인들이 상상하는 '동물의 세
계'는 다큐멘터리 〈동물의 왕국〉의 세상과는 극단적으로 반대 방향에
있는 유아적이고 퇴행적인 유토피아라 볼 수 있다. 〈동물의 왕국〉은 실
제의 동물 세계보다 훨씬 더 극단적인 약육강식의 세상이다. 실제 아
프리카 사하라의 드넓은 초원에서 초식동물이 육식동물에게 잡아먹힐
가능성은 인간이 교통사고로 차에 치일 가능성 정도밖에 안 된다. 만
일 현대 인류의 도시에서의 삶을 〈동물의 왕국〉 식으로 편집해서 외계
인들을 향해 전송한다면, 외계인들은 자동차가 사람을 저렇게 자주 잡

5   마 씨아오루·최준식, 《한국미 자연성 연구: 중국미의 자연성과 어떻게 다른가?》,
         주류성, 2019, pp. 127~130.

아먹는데(?) 어떻게 사람들이 평소에는 아무렇지도 않게 차를 타고 다닐 수 있는지 의아해할 것이다. 반면 한국인들의 문화 저변에 깔린 '동물의 세계'는 계속해서 강조한 바 발달된 문명치고는 한국 문화 저변에 깊숙이 깔린 구석기시대 세계관의 산물로, 모든 동물이 조화되어 살아가는 세상을 의미한다. 여기서는 육식동물이 초식동물을 잡아먹는 행위조차도 디즈니 애니메이션 〈라이온킹〉(1994)의 주제가인 〈서클 오브 라이프Circle Of Life〉의 한 국면일 뿐이다. 이 세계는 미야자키 하야오의 애니메이션 세계관, 그리고 그것을 많이 참조한 것으로 짐작되는 제임스 카메론의 영화 〈아바타〉(2009)의 세계관과 일치한다. 〈아바타〉는 그 중에서도 조금 심한 축인데, 동식물이 나비족과 교감할 수 있는 특정한 기관을 가지고 있을 정도다. 그래서 〈라이온킹〉의 주제가, 미야자키 하야오의 애니메이션, 그리고 〈아바타〉는 당연히 한국인들이 매우 좋아하는 종류의 콘텐츠이기도 하다. 구석기시대의 영성과 심성은 인류의 원초적인 부분을 자극하는 것인 만큼 세계인들이 자꾸 이러한 보편적인 콘텐츠를 만들어내는 것도 지극히 당연하다.

그러나 〈라이온킹〉, 미야자키 하야오, 그리고 〈아바타〉와 한국인의 구석기시대 심성, '동물의 왕국' 사이엔 중대한 차이가 있다. 바로 이 질서가 한국에선 인간의 질서와 대립하지 않는다는 것이다. 이는 다른 문화에선 찾아보기 어려운 특징이다. 가령 〈라이온킹〉에선 그 원초적인 이야기를 유지하기 위해 아예 인간이 개입하지 않는다. 미야자키 하야오의 〈모노노케 히메〉(1997) 등에선 인간의 문명화가 그 고전의 질서를 끊임없이 어지럽히고 해체하는 것으로 묘사된다. 〈아바타〉에서도 나비족은 인간의 개입으로 안온한 세계에서 쫓겨나야 할, 재개발 반대 투쟁을 하는 세입자와 비슷한 처지다. 보편적으로 볼 때는 이렇게 묘사되는 것이 훨씬 합당하다. 인간의 문명은 저 구석기시대의 심성과 질서를 어지럽히는 것이므로, 구석기시대(혹은 그만큼은 아니더라도 그 문화권에서 고대에 해당하는 시기)의 신들은 인간의 문명에 원한을 품고 징벌하려고 한다. 〈모노노케 히메〉에 나오는 '타타리'처럼 원한을 가지고 인간을 해하려는 신도 그런 문맥에 있다고 설명할 수 있다.

그런데 단언컨대 한국 문화엔 '타타리'와 같은 신이 없다. 한국 문화의 신은 인간과 반목하고 인간을 제재할 수는 있지만, 인간을 멸절시키려고 한 적은 없다. 이것은 대단히 독특한 특징이다. 한국의 고대사에서 섬긴 산신이 호랑이의 형상이었으며 호랑이가 인간을 잡아먹기도 했을 것이란 점을 고려해보면, 기이할 정도의 낙관성이다. 거의 모든 문명권은 신석기시대의 수준에서는 자신이 모시는 신과 살갑게 지냈다. 야훼는 이스라엘의 선조들과 함께 거닐면서 대화하는 벗이었다. 그리스의 신들 역시 그리스 신화 속 영웅들과 인간적인 희노애락의 감정을 함께했다. 그러나 문명이 좀 더 복잡해지면서 신성神性은 인간으로부터 멀어지고, 앞서 5장에서 설명한 '신·윤리와 인간의 불일치'에 대한 체험이 형성되기 시작한다.

하지만 한국에는 상당수 문화권에 공통적으로 존재하는 '신이 인간의 죄악에 분노하여 징벌하는 차원에서 일으킨 홍수 신화'조차 없다. 홍수 신화는 빙하기 시절 인간의 공포에 기반을 둔 것으로 추정되며, 한국의 여러 설화를 살펴보면 홍수 때문에 인류가 멸망할 뻔했다는 이야기 자체는 아주 드물게 발견된다. 그러나 이 이야기에도 '신이 인간의 죄악에 분노하여 징벌'했다는 요소는 들어 있지 않다. 신이 분노해서 국가의 멸망, 예를 들어 백제의 멸망을 예언했다는 얘기 정도나 간신히 찾아볼 수 있다. 한국 문화의 신은 기본적으로 인간의 질서와 대립하지 않는다. 즉 여타 문화권에선 구석기문화에 향수를 가진 경우라도 구석기시대의 '동물의 질서'는 그것을 떠난 문명의 질서, '인간의 질서' 및 '신의 질서'와 대립하기 마련인데, 한국 문화에선 그 세 가지가 섞여서 어우러진다는 것이다. 내가 생각하기엔 바로 이것이야말로 '한국인의 이상적인 세계는 신격과 인격, 그리고 동물격이 조화를 이룬 세상'이란 말의 구체적인 의미다.

'곰과 호랑이의 세상'은 '동물의 왕국'과 어떻게 다른가?

이를 '동물의 질서', 혹은 '동물의 세상'이라고 표현하면 우리는 흔히 다큐멘터리 〈동물의 왕국〉이 보여주는 약육강식의 세상을 연상하기 십상이다. 따라서 나는 우리에게 친숙한 방식을 따라, 단군신화와 과나의 노래를 따라 이를 '곰과 호랑이의 세상'으로 표현해보고자 한다. 나는 이 '곰과 호랑이의 세상'이야말로 앞서 말한 대로 '한국형 평등주의'의 기반이라고 생각한다. 한국 진보주의자들의 심성 뒤편엔 마르크스주의가 아니라 바로 이 '곰과 호랑이의 세상'이 녹아 있다. 이것은 좌파·진보주의자들이 쓰는 글이 아니라, 그들이 시위 현장에서 말하는 것들을 들어야 이해할 수 있다. 10여 년 전 내 기억으로, 밀양 송전탑 시위를 지지하는 투쟁을 벌이던 어느 날 한 좌파는 (밀양 송전탑이 삶의 터전을 침해하는 것을 반대한) "할머니 할아버지들이 꼭 산신령 같다"고 발언했다. 이것이 우연이라면 참으로 기가 막힌 우연일 것이다. 왜냐하면 앞서 말했듯이 고대 한국인들은 바로 호랑이를 산신으로 숭배했기 때문이다. 과나의 노래 영상 도입에서 곰과 다른 동물 친구들(여기서 호랑이는 '인간 문화의 욕망'을 대변하는 역할이므로 왠지 소외되어 있다)은 뭔지 모를 바비큐를 구워 먹고 있다. 그들도 무언가를 잡아먹어야 할 텐데, 대체 친구들이 아닌 무엇을 잡아먹을지 이 유토피아적 정서는 답변하지 않는다. 그런 것 없이 모든 '동물 친구들'이 심지어 육식까지 하면서 화목하게 살 수 있는 세상이 있으리라고 믿는다. 미국 아동용 애니메이션에서 이런 주제를 다룰 경우 〈주토피아〉(2013)나 〈마다가스카〉(2005)에서처럼 잠시라도 육식동물이 야성을 되찾고 초식동물을 쳐다볼 때의 긴장감이 다뤄진 후에 유토피아적 결론으로 나아간다.[6] 즉, 한국 문화의 평등주의적 감수성은 이와 같은 아동용 애니메이션에 비해서도 더 단출한 유토피아적 충동인 셈이다. 이 책에서 계속해서 얘기해왔지만, 나는 한국의 정신문화는 보편적 문명의 고상한 수준에 도달하는 것을 간절히 원하면서도, 그것에 도달하는 방법론으로는 지극한 단순성을 추구하는 것이 주요한 특성이라고 생각한다.

'곰과 호랑이의 세상'엔 당연히 개인의 내면, 자기 정당화, 윤리가 존재하지 않는다. 과나의 노래 가사에선 "안녕 그냥 살 뿐인 멋진 하루/ 인간 되면 성실하고 올바르게나 살겠지"가 이 점을 멋지게 표현했다. 유럽 문화에 비유하자면 아담과 이브가 선악과를 따 먹기 전 에덴동산의 세상이라고 볼 수 있다. 그런데 유럽인들은 그 개인의 내면, 자기 정당화, 윤리가 존재하지 않았던 에덴동산의 세상을 더는 그리워하지 않는다. 그들은 '유토피아'나 '뉴 아틀란티스'와 같은 문명인에게 어울리는 이상향을 다시 고안해낸다. 심지어 20세기 프랑스 철학자 알렉상드르 코제브가 자본주의의 발전이 극한에 달한 미국에서 '개인의 내면, 자기 정당화, 윤리가 존재하지 않는' '동물'의 세상을 발견했다고 믿

---

6   〈마다가스카〉에서 해당 문제를 다룬 방식에 대해서는 한보희가 〈민주화, 소통, 생명: 촛불혁명의 정치인류학을 위한 시론〉이란 논고에서 기술한 바 있다. 당대비평 기획위원회, 《광장의 문화에서 현실의 정치로: 민주화 20년 민주주의는 누구의 이름인가》, 산책자, 2008, pp. 209~211.

었을 때, 그는 그 표현을 지극히 부정적인 의미로 사용했다.[7] "안녕 그냥 살 뿐인 멋진 하루/ 인간 되면 성실하고 올바르게나 살겠지"라는 표현과 코제브의 분석은 내용상으론 거의 일치하면서도 가치 평가에서는 정반대 방향에 있다.

그렇다면 대체 한국인들은 무슨 수로 그 원초적인 세상을 계속 이상향으로 삼고 그리워할 수 있는 것일까? 몇 가지 원인이 있다. 첫째로는 한국인의 자녀 육아 방식이 유년기에는 그러한 세상을 살아가는 것을 보장한다는 것이다. 정치학자 전인권은 《남자의 탄생》에서 한국의 어머니와 할머니들이 육아하는 방식을 '즉각적 만족의 육아 원리'라고 지칭한 바 있다. 한국 문화는 어린아이들, 그러니까 '미운 일곱 살'이 되기 전의 아주 어린 아이들에 대해선 거의 훈육을 시도하지 않고 해달라는 대로 다 해준다. 말하자면 울면 혼내는 게 아니라 그냥 젖을 물린다. 그래서 한국인들의 유년기에 대한 기억은 대체로 "그냥 살 뿐인 멋진 하루"에 가깝다.[8] 나는 예전에 서너 살짜리 어린아이가 어머니와 그 친구들과 함께 닌텐도의 유명한 게임 〈동물의 숲〉을 즐기다가, 그 집에서 돌아다니는 고양이를 보고 "얘는 '동숲'(《동물의 숲》) 같이 안 해요?"라고 말하는 것을 들은 적이 있다. 그 나이대 꼬맹이가 보기엔 고양이

7   김홍중, 《마음의 사회학》, 문학동네, 2009, pp. 57~60.

8   "어머니의 분리사랑은 '즉각적 만족을 주는 사랑'이기도 했다. 그것은 시간적 측면에서 즉각적이라는 뜻을 갖는데, 내용적 측면에서도 '내가 원하는 대로' 즉시 충족시켜주는 사랑이었다. … 이 같은 육아철학은 한국인의 가치관, 인간관과 깊은 관련이 있는 듯하다. 그 가치관은 인간이 선하다는 '성선설性善說'이다. 아예 0~6살 정도의 아이는 천사와 같다고 생각하기도 한다. 나도 어릴 적에는 '아무 잘못이 없는 천사' 같은 대접을 많이 받았다. 어머니는 나에 대해 미신에 가까운 신뢰감을 갖고 있었다. 그래서 그런지 나도 나 자신에 대해 거의 미신에 가까운 신뢰감을 갖고 있었다." 전인권, 《남자의 탄생: 한 아이의 유년기를 통해 보는 한국 남자의 정체성 형성 과정》, 푸른숲, 2003, pp. 131~132.

의 의사소통 능력이 자신과 크게 달라 보이지 않았으니, 나도 할 수 있는 인간의 게임을 고양이도 할 수 있을 거라고 귀엽게 착각한 셈이다. 수많은 인류의 문화 콘텐츠에 나오는, '동물이 말을 할 수 없다는 걸 알게 되어야 어른이 된 것'이라는 클리셰가 실제로 존재한다는 점을 그날 나는 확인했다. 미야자키 하야오의 〈마녀 배달부 키키〉(1989)에서 꼬마 마녀 키키는 처음에는 '마법도 쓸 수 있고, 검은 고양이 지지와 대화도 나눌 수 있는' 상태로 등장한다. 자라나면서 키키는 '지지가 더는 인간의 말을 하지 않고 고양이 울음소리를 내고, 자신은 마법도 쓸 수 없는' 상태와 마주한다. 미야자키 하야오의 그것은 성장 드라마이기 때문에 키키는 결국에는 마법을 다시 쓸 수 있게 된다. 그러나 마지막 순간 지지가 다가왔을 때, 키키는 혹시 말을 걸어주지 않을까 기대하지만 지지는 이렇게 '말'한다. "냐옹." 정신분석학자 자크 라캉의 방식으로 말하면 아이들은 상징계에 진입하기 전 상상계의 시기를 살아가는 셈이다. 인간이 상징계에 진입했을 때, 동물도 나와 대화를 하고 있다는 상상에서 벗어나게 되는 셈이다. 그리고 한국 문화의 자녀 육아 방식은 아이 시기에 이 영역을 살아가는 것을 적극적으로 보장해준다. 과나의 〈사람이 되기 싫은 곰〉을 들을 때 한국의 많은 청자가 '부모를 떠나 세상에 나서는 자기 자신의 상황'에 감정이입하게 되는 것은 결코 우연이 아니다.

다음으로 한국인은 다른 사회 구성원과는 다르게 상징계의 시기에 진입한 이후에도 상상계로 회귀할 수 있는 수단을 가진다는 점이다. 사실 이 지점에서 라캉의 도식은 폐기해야 한다. 왜냐하면 그에 의하면 상징계에 진입한 인간이 상상계로 돌아가는 것은 문자 그대로 '미치는 경우'가 아니면 불가능하기 때문이다. 그러나 라캉의 도식과 상관없이, 한국인들에게는 회귀의 수단이 있다. 이 방법에 대해서는 과나의 〈사람이 되기 싫은 곰〉 노래 가사와 유튜브 영상에서도 강력한 암시를 주고 있는데, 바로 '함께 노래하며 춤추는' 문화다. 과나의 이야기 설정에 따르면 인간은 '하기 싫은 것을 참고 하는' 존재이며, 인간이 되었을 때 익혀야 할 '눈치 보는 법' 3번 항목에는 '기분이 좋아도 춤추지 않는다'라는 조언이 있다. 하지만 모두 알다시피, 단군신화에 따르면 곰의 후손인 한국인은 거의 누구나 '기분이 좋으면 춤을 춘다'. 한국 문화에서 '함께 어울려 노래 부르고 춤추는' 순간은 인간적인 모든 격식을 집어치우고 '그냥 살 뿐인 멋진 하루'인 '곰과 호랑이의 세상'으로 잠깐 돌아갈 수 있는 방편이다. 그러므로 〈사람이 되기 싫은 곰〉에서 사람이 된 주인공 곰이 노래를 부르기 전 위기에 처했을 때 호랑이가 나타나 "동물 친구들 모여라!"를 선언하고 동물들이 와서 노래를 함께 부르는 것은 매우 타당한 은유다. 그리고 한국 문화에선 그렇게 '곰과 호랑이의 세상'으로 돌아가는 노래를 모두가 사랑하고 좋아한다. 실제로 〈사람이 되기 싫은 곰〉의 주인공은 그 노래를 부르는 순간부터 일이 술술 풀린다. 노래와 춤이 고조되는 순간에는 동물만 나타나는 것이 아니다. 1970년대 한국 록 음악의 선각자들을 다룬 영화인 〈고고 70〉(2008)에서는, 엔딩 공연이 절정을 향해 치닫자 불의의 사고로 먼저 떠난 친구인 동수의 귀신이 엘비스 프레슬리 복장을 하고 나타나 함께 춤추면서 노래를 부른다. 글로 적으면 매우 유치할 것 같은 이러한 연출은, 실제로 한국인들이 '함께 어울려 노래 부르고 춤추는' 문화에 부여하는 막대한 의미에 의해 정당화된다.

또 하나, '술'이라는 요소도 있다. 심지어 '민족성'이란 말을 별로 믿지 않거나 좋아하지 않는 한국인들도 《삼국지 위지 동이전》에 고대 한반도 국가 사람들이 음주가무를 즐겼다는 기록이 있다는 말은 즐겨 인용한다. 고대 한국인도 즐겼다는 음주가무에는, 이미 술과 노래와 춤이 한 세트로 포함되어 있다. 이것들은 한국 문화에서 그때부터 지금까지 한 번도 분리된 적이 없다고 생각된다. 그런데 고대 한반도 왕조들의 제천의식, 그리고 그 제천의식의 요소를 불교적 행사로 구현한 고려왕조의 팔관회까지는 공동체 구성원 거의 전부가 참여할 수 있는 국가적인 집단 음주가무 행사가 있었는데, 성리학 국가인 조선에서는 갈기갈기 찢어지고 말았다. 그렇다고 저 문화가 완전히 사라지지는 않았을 것이다. 그 장구한 문화를 사라지게 하기엔 조선왕조 500년조차도 너무 짧았다. 조선왕조는 모든 인간이 불성佛性을 가지고 있고 평등하다고 믿었던 고려왕조에 비해 신분적인 질서가 강고한 체제였다.[9] 역사학자 이영훈은 그 차이를 강조한다. 그런데 자현 스님의 불교 분석에 따르면, 이원론적 세계관이었던 인도의 불교에 비해 불교가 전승되더라도 중국과 한국에서의 불교는 차이가 있었다. 선불교는 그런 차이를 보여주었고, 나의 내면에서 불성을 발견할 수 있다는 선불교 교리는 유학에서의 성리학이나 양명학과 이어지는 측면이 있다. 즉, 나는 불교가 중국인과 한국인을 이원론으로 바꾸어내지 못했다면, 성리학의 신분 질서 또한 조선인을 본질적으로 신분 차별적인 민족으로 바꾸어내기는 어려웠을 거라고 추정한다. 이는 이영훈이 조선의 노비제도를 분석하면서도 의구심을 가졌던 부분이다. 만약 한국 문화에서 노비가 정말로 인간 취급을 받지 못했다면, 어떻게 노비제도가 사라지자마자 모든 인간은 평등하다는 관념이 그토록 급속도로 퍼지게 됐을까? 사실 성리학의 이기론에서도 모든 인간에게서 '이'를 발견할 수 있다는 평등론적

---

9   한편 그것은 형이상학적 차원이었을 뿐, 조선왕조의 경제적 불평등이 고려왕조보다 훨씬 완화됐을 것이기 때문에 사람들은 서로를 비슷한 인간이라 여기게 됐을 거라고도 생각한다.

해석은 충분히 이끌어낼 수 있다.

왜 전근대 조선 부자들은 문객을 먹였을까?

정리하자면 이렇다. 당연히 조선왕조의 향토 사회는 고려시대의 그것과는 달랐다. 지배 계층인 양반도 농촌에 거주했는데, 그렇기에 같은 마을에 상이한 신분의 사람이 섞여 살았다. 제천의식이나, 팔관회는 더는 존재하지 않았다. 그렇더라도 잔칫날 조선인들은 음주가무를 즐겼을 것이다. 그러한 잔치는 주로 동네에서 부유한 축에 해당하는 양반가가 주관했을 것이다. 한국 문화에서 음주가무가 가지는 일종의 평등성이 조선시대에도 끊기지 않았기 때문에, 우리는 이렇게 추론하는 것이 더 합당하다고 생각할 수밖에 없다.

그런데 이때 음주가무의 '평등성'은 안주의 '계층성'과 함께 존재했을 것이다. 이 부분은 한식 문화 중 소고기 요리 문화에서 확인할 수 있다. 당연히 한식 문화는 우리 삶의 양식을 반영하지만, 그중에서도 소고기 요리 문화는 '평등성'과 '계층성'이 함께 나타나는 잔치의 양상을 보여주는 훌륭한 지표다. 기록을 참조하면 고려시대엔 불교의 깊은 영향으로 극소수를 제외하곤 육식을 즐기지 않은 것으로 보이기 때문에, 지금의 소고기 요리 문화는 조선에서부터 기원했다고 보는 것이 타당하다. 조선왕조 시대 농경지가 확대되면서 소의 개체 수가 점차 확대되는 양상을 보이는데, 그러면서 일하다 죽은 소나 우역(소 전염병)이 돌 때 미리 잡은 소를 먹는 문화가 확산됐을 것이다. 육식을 하고 싶다고 해서 일을 하지도 않는 돼지 사육을 하기에 한반도의 생산량은 척박했으므로, 조선시대의 육식 문화는 소를 중심으로 형성됐다.

    한국 소고기 요리 문화에는 소의 부위를 구석구석 나누는 명칭이 발달했다는 매우 독특한 특색이 있다. 세계에서 최고로 잘게 나누는 수준인지는 분명치 않으나, 실로 여러 개로 나누는 나라 중 하나임은 틀림없다. 한국인들이 발견한 한국에 버금가게 소고기 부위를 잘게 나누는 나라는 아르헨티나 정도인데, 그 나라에서 사육하는 소의 개체 수가 인구수보다 많다고 할 정도로 '소의 천국'이다. 아르헨티나에선 한 끼 3,000원 정도면 소고기를 푸지게 먹을 수 있다. 조선왕조에서부터 내려온 한국의 소고기 부위를 나누는 문화가, 아르헨티나와 같은 명백한 풍요함에서 비롯된 것은 아님은 분명하다. 그러나 그렇더라도 '가난하고 먹을 게 없으니 여기저기를 잘라 먹느라 그랬겠지'라고 말하기에도 석연치 않은 구석이 있다. 그렇게 치면 세상의 다른 가난한 문화권에선 왜 조선처럼 소고기 부위를 여러 개로 나누어 지칭하지 않는지 설명이 되지 않기 때문이다.

    간단하게 답을 말하자면 조선에서는 '부잣집에서 소를 잡으면 그 소로 온 동네 사람을 다 먹여야 했기에 그토록 복잡한 부위 구분 문화가 발달했다'고 나는 추론한다. 한국의 복잡한 소고기 부위 구별법을 본다면, 막 소를 잡았을 때 부잣집 어르신들이 미식의 대상으로 삼았을 만한 아주 고급하고 무게가 얼마 나가지 않는 부위가 존재한다. 또한 동시에 만약 부자들이 도축해서 맛있는 부위만 먹고 버렸다면 영영 먹지 않았을 부위, 그냥 구워 먹기엔 맛이 없지만 푹 고아서 끓이면 국밥 수십 그릇을 만들어낼 수 있는 부위도 구분되어 있다. 즉, 조선시대로부터 유래한 소고기 부위 구별법에는 음주가무의 '평등성'과 안주의 '계층성'이 동시에 존재한다. 부잣집이 소를 잡으면 잔치를 열어야 한다. 누구나 함께 참석해서 음식을 먹을 권리가 생긴다. 하지만 모두가 같은 부위를 먹을 수 있는 것은 아니다. 부자들이 즐기는 고급스러운 직화구이를 만들어내는 부위와 머슴이나 노비가 먹는 국밥 한 그릇을 만들어내는 부위가 나누어지는 것이다. 즉, 조선왕조의 향토 사회는 이전 시대와는 달리 신분과 계층 분리가 이루어지긴 했으되, 부잣집 양반 가문이 가난한 이들도 건사해야 한다는 식의 평등주의적 율법이 존재했던 것이다.

조선의 향촌 사회에 거주하는 양반들, 부잣집 가문들은 왜 그렇게 했던 것일까? 착해서? 성리학적 도덕률 때문에? 그런 식의 설명은 동어반복에 지나지 않는다. 물론 개별적으로 선량한 사람들이 있다. 하지만 사회적으로 평균적인 선량함이라면, 사회적으로 평균적인 존중과 배려라면, 그것은 모종의 두려움에서 나오는 것일 수밖에 없다. 전근대로부터 현대 한국에까지 이어지는 유구한 생활양식은 '울타리를 칠 수 없는 삶'이라는 것이다. 전근대 한국에서 울타리에 해당하는 담벼락은, 바깥에 있는 사람이 발돋움을 하면 안쪽을 적당히 들여다볼 수 있을 정도로 높지 않게 지어져 있을 뿐이다. 그저 공간을 구획할 뿐이지, 외적을 방어하고자 하는 의사가 없다. 어린 시절 기성세대의 저술에서 이 담벼락에 대해 논하는 글을 보았을 때, 중국에서도 일본에서도 찾아볼 수 있는 이 안쪽이 보일락 말락 하는 담벼락은 미학적 비평의 대상이었다. 물론 전근대 한국의 이 담벼락은 미학적으로도 아름답다. 그러나 이러한 미학은 우리의 생활양식, 비트겐슈타인적으로 말하자면 삶의 형식forms of life에서 연유한 것이다. 단적으로 말해, 한국 문화는 '울타리는 사람으로 치는' 문화였다.

구한말에서 일제강점기까지 한국의 독립운동을 지원했으며 《대한제국멸망사》를 쓴 호머 헐버트는 개항 이후 조선의 풍속에 대한 묘사에서 친척 가운데 한 사람이 부자가 되었다는 소문이 퍼지면, 다른 친척들이 몰려와 무한정 더부살이를 시작했다고 기술했다.《조선교

회사》를 쓴 프랑스 선교사 샤를 달레는 개항 이전 조선 사회도 관찰할 기회가 있었는데, 부자와 권력자에겐 친척뿐만 아니라 친구들까지 의존하러 몰려들었다고 했다. 이들은 문객 혹은 식객으로 불렸는데, 조선 사회 특유의 '주인-문객' 관계를 형성했다. 샤를 달레는 "조선 사람의 가장 커다란 미덕은 인류애 법칙을 선천적으로 존중하고 매일매일 실행에 옮긴다는 점"이라고 칭찬했고, "상호부조와 모든 사람들에 대한 흔연한 접대는 이 나라 국민성의 특징"이라고 평했다. 그는 "솔직히 말하면 그런 특성들은 조선 사람을 우리 현대 문명의 이기주의에 물든 여러 (서양 제국의) 국민들보다 훨씬 우위에 서게 하는 것"이라고까지 말했다. 부자들은 문객을 포함한 주변을 향해 아낌없이 '과시적 소비'를 했는데, 이를 통해 '관대성을 과장하는 부자'와 '잠정적 생계 권리를 요구하는 가난한 자들' 사이에 끈끈한 인간적 유대가 형성됐다. 호머 헐버트는 조선 사회의 이러한 관행을 '봉건제적 공산주의'라고 불렀다. 역사학자 김성우는 이 모든 사례를 종합하여 조선의 농촌 사회에선 '도덕 경제moral economy'가 작동하고 있었다고 분석했다.[10]

중앙집권적 왕조에 의해 사병 보유가 엄격하게 금지된 조선에서(이는 이전 왕조 고려와의 차이점이었을 것이다), 흉년에 분개한 농민의 침탈로부터 부잣집을 방어할 수 있는 울타리는 오직 '이 부잣집으로부터 밥을 빌어먹은 문객'일 수밖에 없다. 이영훈은 고려의 향촌 질서는 불교의 평등주의를 반영했기 때문에 조선보다 더 평등주의적일 거라고 서술했다. 하지만 호족이 사병이란 울타리를 세우고 농민과 구별됐던 고려왕조의 질서가 비록 형이상학적으로는 내세에 모두 평등한 불교였다 할지라도 조선왕조보다 더 평등주의적이었을 거라는 추정은 지나

---

10   김성우,《조선시대 경상도의 권력중심이동》, 태학사, 2012, pp. 307~324.

치게 낭만적이다. 경제사학적으로 문제를 바라봐야 한다는 그의 평소 기조에 부합하지도 않는다. 그는 조선왕조의 단점을 강조하기 위해 본인의 소신도 쉽사리 꺾고 있다.

오구라 기조가 봤던 '이理의 세상'과 '기氣의 세상'의 비밀

나는 이 지점에서 '다다익선多多益善'의 의미를 되새겨보고 싶다. 정말로 많으면 많을수록 좋은가? 이 질문은 현대에는 우문처럼 들린다. 그런데 왜 현대에서는 우문처럼 들리는지를 우리는 다시 새겨봐야 한다. 현대에선, 대체로 어떤 상황에서든 다다익선이 상식이다. 왜냐하면 화폐경제이기 때문이다. 심지어 화폐를 집 안 창고에 보관하는 게 아니라 은행에 보관하고 디지털화해서 보관하기까지 한다. 오늘날의 화폐는 물리적 공간을 차지하지 않는다. 너무 많은 돈을 감당하지 못하는 사람은 없다. 복권으로 당첨된 돈을 모두 날릴 정도의, 사람들이 무척 좋아하고 위안받지만 실제로 존재했는지 어떤지는 알 수 없는 그런 금전 관리를 못하는 사람을 하나 상상해보자. 그는 복권으로 당첨된 수십억, 수백억 정도의 돈을 날릴 만한 사람이다. 그렇다고 그가 1조 원을 감당하지 못할까? 아니면 10조 원을 감당하지 못할까? 아무리 멍청한 이라도 10조 원이 있다면 그 재산을 지킬 수 있을 것이다. 그는 자기 재산을 지켜줄 전문가들을 고용할 수 있기 때문이다. 재산 1조 원보다는 재산 10조 원을 지키고 불리는 게 더 쉬우며, 재산 10조 원보다는 재산 100조 원을 지키고 불리는 게 더 쉽다. 그래서 다다익선이다. 그리고 현대에선 모든 걸 화폐로 바꿀 수 있기 때문에, 어떤 물건이라도 많으면 많을수록 좋다. 가령 옛날 설화에 나오는 영원히 소금을 생산하는 맷돌을 가지게 되더라도, 찍어내는 소금을 모조리 시장에 내다 팔면 될 것이다.

그러나 화폐경제가 아닌 시대에는 그렇지 않다. 애초 '다다익선'의 고사 자체가 한신이 본인의 군략軍略이 탁월함을 뽐내는 것이다. 유방의 군재軍才는 10만 명을 감당할 정도지만, 본인은 '많으면 많을수록 좋다'는 것이다. 이처럼 다다익선은 전근대 시절에는 매우 특출난 사람에게만 적용되는 말이었다. 가령 전근대 조선 시골 마을에 천석꾼이 있었다고 치자. 그럴 수도 없지만, 그가 갑자기 소출이 늘어나 재산 만석을 가지게 되었다면 어떻게 될까? 마냥 좋다고 비명을 지를 수만은 없는 것이, 그는 창고를 훨씬 크게 증축해야 할 것이다. 그 일꾼을 집안 사람들로만 쓸 수도 없으니 마을 사람들에게 품삯을 주고 도움을 청해야 할 것이다. 이럴 때 마을 사람들과 관계가 좋지 않다면 그 재산을 지킬 수 있을까? 그래서 부자는 본인의 재산을 지키기 위해서라도 적당히 나누어야만 했다. 조선시대의 기록을 보면, 부자들은 실제로 더 많은 재산을 강박적으로 추구하지 않았다. 재산을 축적해봤자 흉년이 오면 고을 수령이 부자의 재산을 징발하여 빈민들에게 곡식을 빌려줄 것을 지시하고 그들은 빌린 것을 제대로 갚지 못했으므로, 어차피 관가에 뺏길 바에야 악착같이 모을 생각을 하지 않고 적당히 쓰면서 살았다는 것이다.[11] 마을 잔치는 그렇게 부자들과 빈자들을 한 마을에서 서로 납

---

11 "조선 후기 고명한 학자이자 대사헌과 우의정을 역임했던 이단하는 숙종 10년 (1678)의 상소에서 과거에는 부호들이 사채로 빌려주는 곡물이 마을마다 있었는데, 수십 년 이래로 지방관이 부호의 곡물을 강제로 빼앗아 굶주린 사람에게 나눠 주고 부호들이 돌려받으려고 하면 처벌했기 때문에, 부호들이 곡물을 늘리려고 하지 않아서 민간의 축적이 모두 탕진되고 오로지 국가의 곡식에만 의지하게 되었다고 개탄했다." 김재호, 《대체로 무해한 한국사: 경제학 히치하이커를 위한 한국사 여행안내서》, 생각의힘, 2016, p. 167.

8장 불평등이 상식을 해체할까?   435

득하며 공존하게 하는 역할을 했을 것이다.

　　이쯤에서 다시 정리해보자면 한국 문화는 '능력주의적 평등주의'와 '유토피아적 평등주의'의 두 세상을 오가는 것이었다고 볼 수 있다. 오구라 기조는 이기론이라는 날카로운 검을 들고 한국 문화를 해부했으므로, 내가 '능력주의적 평등주의'라고 부른 것을 '살벌한 경쟁이 벌어지는 이理의 세상'이라고 칭했고, '유토피아적 평등주의'라고 부른 것을 '여러 사람을 넉넉하게 품어주는 기氣의 세상'이라고 칭했다. 그는 한국 문화가 어떻게 두 개 문화를 오가는지를 정확하게 봤다. 그러나 그것을 두고 '이의 세상'과 '기의 세상'으로 나누는 것은 오직 비유로서만 합당함을 지닌다. 왜냐하면 중국 문화는 한국보다 먼저 이기론을 만들었지만, 그러한 이중적인 결을 가지고 있지는 않기 때문이다.

　　또 하나, 진보주의자들이 암묵적으로 오해하는 것이 있다. 그들은 전근대 조선 사회에서 '능력주의적 평등주의'의 경쟁을 치른 이들은 양반과 양반이 되고 싶어 하는 이들에 해당했고, 대부분의 농민은 '유토피아적 평등주의'의 세상만을 살았을 거라고 착각하는 듯하다. 그래서 문자 그대로 시험 선발을 없앤다든지, 시험을 줄인다든지, 시험 문제를 쉽게 낸다든지 하면 비인간적인(?) (사실 진보주의자들의 생각으로는 전혀 평등주의적이지도 않지만 내가 그렇게 명명한 바) '능력주의적 평등주의'의 얇은 겹을 쉽게 덜어내고, 우리 문화는 '유토피아적 평등주의'의 안온한 세상으로 돌아갈 수 있으리라고 생각하는 듯하다.

　　그러나 나는 그렇게 생각하지 않는다. 나 역시 서두에서 한국의 '능력주의'를 오랜 과거 시험의 전통에서 나온 '시험선발주의'에 포개기도 했지만, 그렇다고 시험 선발이 없는 곳에는 경쟁이 없었으리라고 믿는 것도 합리적이지 않다. 먼저 조선 후기로 갈수록 더 많은 상민이 양반을 동경하며 글공부를 했다는 맥락도 있거니와, 벼농사 자체에서도 소출에 대한 경쟁이 있었으리라고 봐야 한다. 이는 사회학자 이철승이 벼농사 협업 체계에서 협업 속의 경쟁 시스템이 '시기와 질시의 문화'를 낳는다고 분석한 것 그대로이다. 이철승은 '사촌이 땅을 사면 배가 아프다'라는 속담을 그 틀에서 분해했다. 사촌이 땅을 사면 배가 아픈 이유는, 일은 같이 해줘야 하는데 그렇다고 그 땅에서 수확되는 농산물까지 분배하는 것은 아니기 때문이라 했다.[12] 따라서 한국인은 '더 열심히 일한 이가 더 많은 소출을 거두는 경쟁적 상황'과 '부자가 빈자에게 어느 정도 베푸는 상황'을 둘 다 원했다고 볼 수 있다.

'두 개의 세상'을 오가며 사는 한국인의 습속은 현대의 이념주의자들에게 많은 혼란을 야기시켰다. 한국의 보수주의자들은 '한국인들이 너무 좌파적'이며 '너무 사회주의적'이라고 투덜댄다. 한국의 진보주의자들은 '한국인들은 끔찍한 수준의 경쟁'을 체화하고 있으며 '능력주의'를 지나치게 내면화하고 있다고 투덜댄다. 둘 다 맞는 말이다. 한국인들은 '능력과 지극한 노력에 의해 발생한 불평등을 기꺼이 감내'한다. 그러면서도 '너무 심한 불평등은 감내하지 못하고, 부자들에게 사회적 책임을 요구'한다. 이철승이 분석한 바 벼농사 문화권의 사람들이 격차를 옹호하면서도 극심한 불평등은 감내하지 못하는 심성을 가진 것과도 포개진다.[13]

한국인은 '돈 많으면 천국'인 사회를 만든 것 같으면서도, 돈이 너무 많은 사람에게는 사회적 책임을 요구한다. 앞서 말했듯이 화폐경제에선 '다다익선'이 기본이지만, 한국의 최상류층에만 포커스를 맞춘다면 꼭 그렇지는 않다. 예를 들어 국내 재벌 순위권에 드는 오너 가문

---

12   이철승,《불평등의 세대》, 문학과지성사, 2019, p. 154.

13   이철승,《쌀 재난 국가》, 문학과지성사, 2021, pp. 215~276을 참조할 것.

부자의 자녀들은 본인의 부모보다 10분의 1 정도의 재산을 가진 적당한 부자의 자녀들에 비해 '자유'롭게 살지 못한다고 느낄 것이다. 정치권력뿐만 아니라 가장 부유한 이들도 '왕관을 쓰려는 자, 그 왕관의 무게를 견뎌내는' 삶을 살아야만 한다. 그런 압박이 정 싫다면 한국을 떠나라는 게 한국 사회의 매정(?)한 '상식'의 한 결이기도 하다.

일원론의 부작용은 높은 자살률일까?

열심히 노력해서 잘 먹고 잘살고 싶지만, 격차가 너무 커지는 것에는 분개하는 한국인은, 5장에서 이미 지적했듯이 현세만을 사는 일원론의 사람들이다. 한국인이 얼마나 강고한 일원론의 삶을 사는지는 시베리아 샤머니즘 문화와 비교해도 쉽게 드러난다. 시베리아 샤머니즘에서 무당은 승천하여 하늘의 질서를 살핀 후 내려와 땅의 사람들에게 그것을 알려주는 이다. 그런데 한국의 무당은 아예 강신降神을 행한다. 신이 하늘에서 땅으로 내려와 무당에게 들어와서 진실을 말해준다. 일반적인 샤머니즘에 비해서도 훨씬 더 현세적이다. 삼국시대의 어떤 설화를 보면 무당이 승천하는 이야기도 있기 때문에, 한국 문화의 샤머니즘도 처음부터 이랬던 것은 아니며 한반도의 역사가 진행되면서 더 강고한 현세 지향성을 지니게 됐을 가능성이 있다.

그렇다면 윤리의 두 번째 겹, '축의 시대'로의 도약 이전 '1차 전통사회 윤리'의 차원에서 왜 어떤 문화는 일원론이 되며, 다른 문화는 이원론이 되는 것일까? 이원론의 표본이자 모범인 고대 인도 베다시대(드라비다 족의 인더스 문명 이후 아리안 족이 정복하면서 시작된 시대)를 생각해보면, 카스트와 같은 철저한 신분제도가 이원론의 바탕인 것 같은 인상을 받게 된다. 현세에서 도저히 극복할 길 없는 사회체제가 형성했을 때, 그 사회체제를 정당화하기 위해선 '전생의 벌'(이번 생에 낮은 카스트로 태어난 이유)과 '내세의 약속'(현생에서 카스트에 충실하면 받게 될 상)과 같은 피안의 세계의 논리가 개입해야 했을 것 같기 때문이다. 즉, 정복자와 피정복자가 명확하게 나뉘고, 피정복자에겐 현세에서 아무런 기회가 없었던 사회가 이원론으로 진입하기 쉬웠을 것이다.

따라서 한국 문화가 일원론이라는 것은, 한국 고대사에서 정복자와 피정복자가 명확하게 나뉘었던 적이 없었다는 사실, 피정복자에게도 출세의 기회가 있는 문화였다는 사실을 강렬하게 암시한다고 나는 판단한다. 단군신화, 주몽신화 등 한국 고대 신화와 설화를 검토해보면, 한국은 '이주민' 그룹이 좀 더 발달된 문명을 가지고 한반도에 유입됐으되 '토착민' 그룹을 완전히 제압하지는 못하고 적당히 포섭하고 융화된 역사를 가졌던 것으로 추정된다. 단군은 천신의 아들과 곰이 변한 웅녀 사이의 자손이며, 주몽은 해모수와 하백의 딸 유하의 아들인데, 이러한 결합은 '토착민' 그룹과 '이주민' 그룹의 융화를 상징한다. 예외적으로 골품제가 있었던 고대 신라의 문화는 혹시 이원론이 아니었는가 의구심을 품을 만하다고 나는 생각한다. 고구려와 백제에선 불교 유입에 저항했다는 기록이 없는데, 신라에선 이차돈의 순교가 필요했던 이유가 바로, 신라 문화에는 토착적인 이원론의 형이상학이 있었기 때문인지도 모른다. 신라의 설화에서 종종 등장하는 '용왕'이 정치 권력자인 국왕과 별도로 존재하는 종교 지도자, 즉 유럽의 교황과 같은 존재였으리라고 추정하는 이들도 있다. 그러나 그렇더라도 신라에서 고려로, 그리고 고려에서 조선으로 사회가 변동하면서 지금의 강고한 일원론적 세계관으로 변동했을 것이다.

한반도에서 '이주민' 그룹은 왜 '토착민' 그룹을 압도하지 못했을까? 세종의 4군 6진 개척에 대한 전쟁사학자 임용한의 강의를 들으면서, 나는 그것이 한반도의 독특한 지형과 관련이 있을지도 모른다고 생각하게 됐다. 임용한은 세종은 엉겁결에 4군 6진을 개척한 게 아니라 용이한 방어를 위해선 큰 강이 국경선을 형성해야 한다는 분명한 노림수를 가지고 압록강과 두만강을 국경선으로 확보하기 위해 노력했다고 생각한다.[14] 고려가 9성을 만들었다가 뺏긴 사례를 비교해본다면, 산악 지형은 '이주민'에겐 다 막혀 있는 것처럼 보이는데 '토착민'에겐 여러 갈래의 길이 보이는 지형이라 방어에 매우 취약하다는 것이다. 히데요시의 조선 침공 당시 일본군이 조선 의병들에게 고전했던 이유도 어쩌면 그것이었을 것이다. 산악 지형에서 게릴라전을 펼치는 '토착민' 그룹을 압도할 수가 없다면, 그들과 혼인 동맹이라도 맺어서 타협하는 편이 나았을 것이다.

　　그러나 이러한 분석은 다음과 같은 타당한 의문을 발생시킨다. 한반도의 지형은 70%가 산악이라고는 하지만, 그 점은 일본도 마찬가지 아닌가? 그런데 왜 일본은 한국과 거의 정반대의 문화가 발달했을까? 일본의 지형과 한국의 지형을 비교할 만한 능력이 내게는 없다. 도쿄와 오사카를 가본 정도의 입장에선, 일본은 산악 지형이 많다고 한들 한국보다 훨씬 면적이 넓으니 대도시는 서울처럼 산과 함께 존재하는 것이 아니라 대부분 평탄한 지형 속에 형성되어 있구나, 정도의 감상을 품었을 뿐이다. 지형보다 더 확실히 말할 수 있는 한일 간 차이는 '문명의 격차'였을 것이다. 즉, 한반도에 '이주민'이 들어온 시기와 일본 열도에 '이주민'이 들어온 시기가 달랐다. 전자가 훨씬 빨랐다. 그렇다면 도

14　임용한, 유튜브 채널 '캐내네 스피치', 〈[최강1교시] Full ver. 세종의 묘수, 4군 6진 | 역사학자 임용한〉, 2021년 4월 25일.

식화할 때 한반도에 들어온 '이주민'은 청동기 문명이었으며, 일본 열도에 들어온 '이주민'은 철기 문명이었다고 생각할 수 있다. 청동기 문명의 이주민과 신석기 문명의 토착민이 맞닥트렸을 때는 타협과 통합으로 결론이 났지만, 철기 문명의 이주민과 신석기 문명의 토착민이 맞닥트렸을 때는 전자가 후자를 완전히 제압하는 것으로 결론이 났을 거라고 봐도 이상하지 않다. '고분고분하지 않은 한국인'과 '지극히 체제 순응적인 일본인'의 차이는 여기에서부터 왔을 거라고 나는 생각하게 됐다. 5장에서 지금까지 설명한 모든 것을 종합하여, '윤리의 네 가지 겹으로 본 한일 비교'를 표로 요약한다면 아래와 같이 될 것이다.

윤리	한국	일본
첫 번째 겹	억압되지 않음	억압됨
	친족 중시, 평상시에도 음주가무	공동체 중시, 축제 때만 음주가무
두 번째 겹	온전히 정복당한 적 없는 일원론	정복·피정복이 뚜렷이 나뉘는 이원론(?)
	남의 말 더럽게 안 들음	권위·체제 복종
세 번째 겹	중국식 '축의 시대' 도약을 적극 수용	중국식 '축의 시대' 도약을 미약하게 수용
	"내가 너랑 똑같이 하면 기분 나쁠 거면서 나한테 왜 그러는데?"	"네? 싸움에 지신 분이 뭔 말씀이 그리 많으세요?"
네 번째 겹	현세적 세계관과 지극한 상승 욕구로 인해	권위·체제 복종 의식 및 가업 승계 문화로 인해
	열심히 일 잘함	열심히 일 잘함

윤리의 네 가지 겹으로 본 한일 비교

이 도식에 비추면 일본 문화는 이원론에 해당해야 하지만, 이 부분에선 쉽사리 일원론이나 이원론에 환원되지 않는 일본 문화의 특수성이 있다고 나는 생각한다. 일본 문화에선 피정복자에게도 숨구멍을 틔워주는 문화가 있었으며 그것이 전근대 공동체의 자치 전통, 전근대에서 현대까지 이어진 장인정신, 그리고 현대의 오타쿠 문화 등이라고 분석해볼 수도 있기 때문이다. 따라서 이 도식에서 일본 문화를 이원론이라 표시하는 것은 어디까지나 전형적인 일원론에 해당하는 한국 문화에 비해 그렇다는 것이며, 일본 문화의 특수성은 도식과 별개로 더 탐구해볼 여지가 있다고 생각한다.

그런데 한국인이 일원론의 세계만을 오랫동안 살아온 탓에 한반도에서도 산업혁명이 일어나고 자본주의 체제가 수립된 이후에는 뜻밖의 부작용을 낳게 됐다고 나는 생각한다. 바로 현대 한국의 높은 자살률이다. 자본주의 체제가 수립된 이후에는, 현세에서 도저히 뒤집을 수 없을 것 같은 실패를 경험하는 이들이 어쩔 수 없이 생기게 됐다. 부자가 빈자를 위해 소고기국밥을 끓여주던 향토 사회에서 어느 정도 느낄 수 있었던 안온함과 충만함이 오늘날의 사회적 약자에게는 존재하지 않는다. 그리하여 한국인은 정말로 악착같이 살아보다가, 그것이 무의미한 발버둥이다 싶으면 쉽게 삶을 포기한다.

현대 한국은 전형적인 이원론의 종교인 기독교 신자 비율이 아시아에서 필리핀 다음으로 높은 나라다. 그러나 신자들 중에서도 상당수는 일원론을 포기하지 않은 채 신자가 됐다고 볼 수 있다. '신에게 한 번도 버림받은 느낌을 받은 적이 없는 한국 문화'를 살아온 한국인들은, '신은 사실 하나밖에 없는데 인격신이고, 너를 사랑한단다'라는 말을 들으면, 눈물이 글썽글썽해져서 '알고 있었어요! 알고 있었다고요!'라고 말하고 싶은 심경이 될 것이다. 신의 세상을 저편으로 밀쳐내고 신이 인격이 아니라 함수라고 고대부터 생각했던 중국 문화, 저편의 세상에 수많은 신이 존재하고 그 신들과 인간 사이를 매개하는 사람으로서 덴노가 존재하는 일본 문화는 기독교를 그렇게 받아들일 수가 없었다. 그러나 그렇게 신의 사랑에 귀의한 현대 한국인들은 유일신을 영접한 후에도 보통 그에게 현세의 부귀영화를 빌게 됐다. 한국의 사이비 종교 교주들은 흔히 본인은 영생한다고, 신도들에게도 영생을 보장할 수 있다고 약속한다.

나는 니체가 한국 문화를 봤다면 무엇이라고 품평했을지, 어떠한 독설을 내뱉었을지 궁금하다. 니체는 인간이 한국인들처럼 강고한 일원론의 세계관을 견지하기를 바랐다. 하지만 한국인들이 벼농사 문화권의 특징으로 강고하게 형성한 '비교와 질시의 문화'는 니체의 잣대에 의하면 전형적인 '노예의 도덕'에 해당한다. 다른 사람들의 시선에서 자유로운 '주인의 도덕'을 형성하기 위해서는, 어쩌면 '피안의 세계'라는 이원론의 존재가 요구됐던 것이 아닐까? 니체가 어찌 품평했을지 예측할 수는 없지만, 나는 니체가 인류에게 지나치게 가혹한 요구를 했다고 생각하게 됐다. 피안의 세계를 잘 믿지 않기 때문에 역설적으로 '우리에게 주어진 유일한 세상'을 저버리는 수많은 사람들을 바라보면서 말이다.

앞으로도 '상식'은 계층을 넘어서 작동할 것이다

많이 돌아왔지만 이상의 논의는 '앞으로 한국 사회에서 불평등이 더 심화되고 고착된다면, 상식 중심 사회라는 현상도 약화되지 않을까?'라는 질문에 대한 고민의 산물이었다. 진보주의자들이라면 이 책의 앞부분을 다 읽었더라도 "한국 사회가 상식의 사회였다고 치자. 그러나 그게 전근대에까지 기반을 가졌는지는 모르겠고, 지난 수십 년의 현상으로 생각된다. 그렇다면 앞으로 불평등이 심화되고 계층 이동성이 약화되면, 그러한 상식도 해체될 것이 아닌가? 불평등이 강화되는 시대에 상식을 분석하는 것은 문제 해결에 전혀 도움이 안 되지 않을까?"라고 반박하고 싶을 테니 말이다.

나는 한국 문화의 불평등을 용인하거나 용인하지 못하게 하는 기제가 지금까지 분석한 '능력주의적 평등주의'와 '유토피아적 평등주의'의 결합이기 때문에, 불평등이 심화되고 계층 이동성이 약화된다고 하더라도 '상식 중심 사회'가 쉽사리 해체되지는 않을 거라고 판단한다. 상류층 또한 '상식'에서 완전히 벗어나서 살기보다는, 차라리 '두 문화'로 살게 될 거라고 생각한다. 예를 들어 평소에는 준거 집단에서 통하는 '계층 문화'로 살아가지만, 대중을 대할 때는 '사회적 상식'을 준수하게 될 거란 것이다. 이는 지금도 한국 사회의 상류층이 취하고 있는 태도라고 볼 수 있다. 오히려 고만고만한 부잣집 아들은 '계층 문화' 속에서만 살아갈 수 있지만, 주요 재벌 그룹의 자제들이라면 대중의 시선을 신경 쓰게 된다. 같은 재벌가 자식이라도 승계를 염두에 두고 있는 자녀라면 대중적 상식을 준수해야 한다는 좀 더 강한 사회적 압박을 받게 되며, 재벌가 사람들도 그걸 잘 알기 때문에 이제는 그 점을 감내할 만한 재목의 자녀를 승계권자로 택한다. 재벌가 오너 가문에서 장자 승계를 여전히 원하는 경우 장자에겐 굉장한 의무가 부여되지만, 차남과 삼남은 훨씬 더 풀어진 인생을 살게 되는 식의 격차도 그래서 발생한다.

또한 나는 '능력주의적 평등주의'와 '유토피아적 평등주의'의 세상을 둘 다 오가면서 사는 것이 한국 문화라면, 그 문화의 특징을 간파하고 '불평등 완화' 정책을 써야 한다고 생각한다. 보수주의자들 역시 이 문화의 특징을 간파하고 '사회적 혁신을 장려할 수 있는 차등적 인센티브 구조'를 고민해야 한다고 생각한다.

이 점에서 진보주의자들에 대한 불만을 조금 더 얘기해보자면, 그들은 '불평등 심화'와 '계층 이동성 약화'를 구별하지 않고 포개는 경향이 있다. 그들은 '한국 사회의 격차가 심해졌다'고 떠들고 있는데, 하는 말을 자세히 청취해보면 '내 자녀를 잘 교육시켜도 상류층이 될 수 없다'고 투덜대는 경우들이 많은 것이다. 그러나 양자는 명확하게 구분된다. '계층 이동성의 약화'는 아마도 향후 한국 사회가 피하기 어려운 경향성일 것이며, 정책을 활용해서 그 경향성을 역진시키기도 어려울 것이다. 그러나 '불평등 심화'는 정책을 통해 어느 정도 관리하거나 심지어 역진시킬 수도 있다. 이를테면 확률적으로는 희박하지만, 논리적으로 한국 사회가 북유럽 사민주의 국가들 같은 정책을 펴게 된다면 불평등은 약화시킬 수도 있다(그러나 이 경우라도 계층 이동성이 늘어나지는 않을 것이다). 그렇다면 대체 진보주의자들은 왜 그러는 것일까? 정답은 간단하다. 한국의 진보주의자들은 머리로는 '북유럽 사민주의'를 말할 때라도 그들 스스로도 마음으로는 '능력주의적 평등주의'의 틀 안에서 사고하기 때문에, '공부 잘하는 내 자녀가 상류층이 될 가능성이 희박하다는 사실'에 더 분통이 터지는 것이다. 본인조차 그러면서 그들은 '시험 선발'에 집착하는 보수적(?) 청년들을 비판하고, 북유럽 사민주의 세상으로 가자고 선전한다. 이러한 '모순'은 다만 조롱할 일이 아니며, 우리 모두가 한국 문화의 특징을 성찰하면서, 주어진 사회 문제들을 정확하게 구분할 때 정돈될 수 있다.

또 하나 불만스러운 것은 그들의 '능력주의 비판'이 너무 손쉽게 '반-능력주의'로 기울어진다는 것이다. 당연히 '능력'은 사회적이다. 그러나 그렇다고 능력이란 게 없지는 않다. 가령 미국 NBA 농구 선수의 천문학적인 연봉은 당연히 사회적이다. 프로 스포츠가 존재하는 사회라는 맥락, 미국이 가장 돈이 많고 인구가 많은 사회라는 맥락, 그 미국에서 가장 인기 있는 스포츠 중 하나가 농구라는 맥락을 탄다. 전 지구에서 가장 유명한 스포츠 스타는 아마도 유럽 리그의 축구 선수일 테지만, 전 지구에서 가장 높은 연봉을 받는 스포츠 스타는 미국의 농구 선수이거나 야구 선수일 것이다.

　그렇지만 이 명백한 사례에서 볼 수 있듯이 '능력은 사회적인 것'이라 정의한다 한들 능력이란 아무 의미도 없다고 말할 수는 없게 된다. 저 프로 스포츠 세계의 스타들을 빼내고 거기다가 아무 사람이나 집어넣는다고 해서 그 스포츠에 대한 대중의 열망이 지속되고 자본 규모를 유지할 수 있는 게 아니기 때문이다. 이런 뻔한 사실을 누가 모르냐고 반응하겠지만, 진보주의자들의 논의를 한참 들여다보면 '이 뻔한 사실을 모르거나 외면하는 것처럼' 논의한다. 가령 '능력을 제대로 측정할 수 있는 인센티브 구조를 설계해야 한다'고만 말해도 '능력주의의 신화에서 벗어나야 한다'고 반박하니 말이다. 물론 그런 이들이라도 심지어 진보적 사회단체 상근자를 하나 뽑으라고 한들 '아무나' 뽑을 리는 없다.

　이러한 '반-능력주의'는 현실화되기도 어렵지만, 그 현실태의 사회를 딱 하나만 찾아 꼽는다면 오늘날의 북한 사회가 될 것이다. 우파들은 대한민국(남한)과 북한의 격차를 자본주의와 공산주의의 격차라고 설명하기를 좋아한다. 그런데 내 생각에 대한민국과 북한의 격차는 '자본주의와 공산주의의 격차'라고 설명하기에도 지나치게 극적이다. '자본주의와 공산주의의 격차'를 설명하기에 적절한 격차는 1980년대 초반의 서독과 동독의 격차 정도라고 느껴진다. 여기에서 북한과 동독의 차이를 생각한다면, 북한은 체제 수립 당시의 인민재판과 이후 수령 독재를 위한 지속적인 숙청을 통해 '성분'이란 이름의 신분제를 채택했다. 항일유격대와 그 주변 사람들이 상층으로 올라서고 이에 불만을 가진 이들은 대거 남한으로 내려왔거나 내려오지 않았더라도 숙청당한 후 '성분'이 나쁜 사람으로 살아야 했다. 그렇게 사회적 룰을 세팅한 이후 아무런 변혁 없이 70년이 경과한 결과 북한은 어떤 역사적 공산주의 사회보다도 참담한 수준의 '반-능력주의' 사회가 되었다고 봐야 한다. '능력'이 무엇인지를 정의하기는 물론 어렵다. 그러나 정의하기가 어렵다고 해서 능력이 존재하지 않는다는 것은 아니다. 진보주의자들이 이 점을 명확히 한다면, 한국 사회의 '능력주의 신화'를 약화시키기 위한 더 나은 실천적인 방책을 제시할 수 있을 거라고 나는 생각한다.

엘리트주의가 불가능한 한국

　　한국 사회가 불평등이 심화되어도 상식이 해체되기 어려운 또 하나의 이유는, '엘리트주의가 불가능한 나라'이기 때문이다. 이렇게 설명하면 "이 무슨 뚱딴지같은 소리냐? 한국은 엘리트주의가 대단히 강한 나라 아니냐?"라고 반문할 이들이 많을 것이다.

　　그런데 이 문제는 통념에 쉬이 함몰되지 말고 세밀하게 따져보면 금방 결론이 나온다. 한국에서 '엘리트'를 자처하면서 대중을 무시하는 이들은 많다. 그런데 그런 이들의 말을 가만히 듣고 있으면, 자기 직능과 자기 전공에 대해서만 그 '엘리트'의 권위를 인정한다고 볼 수 있다. 다른 직능이나 전공의 엘리트 견해를 존중하고 자기 견해를 꺾는 엘리트란 한국에 거의 전혀 존재하지 않으며, '대중적 견해'에 불과한 자기 견해가 다른 엘리트의 견해보다 옳다고 우긴다. 그래서 한국엔 '엘리트'를 자처하는 사람은 많은데, '엘리트주의'를 실천하는 자는 거의 없다. 이를테면 '검사'가 스스로를 엘리트라고 생각할 때면, '검사' 이외의 직군을 엘리트라고는 생각하지 않기 때문에 그의 머릿속에 있는 '이상적 나라'는 '엘리트주의 국가'가 아니라 '검사 통치 국가'에 가깝다.

한국에선 소위 엘리트란 사람들도 자기 영역이나 전공만 벗어나면 '상식' 수준의 인식으로 다른 엘리트들을 공박하며, 내 말이 더 맞다고 우기곤 한다. 따라서 대중을 경멸하는 그들 '엘리트'는 '엘리트 계층'을 형성하지 못하고 '개별 직군의 자칭 엘리트'에 국한되며, 시민의 관점에서 그들의 견해를 종합해보면 '한국 사회엔 어떠한 엘리트도 존재하지 않는다. 한국은 그저 상식이 통치하는 사회일 뿐이다'라는 결론이 나온다. 이 말을 듣고 곰곰이 생각해본다면, 아무리 더 따져봐도 한국 사회엔 엘리트가 없다는 결론에 이르게 될 것이다. 그나마 있는 것이 '학벌주의'인데, 한국 사회의 병폐라고 말할 수 있겠지만 이는 앞서 논의했던 '능력주의적 평등주의'의 산물이지 '엘리트주의'와는 다소 거리가 있다고 봐야 한다.

심지어 한국의 '자칭 엘리트'들은 다른 직군 엘리트만 무시하는 게 아니라 자기 직군 엘리트도 무시한다. 어떨 때 무시하느냐 하면, 상대편이 나와 정치 성향이 다를 때 무시한다. 의사들은 정치 성향에 따라 정부 방역 정책이 옳은지 그른지에 대해 각기 다른 얘기를 하고, 법조인들도 정치 성향에 따라 해석하는 결이 반대 방향으로 달라진다. 그리고 '정치 성향에 따른 반대 방향의 의견'이란 것은 '정치 성향에 따른 대중의 의견'과 별반 다르지도 않으며 거기에 그저 전문가의 언어를 슬쩍 얹은 것뿐이다. 말하자면 민주당 성향의 엘리트들은 동료 엘리트보다 김어준의 견해를 더 신뢰하고, 국민의힘 성향의 엘리트들은 동료 엘리트보다 극우 유튜버의 견해를 더 신뢰하는데, 여기에 무슨 엘리트주의가 있단 말인가? 플라톤의 《국가》에선 소피스트를 대중 여론이라는 '크고 힘센 짐승'의 기분과 욕망을 거스르지 않으려는 이들로 묘사한다. 따라서 그들이 믿는 '올바름'이란, 그들이 키운다고 믿는 '크고 힘센 짐승'이 어느 방향으로 가느냐에 따라 좌우된다는 것이다.[15] 대중을 경멸하는 마음을 가진 한국의 자칭 엘리트들의 삶과 처신이, 특히 정치영역에 투신할 때 과연 《국가》가 묘사한 소피스트들에 가까운지 아니면 귀족정의 귀족들에 가까운지는 모두가 알고 있는 바가 아닌가? 나는 그들의 행동이 나쁘다고 보는 것도 아니다. 다만 우리 사회가 작동하는 방식은 제대로 알아야 한다는 것이다. 한국 사회의 엘리트주의는 허울 좋은 이념일 뿐 미국, 유럽, 일본 등 주요 선진국 어디와 비교해도 제대로 작동하지 않는다. 중국이나 베트남처럼 공산당이 엘리트 역할을 하는 개발도상국과 비교해봐도 마찬가지다.

　　한국 유권자들은 나와 닮은 보통 사람보다는 '엘리트' 혹은 '사회적 조건이 좋거나 성공을 거둔 사람'을 더 많이 선출하는 경향이 있다. 이걸 두고 한국인들이 엘리트의 말을 고분고분하게 잘 따르는 사람이라고 생각하면 그것도 착각이다. 이는 '엘리트주의'이기는커녕 '엘리트를 굴복시키는 수단'이라고 봐야 한다. 제아무리 민주주의 사회라도 모든 성공한 사람들, 부유한 사람들은 '대중'을 경멸하며 살아갈 수 있다. 그러나 그들의 동료를 한 명 뽑아 국회의원 배지를 달아준다면, 그 '엘리트'는 대중에게 고개를 숙이는 삶을 살 수밖에 없게 된다. 냉소주의자라면 엘리트가 대중에게 고개를 숙이는 민주주의 정치가 환상이며, '실재'는 엘리트들의 삶에 존재한다고 말할 것이다. 나는 그에 대해 한 번 더 냉소해서, '사회를 본인들이 이끌어가고 있다고 믿는 엘리트의 믿음'이야말로 환상이고, 표를 얻기 위해 대중과 상식에 고개를 조아리는 저 엘리트의 모습이야말로 '실재'라고 말하면 왜 안 되느냐고

15　　플라톤, 《플라톤의 국가·정체政體: 개정 증보판》, 박종현 옮김, 서광사, 2005, pp. 404~405 (《국가》 6권 493a~493b).

묻고 싶다. 적어도 한국 사회에서는 영화 〈더 킹〉의 결말, 총선에 출마한 박태수가 본인의 당선 여부를 묻는 이들에게 답하는 마지막 대사가 '실재'라고 생각한다. "당신이 이 세상의 왕이니까."

아파트에서 이뤄지는 최초의 분화, 그리고 공유지 문제

물론 나도 한국의 불평등 문제가 심각해지는 것에 대해 우려하고 있다. 특히 공간 분리의 문제에서 그렇다고 생각한다. 최근 지어지는 고급 아파트는 사실상 외부인 출입이 어렵도록 동선을 의도하고 있는데, 이와 같은 계층적 공간 분리는 사실상 한국 사회에선 거의 최초로 이루어지는 것이다. 앞서 말했듯이 전근대 조선왕조에서도 양반들의 상당수는 '재지양반'이라고 해서 그저 농촌에 살았기 때문에 민심에 민감할 수밖에 없었다. 지배 계층인 양반이 농업에 종사하고 도시에 거주하지 않았다는 것은, 동시대 중국이나 일본과 구별되는 조선만의 주요한 특징이었다.[16]

따라서 현대 한국에서 역사상 처음으로 일어나고 있는 지금의

---

16 미야지마 히로시와 김성우는 공통적으로 조선의 지배계급인 양반이 도시가 아니라 농촌에 거주하는 재지양반이었단 사실이 조선의 특정을 규정지었다고 분석한다. 미야지마 히로시, 《미야지마 히로시의 양반》, 노영구 옮김, 너머북스, 2014, pp. 36~37. 김성우, 《조선시대 경상도의 권력중심이동》, 태학사, 2012, pp. 35~41. 나는 '재지양반'이 거주하는 농촌이 '도덕 경제'로 작동했기 때문에, 한국의 근현대사 격변기에서 영남의 양반 가문 출신 자제들이 고루한 성리학자에서 사회주의자로, 그리고 어느 순간부터는 박정희의 개발독재의 지지자로 변신할 수 있었다고 생각한다. 급격한 변신인 것 같아도 특정한 집단 내부에서 다수가 그런 모습을 보였다면 그 내적 일관성을 분석해야 하는 법이다. 그리고 이 '재지양반'의 존재에 주목한다면, 1960년대생까지의 한국 기성세대에 뿌리 깊게 남아 있는 귀농 본능(혹은 충동)의 방향성이 무엇인지를 다시 생각하지 않을 수 없다. 단적으로 말하자면, 그 본능(혹은 충동)은 '자연 회귀'가 아니라 '양반 회귀'의 산물일 수 있다.

공간 분리가 부유층이 서민의 삶을 잘 알지 못하고, 감정이입도 어렵게 하는 요소가 될 가능성이 높다고도 생각한다. 앞서 적은 이유들 때문에 한국 사회가 '상식 지배 사회'에서 쉬이 벗어날 수 있을 듯하진 않지만, '두 개의 문화'를 살아가는 사람들이 늘어나거나 '무엇이 상식인가?'라는 질문에 합의가 이루어지지 않고 소모적인 사회적 갈등이 만성화될 가능성은 제법 높다고 생각한다.

그런데 공간 분리의 문제를 생각해보면, '예전에 없었던 공간 분리'가 문제시될 뿐 애초에 한국 사회는 계층별 공간 분리가 거의 없었던 곳이라는 사실을 알 수 있다. 고급 아파트에서 발생하는 공간 분리 역시 우려스럽다고는 해도 다른 사회에 비하면 매우 본격적인 수준은 아닐 수 있다. 한국에선 부유층이라고 해서 축구에 관심이 없는 것이 아니고 '소맥'을 안 마시는 게 아니라는 식의, 문화자본으로 인한 구별 짓기가 없거나 매우 약하다는 점도 한국 사회가 '섞여서 사는 삶'을 어느 정도 유지하는 데엔 중요한 조건이 된다. '골프'는 어느 정도 문화자본의 장벽(혹은 대놓고 자본의 장벽) 역할을 하지만, '골프'를 치는 이들이라도 '등산'을 다니는 것이 한국 문화다.[17]

기성세대들이 전근대 한국의 미학을 논했을 때 집 안이 들여다보이는 낮은 '담벼락'처럼 자주 인용된 것이 '정자' 문화다. 한마디로 말해, 유럽이든 중국이든 일본이든 다른 나라의 부유층은 저택 내부에 '정원'을 조성하지만 조선 양반은 경치 좋은 곳을 찾아가 '정자'를 짓고 놀았다는 것이다. 인공미를 조성하기보다는 자연미를 중시했다는 것

---

17   다만 앞서 말한 '엘리트주의'와 연결 지어 생각해본다면, 문화자본의 문제와 엘리트주의의 문제가 반드시 함께 가지는 않는다는 사실을 알 수 있다. 왜냐하면 미국은 한국처럼 문화자본의 영향력이 강하지는 않지만, 엘리트주의는 상당히 강한 사회이기 때문이다.

인데, 사실 이 특징은 지극히 한국적인 것이 맞다. 흔히 '서양'(유럽)은 인공미를 중시하고 '동양'(동아시아)은 자연미를 중시한다는 식으로 대비하지만, 중국에서 '자연미'란 말이 사용될 때는 실제로는 '정원을 얼마나 잘 꾸미는가'를 평가하는 말로서, 사실상 한국인의 관점에서 보면 '인공미'라는 말에 해당한다고 한다.[18]

그런데 담벼락이 미학이기 이전에 생활양식이었다면, 정자는 미학이기 이전에 자연환경의 산물이었다고 생각된다. 한반도의 자연환경은 전근대에도 걸어서 주변의 산山과 천川을 찾아갈 수 있을 만큼 국토 곳곳에 산천山川이 들어차 있었다. 더구나 국토가 좁고 특히 넓은 평지가 거의 없었으니, 영지 중앙에 대저택을 짓고 그 안에 정원을 조성해야 할 필요성도 거의 찾을 수 없었다.[19] 한마디로 말해, 한반도 사람들은 30%의 평지를 경작지로 만들어 사유지화한 뒤에도 '산천은 공유지'라는 관념을 지닌 채 살았다고 볼 수 있다. 현대 한국에서도 대부분의 기성세대들이 건강을 지키기 위해 하는 등산과 하천변 산책 및 달리기 등은 별다른 비용을 지불하지 않고도 원하는 사람들 거의 모두가 어렵지 않게 즐길 수 있다.

수도권의 한 호숫가를 산책했을 때의 일이다. 그 주변에는 일곱 개 정도의 고급 아파트 브랜드가 있었는데, 세대수를 합치면 족히 1만 세대는 될 것 같았다. 아파트 하나에 20억씩 한다 쳐도 1만 세대

---

18   마 씨아오루·최준식,《한국미 자연성 연구》, pp. 29~34를 참조할 것.

19   다만 고려시대에는 화려한 건축물들이 많았다는 기록이 있어, 지금과 사정이 다를
      수 있다. 고려시대에는 한반도의 인구밀도가 지금처럼 높지도 않았다. 평원조차 아
      직 개간되지 않았으며 호랑이가 최상위 포식자로 살던 공간이었으므로 부유층의
      저택 내부에 정원이 있었다 해도 이상하지 않다. 고려시대와 조선시대 사이의 변화
      된 생태 환경의 차이에 대해서는 김동진,《조선의 생태환경사》, 푸른역사, 2017을
      참조할 것.

면 20조 원이다. 그 호수공원은 말하자면 20조 원짜리 자산이 둘러싸고 있는 곳인 셈이다. 만약 어떤 재벌 가문이 수십조를 지불하고 이런 자연환경을 독점하고 주변에 울타리를 설치하려고 한다면 한국인들이 용납할 수 있을까? 한국의 좁은 국토에서는 어려운 일이다. 그러니 한국의 재벌 가문은 좁은 공간에 비싼 물건을 밀어넣을 수 있는 미술관과 같은 시설을 조성하여 부를 자랑하게 된다. 물론 이 수십조 아파트에 둘러싸인 호수공원 역시 주변 부유층 거주민 중심으로 활용된다는 점에서 온전한 공유지와는 다소 거리가 멀 수도 있지만, 은근히 대중교통이 불편하다는 정도의 텃세가 있을 뿐 그날의 나처럼 외지인이 찾아와서 산책하는 것이 금지되어 있는 것도 아니다. 즉, 한국의 공간 분리는 다른 나라보다는 덜 심각하다고 볼 수 있고, 우리는 그 조건을 어느 정도는 지키기 위해 노력해야 하는 것인지도 모른다.

공유지와 관련해 가장 유명한 담론은 '공유지의 비극Tragedy of the commons'이다. 미국의 생물학자 개릿 하딘이 만든 이 개념은 주인이 따로 없는 공동 방목장은 농부들이 경쟁적으로 사용해서 황폐화될 수밖에 없다고 주장한다. 영국의 산업혁명 시기에 실제로 관측됐던 사실이라고 한다. 하지만 미국의 정치학자이자 노벨경제학상 수상자인 엘리너 오스트롬은 가축을 기르는 농부들의 협정을 통해 잘 관리된 공유지 사례가 얼마든지 있다는 사실을 수집했다. 그러한 협정은 대체로 선대로부터 내려온, 그러니까 기원은 모르지만 예전부터 존재했던 규율이라 했다. 실제로 이철승의 분석에 따르면, 유럽에서 사민주의 성향이 강한 나라들은 대체로 목축의 비중이 높았던 나라라고 한다. 목축인들끼리의 협의로 작동했던 '공유지에 대한 조율 시스템'이 현대에 와서 사민주의 체제를 만들어내는 데 문화적 기반이 됐으리라 추측된다는

것이다(양과 염소 사육이 많은 지역이 공적 복지 지출을 많이 한 것으로 분석된다).[20]

　　공유지를 뜻하는 영어 단어인 'common'은 초기 영어의 '공동체'를 의미하는 단어인 'commune'에서 왔다고 한다.[21] 오늘날의 단어와 비교해봐도 'common'과 'unity'가 결합하여 만들어지는 것이 '공동체community'라고 말할 수 있다. '상식'의 영어 번역어인 '커먼 센스common sense' 역시 '공유지로부터 도출되는 공통 감각'이라고 표현해도 어색하지 않다. 그래서 나는 불평등이 상식을 해체하리라고 전망하고 문제를 손 놓고 있기보다는, 비록 장단점이 뚜렷하긴 하지만 기왕에 '상식의 사회'인 한국의 특성을 유지하기 위해 공유지 회복 운동에 관심을 기울이는 것이 더 낫겠다고 생각하게 됐다. 서울의 하천변에서 서로 복작대면서도 달리기를 하거나, 강아지를 산책시키거나, 데이트하는 수많은 사람들을 지나치면서 말이다.

20　　이철승, 《쌀 재난 국가》, 문학과지성사, 2021, pp. 247~250.

21　　최유진, 〈빼앗긴 공유지, 우리는 이웃을 잃었다〉, 〈오마이뉴스〉, 2022년 5월 23일.

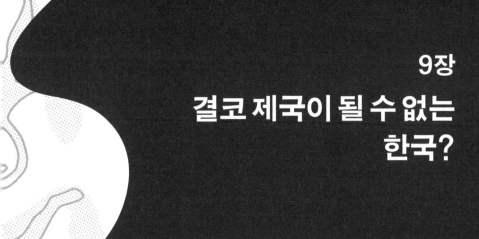

9장

결코 제국이 될 수 없는 한국?

저출생으로 사라질 나라일까,

새로운 역사적 흐름을 만들어낼까

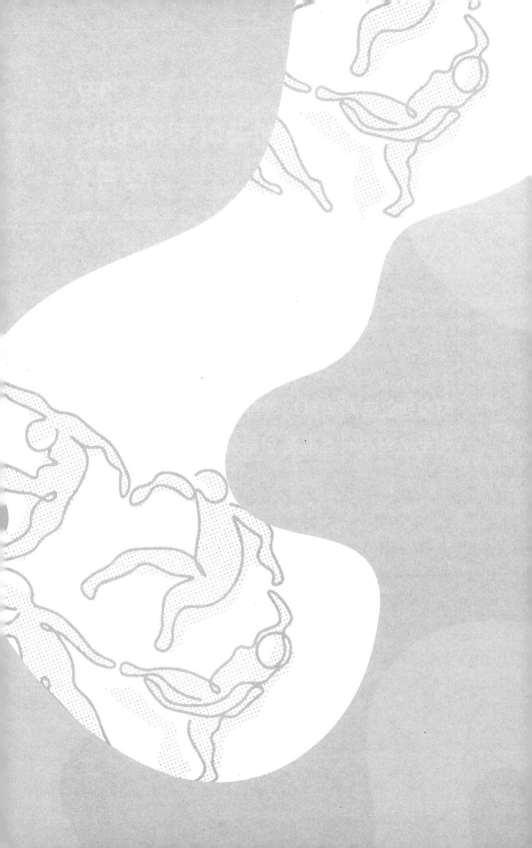

0.72. 2023년 한국의 합계출산율이다. 합계출산율이란 한 여성이 가임기간(15~49세)에 낳을 것으로 기대되는 평균 출생아 숫자라고 한다. 이 통계에서 한국은 세계 최저치를 달성하고도 만족하지 못하고 내려가는 중이다. 2020년 기준으로 OECD 국가 38개국 중에서 한국은 38위(0.84)였는데, 바로 그 위 순위의 저출생 국가들은 34위 스페인(1.36), 35위 일본(1.33), 36위 그리스(1.28), 37위 이탈리아(1.24) 등으로 한국을 제외하고는 1.2~1.3 정도 선을 유지하고 있다. OECD에 가입하지 못한 홍콩, 대만의 저출생 문제도 심각하고 중국 역시 국민소득에 비해 상대적으로 일찍 저출생 문제가 나타나고 있어, 남유럽 국가들과 동아시아 국가들이 다른 지역보다 저출생 문제가 심각한 이유에 대해 여러 가지 가설적 설명이 가능할 듯하다. 제도의 관점에서 보자면 이 지역 국가들의 '잘못 설계된 복지'가 어떻게 아이를 낳을 생각을 꺾는지를 분석할 수 있을 것이고, 어떤 이들은 유교 문화권이나 가톨릭 문화권의 범주를 끌어들이며 문화적 분석을 하고 싶을 것이다. 내 경우는 이미 4장에서 설명한 것처럼 유교 문화권이라기보다는, 이철승과 탈헬름이 분석한 벼농사 문화권의 특성 중 하나인 '비교와 질시의 문화' 영

향으로 '아이를 낳는다면 타인과 비교해서 번듯하게 키우고 싶은 욕망과 압력이 높을 것이고, 그것을 감안해 비용을 계산하다 보면 출산·육아 비용이 너무 커져서 출산을 포기하는 경향성'이 나타나고 있다고 생각한다. 즉 유교 문화가 아니라 벼농사 문화권의 특징이 미치는 영향인데, 그 벼농사 문화권이 유교 문화권이기 때문에 유교 문화권이 전체적으로 저출생 현상을 겪게 된다고 추정하고 있다. 남유럽 국가들에서 일어나는 일의 원인은 지식이 부족한 관계로 따로 가설을 세우지 않았다.

아이를 낳는 것이 손해가 된 세상

한국 합계출산율 추이의 진정한 문제는 지금이 바닥도 아니라는 것이다. 2024년에도 신생아 수가 줄고 있고, 2025년에 발표될 2024년 합계출산율은 2023년보다 낮을 것이 거의 확실시되므로, 어디까지 떨어질지 예측하기도 어렵다. 몇 년 전부터 일본에서 시작된 '지방 소멸' 담론이 한국에 번안되어 널리 유통됐는데, 이제는 '지방 소멸'을 넘어 '국가 소멸'이나 '민족 소멸'을 논해야 할 상황이다. 나는 한국의 수천 년 역사가 갖는 가장 큰 특징 중 하나를 3장에서 썼던 것처럼 '언제나 소멸을 걱정했던 나라'라고 잡아챘는데, 그랬던 한국이 21세기를 맞이하여 '새로운 소멸 사유'를 맞닥트리게 된 것이다.

나는 몇 년 전까지만 해도, 한국 문화는 혈족을 매우 중시하기 때문에 이 추세가 조금 더 지속되면 기성세대가 이념과 진영을 넘어서 심각하게 받아들이리라고 생각했다. 그리하여 저출생 문제를 해결하기 위한 노력을 계기로 한국 사회 다방면에서 구조 개혁이 진전될 수 있으리라고 기대했다. 그러나 한국의 많은 기성세대에겐 '인간이 출산을 원하지 않는 상태' 자체가 전혀 이해 불가능한 상황이었던 듯하다. 반세기 남짓한 기간에 다른 문화권의 몇 세기에 해당하는 변혁을 경험한 한국 사회이므로 세대 간 문화 격차는 어느 사회보다도 크다. 기성세대가 자국의 청년세대들이 '왜 아이를 원하지 않는지' 자체를 이해하지 못하며 갈팡질팡하는 동안 '대한민국 소멸 시계'의 분침은 자정을 향해 이동하고 있다.

한동안 내 입에도 습관적으로 달라붙은 말이긴 했지만, '망국적 저출생 현상'이란 말도 그만 써야 할 듯하다. 한국의 기성세대는 본인들의 애국심이 대단했기 때문에 저런 수사를 계속 쓰면서 꽹과리를 쳐대면 젊은이들이 나라를 걱정하여 아이를 낳아줄 것으로 기대하는 경향이 있다. 이는 단순한 오판을 넘어서, 역효과까지 만들어낸다. 한국의 기성세대는 '산업화세대'와 '민주화세대'라는 명명이 말해주듯이 뚜렷한 업적이 있는 세대였다. 반면 많은 것이 형성된 다음 태어난 청년세대에겐 그런 업적을 거둘 가능성이 전무하다. 그런 이들을 향해 '망국'을 강조하면, 그들은 '내가 망국에 일조하다니 굉장하잖아? 계속해(?)야지!'라는 식의 자기 위안적 쾌락에 빠져드는 것이 자연스럽다. 사실은 아무것도 안 하는 중이면서 '못된 사회'를 멸망시키는 '출산 파업'에 동조하고 있다는 식으로 인생의 목적을 세우게 된다. '망국'이란 이름의 요란한 꽹과리를 쳐대는 것은 한국 사회가, 혹은 한국의 기성세대가 아직까지도 본인을 바꿀 생각 없이 청년을 개조해서 문제를 해결할 수 있다는 착각에 빠져 있음을 의미한다. 그러나 청년을 개조하기엔 이미 너무 늦었고, 사회가 개조되지 않는다면 한국 사회는 소멸의 길에 들어설 것이다. 한 가지 위안거리라면 한국은 소멸 직전에야 간신히 유명한 나라가 되었기 때문에, '한국의 소멸 사례'는 그저 우리끼리의 좌절에 그치지 않고 전 인류에게 교훈극이 될 가능성이 높으리라는 점이다.

'저출생'은 먼저 간단하게 경제적인 이유로 분석될 수 있다. 노동력이 부족하던 전근대 사회에서 출산은 노동력을 확보할 수 있는 중요한 경제적 행위였다. 당장 한국도 1950년대까지만 하더라도 아이를 많이 낳은 집이 더 빨리 형편이 좋아지는 현상이 일반적이었을 정도였다. 미성년자 노동도 성행했기 때문에, 자녀들이 10대부터 공장에서 번 돈을 집으로 보내와서 가족을 부양했고 자녀 중 한 명(주로 남성)이 손위 형제자매들이 보태준 돈으로 고등교육기관에 진학하면 집안 자체를 건사할 수 있었다. 그러나 21세기 한국 사회에서 출산은 본인의 삶의 질을 현격하게 떨어뜨리는 행위이며, 육아는 고통스러우면서도 돈이 많이 드는 취미 행위에 속하게 됐다. 생물학적인 차원에서 따지자면 인간이 막대한 출산·육아의 고통을 감내하도록 하기 위해, 육아를 하면서 많은 쾌락을 얻을 수 있도록 안배하기는 했다. 막상 낳아서 키우면 기쁨이 크다는 부모들의 증언도 그래서 나온다. 그렇다고 해도 현대 사회에서 육아란 활동이 게임, 영화, 유튜브 등과의 경쟁에서 우위를 얻기란 너무나도 어려운 일이 됐다. 오히려 '지금 지구에 사람이 너무 많으니, 조금씩 줄여나가는 게 좋지 않을까?'란 생각이 더 지지를 얻을 정도가 됐다. 예를 들어 한식은 전근대에 생산량이 척박했던 한반도의 자연환경 덕분에 각종 채소를 활용하여 나물을 만들어 먹고, 심지어 해조류까지 먹어대는, '녹색주의자들의 관점에서 볼 때 상대적으로 친환경적인 전통 식단'으로 여겨진다. 그러나 그러한 한식을 베이스로 현대 한국인이 먹어대는 양을 전 세계 인류가 비슷하게 먹어댄다고 할 때 필요한 지구는 '두 개 이상'이라고 진단되는데,[1] 이 경우 한국인들더러

1　노르웨이 비영리단체 EAT가 지난 2020년 7월에 각국 식습관이 인류 건강과 기후변화에 어떤 영향을 미치는지 분석해 발표한 '더 나은 미래를 위한 식습관' 보고서

양자택일을 하라고 하면 '먹는 양을 줄이느니 인구를 줄이는 것이 낫다'라고 생각하게 될 것이다.

각종 복지제도 관련 위원회에 출석하는 교수님들의 얘기를 들어보면 저출생 대처 문제조차 정파적으로 분열되어 있음을 알게 된다. 우파들은 저출생 현상을 청년들의 '라이프스타일 변동 때문'이라고 진단한다고 한다. 이 말인즉슨 '청년들에게 돈을 줘도 아이를 낳지 않는다. 그걸 핑계로 복지 제도를 늘리지 마라. 내 세금을 그런 데에 쓰지 말라'라는 의미다. 좌파들은 이런 진단에 분개하면서 '어째서 한국이 청년들에게 지옥인지'를 일목요연하게 설명하려고 한다. 이런 설명에도 물론 제각각 의미는 있지만, 그렇다고 한국 사회가 '세계에서 가장 유별난 지옥' 같은 상태라서 저출생이 가장 심하다고 생각하기는 어렵다. 물론 엇비슷한 소득의 사회 중에서 가장 살기 팍팍하다는 것은 의심의 여지가 없지만, 세상에는 한국보다 출생률이 높으면서 더 살기 힘든 나라도 꽤 있기 때문이다. 진보주의자들은 한국 사회가 경쟁이 너무 심하고 압박이 강하기 때문에 사람들이 불행해하고 출생률이 낮아진다고 분석한다. 또한 국민소득이 높아져도 탈물질주의가 별로 증대하지 않고, 상대적으로 행복도가 높아지지 않는다고 분석한다. 나도 대체로 동의하고 현상에 대한 설명으로도 타당성과 일관성이 있는 분석이다. 그러나 '사회'의 문제에만 집중하다 보면 한국인의 마음이 사회를 옮긴다고 해서 쉽사리 변하지 않는다는 사실이 간과된다. 가령 동아시아인은 미국으로 이민을 간 경우라도 아이를 덜 낳는다는 현상이 관측

에 따르면, 전 세계 인구가 한국인 1인이 소비하는 음식만큼 먹으면 2050년에 지구 2.3개가 있어야 감당 가능한 수준이라 한다. 임병선, 〈"한국인처럼 먹으면 2050년 지구 2개로도 부족"〉, 〈뉴스펭귄〉, 2020년 7월 17일.

된다. 우리가 아는 한국인들은 북유럽으로 가도 일조량이 적다는 이유로 불행해하고, 미국으로 가면 의료보험이 없어서 불안하다고 하고, 국민들이 행복하게 살기로 유명한 개발도상국에 가면 지나다니는 사람들 표정이 밝아서 좋기는 한데 온수나 전기가 고르게 나오지 않는다고 투덜댄다. 진보주의자들이 짚은 '한국 사회'의 문제는 대체로 타당하지만, '사회'가 가장 지옥이라서 사람들의 마음이 '지옥'에 있다기보다는 사람들의 마음 자체가 그 지옥을 구성하는 성향도 관찰되는 것이다. 더구나 '한국 사회의 잘못된 특성'을 강조하다가 놓치는 경향성도 있다. 한국은 국민소득의 상승에 비해 덜 행복해하는 사회이기도 하지만, 그럼에도 국민소득의 상승에 따라 행복도가 완만하게 증대해왔으며, 그렇기에 상당수 개발도상국보다는 행복도가 높은 사회가 됐다. 이는 한국인들이 다른 사회로 이민을 가도 쉬이 행복해하지 않더라는 사례와 함께, '한국인의 불행'에는 '한국 사회의 문제'도 분명히 있지만 '한국인들의 기준치'가 매우 높기 때문에 생겨난 일이라는 분석을 타당하게 만드는 맥락들이다. 이철승과 탈헬름이 말한 '비교와 질시의 문화', 그리고 내가 4장에서 제시한 '표준압'이란 개념들은 그런 상황을 설명하기 위해 사용될 수 있을 것이다.

　당연한 얘기겠지만 우파들의 서술에도, 그리고 좌파들의 서술에도 진실의 일부가 분포한다. 예를 들어 '자아실현'을 위해 20대와 30대 중반까지 '결혼'을 미루고 살아온 여성이 30대 중후반 즈음 마음에 맞는 남성을 만나 임신을 시도하지만 신체적으로 어려워져서 여러 병원을 전전하다가 포기하는 사례가 있다. 1970년대생 중 일부가 경험했고, 1980년대생 중 일부가 경험 중인 이 사례엔 '라이프스타일 변동' 문제와 '경쟁과 압박의 사회, 복지 미비'의 문제가 복합적으로 결합되어 있다. '애 낳기 싫다는 이들이 돈 퍼붓는다고 마음 바꾸지 않는다'

는 우파의 진단에 해당하는 사례도 있지만, 저출생 고령화로 인한 인구 구조 변동의 충격을 조금이라도 완화하기 위해서는 이처럼 '낳고 싶은데 포기하는 이들'의 숫자를 최대한 줄여야 한다. 제발 낳아달라고 무의미한 꽹과리를 치기 전에 한때 100만 명에서 20만 명까지 줄어든 지금의 신생아들을 환대하는 방법을 찾아야 한다. 임신한 학생을 차별하지 말자는 학생인권조례에 개신교 교회가 반대하고, 결혼 제도 바깥의 출생은 환영받지 못하기에 여전히 10대 미혼모가 영아를 유기하는 일이 빈번하게 발생하는 나라가 영아를 환영할 준비가 됐다고 말할 수 있을까? 넷플릭스 드라마 〈지금 우리 학교는〉(2022)의 한 장면에서 여고생은 막 태어난 영아를 화장실에 유기하려다가 '좀비 사태'가 터진 것을 깨닫고 돌아와 아이를 데려간다. 이는 '인간성 상실'이란 비난을 받는 '영아 유기'가 '현재 우리가 아는 사회 구조와 도덕률'에 의해 촉발된 사태임을 상징한다. 그래서 본인이 알던 세상이 붕괴했다는 것을 깨닫는 순간, 여고생은 아이를 낳은 자신을 비난할 그 세상 또한 사라졌음을 깨닫고 인간성을 회복하여 아이를 데리러 갈 수 있는 것이다. 물론 혼외 출생을 비난하는 문화 역시 한순간에 바뀔 수는 없겠지만, 출생 문제가 한국 사회에 그토록 중요하다고 모두가 합의한다면 먼저 모든 정책의 우선순위를 그 방향으로 설정해야 할 것이다.

타인의 중요성은커녕 필요성조차 망각되는 세상이 오고 있다

책의 5장에서부터 제시된 '윤리의 네 가지 겹'으로 이 문제를 살펴보자면 '윤리의 첫 번째 겹', 즉 구석기시대 문화가 가장 많이 남아 있는 편이라는 현대 한국은 '윤리의 네 번째 겹', 즉 자본주의 시대 문화도 가장 두텁게 형성되어 있다는 역설적인 결론이 나온다. 무슨 말인가 하면 전통사회의 가치관을 가장 급격하게 허물어뜨린 곳이기에 출생률이 더 빨리 낮아졌다는 것이다. 복수의 학자들이 설명하고 현대를 살아가는 우리의 직관에도 부합하는 현상은, 현대 한국 청년들은 남녀를 가릴 것 없이 어느 선진국 사회의 동년배와 비교해서도 '전통 윤리', '전통적 가치관', '전통적 성 역할'에 얽매이지 않는 이들이라는 것이다. 기성세대가 여전히 완고한 전통사회 가치관을 가지고 있는 것에 비하면, 그들에 비해 아무리 멀어봐야 조손세대인 청년층에서 그러한 가치관은 극단적인 표현으로 사실상 '해체'되었다고 볼 수 있다. 그렇기에 한국의 청년세대는 자녀도 가족도 중시하지 않는다. 그런 그들에게 그나마 남아 있는 가치는 '자아실현'인 경우가 많고, 그래서 앞서 설명한 것처럼 자아실현을 위해 시간을 보내다가 어느 날 문득 아이를 낳을 수 없는 연령대에 접어든 자신을 발견되는 사례들이 빈번하게 발생한다.[2] 이 지점에서 기성세대는 "왜들 그렇게 이기적으로 살아?"라고 묻고 싶을 것이다. 그러나 내가 경험하고 관찰한 바 '자아실현을 위한 삶'은 단순히 '이기적인 삶'이란 말로 요약할 수 없는, 자기피학적이고 자기학대적인 규율 복종의 삶이기도 하다. 도식적으로 말해 현재 한국 2030세대의 부모세대는 본인들이 '자아실현'을 하거나 '비범'해질 수 있다는 생각을 하지 못했고, 그래서 다들 자녀를 통해 이를 이루고자 했다. 그 과정에서 자녀 학대에 가까운 훈육도 있었고 수많은 갈등이 나타났다. 그런데 그렇게 자라난 2030세대는 '내 부모는 하지 못했고 그저 내게 투사했던 자아실현'을 위한 삶을 갈구하게 됐다. 부모세대처

---

2   물론 아이를 낳지 못하거나 원하지 않는 원인은 제각각일 것이며, 여기서 나는 '자아실현'이 가장 중요하거나 유일한 원인이라고 주장하는 것은 아니다.

럼 적당한 사람과 결혼하여 적당히 아이를 낳고 그 아이를 뒷바라지하기 위해 평범한 일을 하면서 사는 삶은, 나의 '비범함'을 발견하기를 포기하는 실패의 길로 간주됐다. 그리하여, 그들이 오직 '자아실현'만을 위해서 산다고 말할 때엔 가족주의 윤리가 분명히 해체된 양상을 보이면서도 가족주의 윤리의 마지막 조각처럼 여겨지기도 한다. 왜냐하면 그들이 '가족'이나 '자녀'까지 포기해가면서 '자아실현'을 해야 하는 당위에는 분명하게도 '나를 키워낸 부모세대의 노력, 고생, 자본'이 선행 서사로 존재하기 때문이다. 지금의 한국에선, 청년들이 그들 부모세대의 바람에 나름의 방식으로 화답하는 형식으로 재생산 구조가 해체되고 있다. 이제는 부모세대가 아이를 가질 것을 권유해도 소용이 없을 정도다. 전 지구적으로 흥행하게 된 케이팝 그룹의 노래 가사들을 보면 이 '자아실현'의 계율이 얼마나 깊숙하게 한국 사회 청년들에게 파고들었으며, 그들을 지배하고 있는지를 절실하게 느낄 수 있다.

또한 '자아실현'의 욕구를 '이기적'이라고 규정하는 것을 수용한다 하더라도, '자아실현'이 아니라 전혀 다른 '이타적'인 이유로 출생을 거부하는 조류도 확산되고 있다. 나는 이것이 한국에만 독특하게 발달한 조류라기보다는, 전 지구적으로 확산되고 있지만 '트랜드에 빠른' 한국이 한발 앞서 선도하고 있는 조류라고 예측한다. 바로 '인간 경시' 풍조다. 여기에 대해서도 약간의 첨언이 필요한데, 먼저 이 '인간 경시' 풍조가 '인간성의 훼손이나 파괴'를 보여주는 것은 아니며 오히려 '인간성의 외연 확장' 과정에서 나타나게 된 부산물이라고 생각한다. 인류는 태곳적엔 자기 부족만을 인간으로 봤으며, 그리하여 각각의 고유한 부족명은 원래는 그 자체로 '인간'이란 의미였다. 이후 '나와 같은 인간'의 범위는 만 년 가까운 역사 시기를 통해 점점 더 윤리적으로 확장되어 갔다. 오늘날 상당수의 국민국가 내부에선 명시적인 신분 차별이 존재하지 않고 모든 구성원이 평등하게 취급된다. 이렇게 살아가는 국민국가 구성원의 대부분은 지구상에 살아가고 있는 '70억 인구 전 인류'의 가치가 거의 전적으로 동등하다는 이념을 가지고 있다. 그리고 20세기 후반부터는 '70억 인구 전 인류'의 범주를 넘어서는 '인간성의 외연 확장' 흐름이 나타나기 시작했다. '동물권' 운동이 시작됐고 '전체 생물 생태계'를 걱정하는 이들이 나타났으며 '지구 환경' 전체를 고려하는 사람들이 나타났다. 말 그대로 '인간성'의 '외연'이 '인간'의 범위를 넘어서 확장되기 시작했다. 그런데 그 결과, 몇 세기 동안 지고의 가치였던 '인본주의' 자체는 흐물흐물해졌다. 왜냐하면 동물이나 생태계나 전체 지구까지 고려하기 시작할 때, 인간은 그 다른 것들에게 피해를 끼치는 '가해자'가 되거나, 그렇게까지 묘사하지 않더라도 '적정 인구를 넘어서서 지구에 부담을 주는 존재'가 됐기 때문이다. 그렇기에 '지구 환경을 위해서' 아이를 낳지 않는다는 논리, '기후 위기의 시대이니 태어날 아이가 불쌍해서' 낳지 않는다는 논리가 횡행하게 된다. 나는 젊은 시절 철학자 피터 싱어와 같은 동물권론자의 글을 읽다가, 동물의 권리를 주장하는 그가 인간의 생명에 대해선 지극히 건조한 태도를 견지하는 걸 보고 다소 당혹스러웠던 적이 있다. 예를 들어 나도 진보주의자로서 낙태에는 찬성했고, 동물권이 어느 정도 확대되는 것을 지지하기는 했는데, '동물에게도 고통이 있음'을 근거로 동물권을 확대하자던 사람들이 낙태 문제에서는 너무 천연덕스럽게 '인간의 생명이란 게 그토록 중요한 것일까?'란 태도를 취하는 것이 당혹스러웠다.[3]

---

3   예를 들어 교과서처럼 쓰이는《생명의료윤리》에 실린 피터 싱어의〈인간의 생명은 언제 시작되는가〉의 마지막 부분에 다음과 같은 구절이 있다. "인간의 생명이 언제 시작되느냐는 질문에 대해서는 포드가 제대로 보았던 것 같다. ⋯ 낙태라는 먹통 자물쇠를 열기 위해서는 낙태 반대 논증의 첫 번째 전제에 초점을 맞추어 질문

그러나 논리적인 고민이 아니라 정서적인 흐름으로 본다면, '인간성의 외연 확장'이 극적으로 나타나게 되면서 개별 인간의 가치는 상대적으로 떨어지게 된 것은 자연스러운 일이라고 볼 수 있다.

한국의 연도별 합계출산율 추이를 보면 2002년부터 1.3아래로 내려가면서 초저출생 시대가 시작됐는데, 2016년까지는 1.1에서 1.3을 오가면서 일정 수준을 유지했다. 말하자면 15년가량 지금의 스페인, 일본, 그리스, 이탈리아에 준하는 수준을 유지했던 것이다. 그러던 것이 2016년부터 시작된 하락세가 심화되면서 2018년부터는 합계출산율 1.0 미만의 수치로 들어섰다. 세계적으로도 선진국을 중심으로 2016년부터 저출생 추세가 심화되고 있는 것을 보면 한국의 초초저출생 시대 진입은 '한국 사회가 가장 지옥 같아서' 생긴 일이라기보다는 앞서 말한 대로 전 지구적으로 확산되고 있지만 '트렌드에 빠른 한국이 먼저 경험하는' 조류일 수 있다고 판단된다. 2010년대 후반부터 전 지구적인 저출생 추세가 심화되고 있다면 그 원인은 스마트폰일 가능성이 높다고 생각한다. 스마트폰으로 특정 지어 표현하기는 했지만 더 거시적으로 보면 1990년대 후반부터 시작된 3차 산업혁명, 그리고 현재 진행되고 있는 4차 산업혁명의 영향력이 스마트폰이란 기계를 매개로 인류를 강타하게 된 것이다. 그리고 나는 지금 진행되고 있는 변화

을 던져야 한다. 인간의 생명을 빼앗는 것이 과연 그릇된 일인가? 낙태 논쟁 전체에 대한 열쇠는 이 첫 번째 전제에 의문을 제기하는 것이 가능할 뿐만 아니라 필수적이라는 점을 깨닫는 것이다. 결국, 하나의 생명체가 인간이라는 사실이 그토록 대수로운 것인가?" 구영모 엮음, 《생명의료윤리》, 동녘, 2004(2판), p. 106. 물론 피터 싱어의 '동물권'이 모든 동물에게 지금 인간이 누리는 수준의 권리를 주자는 것이 아닌 만큼, 그의 논리에 내적인 문제는 없다. 아마 내가 당황스러웠던 것은 동아시아 유교 논리에서 윤리의 대상이 가까운 이로부터 동심원적으로 확장되어가듯이, 인권과 동물권의 사이에도 그러한 확장이 있을 거라고 지레짐작했기 때문인지도 모른다. 나는 유학을 공부한 이가 아니라 서양철학을 공부한 이인데도 말이다.

의 핵심은 '인간의 생활에서 타인의 중요성이 감소하기 시작하고 끝내는 그 필요성이 0에 수렴하게 되는 시대'라고 진단한다. '사회적 동물'이라던 인간이, 여전히 사회 속에서 살지만 사실상 혼자 사는 것처럼 착각하면서 살 수 있는 시대가 도래하고 있는 것이다. 물론 이러한 변화는 엄청난 편의성을 동반한다. 유럽에서는 1997년에 컴퓨터 '딥 블루'가 인간 체스 챔피언 '가리 카스파로프'를 상대로 이긴 후 오히려 체스 인구가 증가했다고 하는데, 이는 아이들이 체스 교사 없이 컴퓨터 프로그램만으로 체스를 배울 수 있게 됐기 때문이다. 2016년 알파고가 이세돌 9단과 대국하는 등 AI가 바둑의 영역을 정복한 이후에도 흡사한 현상이 벌어졌다. 예전 같으면 학원을 다니면서 수련해야 했던 요가나 스트레칭 역시 유튜브 동영상을 반복 시청하면서 수련할 수 있게 됐다. 스마트폰 앱과 스마트워치를 활용해서 운동 내용을 분석하면 예전처럼 동호회나 강좌에 소속되지 않더라도 달리기나 수영 같은 운동을 효율적으로 할 수 있다. 지금도 스마트폰 앱이 금융 상담을 대신해주기도 하고, 사람이 하는 비대면 금융 상담의 영역이 커지고 있지만, 종국에는 AI가 이 역할을 대체하게 될 것이다. 요약하자면, 우리는 여전히 '타인의 인지'의 도움을 받으며 생활하게 될 것이지만(AI가 전달해주는 것도 아직까지는 스스로 생성한 지식이 아니라 '타인의 인지'를 요약 정리한 것이니까), 그 사실을 미처 느끼지 못하는 생활을 하게 될 것이란 말이다. '사람'을 만나지 않고도 희로애락을 느끼고 문제 없이 생활할 수 있다면, 그 생활에 적응한 인류의 인간성은 예전에 우리가 알던 것과 전혀 달라질 것임이 틀림없다. 선진국의 저출생 고령화란 현상도 이 거대한 문맥 위에 놓여 있는 것일 테고, 인구 구조 변화의 충격을 완화하기 위한 노력을 부단히 기울여야 하는 것과는 별개로 이러한 조류 자체에도 적응해야 할 것이다.

한편 최근 경제 신문을 중심으로 대두되는 '2050~2060년 국민연금으로 인한 국가재정 파탄'류 기사는 국민연금을 완전히 해체하고 온전히 민간 연금의 시대가 열릴 경우 이득을 보게 될 자본의 이해를 대변한 성격이 크다고 한다. 국민연금으로 인한 혜택이 줄어든다 하더라도 서민층에게는 국민연금이 있는 편이 더 유리하다는 것이다.[4] 다만 국민연금 문제에 대한 진보 진영의 접근과 대안이 청년층이 국민연금 문제에 대해 가지는 공포를 충분히 배려하지 못하고 있다는 비판은 타당한 구석이 있다.[5] '다수 노년층을 소수 청년층이 부양하는 세상'을 어찌할 것이냐는 질문도 나오지만, 인구 구조를 바라보는 경제학자에 따르면 2070년경까지 버티면 그것도 어느 정도 안정화된다고 한다. 그것이 무슨 의미일까 머릿 속으로 잠깐 생각해보니, 1980년대 초반생인 내 또래까지 생물학적으로 퇴장하면 인구 구조가 안정화될 거란 관측이었다. 어쩔 수 없이 이 글을 쓰는 나조차 그때까지 후세대에게 민폐를 끼치지 않도록 건강을 지키면서, 되도록 죽는 날까지 일하고 세금을 납부하며 살아가야 한다는 감상이 들게 된다.

한국 사회는 그간 '진보주의자들의 경고'가 실현되지 않는 발전 경로를 거쳐왔다. '육체노동을 저임금으로 유지하면 결과적으로 노동 기피 현상으로 노동력이 부족해지고 사회 전체의 활력이 저해될 것'이라는 타당한 제언이 현실로 나타나지 않은 것이다. 그런데 정확히 살핀다면 실현되지 않은 것이 아니라 지연되었을 뿐이다. 그리고 지연된 이유는 산업화세대의 비상식적인 근로 윤리 때문이다. 내 또래들도 조부

---

4   김종호, 〈국민연금 지속하면 국가부도? 왜 이런 이야기 나왔냐면〉, 〈오마이뉴스〉, 2023년 4월 21일.

5   이에 대해서는 전혜원·오건호, 《연금에 대해 말하지 않는 것들》, 서해문집, 2024를 참조할 것.

모세대와 부모세대를 통해 익히 경험한 것이지만, 한국의 산업화세대는 '집에서 노느니 약간이라도 벌 수 있다면 그냥 일'했다. 내 돌아가신 할머니는 병원에 실려오는 마지막 순간의 그날까지 일하셨는데, 이런 일은 한국에서 드물지도 않다. 드라마 〈오징어게임〉에서 쌍용자동차의 오마주임이 너무나 명백한 공장에서 실직한 성기훈을 건사한 것도 '죽는 그날까지 일한 어머니'였다. '청년세대의 좌절'을 흔히 말하지만, 한국의 저임금 1차산업 노동은 '결코 좌절하지 않는 산업화세대'가 여전히 떠받치고 있다. 탄광에서 갱도가 붕괴되는 사고가 나면 거기 갇힌 광부는 70대와 50대이며, 70대 사수의 '우리는 나갈 수 있다'는 신념에 의해 두 사람은 구출되고 그 모습을 보면서 전 국민이 힐링을 받는 것이 지금의 한국 사회다. 프랑스에선 '은퇴 후 (놀며 돈 받는) 10년'을 위해 살고 그걸 '7년'으로 줄이는 연금 개혁에 뿔나서 시위한다는데, 한국의 기성세대들은 '계속 일하면서도 의료체계가 좋으면 평균 수명을 늘려나갈 수 있다'는 희한한 사실을 입증하는 중이다. 어쩌면 '일하다 놀면 힘 빠지고 더 늙는다'는 그들의 신념에 모종의 과학이 있었는지도 모르겠다.

'노느니 일한다'는 이들 산업화세대의 태도는, 자급자족적 농촌 공동체에서 "농민들은 대가가 극도로 낮더라도 '생계 욕구'가 충족될 때까지 노동에 종사하는, 이른바 '자기 착취적 노동'에 기초하여 생계를 마련하려는 경향을 보인다"[6]는 서술을 떠올리게 한다. 그러나 조선왕조 말기의 농민들은 그렇게 자기 착취적 노동을 하는 반면, 최저 생계선만 유지되면 그 이상은 열심히 노력하지 않아서 외지인들에게 '게으르다'는 오해를 사기도 했다. 반면 한국의 산업화세대는 '더 일하면

6   김성우, 《조선시대 경상도의 권력중심이동》, 태학사, 2012, p. 309.

더 벌 수 있을 때'도 열심히 일했고, '일해봤자 얼마 벌 수 없을 것 같을 때'도 여전히 열심히 일하고 있으니 정말로 대단한 사람들이다.

그러나 나도 바로 위에서 '될 수 있으면 죽는 날까지 일해야겠다'는 생각을 적기는 했지만, 이런 사고체계가 후세대에게도 전달될 리가 만무하다는 것이 문제다. 이미 청년들은 '그쯤 받느니 집에서 덜 먹으면서 놀겠다'는 자세를 보여주고 있는데, 그렇다면 한국 사회는 지금까지의 구조와는 전혀 다른 방식으로 재편되어야 한다. '사람 쓰는데 그 돈 주느니 사업 안 한다'고 중얼거리는 사장님들은 머지않아 모두 망할 것이다. 대학원에 들어가는 교육 투자금도 지금보다 훨씬 늘어나야 하며, 직업 훈련 과정도 오히려 청년들에게 약간의 수당을 주면서 제공될 필요가 있다. 최근 한국 사회에서 극심한 청년층 젠더 갈등 역시 노동시간과 강도를 줄여야 완화될 수 있다. 많은 대기업 정규직에선 시험 성적으로만 보면 여성을 90% 이상 선발해야 하는데도 면접을 통해 남녀 비율을 50%까지는 맞춰놓고 있다고 한다.[7] 여성들의 입장에선 당연히 이것이 '남녀 차별'일 수밖에 없지만, 남성들의 입장에서도 기분이 좋지 않다. 왜냐하면 기업이 남성을 선호하는 이유는 출산·육아에 신경 쓰지 않고 회사에서 장시간 노동할 수 있는 이를 원하는 것이기 때문이다. 그래서 맞벌이 부부 가운데 남편이 돈을 많이 벌어도 자신의 아내가 아이를 갖기를 원치 않는 경우도 있는데, 이는 그들이 '가사 분담'이 정당하다고 느끼는데 회사 생활을 하면서 '육아 분담'까지는 할 자신이 없기 때문이라고 한다. 말하자면 아내로부터 '네가 육아 분담하지 않아서 내가 독박육아의 덫에 빠졌다'는 비난을 듣느니 출

---

7   특정한 좋은 직업군에선 사실상 여성을 배제한다는 옆 나라 일본보다는 그나마 나은 상황이다.

산을 포기한다는 것이다. 그렇기에 낳고 싶은 사람들이라도 낳는 걸 포기하지 않게 하려면, 인간에게 과도한 노동시간 및 강도를 당연시하는 현재 체제를 재구성해야만 한다.

　또한 과거에는 마을이나 친족집단이 단체로 키우던 아이를 부모와 시댁 및 친정 부모 몇몇이서 감당하느라 허덕이는 상황도 해결해야 한다. 가장 정석적인 해법은 최근에야 번역된《인구 위기: 스웨덴 출산율 대반전을 이끈 뮈르달 부부의 인구문제 해법》(문예출판사, 2023)에 제시된 알바 뮈르달, 군나르 뮈르달의 사민주의적 해법일 테지만, 그것을 당장 도입할 수 없다면 한국적 상황에 맞는 우회로라도 찾아야 한다. 이 문제가 풀리지 못하면 '도덕'이나 '진보'와 같은 차원이 아니라 한국 사회의 '재생산' 및 '생존'이 불가능할 것이다.

지정학이 부활하는 시대, 다시 지정학적 지옥이 된 한국

　나라 밖으로 눈을 돌리면 냉전 체제 해체 이후 수십 년간의 미국 일극 체제가 퇴조하고 미중 대결 시대 혹은 다극 시대가 열렸다. 자본주의와 공산주의라는 거대한 이념으로 대립했던 냉전 시대와도 다른 양상이기 때문에, 전근대로부터 제국주의 시대까지 인류를 규정했던 지정학이 부활하는 시대라고 한다.

　이 역시 한국에게는 최악의 상황이다. '극성스럽게 부지런한 한국인들'의 존재에도 불구하고 한국이 전근대 내내 고생했던 것은, 일본 사학자 박훈의 표현대로 '지정학적 지옥'을 살았기 때문이다(더 정확히 말하자면 '지정학적 지옥'을 살았기에 한국인은 전근대로부터 그렇게 극성스러웠다고 분석할 수 있을 것이다). 한국은 중원 왕조와 북방 유목민족 사이에 끼어 있었고, 일본 열도가 통일된 시점부터는 중국과 일본 사이에 끼인 '지정학적 지옥'에 빠졌다. 미국의 태평양 지배, 그들의 표현대로 '태평양과의 결혼'은 비록 한국을 '신부 들러리 3' 정도로 취급하긴 했지만 그 '지정학적 지옥'의 질곡에서 한국을 구해냈고, '극성스러운 한국인'들은 (비록 갈라진 한반도의 남쪽 절반에 해당하는 곳이었지만) 현대 한국을 놀라운 성장의 길로 이끌었다.

지정학이 부활하는 시대란, 한국의 입장에선 '중국과 일본 사이에서 한국이란 나라가 존재하는 것이 가능한가?'라는 이미 오래되어 망각한 질문을 다시 맞닥트리는 시대를 의미한다. 그런데 이 지점에서도 한국 사회에 정파적 해석이 난무하다는 것은 난감한 일이다. 한국 보수는 유권자를 향해 '일본은 위험하지 않다'는 가스라이팅을 시전하고, 한국 진보는 유권자를 향해 '사실 중국은 별로 위험하지 않다'는 가스라이팅을 시전한다. 보수는 '반일은 정신병'이라고 말하면서 '혐중'을 조장하고, 진보는 '반일' 정서는 은근히 조장하면서 '혐중'은 혐오라고 말한다. 그런데 내가 보기에 한국 청년층은 일종의 체제 우월감과 체제 정당성 논리에 따라, '반중 정서'를 지닌 이들이 '반일 정서'도 동시에 가지는 경우가 많다. 우리 민주주의가 중국은 물론이거니와 일본보다 더 낫고 건전하다는 그들의 체제 우월 정서를 기성세대가 인지하지 못하고 있다는 것 역시 황당한 상황이다. 그래도 대다수 시민은 보수와 진보의 가스라이팅에 속아 넘어가지는 않고 중국과 일본 모두를 공평하게 경계하는 중이다.

한국 전근대사의 곤혹 중 하나는 '일본은 한국으로 인해 고생을 해본 적이 없다'는 데에 있다. 일본은 전근대 한국에게 전쟁을 걸 때마다 흥했다. '히데요시의 조선 침공'은 실패로 돌아갔지만 그 후 에도시대 일본은 큰 타격을 입지 않은 채 발전했고, 제국주의 시대 일본도 조선을 식민지화하면서 성장할 수 있었다. 사실 역사를 세밀하게 살피면 함경도에 주둔하던 조선의 정예 기병들이 일본군 조총 부대를 압도적으로 유린한 전투도 존재하지만, 이런 사례는 일본은커녕 한국에서도 제대로 알려지지 못했다. 가토 기요마사는 함경도를 일시적으로 정복했을 뿐 7년 전쟁 대부분의 시기를 한반도 동남방 끄트머리인 울산성에 주둔하면서 농성했지만, 전후 일본인들은 그가 대륙에 진출하여 '세계의 끝'을 본 사람인 양 전승을 만들었다.[8]

한국이 전근대사에서도 그렇게 만만한 나라는 아니었는데 일본에게는 상대적으로 약했던 합리적인 이유는 엄연하게 존재한다. 북쪽의 침입을 경계하는 데 국력의 상당 부분을 소모해야 했기 때문이다. 이는 베트남이 북쪽의 중국은 잘 경계했는데 제국주의 시대 남방 해상에서부터 접근한 프랑스에게는 무력하게 침략당해 식민지가 됐던 것과 비슷한 사유다. 한국은 베트남과 달리 애초부터 일본 방면을 대비해야 하긴 했지만, 그렇더라도 국력의 대부분을 투사할 수는 없었다. 더구나 한반도와 일본 열도의 자연환경은 군사학적으로 볼 때 비대칭적이다. 일본 열도는 얇은 끈처럼 길게 늘어서 있기 때문에, 한반도 세력의 입장에선 일본 측의 침공에 대한 보복으로 침공을 가하기에도 여의치 않았다. 세종 시절의 '대마도 정벌'은 왜구의 상당수가 중국 쪽으로 향했음을 확인하고 공략한 것인데도 원정 말미에 고생했으며, 여몽연

<hr />

8   "19세기 이전 오호츠크해를 둘러싼 북아시아의 지리적 상황은 일본인들에게 매우 막연한 것이었다. 이런 배경에서 위의 인용문은 가토 기요마사가 인간 세상의 끝까지 여행한 것처럼 그리고 있다. 오랑캐라는 정체불명의 인간들이 사는 영역에 진입했다가 탈출하고 세루토스라는 거인과 싸우고 세상 끝에서 일본의 상징인 후지산을 바라보는 등 가토 기요마사의 함경도 침략은 일종의 환상문학(판타지)적 양상을 띤다." 김시덕, 《그들이 본 임진왜란: 근세 일본의 베스트셀러와 전쟁의 기억》, 학고재, 2012, p. 94.

합군의 일본 원정은 세계 최강의 몽골군이 주도한 것이었음에도 규수에까지만 한정된 피해를 끼쳤다. 즉, 군사적 역량과 상관없이 전근대 한반도 왕조는 일본 열도의 왕조를 향해 군사학적 징벌을 가할 방도가 사실상 없었다(조선왕조 말기의 상황은 군사적으로 너무나 무력한지라 별도로 취급해야 하지만, 한반도 왕조의 역량은 대부분의 시기에 그 정도 수준이 아니었는데도 그랬다). 하지만 일본은 그런 사정을 고려해줄 이유가 없었고, 한국을 '만만하기에 우리 형편 좋아질 때마다 쳐들어가서 쥐어패도 되는 대상'으로 망상하면서 우월감을 느끼는 역사를 살아왔다.

중국은 역사적으로 한국에 잘못 침입했다가 고생한 적이 제법 있다. 그런데 이제 그 시기가 지나치게 옛날이다. 한반도 왕조들은 중원 왕조이든 북방 유목민족 왕조이든 그들의 침략을 응징해왔으나, 오늘날의 관점에서 볼 때 그 교훈적 사례들은 고구려–수나라 전쟁이 시작된 612년에서 고려–거란 전쟁을 종결하는 귀주대첩이 일어난 1019년 사이에 집중되어 있다. 말하자면 천 년이 넘은 사례들이다. 반면 최근 수백 년간 중국 군대가 한반도에 출정했을 때 싸운 대상은 1592년 '히데요시의 조선 침공' 당시의 일본군, 1894년 청일전쟁 당시의 일본군, 그리고 1950년 한국전쟁 당시의 미군이다. 즉 최근 수백 년의 사례로 생각해본다면 중국도 한국에게 얻은 교훈을 망각했으며, 그들이 최근 얻은 교훈은 '일본이나 미국을 격파할 수 있다면 한반도를 얻을 수 있다'에 가깝다.

전근대 시대에 인접국에게 교훈을 주려면 전쟁이 필요했다. 그러나 현대의 발달한 산업국가인 한중일 사회에 전쟁이 일어난다면 그 자체로 공멸을 초래할 일이다. 그렇다면 '전쟁 없이 중국과 일본에게 한국이 교훈을 주는 것이 가능한가?'라는 어려운 과제가 생긴다. 그래서 현대 한국 역시 국방 역량과 제조업 산업 역량을 둘 다 갖추고 있어야 생존할 수 있는 나라가 됐다. 또한 '너희들이 어떤 오판을 하든 한국인은 중국인이나 일본인이 되는 결말을 바라지 않으며, 만일 너희가 그걸 추구한다면 우리는 둘 다 망한다. 설령 우리만 망한다 한들 너희 나라도 신석기시대가 아니라 구석기시대까지 돌려놓을 것이다'라는 메시지를 끊임없이 전송해야 하는 나라가 됐다.

한 가지 확실한 것은 '지정학이 부활하는 시대'에 한국은 동남아시아의 아세안ASEAN 국가들과 발을 맞춰야 한다는 것이다. 한국은 현 윤석열 정부의 외교처럼 미중 대결 시대에 한미일 동맹으로 지나치게 치우칠 필요는 없으나, 경제 안보의 측면에서라도 중국 의존도를 줄여나가야 하는 것이 과제임은 사실이다. 그 과제를 수행하기 위해서는 문재인 정부의 신남방정책이 의도한 것처럼 아세안 국가들과의 협력이 절실하다. 그런데 그 아세안 국가들은 미중 대결 시대에서 미국의 대중국 포위망에 포섭되는 것을 꺼려서 '인도-태평양 전략'이란 명명하에 추구되는 정책에는 찬성하기가 어려운 것이 현실이다. 즉, 한국은 역설적으로 미중 대결 시대에 적응하고자 중국 의존도를 줄여나가기 위해서라도 미중 어느 쪽에도 치우치지 않는 위치 선정으로 아세안 국가들과의 경제협력을 강화해야 한다. 우리가 미국과 일본에게 주로 수출하던 시기엔 일본이 먼저 세운 탈아입구脫亞入歐의 전략이 적절했을 수 있으나, 지금 시대엔 그렇지 않다. 미국이 자유무역을 보증하던 '팍스 아메리카나' 시대엔 한국이 물건을 수출하는 선진국에게 굽신거리는 것이 유리했지만, 변화된 세상에선 식량·원자재·연료 등을 제공할 여지가 있는 개발도상국에게 결코 밉보여선 안 된다. 한국은 식량·원자재·연료 등이 현저히 부족한 나라이기 때문이다. 한국은 '식민지 출신 첫 선진국'으로서 '아시아의 일원'으로 남아 지역사회에서 의무를 다해야 지금의 위치를 점유할 수 있다. 어쭙잖게 일본이 예전에 자처한 명예 백인의 길, 아니 그러한 취급도 받지 못하고 '명예 백인'의 길을 걸어간 일본인들을 따라 하는 '명예 일본인'의 길을 걸어가서는 국익에 도움이 되지 않는다. 이 점을 인식하는 사람들이 점점 늘어나야만 한다.

한국인에게 '천하天下'란 무엇인가

"세상에서 중국과 일본 모두 우습게 여기는 이들은 한국인밖에 없다"라는 말이 있다. 나는 이 말이 물론 세태를 반영하지만, 좀 더 면밀하게 해석할 부분이 있다고 생각한다. 저 말만 들으면 한국인은 양쪽 눈을 다 감고 사는 사람이다. 물론 그런 이들이 전혀 없지는 않겠지만, 다수는 아니라고 본다.

한국인의 구성을 보면, '중국 중심 천하관'을 가지고 일본을 우습게 여기는 사람들이 상당수, '미국·일본 중심 천하관'을 가지고 중국을 우습게 여기는 사람들이 상당수일 것이다. 전근대 시대엔 전자가 절대다수였지만, 근대화 이후 후자가 늘어났다.

상세한 비율이나 그 변동 양상은 차치하더라도, 보통 양쪽 눈을 감은 건 아니고 한쪽 눈을 감은 채 세상을 본다. 그러면서 상대방을 친북이니 친일이니 몰아가면서 극단적으로 싸운다. 이것이 내가 바라보는 현대 한국의 풍경이다.

이처럼 분열된 천하관은 전근대로부터 한국이 독자적인 천하관을 가지기에 부족한 규모였던 탓이 크다. 중국이야 당연히 스스로를 '천하'라고 인지했고, 일본도 천하를 간신히 자처할 만큼은 된다. 일본인들이 '천하'라는 말을 사용할 때는 조선 선비들처럼 '중화와 우리'가 아니라 그냥 일본 전국을 의미한다는 느낌을 많이 받았다. 최근에도 한국에서 흥행한 《슬램덩크》(1990~1996)를 그린 이노우에 다케히코의 《배가본드》(1998~)만 보더라도, 일본의 검객들이 '천하'를 논할 때 그 범위는 일본을 벗어나지 않는다. 반면 한국 전근대사에서 무협물을 추구한 〈육룡이 나르샤〉(2015~2016) 같은 드라마에서 그들 영역의 최강자는 '삼한제일검' 또는 '조선제일검'으로 표현되며 '중원제일검'은 따로 존재한다. 이처럼 한반도 사람들에겐, 본인들의 영역만으로 감히 '천하'를 자처한다는 것은 오만하거나 편협한 일로 여겨졌다. 더구나 한반도 주변에는 복속할 만한 만만한 주변국도 없었으므로, 인도차이나 반도 내에서는 왕초였던 베트남처럼 '외왕내제'를 쉽게 외칠 만한 상황도 아니었다.

중국의 눈이나 미일의 눈으로 바라보는 세상은 단선적이며, 반대파와의 적대를 부를 수밖에 없다. 그렇다고 한국의 독자적인 눈으로 세상을 바라보려고 한다면 더 편협해진다. 결국 남은 길은 좀 더 높은 시점에서 조망하여, 주변국들과 우리를 관찰하는 것이다.

한국이 '천하'를 자처하지 않기 때문에 갖게 된 의외의 장점도 있다. 바로 '한국 사회의 기준'을 가치판단의 최종 심급으로 치지 않는다는 것이다. 중국인이나 일본인은, 한국인들이 얼마나 숨 쉬듯이 한국 사회를 비난하는지를 알면 놀랄 것이다. 사실 한국인들은 주야장천 한국 사회를 비난한다. 다만 중국인이나 일본인이 비난하면 화내고, 한국 사회 시민이라도 중국인이나 일본인의 관점으로 비난하면 화내기 때문에, 중국인이나 일본인이 그 사실을 알지 못할 뿐이다.

그런데 한국은 누군가 본인들이 생각하는 '중심부'에서 성과를 내면 그 전에 한국 사회에서 그들을 아무리 천대했더라도 갑자기 안면몰수, 조변석개, 부화뇌동하여 띄워주고 찬양하는 문화다. 이는 중국이나 일본과는 확연히 구별되는 문화일 것이다. 봉준호 감독의 〈기생충〉

은 황금종려상이란 성과가 없었으면 한국에서 천만 관객 영화가 되기는 어려웠을 것이다. 그러나 한국에선 아무리 한국의 사회 문제를 다뤘더라도, 한국의 치부를 드러냈을지라도, 다소 마이너한 감성일지라도, '중심부'로 인정되는 해외에서 성취를 얻으면 호기심에서라도 그것을 챙겨준다. 고레에다 히로카즈처럼 해외에서 수상했는데도, 일본 사회의 치부를 드러내는 영화를 만들었다는 이유로 외면당하는 일이 발생할 수는 없다. 물론 〈기생충〉은 천만 영화가 되는 과정에서도 일부 보수적 평론가들의 공격을 받았다. 그러나 이후 '프랑스에서 주는' 황금종려상뿐만 아니라 '미국에서 주는' 아카데미상 네 개를 수상하자 〈기생충〉을 비난하던 모든 보수주의자들이 잠잠해졌다. 심지어 국민의힘 어떤 의원은 본인의 지역구인 대구에 '봉준호 거리'(봉준호의 고향이 대구이긴 하다)를 만들겠다고 말했다가 빈축을 샀다.

한국 사회는 '천하'가 아니다. 한국인들은 한국 사회를 '변방'이라 생각한다. 그래서 한국에서 잘된 이가 천하에서도 잘되면 제일 즐거워하지만, 한국에서 인정받지 못하던 이가 천하에서 잘되면 모두 그를 칭송했다. 전근대 역사에선 그게 중원 왕조였고, 현대 역사에선 '서구' 혹은 '영미'가 됐다. 'OECD 평균', '글로벌 스탠다드' 같은 의미가 있는 듯하기도 하고 없는 듯하기도 한 애매한 단어들이 지칭하는 것이 바로 그것이다.

가령 통일신라시대 인물인 최치원은 당나라 과거 시험 빈공과에 합격했는데, 신라는 그때 과거 시험이 없었다. 그런데 만약 그때 신라에 과거 시험이 있었다 치고, 최치원이 신라에선 떨어지고 당나라에서 합격했다면 어떻게 됐을까? 일본인이라면 '당나라에서 합격을 했더라도 우리 사회의 시험에서 떨어졌다면 넌 인재가 아니야'라고 했을 것이다. 하지만 신라인이 지금의 한국인들과 비슷한 심성이었다면, 그들은 신라의 과거 시험은 엉터리이고 뇌물에 의해 좌지우지되는 것이니 당장 뜯어고쳐야 한다고 성토했을 것이다. 이는 현대 한국의 장점과 병폐와도 포개진다. 현대 한국은 미국으로 많은 학생을 유학 보내고, 미국 박사 학위를 가장 높게 친다. 그래서 자국 대학의 자생력이 떨어지기는 하지만, 그럼에도 그런 경험을 하고 온 이들이 다수란 점이 한국 사회의 경쟁력을 유지하는 요인 중 하나라는 것도 분명한 사실이다.

세종을 추억하며, '정신패배'를 넘어서

한국 역사에서 '천하'를 자처했던 것은 '해동천하'의 관념을 지녔던 고구려에서 고려까지일 것이다. 그러므로 전근대사는 '중국 중심 천하의 핵심·제후국'을 자처했던 조선(고조선과 조선)과 '해동천하'를 추구했던 고려(고구려와 고려)의 노선이 대립·병존·교체한 역사라고 볼 수 있다. 그러나 해동천하의 관념 역시 '유일한 천하'가 아닌 '다원적 천하'를 논하는 것이었고, 그 '다원적 천하' 사이의 문화 교류를 전제했기 때문에 중국이나 일본이 형성한 자국 중심의 천하관과는 매우 달랐다고 볼 수 있다. 나는 고려의 '해동천하' 노선과 조선이 추구한 '일등 제후국' 노선 사이의 차이가 보통 한국인들의 생각보다는 크지 않다고 이해하고 있다. 당시 세계 초강대국 요나라의 정예군을 몰살하는 귀주대첩이란 승리를 이끌어낸 고려가 승리 직후 요나라에 조공을 바치면서 평화를 추구했다는 사실을 봐도 그러하다. 귀주대첩 이후로부터 고려와 조선은, 중국 중심 천하의 핵심 제후국으로 대접받았기 때문에 '고려나 조선이 조공을 바치는 존재'가 바로 '중원의 천자'가 될 것이라는 역설적인 위상을 확립했다. 이는 조선이 청나라에게 '삼전도의 굴욕'을 당한 이후에도 달라진 바 없는 위상이었으며, 사실 홍타이지는 바로 그러한 지위를 확보하기 위해서 조선을 침공했다고 볼 수 있다.

한국은 한 번도 '제국'을 자처해본 적이 없기에, 설령 있다고 해도 너무 옛날이기에, 제국 출신 국가들처럼 드넓은 시야에서 세계 정세를 보지 못한다는 논의가 있다. 일정 부분 타당하다. 그러나 한국인의 시야가 좁아진 것은 꼭 제국이 아니었기 때문은 아니고 20세기의 한반도 분단 때문에 대륙에서 동떨어진 섬과 같은 신세가 된 탓이 더 크다고 생각한다. 고려왕조는 '해동천하' 시대가 종식된 이후 '예케 몽골 울루스'라는 거대 제국의 일부가 되었지만, 그 일부였기 때문에 당대에 가장 폭넓은 세계를 인식한 나라가 될 수 있었다. 그리고 그러한 고려왕조의 유산이 조선왕조 초기의 '혼일강리역대국도지도'에 담겼다.

한국인들이 한국 전근대사에서 가장 사랑하는 군주는 단연코 고구려의 광개토대왕과 조선의 세종대왕일 것이다. 한국인들 모두가 '대왕'이란 명칭으로 부르는 것에 동의하는 유이한 인물들이기도 하다. 한국인들은 이 중에서 광개토대왕을 '제국'에 가까운 인물로, 세종대왕은 '제국'에서 거리가 먼 인물로 생각할 것이다. 그런데 다른 관점에서 접근할 수도 있다. 광개토대왕의 치세를 포함한 고구려의 특수성은 요동을 확보한 이후에도 '요하 방어선'을 형성했을 뿐 중원을 향해 뛰어들어가지 않았다는 것이다. 광개토대왕의 경우 기록이 너무 부실하고 일찍 사망했기 때문에 무슨 생각을 했는지는 알 수 없으나, 고구려는 전반적으로 자기방어 영역을 확보하려고 노력했을 뿐 중원 침공을 추구하지는 않은 것으로 보인다. 그런데 요동은 중원에 너무 가까운 땅인지라, 이민족 왕조 가운데 요동을 확보한 이들 중 중원을 침공하지 않은 사례가 없다. 심지어는 만주를 확보한 근대 일본 제국조차 중일전쟁을 향해 빨려 들어갔는데, 고구려가 끝내 자기 영역만을 지켰다는 것은 역설적으로 '제국이 아닌 채 존속하는 방법'을 추구했다고 해석할 수 있는 부분이 있다.

한편 세종대왕의 경우 한글 창제라는 과업이 과연 한국인만을 위한 것이었을까라는 의문을 품을 만하다. 현대 한국에서 민족주의자들은 한글 창제를 민족 문화 창달이란 관점에서만 바라보는 경향이 있으며, 문화주의자들은 그것이 중화 문명을 따라잡기 위한 방편이었다는 점에 주목한다.[9] 그런데 한글은 '민족 문화'나 '중화 문명 따라잡기'라는 틀로 해석하기엔 지나치게 야심이 큰 발명품으로 느껴진다. 세종이 창제한 훈민정음에는 당대 조선인도 사용하지 않았던 발음을 표기하는 방법이 들어 있었다. 이것을 기존에는 '중국어 한자 발음을 정돈하기 위해'라고 해석해왔다.

그런데 미국인 작가인 조 메노스키가 쓴《킹 세종 더 그레이트》(핏북, 2020)를 꼼꼼히 읽으면서 나는 조금 생각이 달라졌다. 미국인 작가의 상상력은 세종이 조선인만을 위해 문자를 창조했다는 우리의 자부심을 다소 벗어나고 있었다. 책을 덮는 순간 나는 세종이 저 위대한 창조물을 반포할 때는, 언젠가는 자신이 아는 모든 세계의 신민이 이 문자를 사용하면서 유학을 이해할 것을 희망했을지 모른다는 생각을 가지게 됐다. 만약 이러한 추정에 개연성이 있다면, 정치적으로는 그저 제후국의 왕의 위치를 수용한 세종은 문화적인 측면에서는 진정한 제국을 꿈꾸었던 사람이 될 것이다.

현대 한국을 봐도 대한민국이란 나라 자체가 제국이 될 가능성은 없으며, 그것을 추구해야 할 이유조차 없다고 볼 수 있다. 그러나 삼

---

9 박훈, 〈세종의 '문명적 주체' 만들기〉,《위험한 일본책》, 어크로스, 2023, pp. 100~103.

성이나 현대와 같은 한국의 재벌 그룹은 어떤 의미로선 제국을 형성했다고 말할 수 있다. 재벌 그룹뿐 아니라 케이팝 같은 경우도 어떤 의미에선 제국이 되어가고 있다고 볼 수 있다. 물론 나는 케이팝에 대해선 본질적으로 '감정 착취의 제국'이라고 이해하는 다소 비판적인 관점을 가지고 있긴 하다.[10] 그러나 한국인들이 '케이팝의 정치화'를 경계하고 싫어함에도 불구하고 해외 케이팝 팬들은 케이팝을 정치적으로 소비하는 경향을 지니게 됐다는 사실이 역설적으로 '케이팝의 제국화'의 증거라고 할 수 있다. 많은 나라에서 케이팝은 '서구가 아닌 나라가, 자국 전통문화를 보존하면서도 서구의 발달된 부분들은 충실하게 수용한 사례'[11]를 상징하고 있다. 이러한 상징은 현대 한국이 지금까지 고생하면서 성장해온 과정을 다소 단순하게 압축한 것이지만, 그렇다고 틀렸다고 말할 수는 없다. 그렇기에 케이팝은 여러 나라에서 쉽게 '자유주의'나 '민주주의'와 같은 가치와 결합하게 된다. 제국을 정의하는 한 가지 방식은, '보편적인 도덕률'을 제시한다는 것이다. 제국이 원활한 통치를 위해 화폐와 도량형을 통일하는 것처럼, 여러 민족과 문화권을 넘어 제국의 영역 전체를 규율하는 도덕률을 제시해야만 유지될 수 있기

---

10 최근 한국의 아이돌 여가수들의 연애가 비판받고 금기시되는 현상에 대한 보도가 외신에서도 나오고 있다. 이 역시 케이팝을 '감정 착취의 제국'이라고 칭하게 되는 현상의 일면이다. 그런데 여기서 핵심은 팬덤이 아이돌의 연애를 '비난'한다는 것이 아니다. 팬덤이 본인들의 감정을 착취해가며 아이돌에게 몰입하기 때문에, '연애'라는 사건으로 인해 그 '몰입'이 깨지면 우울해지고 지출이 줄어든다는 것이 핵심이다. 즉, '감성 착취'는 생산자 및 상품에게도, 그리고 소비자에게도 일어나는 현상인 것이다. 따라서 '아이돌의 연애를 비난하는 팬덤이 사생활을 감시한다며 도덕적으로 비판'하는 비평으로는 이 현상에 대처할 수 없다. 소속사가 겁내는 것은 비난이 아니라 수익 감소이기 때문이다. 그리고 이것이 '도덕률'이 아니라 '몰입'의 문제이기 때문에, 아이돌의 연애는 일률적으로 비난받는 게 아니라 상황과 양상에 따라 전혀 상이한 수준의 논란에 휩싸인다.

11 나는 '서구'란 말을 해체하고 싶어 하는 사람이지만, 이 '상징'을 설명할 때엔 기존의 편견을 답습하는 것이 가장 정확하다.

때문이다. 그리하여 제국 안팎의 이민족들조차 본인이 속한 문화권의 협소한 도덕률이 아니라 제국의 보편적인 규율을 흠모하도록 해야 제국은 유지될 수 있다. 이런 맥락에서 분석해본다면, 비록 한국은 그러한 '보편적인 도덕률'을 추구하지 않고 그저 '상식'의 나라에 머물지라도, 케이팝은 한국 사회를 넘어서 케이팝이 받아들여지는 모든 영역에서 모종의 보편성을 추구할 수 있는 가능성이 있다고 생각한다.

이와 관련해서, 나는 한국 지성계가 '정신패배'를 넘어서서 현대 한국의 위상과 역할을 직시해야 할 필요가 있다고 생각한다. 〈오징어게임〉의 전 지구적인 흥행을 보면서도 진보 담론은 '한국 사회의 심각한 불평등 문제를 보여준 것이므로 자랑스러워할 일이 아니다'라고 하고, 보수 담론은 '성공이라 할지라도 돈은 넷플릭스가 다 벌었으므로 자랑스러워할 일이 아니다'란 식으로 억지로 '정신패배'하는 태도로는, 설령 모종의 기회가 오더라도 낚아채기 어렵다. 한국인으로서 '선진국'에 열등감을 품고 그것을 극복하는 삶을 살아온 내 또래로서는, 우리가 그간 열등감을 품어왔던 특성들이 이제는 오히려 장점으로 작용하는 지점을 주목해야 한다고 느낀다. 앞서 말한 것처럼 '명예 백인'이나 '명예 일본인'의 길을 거부하고 '식민지 출신 첫 선진국'으로서의 책무를 떠맡는 태도를 보이는 것이 한국이 그 특수성을 겸허하게 활용하는 최선의 길이 될 것이다. 한국을 영원히 '피해자'처럼 생각하는 민족주의 담론도 그 최선의 길에서 멀어져 있지만, 영원히 '강자에게 복종해야 하는 약자'처럼 생각하는 뉴라이트식 국가주의 담론도 그 최선의 길과 정반대 방향이란 점은 마찬가지다. 한국이 '강자에게 복종해야 하는 약자'처럼 영원히 행동해야 한다는 국가주의 담론에는 다음과 같은 회의를 품게 된다. 지금처럼 한국이 부유해졌을 때도 저런 이데올로기로 통치되는 나라를 과연 박정희가 바랐을까? 혹은 김종필이 바랐을까?

박정희의 쿠데타를 저지하려고 시도한 일본 육사 동창 출신의 장성 이한림이 봤다면? 김재규가 봤다면? 이 사람들은 군부독재 세력의 주역이거나 협조자들이었고, 서로 협력하기도 하고 대립하기도 했지만 어쨌든 본인들이 사는 나라보다 훨씬 나은 나라에서 후손들이 살기를 바랐다. 그들 중 누가 저 '보수주의'에 동의했을까? 저 사람들은 과연 한국이 지극히 부유해진 21세기에도, 애초 본인들이 초대받지도 못했던 샌프란시스코 협정의 정신을 충실히 준수하면서 사는 것을 바랐을까? 아무리 고민해도 과거의 보수주의자들이 현재의 한국 보수주의자들의 노선에 동의할 리가 없다는 생각이 든다. '86운동권 세력의 노선'이 '망국의 길'이라고 질타했던 그들이 오히려 '망국의 길'을 사람들에게 제시하고 있다는 생각이 든다. 그들은 '상식의 독재'를 경멸하는 사람들이며, '한국 사회의 상식'이 아니라 '그들의 우월한 지식'이 한국 사회를 통치해야 한다고 믿는 사람들이다. 하지만 나는 그들에게 통치받느니 다시 한국 사회를 '상식 통치'의 사회로 되돌리고, 그 상식의 내용을 일신하기 위해 노력하는 것이 낫겠다는 생각이 든다. 그리고 지금까지 내가 분석한 것이 맞다면, 한국 사회 시민들은 그런 이들의 통치를 오래 용인하지도 않을 것이다.

결미:
'상식삼분지계'를 제안한다

    나는 처음에 이 책을 정치 평론으로 기획했다. 근 20년간 한국 정치에 대해 떠들어왔던 사람의 시선에서, 한국 사회에 대한 총괄적인 비평서를 만들어보고 싶었다. 그런데 문재인 정부 출범기에 기획했던 이 책은, 시대의 기우뚱함의 영향을 받아 점점 더 거대하게 확장되기 시작했다. 막역한 친구들과 함께 쓴 《추월의 시대》가 한국의 근현대사와 전근대사의 곳곳을 다루게 되면서, 나의 '상식'에 대한 탐구 역시 그 역사적 기원을 향해 지나치게 용감하게 돌진하기 시작했다. 기획안을 뒤엎고, 원고를 해체했다 다시 쓰기가 서너 번 반복되는 동안 한 정권의 임기가 끝나가는 게 보였고 유례없이 지루하면서도 치열했던 그 대선이 닥쳐왔다. '공정과 상식'을 기치로 내걸었던 윤석열 후보가 승리하고 새 정부가 출범하면서, 나는 바로 이 풍경까지 감안하기 위해 책이 이토록 늘어졌나보다 하고 생각하게 됐다. 기획안을 마지막으로 뒤엎고 처음부터 원고를 다시 쓰기 시작한 것은 2022년 여름의 일이었다. 그 이후로는 나 혼자 왜 이 고생을 해야 하는지 알 수 없다는 회의를 느끼면서도 악전고투하듯이 한 구절씩 쌓아올렸다.

    이렇게 긴 본문을 썼는데도 맥락이 닿지 않아 '동아시아 주지주의'와 '서유럽 주지주의' 사이의 중대한 차이를 미처 기술하지 못했다.

그것은 '진리'와 '평화'에 대한 태도다. '서유럽 주지주의'가 '진리'를 추구하고, 이를 위해선 '전쟁'이나 '혁명'도 불사할 수 있다고 생각한다면, '동아시아 주지주의'는 '진리=평화'라고 생각한다. 즉, 평화를 유지하기 위해 안간힘을 기울이는 것이 지식인과 담론의 역할이라고 생각한다. 그래서 서유럽의 주지주의가 전통사회의 '소박한 도덕률'과 일단 결별하면서 시작한다면(물론 이들도 일련의 논증 과정을 거쳐서 다시 이 방향으로 돌아오겠지만), 동아시아의 주지주의는 전통사회의 '소박한 도덕률'을 정당화하는 데 집중적으로 봉사한다. 한국 사회를 지배하는, 혹은 마땅히 그것이 지배해야 한다고 한국인들이 믿어 의심치 않는 '상식'은 이 동아시아 주지주의 전통의 '소박한 도덕률'이 하나의 규율이 되어 공동체 전체를 하나로 묶었을 때 탄생한 것이다. 다른 동아시아 사회도 그러한 '이상'을 추구했지만, 전근대 조선왕조에서 한국이 이루었던 수준의 일치를 이뤄내지는 못했다. 예를 들어 중국에서는 '하늘은 높고 황제는 멀다'(천고황제원天高皇帝遠)라는 말이 '중앙 권력이 미치지 않아 지방 토호의 횡포가 심하다'란 의미로 쓰인다. 베트남은 중국처럼 넓지 않은데도 '황제의 법은 촌락 앞에서 멈춘다'는 속담이 있다. 전근대 중국인이나 베트남인에게 '상식'이란 말을 알려주면서 그들의 상황을 묘사해보라고 했다면, "우리에겐 '황제의 상식'과 '촌락의 상식', 두 개의 상식이 있지요"라고 말했을 것이다. 현대 중국에선 '공산당의 상식'과 '내가 속한 기층 공동체의 상식'이 있을 것이다. 일본 역시 '무라의 자치'와 '막부의 통치' 사이의 세상을 오갔다. 그러나 전근대 조선왕조에선 사대부에 해당하지만 다소 특수한 신분인 것 같기도 하고 아닌 것 같기도 한 양반('사대부지족士大夫之族')이 농촌에서 가난한 농민들과 함께 거주하면서 단일한 성리학 도덕률의 사회를 이룩했다. 그것이 현대 한국인들 역시 '하나의 상식'을 당연하게 여기는 기반이 됐다.

서유럽 주지주의가 어떻게 '소박한 도덕률'과 결별하는지를 보여주는 두 개의 풍경이 있다. 플라톤의 《에우티프론》에서 에우티프론은 아버지를 고발하러 가는 중이다. 작중 소크라테스는 에우티프론의 윤리의 근거를 현란한 논증으로 바수지만, 아버지를 고발해선 안 되기 때문에 그렇게 하는 것은 아니다. 예수는 제자들을 향해 "내가 너희에게 평화를 주러 온 줄 아느냐. 분란을 일으키려고 왔다"라고 선언하며, "가족을 버리고 나를 따라나서라"라고 한다. 플라톤 대화편에 나오는 소크라테스의 발화, 복음서에 나오는 예수의 발화들은 동아시아에서 지식인이라면 결코 해서는 안 될 말들이다.

서유럽의 주지주의가 정치를 만나면 그래서 '혁명의 정치'가 된다. 진실을 깨달으면 그 진실에 맞춰서 세상을 뒤엎어야 한다. 반면 동아시아 주지주의가 정치에서 추구하는 것은 '평안'이다. 전쟁이 없는 상태다. 이 세계관에선 혁명도 일종의 전쟁이다. 그 '평안'은 농민이 체제에 맞서 혁명할 욕망이 들지 않을 만큼은 베풀면서 성립된다.

동아시아에선 선비도 협객도 배웠다면 '천하 만민의 평안'을 기원해야만 한다. 평민들은 대문 앞에 '가화만사성'을 붙이고, 사대부라면 '국태민안'을 기원해야 한다. 우리에게 너무 익숙하고 상당수가 지긋지긋해하기까지 하는 그 태도가 여기에서 도출된다.

그래서 현대에 이르렀을 때 유럽의 지식인은 부도덕한 게 자연스럽고, 동아시아의 지식인은 도덕적이어야 한다는 의무를 강요받는다. 유럽에서 지식인이란, 진리에 가까운 사람이란 무엇인가. 그는 범상한 이들이 따르는 인습의 근거가 불충분하다는 사실을 알고 있는 이이며, 그 인습을 뛰어넘을 용기를 가진 위인이다. 그래서 세속의 윤리를 무시하는 게 자연스럽다. 물론 그들 사회에서도 그렇게 인습을 무시한 지식인들은 당대에 크게 비난받고 탄압받았다.

반면 동아시아의 지식인은 유럽의 주지주의가 '인습'이라고 부르는 것을 '인륜'으로 따른다. 우리가 앞서 말한 '소박한 도덕률'을 동아시아 전통문화의 용어로 바꾼다면 '인륜'이 될 것이다. '혼인은 인륜지대사'라고 말할 때의 그 인륜이다. 동아시아의 지식인이란 '인륜'이 지켜져야 할 이유를 깊숙이 궁구해본 결과 그것을 잘 아는 이이기 때문에, 그것을 실천하는 게 너무나 당연한 사람이다. 마땅히 그는 세상에서 가장 도덕적이어야 하며, 그러지 못할 경우 '위군자'가 된다.

동아시아 주지주의가 평안, 평화를 추구한다고 해서 전쟁을 덜 벌이는 것은 아니다. 목적이 평화라면, 전쟁 역시 평화를 이유로 정당화된다. 즉, 유럽인들이 '진리'나 '이권'을 위해 전쟁한다면 동아시아인들은 '평화'를 핑계로 전쟁을 한다. 중국, 중원은 마땅히 통일되어야 한다. 통일되어야 평안과 평화가 오고 전쟁이 사라지기 때문이다. 통일된 중국은 조선과 베트남을 상대로도 "너희들은 나의 일부다. 평화를 위해 내게 복속하라"고 선언한다. 조선과 베트남이 이때 중국에게 할 수 있는 말, 해야 할 말은 "우리는 당신의 일부가 아니다. 우리를 복속시키려면 평화는 없다. 왜냐하면 우리는 영원히 항전할 것이기 때문이다"였다. 그리고 한반도는 인도차이나 반도보다 훨씬 중국의 중심지에 가까웠기 때문에, 조선은 베트남에 비해 '독립적이지만 얌전한 제후국'의 전략을 더 적극적으로 사용했다. "사실 우리는 당신의 일부가 맞다. 이미 복속되어 있다. 하지만 우리들의 일은 우리끼리 해결하겠다."라고 주장한 것이다. 전근대 베트남은 스스로를 '남국'으로 칭하면서 중국을 '북국'이라 불렀지만, 전근대 한국은 스스로를 '동국'이라 칭하면서 중국을 그저 '중국'이라 불렀다. 중국을 무리하게 상대화시키지 않고 문화의 중심임은 인정하면서도 독립성을 추구한 것이다. 조선이나 베트남과 전혀 다른 처지였기에, 전근대 한국의 이러한 고뇌를 이해할 수 없는 일본은 그래서 "한국은 역사적으로 중국의 속국이었잖아"라고 놀린다. 그러면 한국인들은 복장이 터져 화를 내기 시작한다. 중국은 옆에서 "맞아, 맞아"라면서 고개를 끄덕이며 한반도에 대한 중국의 영향력은 미국이나 일본과의 힘겨루기로 결정될 거라고 여길 것이다. 한국은 "우리를 복속시키려면 평화는 없다"는 역사적 교훈을 중국에게 준지가 너무 오래됐다(귀주대첩 기준으로 1천 년). 그러나 베트남은 20세기에도 승전으로 중국에게 교훈을 남겼기 때문에 우리에 비해선 '중국 스트레스'를 덜 받는 것 같다.

돌아와서, '하나의 상식'의 통치를 당연시하는 한국은 동아시아에선 가장 유럽처럼 전쟁할 수 있는 나라가 됐다. 즉, '우리가 믿는 상식'을 위해 다투는 나라가 된 것이다. 전근대 조선에선 이것이 붕당 정치였고, 현대 한국에선 민주화 이후 점진적으로 강도가 높아지고 있는 지리한 거대 양당 간의 다툼이 될 것이다. 이러한 갈등 구조는 성리학적 진리 체계와 어느 정도 영향이 있는 것도 같다. 왜냐하면 에도 막부 시기 일본에서 유학이 가장 융성했던 곳은 미토 번인데, 미토 번 역시 당쟁의 대명사이기도 했기 때문이다. 그렇다고 유럽인들처럼 '진리의 분열'과 '분열한 진리끼리의 다툼을 말리기 위한 실용주의적 결말로서의 다원주의'로 나아가지는 못한다. '하나의 상식'을 표방하는 그 진영 내에선 역시 이견은 '평화롭지 않은 것'으로 여겨져 진압되기 때문이다. 흔히 진영 내부의 비판가들을 향해 쓰이는 '내부 총질', '분란 종자'란 험담에는 위에서 말한 동아시아 주지주의의 특성이 여전히 녹아 있다. '각기 다른 일신교 진리'끼리 전쟁을 벌이다 영원히 전쟁을 벌일 수는 없었기에 타협한 1648년 유럽의 베스트팔렌 조약과 같은 타협이 이루어진 바가 없는 것이다.

현대 한국에서 산업화세력과 민주화세력의 세계관의 대립, 혹은 국민의힘과 민주당의 당파적 대립은 역사관과 국가의 정통성 문제에까지 그 담론의 뿌리를 뻗고 있다. 일상 어휘에서의 '상식'은 '역사관'이나 '국가의 정통성 문제'를 규정하지는 않지만, 당파의 대립이 심화되면서 지금의 한국에선 자연스럽게 그러한 일이 일어나고 있다. 이 대립에 지친 사람들은 흔히 '제3지대'를 찾는다. 한편 진보 정당 사람들은 "거대 양당의 사이가 아니라, 거대 양당의 왼편이 필요하다"고 말한다. 다만 경제정책의 측면을 살핀다면 진보 정당의 주장도 일리는 있다. 그러나 '역사관'이나 '국가의 정통성 문제'로 온다면 사정이 달라져서, 진보 정당 사람들도 사실상 민주당과 비슷한 인식을 공유한다. 그러니 대립에 지친 사람들이 말하는 '중간지대'라는 말도 의미를 가지게 된다.

　내가 근 20년간 정치에 대해 떠들어온 세월은 이 대립이 더 격화되고 심화되어가는 것을 안타깝게 관찰한 역사이기도 했다. 노무현 정부의 출범과 통치는 뉴라이트의 형성을 부추겼고, 처음에는 보수 진영 내에서도 매우 이질적인 것으로 취급되던 뉴라이트 역사관도 대중적으로 상당히 확산되었으며 윤석열 정부에서는 주도적인 영향을 미치고 있다. 예전에 나는 이 '민족주의 역사관'과 '국가주의 역사관'의 대립을 넘어서려면 양대 역사관을 정밀하게 분석하고 그 내용들을 세밀하게 반박하는 작업이 필요하며, 그런 작업을 통해 '새로운 역사관'을 형성해야 한다고 생각했다.《뉴라이트 사용후기》(개마고원, 2009)라는 책이 그 치기 어린 열망의 불완전한 결과물이었다고 볼 수 있다.

　지금도 나는 역사 얘기를 논거로 많이 사용하지만, 이제는 새로운 역사관을 정밀하게 구성하기 위해서는 아니다. 역사관의 대립은 그런 작업을 통해서 해결되는 것이 아니라는 생각을 하게 됐다. 지금은 슬라보예 지젝 식으로 말한다면 '환상을 횡단'하기 위해서 역사 얘기를 차용한다.

한국 사회를 통치하는 '상식'에 대해 엄밀히 탐구하면 이 문제를 해결할 단초를 찾을 수 있지 않을까 하는 생각으로 몰두했던 여정의 결과, 나는 하나의 깨달음을 얻게 됐다. 한국인들이 오랫동안 말해왔던 '상식'이란 지금의 역사 전쟁, 혹은 상식끼리의 전쟁에 동원되는 '상식'보다는 훨씬 느슨한 개념이었다는 것이다. 허태균의 표현을 빌리자면 복합유연성이 있었고, 치밀하게 일관적이지 않았다. 그렇다면 양 당파의 역사관을 엄밀하게 해체하고 재조립해야 할 필요도 없는 것이었다. 문제는 '내용'이 아니라 '범위'였다. '상식'은 훨씬 느슨하고 넓은 스펙트럼을 규정하는 게 마땅했던 것이다. '상식'의 영역은 느슨하게 넓은 부분을 인정하고, '몰상식'이란 이름으로는 매우 좁은 영역만을 규탄하는 게 타당한 일이었다. '상식'의 스펙트럼이 그렇게 관대하게 넓어진다면, 지금까지 우리가 논의한 한국 사회에서의 '상식'의 역할이 유지되더라도 '상식의 독재' 사회가 아니라 '상식 기반 사회'의 모습을 지니게 될 것이다. 특정한 정치적 당파가 상대편을 담론 및 정치 지형 바깥으로 몰아내기 위해 '상식'의 범위를 좁히고 다른 정치적 입장 모두를 '몰상식'으로 규탄하는 것이 진정한 문제였던 셈이다. 이것이야말로 한국 사회에서의 '상식'이 '독재자'의 위치를 벗어나기 위해 수용해야 할 마지막 제언이 될 것이다.

우리의 화폐에는 여전히 조선시대 위인들이 그려져 있다. 신사임당, 세종대왕, 율곡 이이, 퇴계 이황, 충무공 이순신 등이다. 혹자는 맥락을 모른 채 '왜 대한민국 화폐엔 조선왕조 인물들밖에 없냐? 망한 왕조를 숭앙하는 황당한 국민들이다!'라고 분개하기도 한다. 하지만 한국인들이 조선왕조를 숭앙해서 그리된 게 아니다. 현대사 인물들을 넣자고 한다면, 도저히 합의할 수가 없어서이다. 윤치호, 이승만, 박정희의 얼굴이 그려진 화폐도, 안중근, 김구, 김대중의 얼굴이 그려진 화폐도 절반의 국민을 화나게 할 것이다. 이들 중 일부의 얼굴이 화폐에 등장하기 위해선 아직도 수십 년의 시간이 필요할 듯하다.

조선왕조 개국사를 볼 때에, 우리는 정몽주나 이방원, 정도전 중 하나의 노선을 지지해야 한다고 생각하지 않는다. 그들이 치열하게 대립하고 서로 죽고 죽였다고 한들 그것은 당대의 산물이고, 우리는 그들 모두의 유산을 공유하며 살아가고 있기 때문이다. 공저《추월의 시대》에서 나는 박정희의 중화학공업은 긍정했지만 유신은 부정했던 사람들이, 학생운동권의 민주화운동은 긍정했지만 북한 혹은 사회주의 추종은 부정했던 사람들이, 양대 당파의 입장에서 보면 '일관성이 없는 그 사람들'이 한국 사회의 균형추를 잡아왔다고 썼다. 이른바 '중도파 운전자론'쯤이 될 것이다. 지금은 마치 그 균형추가 사라진 것 같은 착시현상이 일어나고 있다. 그러나 엄연히 착시현상일 뿐이다. SNS로 인한 여론 지형 변화가 양쪽 극단을 잘 규합하기 때문에 중간이 안 보이는 것이지, 중간의 사람들은 대립의 정치에 희망을 잃고 정치에 관심을 끄고 침묵한다. 그러다가 투표는 '어느 쪽이 더 견디기 힘드냐'라는 기준에 따라 하거나 그조차 포기하거나 한다.

이 정도가 됐다면 '상식'이라 주장하는 것들이 '상식'이 아닌 것이다. 복합유연성이 있었고 일관성을 엄밀하게 따지지 않았던 그 '상식'의 복원, 대한민국의 성취와 한계를 균형 있게 직시하는 '상식'이 필요하다. 굳이 지금 한국 사회를 분열시키는 두 개의 상식도 상식으로 인정하자면, '상식삼분지계'가 될 것이다. 나는 그것을 원하는 사람들, 현재보다 나은 미래를 만들고 싶거나, 현재보다 나았던 과거로 돌아가고 싶은 사람들의 숫자가 충분히 차올랐다고 생각한다. 그 사람들의 생각은 각각 다양할 테지만, 그런 사람들이 떠들고 발화할 수 있는 공간이나 영역이 열린다면 엄청난 열망이 쏠릴 거라고 생각한다. 과거 진보주의자로서 살았을 때 나는 '표준', '정상', '상식'과 같은 말들을 상대화해야만 했다. 그러나 지금은 그것보다도 '표준 아닌 표준', '정상 아닌 정상', '상식 아닌 상식'이 득세하는 데 분개하는 다수파들의 규합이 필요하다고 생각한다. 만약에 실제로 다수파가 아닐지라도, 이름을 다수파라고 정하면 그만이다. 결국 한국이 망하지 않는다면 미래에는 그들이 다수파가 될 테니까 말이다.

감사의 말

이 책을 준비하는 동안 여러 선후배님으로부터 물심양면의 도움을 받았다. 사단법인 돌바내의 박래군 운영위원장님, 한상선 사무총장님, 넥스트브릿지의 송현석 운영위원장님, 현필화 기획위원님, 민생경제연구소 안진걸 소장님, '스시도쿠' 매장을 운영하시는 주식회사 자신감푸드의 손영래 대표님, 현명한투자자들의모임 구도형 대표님, 별도로 꾸준히 도와주신 남화숙 선배님, 새로운소통연구소 하헌기 소장님께 감사드린다. 그 외에도 도와주신 분들이 많지만 다 적지 못함에 양해 말씀드린다.

책 내용에 관해서는 다음과 같은 이들의 도움을 많이 받았다. 먼저 《추월의 시대》 공저자 그룹, 김시우·백승호·양승훈·임경빈·하헌기에게 감사를 표한다. 나는 이 공저자들과 유튜브 채널을 운영하고 《추월의 시대》를 저술하면서 시야가 넓게 확장됐으며, 그 기반 위에서 《상식의 독재》를 쓸 수 있었다. 《상식의 독재》를 다 읽고도 저자가 주장하는 바에 대한 논거가 미약하다고 보시는 분이 있다면 《추월의 시대》를 함께 읽어주실 것을 부탁드리고 싶다.

내용 전반에 가장 막대한 도움을 준 이는 홍대선 작가님이다. 마침 그가 《한국인의 탄생》을 준비하고 있었기에 서로의 관심사가 포개지는 부분에 대해 얘기를 많이 나눴다. 《한국인의 탄생》은 《상식의 독재》와 접근 방식이 크게 다른 책이지만, 밝혀내려는 내용은 흡사하다고 생각한다. 우리는 종종 "같은 산을 다른 경로로 등반하고 있는 것 같다"는 감상을 밝히곤 했다. 그의 저술이 널리 알려지길 희망한다.

박학다식해 주변 사람들을 놀라게 하는 박기태 변호사님에겐 여러 가지 정신사와 문화사, 특히 한국 식문화에 대한 맥락적 지식에 대해 도움을 많이 받았다. 개인적으로 한국 대중문화에 대한 가장 탁월한 숨은 논평가라 평가하는 구자준 감독님의 통찰도 이 책에 나오는 대중문화 비평에 큰 힘이 되었다. 만리타향에서도 내가 확인을 부탁하는 역사적 문제에 대해 언제나 도움이 되는 조언을 준 역사 애호가 길한석 님의 조력 역시 컸다. 이분들 모두에게 감사드린다.

원고가 방대했기 때문에 전체를 다 읽어주면서 코멘트를 해준 친구가 흔치 않다. 김영주 님과 이성희 님, 그리고 김현성 작가와 천현우 작가가 그 대단한 수고를 해주셨다. 김현성 작가와는 그가 새로 낸 《자살하는 대한민국》과 이 《상식의 독재》의 논의가 포개지는 부분에 대해서도 여러 차례 즐거운 대화를 나누었다. 책 원고 전체를 다 읽지는 못한 이들이지만 송가연 작가, 양승훈 교수, 유준경 선배, 최성수 교수님도 상당한 분량에 대해 꼼꼼한 코멘트를 해주었다. 역시 이분들 모두에게 감사드린다.

내게 영향을 준 저자들은 무수히 많아서 전부 다 적을 수 없다. 적어도 이 책의 참고자료에 이름이 나오는 저자들은 모두 내게 도움을 주신 분들이라 봐도 무방할 것이다. 그분들 모두에게 감사드린다.

마지막으로 추천사를 써주신 역사학자 김정인 선생님과 더불어 민주당 김한규 의원님께 감사드린다. 나는 안 그래도 두 분의 저술활동과 의정활동을 인상 깊게 보던 사람인데, 인연이 닿아 추천사까지 받고 나니 너무나도 황송스럽다. 그리고 무려 6년간이나 모자란 원고를 기

다려주시고 꼼꼼하게 책을 만들어주신 생각의힘 출판사에도 깊은 감
사의 말씀을 드린다.

참고자료

단행본

· 가라타니 고진,《윤리21》, 윤인로·조영일 옮김, 도서출판b, 2018.

· 강양구·권경애·김경율·서민·진중권,《한번도 경험해보지 못한 나라》, 천년의상
상, 2020.

· 강인욱,《유라시아 역사 기행: 한반도에서 시베리아까지, 5천 년 초원 문명을 걷
다》, 민음사, 2015.

· 구범진,《병자호란, 홍타이지의 전쟁》, 까치, 2019.

· 김동진,《조선의 생태환경사》, 푸른역사, 2017.

· ———,《조선, 소고기 맛에 빠지다: 소와 소고기로 본 조선의 역사와 문화》, 위즈
덤하우스, 2018.

· 김동춘,《전쟁과 사회: 우리에게 한국전쟁은 무엇이었나?》, 돌베개, 2006(개정판).

· 김성우,《조선시대 경상도의 권력중심이동》, 태학사, 2012.

· 김시덕,《그들이 본 임진왜란 – 근세 일본의 베스트셀러와 전쟁의 기억》, 학고재,
2012.

· 김시우·백승호·양승훈·임경빈·하헌기·한윤형,《추월의 시대》, 메디치미디어,
2020.

· 김영순,《한국 복지국가는 어떻게 만들어졌나?: 민주화 이후 복지정치와 복지정
책》, 학고재, 2021.

· 김자현,《임진전쟁과 민족의 탄생》, 윌리엄 하부시·김지수 편집, 주채영 옮김, 너
머북스, 2019.

· 김재호,《대체로 무해한 한국사: 경제학 히치하이커를 위한 한국사 여행안내서》,
생각의힘, 2016.

· 김정인,《민주주의를 향한 역사: 시대의 건널목, 19세기 한국사의 재발견》, 책과
함께, 2015.

· ———,《독립을 꿈꾸는 민주주의: 민주주의 개념으로 독립운동사를 새로 쓰다》, 책과함께, 2017.

· 김진배,《두 얼굴의 헌법: 결정적 순간, 헌법 탄생 리얼 다큐》, 폴리티쿠스, 2013.

· 김홍중,《마음의 사회학》, 문학동네, 2009.

· 로버트 L. 에링턴,《서양 윤리학사》, 김성호 옮김, 서광사, 2003.

· 로버트 라이트,《신의 진화》, 허수진 옮김, 동녘사이언스, 2010.

· 마 씨아오루·최준식,《한국미 자연성 연구: 중국미의 자연성과 어떻게 다른가?》, 주류성, 2019.

· 마이클 브린,《한국, 한국인》, 실레북스, 2018.

· 마크 피터슨·신채용,《우물 밖의 개구리가 보는 한국사: 하버드대 출신 한국학 박 사에게 듣는 우리가 몰랐던 우리 역사》, 홍석윤 옮김, 지식의숲, 2022.

· 말콤 글래드웰,《아웃라이어》, 노정태 옮김, 김영사, 2009.

· 미야지마 히로시,《미야지마 히로시, 나의 한국사 공부: 새로운 한국사의 이해를 찾아서》, 너머북스, 2013.

· ———,《미야지마 히로시의 양반》, 노영구 옮김, 너머북스, 2014.

· ———,《한중일 비교 통사: 역사상의 재정립이 필요한 때》, 박은영 옮김, 너머북 스, 2020.

· 박유하,《역사와 마주하기: 한일 갈등, 대립에서 대화로》, 뿌리와이파리, 2022.

· 박훈,《메이지 유신은 어떻게 가능했는가》, 민음사, 2014.

· ———,《위험한 일본책》, 어크로스, 2023.

· 손승철,《조선통신사: 평화외교의 길을 가다》, 동북아역사재단, 2022.

· 송호정,《다시 쓰는 고조선사》, 서경문화사, 2020.

· 슬라보예 지젝,《이데올로기의 숭고한 대상》, 이수련 옮김, 새물결, 2013.

· 시라이 사토시,《영속패전론: 전후 일본의 핵심》, 정선태 외 옮김, 이숲, 2017.

· 신정근,《철학사의 전환: 동아시아적 사유의 전개와 그 터닝포인트》, 글항아리, 2012.

· 엄기호·하지현,《공부 중독: 공부만이 답이라고 믿는 이들에게》, 위고, 2015.

· 오구라 기조,《한국은 하나의 철학이다: 리理와 기氣로 해석한 한국 사회》, 조성환 옮김, 모시는사람들, 2017.

· ———,《한국의 행동원리》, 이재우 옮김, 마르코폴로, 2022.

- 오드 아르네 베스타,《제국과 의로운 민족: 한중관계 600년사_하버드대 라이샤워 강연》, 옥창준 옮김, 너머북스, 2022.
- 오항녕,《밀양 인디언, 역사가 말할 때: 오항녕 교수의 역사 시평》, 너머북스, 2014.
- 와다 하루키,《러일전쟁과 대한제국》, 이경희 옮김, 제이앤씨, 2011.
- ———,《러일전쟁 1: 기원과 개전》, 이웅현 옮김, 한길사, 2019.
- 와타나베 노부유키,《한국과 일본, 역사 인식의 간극》, 이규수 옮김, 삼인, 2023.
- 유니 홍,《코리안 쿨: 세계를 사로잡은 대중문화 강국 '코리아' 탄생기》, 정미현 옮김, 원더박스, 2015.
- 유발 하라리,《사피엔스: 유인원에서 사이보그까지, 인간 역사의 대담하고 위대한 질문》, 조현욱 옮김, 김영사, 2015.
- 유인선,《베트남의 역사: 고대에서 현재까지》, 이산, 2018.
- 이경훈,〈예배당, 오누이, 죄: 한국 근대문학과 기독교〉,《일제 식민지 시기 새로 읽기》, 혜안, 2007.
- 이관후,〈한국 민주주의 이념의 형성: 헌정주의, 민주공화, 국민주권〉,《한국 민주주의, 100년의 혁명 1919~2019》, 한울, 2019. pp. 54~94.
- 이마누엘 칸트,《실천이성비판》, 백종현 옮김, 아카넷, 2002.
- 이영림,〈구체제의 귀족: 몰락인가 변신인가〉,《프랑스 구체제의 권력구조와 사회》, 한성대학교출판부, 2009. pp. 247~276.
- 이영훈,〈민족사에서 문명사로의 전환을 위하여〉, 임지현·이성시 엮음, 비판과 연대를 위한 동아시아 역사포럼 기획,《국사의 신화를 넘어서》, 휴머니스트, 2004.
- ———,《대한민국 이야기: 해방전후사의 재인식 강의》, 기파랑, 2007.
- ———,《한국경제사 I: 한국인의 역사적 전개》, 일조각, 2016.
- 이영훈 외,《반일 종족주의: 대한민국 위기의 근원》, 미래사, 2019.
- 이원덕,《한일회담》, 동북아역사재단, 2022.
- 이재석,《고대 한일관계와〈일본서기〉:〈일본서기〉의 허상과 실상》, 동북아역사재단, 2019.
- 이철승,《불평등의 세대》, 문학과지성사, 2019.
- ———,《쌀 재난 국가》, 문학과지성사, 2021.
- 임지현,《민족주의는 반역이다: 신화와 허무의 민족주의 담론을 넘어서》, 소나무, 1999.
- 자현 스님,《자현 스님의 조금 특별한 불교 이야기: 자본과 권력의 관점에서 본 새

로운 불교의 역사》, 불광출판사, 2012.

· 전인권, 《남자의 탄생: 한 아이의 유년기를 통해 보는 한국 남자의 정체성 형성 과
   정》, 푸른숲, 2003.

· 전인권·정선태·이승원, 《1898, 문명의 전환》, 이학사, 2011.

· 정민, 《파란 2: 정민의 다산독본》, 천년의상상, 2019.

· ───, 《서학, 조선을 관통하다》, 김영사, 2022.

· 제임스 S. 게일, 《조선, 그 마지막 10년의 기록 1888~1897》, 최재형 옮김, 책비,
   2018.

· 랍비 조너선 색스, 《매주 오경 읽기 영성 강론: 하나님보다 앞서 걸어라》, 김준우
   옮김, 한국기독교연구소, 2022.

· 조대호, 《아리스토텔레스: 에게해에서 만난 인류의 스승》, 아르테, 2019

· 존 B. 던컨, 《조선왕조의 기원》, 김범 옮김, 너머북스, 2013.

· 주대환, 《주대환의 시민을 위한 한국 현대사》, 나무나무, 2017.

· 진중권, 〈Back to the Future〉, 지식인 레포트 3 《한국의 지식 게릴라》, 민음사,
   1999.

· 카렌 암스트롱, 《축의 시대: 종교의 탄생과 철학의 시작》, 정영목 옮김, 교양인,
   2010.

· 플라톤, 《플라톤의 국가·정체政體: 개정 증보판》, 박종현 옮김, 서광사, 2005.

· 한국농촌경제연구원, 《농지개혁사관계자료집. 제3집, 통계 편》, 한국농촌경제연
   구원, 1984.

· 한석정, 《만주 모던: 60년대 한국 개발 체제의 기원》, 문학과지성사, 2016.

· 한보희, 〈민주화, 소통, 생명: 촛불혁명의 정치인류학을 위한 시론〉, 《광장의 문
   화에서 현실의 정치로: 민주화 20년 민주주의는 누구의 이름인가》, 산책자, 2008,
   pp. 202~228.

· 한승훈, 《무당과 유생의 대결: 조선의 성상파괴와 종교개혁》, 사우, 2021.

· 한윤형, 《미디어 시민의 탄생》, 시대정신연구소, 2017.

· 한홍구, 《대한민국사》, 한겨레출판, 2003.

· 허주병, 《한국과 베트남, 두 나라 이야기》, 책과나무, 2018.

· 허태균, 《어쩌다 한국인: 대한민국 사춘기 심리학》, 중앙books, 2015.

· 현명철, 《메이지 유신 초기의 조선침략론》, 동북아역사재단, 2019.

· 홍대선, 《유신 그리고 유신: 야수의 연대기》, 메디치미디어, 2022.

- ———,《한국인의 탄생》, 메디치미디어, 2023.
- 홍세화,《악역을 맡은 자의 슬픔》, 한겨레신문사, 2002.

논문
- 김기동·박영득·이재묵,〈정치이념, 정책의 중요성, 그리고 정서적 양극화: 제20대 대통령선거〉,〈지역과 세계〉Vol. 46 No. 3, 2022, pp. 65~98.
- 이영훈·양동휴,〈조선 노비제와 미국 흑인노예제: 비교사적 고찰〉,〈경제논집〉, 서울대학교 경제연구소, 1998.
- 장은주,〈유교적 근대성과 한국 민주주의의 미래〉, 철학연구회 2017년도 추계학술대회 발표 논문.

기사
- 이종태,〈"민주 세력 '새 단결'이 김 전 대통령의 유언"〉,〈시사IN〉102호, 2009년 8월.
- 임명묵,〈일본인들이 '태양 너머'를 상상하게 되었을 때〉,〈슬로우뉴스〉, 2020년 4월 2일.
- 임병선,〈"한국인처럼 먹으면 2050년 지구 2개로도 부족"〉,〈뉴스펭귄〉, 2020년 7월 17일.
- 천관율,〈이해찬 독점 인터뷰 1 나는 왜 20년 집권을 말했나〉,〈시사IN〉679호, 2020년 9월.
- 최유진,〈빼앗긴 공유지, 우리는 이웃을 잃었다〉,〈오마이뉴스〉, 2022년 5월 23일.
- 최평천,〈주한미군 '미스터 션샤인' 열풍… 美 장성 "한국 도착 전 꼭 봐야"〉,〈연합뉴스〉, 2020년 2월 19일.
- 하채림,〈'부자 3대 못 간다'는 피렌체에선 틀린 얘기… 25대 지속〉,〈연합뉴스〉, 2016년 5월 23일.
- Mina Kimes, Mickey Duzyj, "Korean Bat Flip: The Art Of Letting Go", *ESPN The Magazine*, Oct. 4, 2016.

영상물
- 넷플릭스〈케이팝의 모든 것〉,〈익스플레인: 세계를 해설하다〉시즌1(2018).
- 유튜브 채널 '디글 :Diggle'(https://www.youtube.com/Diggle),〈[#어쩌다어른] (1시간) 개발자도 모르는 기능 150% 활용하는 한국인 심리 특징 정리해드림! | #편집자는〉, 2022년 11월 12일.

- 유튜브 채널 '우물 밖의 개구리The Frog Outside the Well'(www.youtube.com/TheFrogOutsidetheWell)
  - 〈흥부, 형제애에 대한 이야기가 아닌 저항문학이다〉, 2019년 9월 30일.
  - 〈하버드 한국학자가 말하는 한국은 평화로운 역사를 가진 나라?! 소개 편 Peaceful Korea – Introduction〉, 2020년 4월 20일.
  - 〈하버드대 한국학자가 말하는 한국의 평화로운 역사 #1: 오래 지속된 왕조들 English Title: Peaceful Korea #1: Long Dynasties〉, 2020년 4월 23일.
  - 〈한국의 평화로운 역사 두 번째! 한국에서는 왕조 변화가 평화롭게 이루어졌다? 2/10〉, 2020년 4월 27일.
  - 〈평화롭고 안정된 역사의 한국 시리즈, 마지막 강의! Last Lecture of "Peaceful and Stable Korean History"〉, 2020년 7월 4일.
  - 〈한국말은 이상한데요〉, 2022년 5월 11일.
- 유튜브 채널 '캐내네 스피치'(www.youtube.com/KNN_Speech), 〈[최강1교시] Full ver. 세종의 묘수, 4군 6진 | 역사학자 임용한〉, 2021년 4월 25일.
- 유튜브 채널 'Imagine Your Korea'(https://www.youtube.com/imagineyourkorea), 'Feel the Rhythm of Korea' 시리즈.
- 유튜브 채널 'USI KSI'(www.youtube.com/USCKSI), 〈Myth and Truths about Premodern Korea〉, 2014년 3월 29일.
- 유튜브 채널 'YouTube Originals'(https://www.youtube.com/youtubeoriginals), 〈K-Pop Evolution〉(2021. 3) 시리즈
  - 1화 〈케이팝의 탄생〉
  - 2화 〈첫 아이돌〉
  - 3화 〈세계로 뻗어가는 케이팝〉

기타
- 김정진 변호사의 '세수포럼' 발제문 〈잊혀진 역사, 농지개혁〉(2014년 5월).
- 김창환 블로그 https://sovidence.tistory.com/1101
- 《현종실록》 5권, 현종 3년 7월 28일 기해 첫 번째 기사 〈호남 무안현의 남녀가 고기잡이를 하다가 광풍을 만나 유구국까지 표류하다〉.

상식의 독재

망국의 위기 앞에서 대한민국을 변호하다

1판 1쇄 펴냄 | 2024년 7월 1일

지은이 | 한윤형
발행인 | 김병준
편 집 | 정혜지
디자인 | THISCOVER · 권성민
마케팅 | 차현지 · 이수빈
발행처 | 생각의힘

등록 | 2011. 10. 27. 제406-2011-000127호
주소 | 서울시 마포구 독막로6길 11, 우대빌딩 2, 3층
전화 | 02-6925-4183(편집), 02-6925-4188(영업)
팩스 | 02-6925-4182
전자우편 | tpbook1@tpbook.co.kr
홈페이지 | www.tpbook.co.kr

ISBN 979-11-93166-57-4   (03300)